法学文库 主编 何勤华

英国早期衡平法概论
——以大法官法院为中心

冷霞 著

商务印书馆
2010年·北京

图书在版编目(CIP)数据

英国早期衡平法概论——以大法官法院为中心/冷霞著.—北京:商务印书馆,2010
(法学文库/何勤华主编)
ISBN 978-7-100-07273-1

Ⅰ.①英… Ⅱ.①何…②冷… Ⅲ.①衡平法—法制史—研究—英国 Ⅳ.D956.19

中国版本图书馆 CIP 数据核字(2010)第 117010 号

所有权利保留。
未经许可,不得以任何方式使用。

本书得到上海市文科基地外国法与比较法研究院、国家重点学科华东政法大学法律史学科项目资助

法学文库
YĪNGGUÓ ZǍOQĪ HÉNGPÍNGFǍ GÀILÙN
英国早期衡平法概论
——以大法官法院为中心
冷霞 著

商务印书馆出版
(北京王府井大街36号 邮政编码 100710)
商务印书馆发行
北京瑞古冠中印刷厂印刷
ISBN 978-7-100-07273-1

2010年6月第1版　　开本 880×1230　1/32
2010年6月北京第1次印刷　印张 15¾
定价:33.00元

总 序

商务印书馆与法律著作的出版有着非常深的渊源,学界对此尽人皆知。民国时期的法律著作和教材,除少量为上海法学编译社、上海大东书局等出版之外,绝大多数是由商务印书馆出版的。尤其是一些经典法律作品,如《法律进化论》、《英宪精义》、《公法与私法》、《法律发达史》、《宪法学原理》、《欧陆法律发达史》、《民法与社会主义》等,几乎无一例外地皆由商务印书馆出版。

目下,商务印书馆领导高瞻远瞩,加强法律图书出版的力度和规模,期望以更好、更多的法律学术著作,为法学的繁荣和法治的推进做出更大的贡献。其举措之一,就是策划出版一套"法学文库"。

在当前国内已出版多种法学"文库"的情况下,如何体现商务版"法学文库"的特色?我不禁想起程树德在《九朝律考》中所引明末清初大儒顾炎武(1613—1682)的一句名言。顾氏曾将著书之价值界定在:"古人所未及就,后世所不可无者"。并以此为宗旨,终于创作了一代名著《日知录》。

顾氏此言,实际上包含了两层意思:一是研究成果必须具有填补学术空白之价值;二是研究对象必须是后人所无法绕开的社会或学术上之重大问题,即使我们现在不去触碰,后人也必须要去研究。这两层意思总的表达了学术研究的根本追求——原创性,这也是我们编辑这套"法学文库"的立意和目标。

具体落实到选题上,我的理解是:一、本"文库"的各个选题,应是国内学术界还没有涉及的课题,具有填补法学研究空白的特点;二、各个选题,是国内外法学界都很感兴趣,但还没有比较系统、集中的成果;三、各选题中的子课题,或阶段性成果已在国内外高质量的刊物上发表,在学术界产生了重要的影响;四、具有比较高的文献史料价值,能为学术界的进一步研究提供基础性材料。

法律是人类之心灵的透视,意志的体现,智慧的结晶,行为的准则。在西方,因法治传统的长期浸染,法律,作为调整人们生活的首要规范,其位亦尊,其学亦盛。而在中国,由于两千年法律虚无主义的肆虐,法律之位亦卑,其学亦微。至目前,法律的春天才可以算是刚刚来临。但正因为是春天,所以也是一个播种的季节,希望的季节。

春天的嫩芽,总会结出累累的果实;涓涓之细流,必将汇成浩瀚之大海。希望"法学文库"能够以"原创性"之特色为中国法学领域的学术积累做贡献;也真切地期盼"法学文库"的编辑和出版能够得到各位法学界同仁的参与和关爱,使之成为展示理论法学研究前沿成果的一个窗口。

我们虽然还不够成熟,
但我们一直在努力探索……

何 勤 华

于上海·华东政法大学
法律史研究中心
2004 年 5 月 1 日

General Preface

It's well known in the academic community that the Commercial Press has a long tradition of publishing books on legal science. During the period of Republic of China (1912—1949), most of the works and text books on legal science were published by the Commercial Press, only a few of them were published by Shanghai Edition and Translation Agency of Legal Science or Shanghai Dadong Publishing House. Especially the publishing of some classical works, such as *on Evolution of Laws*, *Introduction to the Study of the law of the constitution*, *Public Laws and Private Laws*, *the History of Laws*, *Theory of Constitution*, *History of the Laws in European Continents*, *Civil Law and Socialism* were all undertaken by the Commercial Press.

Now, the executors of Commercial Press, with great foresight, are seeking to strengthen the publishing of the works on the study of laws, and trying to devote more to the prosperity of legal science and the progress of the career of ruling of law by more and better academic works. One of their measures is to publish a set of books named "Jurisprudential Library".

Actually, several sets of "library" on legal science have been published in our country, what should be unique to this set of "Jurisprudential Library"? It reminded me of Gu Yanwu's(1613—1682) famous saying which has been quoted by Cheng Shude(1876—1944) in *Jiu Chao Lv Cao* (*Collection and Complication of the Laws in the Nine Dynasties*). Gu Yanwu was the great scholar of Confucianism in late Ming and early Qing Dynasties. He defined the value of a book like this: "the subject covered by the book has not been studied by our predecessors, and it is necessary to our descendents". According to this principal, he created the famous work *Ri Zhi Lu* (*Notes on Knowledge Accumulated Day by Day*).

Mr. Gu's words includes the following two points: the fruit of study must have the value of fulfilling the academic blanks; the object of research must be the significant question that our descendants cannot detour or omit, that means even if we didn't touch them, the descendants have to face them sooner or later. The two levels of the meaning expressed the fundamental pursuit of academy: originality, and this is the conception and purpose of our compiling this set of "Jurisprudential Library".

As for the requirement of choosing subjects, my opinion can be articulated like this: Ⅰ. All the subjects in this library have not been touched in our country, so they have the value of fulfilling the academic blanks; Ⅱ. The scholars, no matter at home and or abroad are interested in these subjects, but they have not published systematic and concentrated results; Ⅲ. All the sub-subjects included in the subjects chosen or the initial results have been published in the publication which is of high quality at home or abroad; Ⅳ. The subjects chosen should have comparatively high value of historical data, they can provide basic materials for the further research.

The law is the perspective of human hearts, reflection of their will, crystallization of their wisdom and the norms of their action. In western countries, because of the long tradition of ruling of law, law, the primary standard regulating people's conducts, is in a high position, and the study of law is also prosperous. But, in China, the rampancy of legal nihilism had been lasting for 2000 years, consequently, law is in a low position, and the study of law is also weak. Until now, the spring of legal science has just arrived. However, spring is a sowing season, and a season full of hopes and wishes.

The fresh bud in spring will surely be thickly hung with fruits; the little creeks will coverage into endless sea. I hope "Jurisprudential Library" can make great contribution to the academic accumulation of the area of Chinese legal science by it's originality; I also heartily hope the colleagues in the area of legal study can award their participation and love to the complication and publication of "Jurisprudential Library" and make it a wonderful window showing the theoretical frontier results in the area of legal research.

We are not mature enough
We are keeping on exploring and seeking

He Qinhua
In the Research Center of Legal History
East China University of Politics and Law, Shanghai, P. R. C.
May 1st, 2004

目　录

导　言 …………………………………………………………………… 1
第一章　英国衡平法产生发展的法律背景 ………………………… 11
　第一节　英国衡平法产生之前的法律格局 ……………………… 11
　　一、普通法的形成 ……………………………………………… 12
　　二、罗马法的传播 ……………………………………………… 16
　　三、教会法的实施 ……………………………………………… 23
　第二节　罗马法、教会法及普通法中的衡平因素 ……………… 29
　　一、罗马法中的衡平因素 ……………………………………… 29
　　二、教会法中的衡平因素 ……………………………………… 40
　　三、普通法中的衡平因素 ……………………………………… 42
第二章　英国衡平法的产生 ………………………………………… 52
　第一节　关于英国衡平管辖权确立问题的争论 ………………… 53
　　一、机构分离论 ………………………………………………… 54
　　二、诉讼增长论 ………………………………………………… 74
　第二节　普通法对大法官法院衡平法的影响 …………………… 80
　　一、亚当斯的观点 ……………………………………………… 80
　　二、霍兹沃斯的观点 …………………………………………… 81
　　三、亚当斯的反驳 ……………………………………………… 84
　第三节　教会法、罗马法对大法官法院衡平法的影响 ………… 86
　　一、罗马法对大法官法院衡平法的影响 ……………………… 86

二、教会法对大法官法院衡平法的影响……………………………… 91
第三章 大法官法院的组织机构……………………………………… 103
第一节 大法官法院的职权变迁………………………………… 103
一、作为文书机构的大法官法院……………………………… 103
二、作为普通法法院的大法官法院…………………………… 109
三、作为衡平法院的大法官法院……………………………… 114
第二节 大法官法院的内部组织………………………………… 115
一、大法官法院的最高领导者………………………………… 116
二、大法官法院的文书………………………………………… 120
第三节 大法官的任免问题……………………………………… 134
一、关于大法官任免权的争夺………………………………… 134
二、大法官与教会职务的关系………………………………… 141
三、大法官与行政司法职务的关系…………………………… 146
第四节 大法官法院的世俗化与司法化………………………… 154
一、大法官法院的世俗化……………………………………… 154
二、大法官法院的司法化……………………………………… 170
第四章 大法官发展衡平法的实践：从沃尔西到考文垂………… 183
第一节 旧式大法官……………………………………………… 183
第二节 枢机主教沃尔西………………………………………… 186
第三节 托马斯·莫尔…………………………………………… 190
第四节 尼古拉斯·培根………………………………………… 195
一、大法官法院班子的重组和扩编…………………………… 196
二、大法官法院管辖权的界定………………………………… 198
三、大法官法院诉讼程序的改革……………………………… 201
四、对尼古拉斯·培根的评价………………………………… 203

第五节　托马斯·埃杰顿 203
一、埃杰顿时期的程序改革和行政改革 204
二、埃杰顿时期先例原则的萌芽 208
三、埃杰顿时期大法官法院与普通法法院管辖权冲突的解决 209
四、对埃杰顿的评价 209
第六节　弗朗西斯·培根 210
一、培根的就职演讲：大法官法院改革的构想 211
二、培根颁布的大法官法院的命令 213
三、大法官法院改革的具体实践 215
四、对弗朗西斯·培根的评价 216
第七节　托马斯·考文垂 216

第五章　大法官法院的衡平诉讼程序 220
第一节　大法官法院衡平诉讼程序的历史发展 220
一、普通法法院诉讼程序概述 220
二、大法官法院衡平诉讼程序概述 225
第二节　诉答程序 226
一、诉状 227
二、传票 235
三、被告的答辩 241
四、原被告之间的进一步诉答 251
五、大法官法院诉答程序的特点 252
第三节　中间程序和中间救济 253
一、中间程序：动议与宣誓书 253
二、中间救济：关于签发禁令的程序 254
第四节　证据制度 255
一、询问：宣誓证词、证据公布 256

二、证据开示 ································· 265
　　三、保存证词程序 ······························ 269
第五节　仲裁 ····································· 270
第六节　听审与判决 ································ 273
　　一、听审 ···································· 273
　　二、判决 ···································· 276
第七节　复审与上诉 ································ 280
　　一、再审与复审 ································ 280
　　二、上诉 ···································· 281

第六章　大法官法院的衡平管辖权 ······················· 290
　第一节　大法官法院衡平管辖权的历史发展概述 ············· 290
　第二节　大法官法院刑事衡平管辖权 ···················· 293
　第三节　大法官法院民事衡平管辖权 ···················· 298
　　一、用益与信托 ································ 299
　　二、慈善团体 ································· 314
　　三、家庭法 ··································· 315
　　四、衡平法上的赎回权 ···························· 319
　　五、遗产管理 ································· 324
　　六、契约 ···································· 329
　　七、特定履行 ································· 352
　　八、禁令 ···································· 355
　第四节　大法官法院衡平管辖权基本原则的变化：
　　　　　从良心到衡平 ······························ 363
　　一、大法官法院的良心原则 ·························· 363
　　二、中世纪的良心概念 ···························· 364
　　三、良心原则在中世纪大法官法院中的应用 ················ 365

  四、大法官法院中良心原则的变化 ……………………………… 369
  五、从良心到衡平 …………………………………………………… 371
第七章 大法官法院衡平法发展面临的挑战 ………………………… 376
 第一节 大法官法院的组织机构与诉讼程序面临的挑战 ……… 377
  一、大法官法院组织机构面临的挑战 …………………………… 377
  二、大法官法院诉讼程序面临的挑战 …………………………… 379
 第二节 大法官法院管辖权面临的挑战 ………………………… 388
  一、1615 年之前的对抗 ………………………………………… 390
  二、1615—1616 年的争议 ……………………………………… 403
  三、1621 年的冲突 ……………………………………………… 415
第八章 大法官法院衡平法产生发展的动因 ………………………… 426
  一、行政性特征产生及变化的原因：王权与贵族的斗争与合作 …… 426
  二、宗教性特征产生及变化的原因：王权与教权的合作与斗争 …… 450
  三、结论 …………………………………………………………… 460
附录一 英国历代国王世袭表 …………………………………………… 462
附录二 历任大法官（或国玺大臣）名录（自 1068 年至今） ………… 465
参考文献 ……………………………………………………………………… 473
后 记 …………………………………………………………………… 486

导　言

　　许多学者对中西法律进行比较研究的时候，往往会作出这样的一个界定，即两者之间差异多于共性，冲突多于一致。这样的一种先见固然有助于在不同的法律传统之间比较差异，却也往往导致过于强调差异而忽略某些共性之处。就英国法的具体例子而言，英国普通法的司法传统、职业化的法律人团体、其王在法下的宪政理念对于王权的限制都令学者们津津乐道，并以此与中国古代的传统法律进行对比，从而得出中英古代的法律从细微制度到基本精神迥然不同这样的结论。也有少数学者注意到了英国法中除普通法外的另一个重要渊源——衡平法，并将其与中国古代传统法律进行比照。但是，由于国内学界对于衡平法研究的薄弱导致了对衡平法的一些误解，也影响了研究结论的可靠性。[1]

　　本书所作的努力之一，即是通过对英国早期大法官法院衡平法的全面研究，试图指出即使是在英国这样的西方国家，其法律传统中也并非只有我们所看到的那些导致其最后实现近现代法治的法律。与其并存的，还有那些在中世纪背景下、在封建王权以及中世纪教会力量的支撑下，以行政的和宗教的力量来实施司法的另一种法律。这种法律与中国行政性、伦理性的传统法律相比固然具有差异，但也不乏类似之

---

[1]　当然，也有正确认识了早期衡平法特性的学者，如朱勇（他的相关文章"'衡平'与'原情'：论中世纪英格兰与中国古代对于法律公正的二次救济"，朱勇：《中国法律的艰辛历程》，黑龙江出版社 2002 年版），但可惜他的这篇文章由于资料所限，阐述不免失之简单。

处,本书将其总结为英国早期大法官法院衡平法的行政性与宗教性。虽然,英国国内的政治与宗教的变革最终导致英国衡平法特征的转变,但是我们应当警惕将后来的英国衡平法的特征甚至英国普通法的特征套用到早期英国衡平法身上这种"以今推古"的做法,应当坚持对早期英国衡平法的性质进行清楚的定性,纠正我们对英国衡平法的一些错误的看法,还其历史面目的本真。

一

本书试图从英国大法官法院的视角来研究英国早期衡平法的历史变迁,但在展开正文之前,首先要对与论题相关的一些基本概念进行厘定。

对于"衡平"这一概念,沈宗灵教授曾作过较为全面的解释,他指出:

> 在西方法中,衡平一词也是多义词。主要有以下三种相互联系的意义:第一,它的基本含义是公正、公道、正义。第二,指严格遵守法律的一种例外,即在特定的情况下,要求机械地遵守某一法律规定反而导致不合理、不公正的结果,因而就必须使用另外一种合理的、公正的标准。一般地说,法律中往往规定了某些较广泛的原则、有伸缩性的标准或通过法律解释和授予适用法律的人以某种自由裁量权等手段,来消除个别法律规定和衡平之间的矛盾。古代罗马法中就承认这种矛盾并规定由裁判官对这种矛盾采取补救措施。梅因在其《古代法》一书中曾详细探讨这一问题。第三,指英国自中世纪中开始兴起的与普通法或普通法院并列的衡平法

或衡平法院。①

而就这三重意义之间的关系而言,正如沈教授所确认的,"衡平法或衡平法院这两个名称所讲的衡平也导源于以上第一种,特别是第二种意义上的衡平"②。在笔者看来,第一层面的"衡平",即公正、公道、正义,是英国衡平法所追求的终极目标;第二层面的"衡平",即通过行使法官自由裁量权等方法来弥合个别法律规定的具体实施与公正价值之间的裂隙,是实现公正这一目标的具体手段;第三层面的"衡平",即英国衡平法,则是在中世纪英格兰具体的历史背景之下,以公正为终极目标,通过大法官自由裁量权的实施而得出的最终实践结果。鉴于这三者是相互联系的整体,因此,虽然本书的研究对象集中于第三个层面的"衡平",即英国衡平法,但也不可避免地要涉及对第一个层面和第二个层面的"衡平"的探讨、理解。

就英国衡平法而言,根据英国著名的法律史学者霍兹沃斯(Holdsworth)的看法,其历史发展经历了四个阶段。

英国衡平法发展的第一个阶段是前大法官法院阶段。也就是说,在大法官法院诞生之前、在英国普通法尚未僵化之前,普通法中存在一些衡平因素,存在着后来大法官法院中的衡平法的制度萌芽。在某种程度上,普通法中的这种衡平性质保留到 14 世纪早期。

但是,随着普通法变得日益僵硬,并且与国王本人的联系越来越不紧密,衡平法的溪流不再通过普通法法院的渠道流淌,而是开始流经咨议会以及大法官法院。由此开始了衡平法历史上的第二个阶段,在这一阶段,衡平法在普通法之外发展,并且开始与普通法规则相冲突。在

---

① 沈宗灵:《比较法总论》,北京大学出版社 1987 年版,第 172—173 页。
② 同上书,第 173 页。

这一阶段由教会神职人员担任的大法官所实施的衡平法的基础是良心,并且在很大程度上受到了教会法法学家当时的理念的影响。根据这些理念,上帝之法或理性性质的法律必须被遵守,并且这些法律通过良心的代理人——大法官——实施,在必要的情况下甚至以摒弃国家法为代价,从而使得抽象的正义在个案中被实现。至 16 世纪中期的时候,由大法官实施的衡平法与由普通法法官实施普通法之间的摩擦已经变得日益尖锐。

亨利八世的宗教改革开启了衡平法发展的第三个阶段。这一时期大法官不再由神职人员担任,越来越多的普通法律师开始担任大法官一职。这一改变使得大法官法院的衡平法与普通法法院的普通法的发展保持紧密的联系,加强了衡平法和普通法之间的关系,避免了两者之间的公开冲突。但是由于冲突根源仍然存在,在 17 世纪之初,旧有的矛盾在王座法院首席法官柯克和大法官埃杰顿之间的冲突中再度爆发。詹姆斯一世以支持大法官法院的方法对此进行了处理;而埃杰顿的继任者弗朗西斯·培根巩固了其前任赢得的胜利。由此导致的结果是:从此以后,大法官法院在某种意义上成为普通法法院的上级和权威。

经历了共和国时期并不成功的改革,在斯图亚特王朝复辟之后,衡平法的发展进入第四个阶段。从此以后,衡平法不再是为了在个案中实现正义而支持、补充或者纠正普通法的一个或者一套原则,而是一套规则体系,它在某些案件中以确定的方式补充普通法。事实上,这一变化在 17 世纪上半叶已经开始启动,但是在这个阶段,出于议会反对专制王权的目的,衡平法的这一变化为议会的胜利所阻碍。这一变化在斯图亚特王朝复辟以后加速发展。我们可以看到在大法官诺丁汉的判决中出现了许多衡平法的现代原则;并且,在 18 世纪,很大程度上取决于大法官哈德威克(Hardwicke)以及大法官埃尔登(Eldon)的工作,现代的衡平法体系最终确立起来。①

本书所研究的英国衡平法并不完全覆盖上述四个阶段，而只涉及其中第二、第三阶段。这两个阶段是英格兰衡平法的开创和发展时期，也是其衡平特色最为鲜明的时期。也就是说，本书所研究的衡平法既非大法官法院确立前普通法中的衡平因素，也非复辟之后固定为一系列规则的衡平法，而是建立在大法官良心原则之上的，由大法官为实现公平正义而创造的衡平法。

此外还必须澄清的一点是，本书所研究的衡平法只是大法官法院中产生发展的衡平法。国内学界常常会将"衡平法院"与"大法官法院"混用，从而造成"衡平法院"就是"大法官法院"的误解。事实上，"衡平法院"是一个更为宽泛的概念，它不仅仅包括大法官法院，还包括其他法院，比如自伊丽莎白一世时期开始听审衡平诉讼的理财法院以及各种各样的地方衡平法院——切斯特、兰开斯特以及达勒姆特权领地郡的衡平法院等。另外，从 15 世纪后期开始，债权法院（The Court of Requests）和星室法院尽管并非严格意义上的衡平法院，但也适用与大法官法院中的衡平法类似的程序并留下相类似的档案。② 以下对这些衡平法院略作介绍。

自 16 世纪中叶开始，理财法院在古老的普通法管辖权之外发展出了衡平管辖权。从其保存至今的档案来看，理财法院听审的衡平诉讼涉及土地所有权、采邑权、什一税、（矿藏）开采权、前修道院土地（ex-monastic land）、债务、遗嘱等。直至 1841 年，理财法院才失去其衡平管辖权，将之移交给大法官法院。③

债权法院是国王咨议会的一个分支，其作用在于为穷人以及妇女

---

① See W. S. Holdsworth, *Sources and Literature of English Law*, Oxford: Clarendon Press, 1977, pp. 178-180.
② 见http://www.medievalgenealogy.org.uk/guide/cha.shtml。
③ 见http://www.nationalarchives.gov.uk/catalogue/rdleaflet.asp?sLeafletID=160。

提供便利的王室正义与衡平。它建立于1483年,由当时大法官法院中负责挑选来自穷人的请愿书的官员充任债权委员会的法官。债权法院简单、便宜的程序吸引了许多诉讼者,尤其是穷人和妇女,但也招致一些普通法律师的敌视。1598年,债权法院被宣布为"非法",并且"不再拥有制定法或普通法授予的任何权力"。尽管遭遇这些阻碍,但债权法院继续存在,直到内战爆发。债权法院的档案于1642年停止,它的印章在内战期间被收缴,但该法院并没有被正式废除。在查理二世复辟后,虽然衡平法院继续存在,但由于债权法院与宫廷和御前会议之间的密切联系,查理二世不敢贸然恢复该法院的管辖权。它的大量案件最终被转移给地方小额请求法院(Local Small Claims Courts)。债权法院听审的案件种类涉及所有权、年金享受权(annuities)、佃农事项(matters of villeinage)、水道(watercourses)、公路(highways)、故意逃避(wilful escape)、伪造(forgery)、伪证(perjury)、被国王没收的保证金(forfeitures to the king by recognizance)和亡夫遗产(dower)、寡妇所得遗产(jointure)和结婚授产协定。[①]

星室法院因其宫室星形天花板而得名,它是国王咨议会得力的司法臂膀。该法院于1485年成为独立法院,并于1641年被废除。星室法官通常由枢密院成员以及普通法法院的法官充当,他们负有司法审判的职责,并且监督其他法院。其业务在都铎王朝时期获得了重大扩展;在16世纪30年代,星室法院每年大约处理150件案件,但是至17世纪,其每年处理的案件量超过700件。星室法院的许多案件表面上是关于公共秩序混乱、聚众闹事(riot)、非法侵入(forcible entry)[②]和

[①] 参见张军江:"英国衡平法浅析",中国政法大学硕士学位论文(2002年),第18页,见http://www.nationalarchives.gov.uk/catalogue/rdleaflet.asp?sLeafletID=143。

[②] 非法侵入是指以暴力手段进入、占有任何土地,原来是一种罪行。暴力手段可以是:威胁、闯入、纠集一伙人进入或是对任何人真正地使用暴力。

殴打(assault),事实上却是关于财产权的争议。该法院也调查官员们和司法过程中的腐败,包括陪审团腐败、城市和贸易争议、欺诈以及关于圈地的争议。①

尽管存在如此众多的衡平法院,本书所研究的仅仅是其中产生最早、影响力最大且最具代表性的衡平法院——大法官法院中的衡平法,而不涉及其他衡平法院。

二

在结构上,本书共分为八章。

第一章为英国衡平法产生发展的法律背景。该章主要讨论在大法官法院中的衡平法诞生之前运行于英格兰王国中的其他法律——罗马法、教会法、普通法以及这些法律中蕴涵着的衡平理念和衡平规则。笔者认为,尽管由于种种原因,这些法中的衡平因素没有像大法官法院中的衡平法那样成为独立的法律体系,但它们却成为英国大法官法院衡平法孕育成长的基础。

第二章为英国衡平法的产生。该章首先讨论了有关英国大法官法院衡平管辖权确立问题的两种理论——"机构分离论"和"诉讼增长论"。笔者认为,尽管它们采用了不同的切入角度和研究方法,但结论并不冲突,而是大致契合:都把大法官法院衡平管辖权的确立时间界定于14世纪中叶至15世纪中叶这百余年间,可谓殊途同归。而且由于切入角度和研究方法的不同,两派理论彼此能够很好地互补,只有将这两者结合起来,我们才能较为全面地认识英国大法官法院衡平管辖权

---

① 见 http://www.nationalarchives.gov.uk/catalogue/rdleaflet.asp?sLeafletID=141。

的确立问题。该章又继续讨论了普通法、罗马法、教会法对英国大法官法院衡平法的影响,笔者认为虽然衡平法的起源可以追溯至大法官法院的衡平法管辖权确立起之前的普通法,但英国衡平法是从大法官法院的衡平管辖权开始起步的,而大法官法院衡平法由于宗教改革前的大法官多由神职人员担任,从实体到程序均受到了罗马法和教会法的影响。

第三章为大法官法院的组织机构。该章包括大法官法院作为中央机构其职权从行政机构向拥有普通法管辖权以及衡平管辖权的法院的历史转变、作为大法官法院内部构成的大法官及众多文书职位的历史发展、大法官一职的任命选拔、大法官法院的世俗化和司法化转变四部分的内容。通过该章的考察,笔者认为,相对于普通法法院和普通法法官早在13世纪就实现了职业化与世俗化,大法官法院的职业化和世俗化的过程要漫长得多。中世纪的大法官法院更多的是表现出其行政特质而非司法特性,此外还带有浓重的宗教色彩。但14世纪以来,尤其是宗教改革之后,大法官法院的组织机构发生了重大的变化,具有了更多的世俗和司法的色彩:其成员从神职人员逐步向罗马法学家过渡,最终转向普通法律师,这一变化在很大程度上是由国王加强王权的需求与贵族、教会利益之间的冲突所导致的。

第四章为大法官发展衡平法的实践:从沃尔西到考文垂。该章在简要介绍中世纪若干重要的旧式大法官之后,以里程碑式的人物——亨利八世时期的枢机主教沃尔西大法官——为起点,以斯图亚特王朝的悲剧国王查理一世时期的考文垂大法官为终点,对这一个时间段中的几位至关重要的大法官对衡平法的发展所作的贡献进行梳理。笔者认为,经历了自沃尔西向莫尔的转变之后,大法官的工作中心日渐转移到司法工作上。从莫尔到考文垂,大法官们在推动发展衡平法方面的工作主要在于完善大法官法院的组织、改进大法官法院的诉讼程序规则以及确定普通法法院与大法官法院之间的管辖权关系等方面。经过他们的努力,大法官法院的组织日渐庞大,诉讼规则基本定型,普通法法院与大法官法院管辖权的边界日渐清晰,彼此之间的关系也被确定,从而为大法官法院衡平法的近代转型奠定了基础。

第五章为大法官法院的衡平诉讼程序。主要对15—17世纪大法官法院衡平诉讼程序的诉答程序、证据、提交审断、判决、复审和上诉等阶段予以介绍。笔者认为,早期的大法官法院的衡平诉讼程序与普通法诉讼程序形成了鲜明的对比,前者快捷、灵活、便宜、有效。这些特点源自大法官法院长期作为行政机构形成的行事风格,源自大法官作为行政长官所享有的巨大的行政权威。总之,从早期大法官法院的衡平诉讼程序中,我们可以清晰地看到早期大法官法院衡平法的行政性特质。

第六章为大法官法院的衡平管辖权。大法官法院的衡平管辖权起初包含民事和刑事两部分,但是随着其刑事管辖权被星室法院接手,大法官法院的衡平管辖权即以民事管辖权为主,分为专属管辖权、共同管辖权以及辅助管辖权。专属管辖权包括用益和信托、慈善团体、已婚女子的独立地产、婴幼儿和监护人等内容,共同管辖权主要涉及遗产管理、契约、特定履行和禁令等内容。在中世纪,大法官法院衡平管辖权的行使以"良心"原则为基础,随着时代的变迁,大法官法院在实施其衡平管辖权的时候,基本原则发生了"从良心到衡平"的转变。

第七章为大法官法院衡平法发展面临的挑战。该章讨论了16世纪末17世纪初,大法官法院衡平诉讼业务的迅猛发展导致大法官法院的组织机构、诉讼程序以及管辖权冲突三方面面临的大挑战。笔者认为,如果说组织机构和诉讼程序面临的挑战还主要是源自大法官法院本身的制度缺陷,那么,管辖权的冲突在更大程度上源自外部大环境变化的压力,具有更多的政治意味。在沃尔西垮台之后的大法官法院和普通法法院的冲突中,胜负的天平最终掌握在国王的手中。而斯图亚特王朝国王们的政治倾向早已注定了他们的立场。因此,尽管在一个个案件的抗争中,普通法法官们费尽心思,极力抗拒大法官法院对普通法禁令的干预,但是,詹姆斯一世于1616年的裁决最终宣告了普通法法院在这场战争中的失败。尽管1621年普通法法院的同盟军——议会——以弹劾培根为契机,再度对大法官法院的衡平管辖权发起攻击,但是在威廉姆斯主教的配合下,获得国王支持的大法官法院又一次化险为夷、转败为胜。这无疑告诉我们,大法官法院与普通法法院之间的管辖权冲突不仅是法律的冲突,更是政治的较量。

第八章为大法官法院衡平法产生发展的动因。在本章中,笔者试图从政治斗争的角度对英国早期大法官法院衡平法的历史发展及其特征进行解释。笔者认为,国王基于伸张王权、巩固王权的诉求而与封建贵族及教会进行斗争与合作是造成英格兰早期大法官法院及其衡平法特征发展变化的根本政治动因。具体而言,国王在与贵族等世俗权力的斗争中极力实现王权,由此导致了英格兰大法官法院衡平法的产生并赋予其行政性特征,而国王在17世纪上半叶资产阶级革命中的失败则导致英格兰大法官法院衡平法行政性特征的淡化;同样的,基于实现王权的目的,国王与教会的合作赋予英格兰早期大法官法院衡平法宗教性特征,而国王与教会的冲突则最终导致宗教性的丧失。总之,中世纪国王与贵族、教会的冲突与合作为衡平法的发展提供了充分的政治空间,而中世纪末期教权与王权的崩塌则导致了衡平法行政性与宗教性特征的变化,将衡平法的发展引入了新纪元。

第一章 英国衡平法产生发展的法律背景

第一节 英国衡平法产生之前的法律格局

在中世纪的西欧,无论是欧洲大陆还是不列颠岛都呈现出法律多元化的面貌。由于教权与世俗王权的二元并立,因此,在世俗法之外,教会法跨越国界普遍适用于各个国家。而在中世纪封建制的社会结构下,世俗法也表现出了丰富多彩的面貌。在欧洲大陆,孱弱的王权无法实现法律的统一,封建法、庄园法、地方习惯法、城市法异彩纷呈,11世纪末,《国法大全》的发现及注释法学派的兴起使得罗马法也成为中世纪西欧各国法律的重要渊源。与欧洲大陆隔海相望的英格兰则略有不同。1066年,诺曼征服后,在英格兰建立起一个较西欧其他国家更为强势的王权,由此使得中世纪的英格兰在王权的支撑下较早建立起通行于全国的世俗法——普通法。尽管教会法、罗马法同样也传播到了英格兰,但是普通法的形成有效地抵制了它们的影响。在普通法的强势影响之下,英国的城市法及其他地方法无法呈现出欧洲大陆的那种兴盛局面。因此,在英国,衡平法产生之前的法律格局大致表现为普通法、罗马法、教会法三强并立的格局。

一、普通法的形成

对于普通法形成时间的起点,学者们存在着不同的看法。英国法律史学者约翰·哈德森认为,普通法是诺曼征服的产物,是入侵的诺曼底人的法律与英格兰本地的盎格鲁-撒克逊人的固有法律相融合而成的法律。诺曼征服被视为普通法形成的历史契机:英格兰在1066年之后成为一个由外来的诺曼征服者统治的殖民社会,征服者的强力统治形成了一个强势王权,在强势王权的主导下,本土的盎格鲁-撒克逊传统法律和外来的诺曼法律相融合,甚至两个民族的融合使得普通法的基本要素最终在1135年得以确立。①

而英国法律史大家梅特兰则认为,尽管诺曼征服被认为"决定了英国法未来的全部历史"②,但对法律变革的直接影响是缓慢而有限的。③因此,普通法的形成并未因为1066年的诺曼征服一蹴而就,而是经历了数个世纪的漫长时光。当然,不可否认的是,诺曼征服以来所确立的强大王权为此后普通法的形成奠定了政治基础,但普通法真正开始起步始于亨利二世时期。梅特兰指出,"亨利二世统治时期在我们的法律史上具有极端的重要性",因为这一时期"整个英格兰的法律从形式到实体都在发生变化"。具体而言,亨利二世的贡献主要在于通过建立由专业法官组成的长期稳定的法庭,通过经常向地方派出巡回法官,通过引入陪审制和令状制,使得整个英国法得以集中化和统一化。令状制剥夺了领主的一些司法管辖权;陪审制取代神明裁判和决斗,为当事人

---

① 参见〔英〕约翰·哈德森:《英国普通法的形成——从诺曼征服到大宪章时期英格兰的法律与社会》,刘四新译,商务印书馆2006年版,译者前言,第Ⅴ页。

② Frederick Pollock and Frederic William Maitland, *The History of English Law before the Time of Edward* Ⅰ, Vol. Ⅰ, London: Cambridge University Press, 1898, p.79.

③ 参见李红海:《普通法的历史解读——从梅特兰开始》,清华大学出版社2003年版,第66—67页。

第一章　英国衡平法产生发展的法律背景　13

提供了更为理性的裁决方式,也使证据制度发生了革命;巡回审判送法上门,方便了民众,加强了中央与地方的联系;王室中央法院的完善则为大部分案件提供了上诉管辖权。这一切都使得王室法院在竞争中占尽优势,但亨利二世所获得的不仅是司法上的胜利,而是整个中央集权的全面胜利,整个国家的政治、经济、司法都控制在王室手中,从而为普通法的形成营造了良好的氛围。①

至亨利三世时期,英国普通法粗具规模:王室法院建立了自己完善的司法机关,各机构开始有了各自的印玺和卷宗档案;司法机构的完善刺激了法律职业的发展,法律职业共同体日渐形成;法律职业的发展使得法律开始成为一门专门的知识,法律著述开始产生,其代表作为布雷克顿的《论英格兰的法律与习惯》,此书及时对普通法进行了归纳和总结,使普通法开始理性化,为普通法的发展奠定了更为坚实的基础。

就普通法这个概念而言,它原本是一个为教会法学家熟知的术语——"Ius Commune",指整个教会共有的法律,它是相对于各省教会的制定法、特别习惯以及特权而言的。该词事实上是教会法学家从古罗马文本中借用而来的。② 但在英国,它逐渐具有了独特的含义。12世纪中叶的《财政署对话录》一书中已经出现了"森林法完全是国王个人意志的产物,它与国王的普通法形成鲜明的对照"这样的说法。13世纪初,教皇英诺森三世及其驻派英国的代表多次提到"普通法",并把它视为是不同于教会法的一套自成体系的世俗法律。布雷克顿于1226—1250年间在其著作中也使用了这一词语,用以描述根据土地法

---

① 参见李红海:《普通法的历史解读——从梅特兰开始》,清华大学出版社2003年版,第73页。
② See Charles P. Sherman, "A Brief History of Medieval Roman Canon Law in England", *University of Pennsylvania Law Review and Ameirian Law Register*, Vol. 68, No. 3, 1920.

而赋予给全体民众的权利。在13世纪中叶,普通法第一次被用来描述被国王法院所适用的、效力高于地方习惯的英格兰的常规的法律。[①]到爱德华一世时期(1272—1307),"普通法"已成为广为流行的时髦词汇,与"制定法"、"习惯法"等词相比照。[②] 普通法发展至这一时期,已基本成形。

但正是在13世纪中叶,普通法的发展遭遇了重大打击。大法官签发新令状以满足社会发展需要的做法在扩张王室法院管辖权的同时,大大打击了封建贵族的领主法院的管辖权,由此引发了贵族们的不满。通过武力抗争,国王被迫在1258年的《牛津条例》中答应未经咨议会同意不再签发新令状。这一限制导致了普通法的发展迟缓,它在实体和程序方面的缺陷日益暴露。

从实体方面看,权利救济不充分是其主要表现。在这一点上,作为中世纪普通法之主体的英国土地法所暴露出来的问题最为严重,尤其反映在普通法对土地用益制态度的变化上。亨利二世时期的普通法尚给予土地用益权以某种程度的法律保护,然而到了14世纪,尽管用益制更加流行,但普通法却将出托土地的所有权归于受托人所有,拒绝给予出托人和受益人以任何法律保护。在其他法律分支中,普通法权利救济不充分的缺陷也暴露无遗。例如,在侵权行为法中,普通法只对侵权行为所造成的侵害给予有限赔偿,而无力制止侵权行为本身;在契约法中,普通法只承认有当事人签字盖章的书面合同的有效性,而仅有口头合同或者遗失了书面合同的当事人的正当权益却无法得到法律的保护,并且除有形暴力威胁下签订的合同之外,其他合同一律有效,从而

[①] 参见〔英〕约翰·哈德森:《英国普通法的形成——从诺曼征服到大宪章时期英格兰的法律与社会》,刘四新译,商务印书馆2006年版,译者前言,第Ⅱ页。

[②] See Frederick Pollock and Frederic William Maitland, *The History of English Law before the Time of Edward* Ⅰ, Vol. Ⅰ, London: Cambridge University Press, 1898, p. 177.

使得在无形暴力的胁迫手段下所签订的合同均为有效。①

从程序方面看，一方面，随着令状制度技术化的增强，普通法的程序已经形成了严格的形式主义的特征。由于权利救济与令状紧密挂钩，当事人只有选择正确的令状才可能获得有效的救济，一旦令状选择错误，就必然面临权利得不到救济的境况。而令状种类的有限性又无法满足社会发展的需要，使得相当多的人在自己的权利遭受侵犯时，因为找不到适宜的令状而求告无门。另一方面，以损害赔偿为主的救济方法也使得寻求其他救济方法的当事人无法获得合适的救济手段，从而也无法保护自己的权利。

此外，与形式主义紧密相连的普通法诉讼程序的烦琐、审判过程的缓慢和诉讼费用的昂贵都使得大部分人被排斥于普通法法院的大门之外。②

1285年，爱德华一世颁布《威斯敏斯特第二条例》，在一定程度上弥补了普通法的上述缺陷。该法第24章发展出一个更为宽泛的令状概念：如果案件与已有诉讼形式具有"类似诉因"或"在类似案件中"，大法官法院有权签发令状，该法条规定："从此以后无论何时，在大法官法院中偶尔发生这样的情况，即一个案件被授予令状，而类似案件根据类似法律请求类似的救济却未被授予令状，对此，大法官法院的文书应当同意签发令状，或者要求原告推迟至下一届议会。"然而对于《威斯敏斯特第二条例》，议会给予了狭义的解释，"在类似案件中"这个术语被解释为仅仅将令状扩展至为与现存令状所适用的案件非常类似的案件，这一解释虽然导致了类案之诉（action on the case）的发展，并在此基础上发展出了后来的非法占用之诉（trover）以及他允诺之诉，但它并没有恢复大法官法院先前所拥有的在制定令状方面的自由和弹性，从

---

① 参见程汉大：《英国法制史》，齐鲁书社2001年版，第166—167页。
② 同上书，第167—168页。

而使得普通法法官无法据此轻易地扩张救济的种类。因此,普通法规则僵化及其救济有限的趋势并未得以遏制。① 与此同时,随着15世纪政治混乱的日益加剧,强大的地方贵族能够贿赂或者胁迫陪审团并且藐视法院命令。② 普通法在实体和程序上的种种缺陷无法依靠自身予以修补,这也成为大法官法院衡平法诞生的一大原因。

二、罗马法的传播

公元前55年,当恺撒进入不列颠的时候,罗马人开始了对不列颠的统治。尽管有学者认为,在此后长达四百年的统治中,正如日中天的罗马法似乎并没有对这片土地产生什么重大的影响,并且随着5世纪上半叶罗马军队的撤离,罗马人留下的只是一些雄伟的建筑,"至于罗马的语言、法律和制度,却没有留下什么痕迹"③;但事实上,在二三世纪,随着罗马统治的加强,罗马法在不列颠迅速扩张。罗马法学家普利斯库斯(Javolenus)和乌尔比安的著作中都讨论过发生于不列颠的案件。而且据说以位列罗马法学家之首的帕比尼安为首席法官、以乌尔比安和保罗为助理法官的罗马高级法院,在不列颠的约克停留了三年之久。④

即使在罗马军团于455年撤出之后,盎格鲁-撒克逊民族的进入也并未导致罗马法在这片土地上绝迹。在盎格鲁-撒克逊时期,罗马教廷不断派遣教士至不列颠传教。如圣奥古斯丁就衔教皇格列高利之命于

---

① See Bill Long, "The Early History of Equity", at http://www.drbilllong.com/LegalHistory/EarlyEquity.html.
② See "Chancery, Court of", Encyclopædia Britannica Online, at http://www.britannica.com/EBchecked/topic/105336/Court-of-Chancery.
③ 〔英〕W. 丘吉尔:《英语民族史略》(第一卷),薛力敏、林林译,南方出版社2004年版,第7页。
④ See Charles P. Sherman, "The Romanization of English Law", *The Yale Law Journal*, Vol. 23, No. 4, 1914.

596年来到不列颠传教。这些教士在传播宗教的同时无疑也带来了罗马法的知识,并且在当时的法律活动中扮演重要的角色。[1] 正如赞恩所描述的:"盎格鲁-撒克逊的征服大业一经完成,实际上还没有完成之前……罗马教会已使这些人皈依了基督教。神父随即带来了教规。罗马法律传统的影响也越来越明显。教会很快取得了财产,任命了大主教,修建了教堂。神父带来了欧洲大陆盛行的土地文本及契据。……最重要的一点是法律上的一切变化及其日臻完善都是在神父的影响下发生的。他们是唯一具备这些知识的人,他们知道如何起草文本,他们给国王配备神职人员,而这一切有关法律的知识均来自于他们所接受的神职人员的教育。……一般来说,郡法庭由大主教来主持,他的影响无疑是巨大的。他自己或者教会的顾问就可以解释法律,而他自然是解释来自罗马法的教会法规。当然,这里的罗马法不是指《查士丁尼法典》,而是指罗马法的传统,由于存在着援引其规则的条件,这种传统一直保留了下来。"[2]

因此,从7世纪到11世纪,通过神职人员的努力,罗马法的知识在不列颠得以存续。大约在600年,皈依基督教的肯特国王埃塞伯特按照罗马法制定了其王国的法律,在制定过程中,罗马传教士很可能使其关注并借鉴了《查士丁尼法典》。827年,盎格鲁和撒克逊各王国统一成英格兰王国,后世的诸多立法源于这一时期的国王,尤其是阿尔弗雷德大帝。他在幼年之时被送往罗马学习文学和传统,登基之后,他因致力于搜集并且组织编纂盎格鲁-撒克逊法律而被称为伟大的立法者。[3] 盎格

---

[1] 参见陈秀玲:"传统的重构和整合",西南政法大学硕士学位论文(2005年),第7页。

[2] 参见〔美〕约翰·麦·赞恩:《法律的故事》,刘昕等译,江苏人民出版社1998年版,第204—206页。

[3] See P. H. Helm, *Alfred the Great*: *A Biography*, New York: Barnes & Noble, 1995, pp.33-38, 110-117.尽管现在留存的阿尔弗雷德时期的法律为诺曼征服之后所编纂,但最可信赖的手稿中包括了为数不少的罗马法片段。

鲁-撒克逊时期的最后一位国王忏悔者爱德华(1043—1066)早年被流放欧洲大陆,当时恰逢罗马法研究的复兴,因此在他统治英格兰之后,其立法也当然参酌罗马法的精神,从而使阿尔弗雷德时期的罗马法影响得以延续。[①]

诺曼征服之后,在普通法形成之时,罗马法仍然没有停止向不列颠的渗透。征服者威廉在征服英格兰之后宣誓遵循爱德华时期的法律以赢得臣民的支持,而随同威廉一起进入英格兰的一位意大利人是欧洲大陆罗马法复兴的先锋人物兰弗兰克(Lanfranc),他曾在帕维亚学习罗马法,精通罗马法和教会法,"在诺曼底,他被认为是罗马法的奠基人之一"[②]。因其曾以僧侣身份为诺曼人入侵英格兰赢得教皇支持,极受威廉一世信任,后出任坎特伯雷大主教。虽然他对英国法律到底有何影响至今尚无史料证明,但是威廉一世统治时期适用于英格兰的法律中就有罗马法的痕迹,其中一部名为《威廉一世的法律》的私人法律著述中包含的多为盎格鲁-诺曼法律,部分以威廉一世的制定法为依据。据说,全书52章中有6章可以看到直接或间接地引自查士丁尼的《学说汇纂》和《查士丁尼法典》的罗马法规则。[③]

12世纪中期之前,英格兰完成了三项措施,在很大程度上推翻了本土的撒克逊法,从而为继受罗马法铺平了道路:其一,建立了中央法庭,使得地方法庭失势;其二,教会法院实现独立,得以不受阻止地自由适用罗马法和教会法;其三,司法的运作掌握在当时受过良好教育的人

---

① 参见〔日〕宫本英雄:《英吉利法研究》,骆通译,中国政法大学出版社2004年版,第105页;Charles P. Sherman, "The Romanization of English Law", *The Yale Law Journal*, Vol. 23, No. 4, 1914。

② Frederick Pollock and Frederic William Maitland, *The History of English Law before the Time of Edward Ⅰ*, Vol. Ⅰ, London: Cambridge University Press, 1898, p. 28.

③ 参见梁治平:"英国普通法中的罗马法因素",《比较法研究》1990年第1期。

手中,诺曼法语成为法庭的诉讼语言。[1]

12世纪下半叶,亨利二世的司法改革为普通法的形成奠定了良好的基础,但其中也不乏对罗马法的吸收。首先,改革对先前法律和习惯的整理必然包含着许多罗马法的因素。其次,司法改革在吸收盎格鲁-撒克逊法的同时也吸收了诺曼法,而"诺曼底的习惯在12世纪晚期至少是通过法国罗马化了"。再次,亨利二世时期还直接引入了罗马法的法律文本以弥补英国法的不足,适应司法改革和普通法发展的需要。[2] 比如,亨利二世所颁布的有关区分占有权和所有权的法令、建立审判案件中的诉讼与陪审程序、以陪审团审判取代神明裁判法和决斗法被认为是"明显受到了罗马法的影响"。[3] 又如,亨利二世时期进行改革的令状制引自教会法,而教会法又是引自罗马法。[4]

与此同时,英国法学的发展也深受罗马法的影响。12世纪,罗马法的研究在波伦那等地复兴之后,研习罗马法的潮流很快传入英国。1149年,意大利罗马法学者瓦卡留斯(Vacarius)接受当时的坎特伯雷大主教西奥巴尔德的邀请至牛津大学教授罗马法,[5]这成为英国大学

---

[1] See Charles P. Sherman," The Romanization of English Law ", *The Yale Law Journal*, Vol. 23, No. 4, 1914.

[2] 参见张乃和主编:《英国文艺复兴时期的法律与社会》,黑龙江人民出版社2007年版,第111—112页。

[3] F. W. Maitland, *The Constitutional History of England*, London: Cambridge University Press, 1908, p. 13. 转引自孟广林:《英国封建王权论稿——从诺曼征服到大宪章》,人民出版社2002年版,第219页注释。

[4] See Charles P. Sherman," A Brief History of Medieval Roman Canon Law in England", *University of Pennsylvania Law Review and Ameirian Law Register*, Vol. 68, No. 3, 1920.

[5] 普林(Prynne)以及塞尔登(Selden)两位学者都将瓦卡留斯在牛津大学中的教学与将教会法引入英格兰的企图混淆起来。可以确定的是,瓦卡留斯所教授的是查士丁尼的《国法大全》。但无疑,教会法和罗马法在进入英格兰的时间以及本质特征上都有众多相似之处,两者之间存在着紧密的关联。可以说,在英格兰中世纪的每位伟大的教会法学者也是一位伟大的罗马法学家。

研究、讲授罗马法的开始,瓦卡留斯也被认为是 12 世纪英国法学的所谓"牛津学派"的鼻祖。为辅助教学,瓦卡留斯编撰并出版了《查士丁尼法典》和《学说汇纂》的缩本以供贫穷而买不起原著的学生使用,书成后共 9 卷。① 据称,此书在 12 世纪末成为伦敦法律学者的主要教科书。② 瓦卡留斯的新教学很快招致反对,尤其是国王斯蒂芬因不喜大主教西奥巴尔德而禁止瓦卡留斯的罗马法教学,甚至禁止人们拥有罗马法的书籍。但这一迫害很快失败,国王的这一禁令不久即被撤销。12 世纪中期,查士丁尼时期和查士丁尼之后的罗马法资料在英国得以传播,13 世纪对罗马法的研习传入剑桥大学,此后一直到 17 世纪在英国大学中对罗马法的研习仅次于神学。③

12、13 世纪以牛津、剑桥两所大学为基地进行的罗马法的教授和研习不仅有助于英国法学的发展,而且使普通法的系统化成为可能。在亨利二世时期,拉内弗·德·格兰维尔(Ranulf de Glanvill)于 1188 年出版的《论英格兰王国的法律与习惯》和亨利三世时期的布雷克顿在 13 世纪出版的《论英格兰的法律与习惯》这两部对英国普通法的发展至关重要的著作中,我们都可以看到罗马法的理论和编纂方式对普通法的系统化与理论化产生了决定性的影响。格兰维尔的著作更多的是在形式上受到罗马法的影响,"其作品的开篇序言就是仿照《法学阶梯》的序言写就的,紧接着在记述普通法令状制度时行文的布局是罗马式的。……格兰维尔作品中最具罗马风格的部分是对契约的分类,不过

---

① See William Stubbs, "The History of the Canon Law in Englnd", Association of American Law Schools (ed. and comp.), *Select Essays in Anglo-American Legal History*, Vol. I, Boston: Little Brown and Company, 1907, p. 258.

② 孟广林:《英国封建王权论稿——从诺曼征服到大宪章》,人民出版社 2002 年版,第 218 页注释。

③ See Charles P. Sherman, "The Romanization of English Law", *The Yale Law Journal*, Vol. 23, No. 4, 1914.

其记述的是纯粹的英国法律。"而布雷克顿则对罗马法形式和内容进行全面吸纳及运用,他运用罗马法的理论和编纂体例对普通法进行系统化的分类整理。① 布雷克顿之书的第一卷至第三卷依照《法学阶梯》的人法、物法、诉讼法的体系设立,第一卷的2/3取材于波伦那注释法学派的《罗马法要录》(Summa);第二卷所有权取得之原因部分大体依照阿佐之书;第三卷诉及刑法,诉之部分也多取材于罗马法典,刑法论中各种犯罪之定义也都采用罗马法定义。第四卷、第五卷除术语之外,其他也多取材罗马法典或者阿佐之书。②

同样在13世纪,作为英国宪政基础的《大宪章》中也体现了罗马法的影响。当时的坎特伯雷大主教史蒂夫·兰顿(Steve Langton)是《大宪章》的编订者,他本人从波伦那大学获得了法学博士学位,对罗马法有着精深的研究,这样的知识背景影响着他的法律活动,在他编订《大宪章》的时候也渗透到了这个文本之中。对此,美国学者莫里斯已有论证。③

尽管梅特兰认为在13世纪行将结束之时,罗马法和教会法都失去了对英国世俗法律发展的控制权,但是罗马法的影响并未中断。在王室法院的判决中,我们仍能看到罗马法的踪迹。比如,阿莫斯(Amos)在其《罗马法》一书中写道:"直到14世纪初,罗马法的权威还被人在普通法法院征引,并非如现在那样作为说明或次要的证明,而是当做基本的、实际上还是决定性的东西。"舍曼(Sherman)也指出了这一点,他甚

---

① T. F. T. Plucknett,"The Relations between Roman Law and English Common Law down to the Sixteenth Century: A General Survey", *The University of Toronto Law Journal*, Vol. 3, No. 1, 1939; Charles P. Sherman, "The Romanization of English Law", *The Yale Law Journal*, Vol. 23, No. 4, 1914.

② 参见〔日〕宫本英雄:《英吉利法研究》,骆通译,中国政法大学出版社2004年版,第109页。

③ 参见〔美〕莫里斯:《法律发达史》,王学文译,中国政法大学出版社2003年版,第208—211页。

至还引用了1311年的判决作为例证。总之,这一时期的特点似乎是,罗马法的材料被巧妙地加以运用,与日耳曼法和封建法的材料糅合在一起,为本地风貌的诉讼外壳所掩盖。①

14世纪的百年战争及1384年8月黑死病在英国的蔓延对英国经济、社会、生活的方方面面都予以沉重打击,法律的发展无从谈起,普通法的发展进入停滞状态,罗马法的传播也受到很大影响。

在经历了英法百年战争和红白玫瑰战争的长期战乱之后,英国的都铎王朝于1485年建立。随着文艺复兴运动的兴起,15、16世纪罗马法的人文主义法学派在西欧各国兴起,继而传播到英国。正是在人文主义法学的影响下,英国掀起了一波新的继受罗马法的浪潮。

都铎王朝的第二位国王亨利八世认识到罗马法对加强王权的价值,大力支持对罗马法的研习,并在剑桥大学(1540)和牛津大学(1546)相继设立教授席位讲授罗马法,由王室给予俸禄。这些教授职位的设立在某种程度上弥补了由于教会法的垮台而给罗马法带来的羞辱和迫害。亨利八世还授予罗马法博士结婚的特权,以及能够从事教会性质的司法职业的特权。② 同时,亨利八世及其后的几位国王还在司法和政治实践中重用人文主义法学家,并将罗马法的精神和原则用于改革司法和加强立法上,从而巩固王权。比如,受亨利八世的邀请任剑桥教授的史密斯在英国担任了一系列的教俗职务,广泛参与了这一时期英国世俗和教会法的实践。"史密斯成为债权法院主事官,按照罗马法的程序进行审理和判决诉讼案件。他还相继担任了卡莱尔教区长(Dean)、伊顿公学校监、驻法国王室大使以及伊丽莎白一世的国务大臣。"③

---

① 参见梁治平:"英国普通法中的罗马法因素",《比较法研究》1990年第1期。
② See F. E. R. Stephens, "A Sketch of the Civil and Canon Laws in England", *The American Law Register and Review*, Vol. 44, No. 3, 1896.
③ Frederic William Maitland, *English Law and the Renaissance*, 中国社会科学出版社1999年影印本,p.10。

都铎王朝时期的国王还利用罗马法的精神和原则设立特权法庭以强化王权。这些特权法庭主要包括处理刑事案件的星室法院、债权法院、海事法院以及最高委员会法院。此外,还有为加强对西部和北部以及威尔士边境的控制而设置的北部委员会、威尔士委员会以及西部委员会这种集司法、行政于一体的特权机构。这些特权法庭始终处于国王的直接控制之下,没有成长为拥有独立司法权的机构,而是沦为执行国王意志的工具。①

都铎王朝时期的许多改革性的制定法也体现了对罗马法原则的借鉴。如 1540 年颁布的《遗嘱法》(Statute of Wills)就借鉴罗马法确立了可用遗嘱自由处置不动产的原则。② 此外,许多罗马法的原则被运用于处理商业交易(商事法规)和海事方面的事务产生持续的效力。

正如日本学者宫本英雄所总结的,与欧洲大陆的继受罗马法的趋势相比,英国对罗马法的继受具有自己的特色,欧洲大陆的继受是从精神到制度的全面继受,而英国则主要是"无形继受其思想,非有形输入其制度"。③

三、教会法的实施

教会法在英国的实施与基督教的传播及教会法院的建立有着密不可分的关系。许多学者认为是圣奥古斯丁使得盎格鲁-撒克逊人皈依了基督教。596 年,圣奥古斯丁被教皇格列高利派往肯特的阿尔伯特国王那里传播上帝福音。圣奥古斯丁取得了相当大的成果,同年 6 月

---

① 参见张乃和主编:《英国文艺复兴时期的法律与社会》,黑龙江人民出版社 2007 年版,第 122—128 页。

② 参见〔美〕莫里斯:《法律发达史》,王学文译,中国政法大学出版社 2003 年版,第 223 页。

③ 参见〔日〕宫本英雄:《英吉利法研究》,骆通译,中国政法大学出版社 2004 年版,第 98 页。

1日,肯特国王阿尔伯特皈依了基督教。601年,教皇授予圣奥古斯丁大主教的圣职,并且确定了他在坎特伯雷的主教教区。此后,盎格鲁-撒克逊地区的国王贵族纷纷皈依基督教。664年,惠特比宗教会议授予教皇对于不列颠的基督教会的权力,包括:(1)建立天主教主教辖区并任命这些辖区天主教主教;(2)取消不利于罗马教会崇拜方式的凯尔特习俗;(3)通过罗马教会重申它对于不列颠人的至尊地位的主张。①由此,盎格鲁-撒克逊人被置于教皇的管辖之下。大约至9世纪,以两个大主教区(坎特伯雷大主教区和约克大主教区,坎特伯雷大主教为首席大主教)和若干主教区及基层教区的教会体制在英格兰建立起来。②随着教会教区的确立,相应地产生了对教会法院的需要。

但是,在诺曼征服之前,英国尚未建立独立的教会法院。那时,主教和郡长一起在地方法院坐堂,对于世俗和精神的不法行为行使同样的管辖权。③

1070年,在威廉国王的要求下,坎特伯雷大主教斯蒂甘德(Stigand)被罗马教廷废黜,威廉任命他的心腹兰弗兰克为新一任坎特伯雷大主教,从而以精通格列高利七世时期的教会法学以及罗马法程序的外国主教(同时也是他的大陆诺曼追随者)取代了英格兰本土出身的使用本国法和习惯程序的高级教士。兰弗兰克成功地改革了英格兰教会。④ 在他的影响下,1072年,征服者威廉一世下令:

---

① Herman Kinder and Werner Hilgemann, *The Anchor Atlas of World History: From the Stone Age to the Eve of the French Revolution*, Ernest A. Menze ed. and trans., New York: Anchor Books, 1974, p.140.

② 参见陈绪刚:《法律职业与法治——以英格兰为例》,清华大学出版社2007年版,第62页。

③ See F. E. R. Stephens, "A Sketch of the Civil and Canon Laws in England", *The American Law Register and Review*, Vol.44, No.3, 1896.

④ 参见陈绪刚:《法律职业与法治——以英格兰为例》,清华大学出版社2007年版,第62页。

任何主教或执事长从今后不得在百户区法院审理与主教教区的法律有关的案件;他们也不得将任何有关精神戒律的案件交给俗人判决。在任何一个案件或违法行为中,按照主教教区的法律传唤的任何人都应前往主教选择和指定的地方,并在那里回答与其案件或违法行为有关的问题。被传唤者不应根据百户区法院的法律,而应按照教会法和主教教区的法律对上帝和他的主教作出公正之举。①

该命令要求将"上帝的事务"与"恺撒的事务"分开,上帝的事务由教会掌管,恺撒的事务由国王掌管,②教会法院与郡法院的事务分离开来,至此,英国才出现独立的教会法院。

经威廉一世的改革,教会诉讼出现大量增长。至斯蒂芬时期,主教在司法事务上的压力才因执事长法庭接管了大量的案件负担而得以减轻。执事长法庭审理个人提起的控告,也审理执事长自己依职权而提起控诉的案件。教皇法院仍凌驾于其他所有法院之上。至12世纪中期,自英格兰上诉至教皇法院的案件的数量一直与日俱增。③但是,由于此时格拉蒂安还没有编订教令集,不存在任何系统化的教会法,而且作为教会法院法官的执事长们也未经受系统的训练,因此,当时的教会法是不确定的、非权威的,教会诉讼程序是极其简单、不稳定的。总体而言,从司法实践来看,在12世纪中期之前,教会法院和世俗法院之间

---

① 〔英〕约翰·哈德森:《英国普通法的形成——从诺曼征服到大宪章时期英格兰的法律与社会》,刘四新译,商务印书馆 2006 年版,第 60 页。

② See R. Swanson, *Church and Society in Late Medieval England*, Oxford: Blackwell Publisher, 1993, p.140.

③ 参见〔英〕约翰·哈德森:《英国普通法的形成——从诺曼征服到大宪章时期英格兰的法律与社会》,刘四新译,商务印书馆 2006 年版,第 60—61 页。

的关系更多的是协作，而不是冲突。①

波伦那的修道士格拉蒂安于 1139 年至 1142 年间相继完成并出版了《教会法汇要》(*The Decretum*)，由此实现了教皇格列高利七世所秉持的理念，即普世的教会应该存在一套通行的教会普通法。格拉蒂安的《教会法汇要》很快被引入英格兰，这为英格兰教会法的发展带来了一缕曙光。此后，教令集获得了进一步的发展。1234 年，教皇格列高利九世批准了由雷蒙德·德·彭纳福特(Raymund de Pennaforte)根据当时数位教皇的教令编纂的五卷本教令集，并且将其补充到《格拉蒂安教令集》中，被称为《格列高利九世教令集》。1298 年，卜尼法斯八世又将格列高利九世之后的教令以及他自己的教令编成一部新的教令集，作为对五卷本《格列高利九世教令集》的补充，称之为《第六书》。1317 年，由克莱门五世搜集编纂的《克莱门教令集》(*The Clementines*)又作为它的补充。而约翰二十二世于 1500 年又将自己的教令以及其他罗马主教的教令增补其上。这些教令集中的许多内容都被先后引入英格兰。②

除了罗马教廷颁布的教令集外，还有英格兰本国教会的立法。自诺曼征服以来，英格兰大多数大主教都主持省宗教会议并签发省宗教法规，但是其中许多仅仅是临时法令，而且即使它们获得国王的支持和认可，也无法与由教皇或者宗教会议的决议通过的规则相抗衡。但是自亨利三世时期开始，除了来自罗马教廷的教会法，

---

① 参见〔英〕约翰·哈德森：《英国普通法的形成——从诺曼征服到大宪章时期英格兰的法律与社会》，刘四新译，商务印书馆 2006 年版，第 62 页。

② See William Stubbs, "The History of the Canon Law in Englnd", Association of American Law Schools (ed. and comp.), *Select Essays in Anglo-American Legal History*, Vol. Ⅰ, Boston: Little Brown and Company, 1907, p. 264; F. E. R. Stephens, "A Sketch of the Civil and Canon Laws in England", *The American Law Register and Review*, Vol. 44, No. 3, 1896.

英格兰也拥有了自己的使节及省教会章程。迄今为止所知最早的章程是由大主教兰顿颁布的,而其后的格列高利九世的使节奥托(Otho)的章程则可能具有更大的权威,该章程于1237年在一个全国性会议中被通过。此后的历任大主教也相继颁布章程,尤其是大主教卜尼法斯(Boniface)与佩卡姆(Peckham),前者在其章程中利用亨利三世的软弱主张教会权力,其后继任的大主教佩卡姆则有过之而无不及,他甚至主张教会有权反对国家法规的颁布。1262年,在卜尼法斯以及佩卡姆章程之间,出现了奥索邦(Othobon)章程,该章程为佩卡姆于1281年在坎特伯雷大主教官邸予以确认。奥托章程和奥索邦章程是国家教会法中最早被法典化且被注释的内容。在爱德华三世统治时期,埃顿的约翰搜集了自兰顿时代起的教规,还对奥托章程和奥索邦章程予以详细评注。① 亨利五世(1413—1422)时期,教会法院院长威廉·林德伍德(William Lyndwood)搜集、整理并评注在其辖区内被接受的英格兰教会的章程,这一成果与埃顿的约翰的集子通常被收录为一本,成为英格兰的权威教会法。起初,它仅适用于坎特伯雷省,但是在1462年,它也为约克省的教士会议接受并被视做权威。此后直至宗教改革,英格兰教会法的内容没有发生根本性的改变。②

以上这些教会法成为牛津大学和剑桥大学中的学习内容。但是,由于英格兰贵族等非教界人士害怕教会法会对封建制度造成侵蚀和损害,所以,世俗王权对于教会法的引入和发展流露出某种敌视的姿态。如在1234年12月11日,亨利三世在一封写给伦敦市长的信中下令禁

---

① See William Stubbs, "The History of the Canon Law in Englnd", Association of American Law Schools (ed. and comp.), *Select Essays in Anglo-American Legal History*, Vol. I, Boston: Little Brown and Company, 1907, pp. 263-264.

② Ibid., p. 265.

止任何人在伦敦开办法律学校或者教授法律。对于信中的"法律"一词,柯克认为是指《大宪章》;但更多的学者,如塞尔登、普林以及斯塔布斯都坚信此处的法律无疑是指教会法。①

也正是由于英格兰世俗力量的反对,因此,教会法在英格兰从未像在欧洲其他国家中那样获得广泛的权威。在1236年的默顿会议(Merton Council)上,当主教们提出教会应当批准"非婚生子通过父母缔结婚姻能够获得合法的嫡子身份"的主张时,据说当时与会的所有的贵族一致回答:"我们不愿意改变英格兰法(nolumus leges angliae mutare)。"因此,教会法在英格兰的权威是有限的,布莱克斯通甚至认为:"教皇或者帝国法律在这个国家所获得的所有力量……仅仅是因为它们在一些特定的案件中以及一些特定的法院中被古老的习惯所承认和接受,并且在那时它们构成了习惯法的一部分;又或者,因为它们在其他案件中经议会的同意而引入,并且在那时它们的有效性来自于制定法。"②

尽管如此,教会法依然顽强地在英格兰扎根,并且通过其司法实践不断地发展。在教会法的成长过程中,教会将其管辖权扩张到了生活的所有部门,不仅涉及与教会及宗教事务相关的事项,也广泛地涉及其他事项;不仅涉及神职人员,还包括寡妇和孤儿以及未成年人;③不仅有民事管辖权,也有刑事管辖权。在宗教改革之前,英国教会法院对以下事项拥有管辖权:教会经济制度、教会财产、教会会费和什一税、结婚、离婚、使非婚生子合法化、动产的遗嘱继承和无遗嘱继承、涉及信用

---

① 斯塔布斯认为,这里的法律包括罗马法和教会法,但教会法可能性更大。
② Blackstone, Comm. 80, 转引自 F. E. R. Stephens, "A Sketch of the Civil and Canon Laws in England", *The American Law Register and Review*, Vol. 44, No. 3, 1896。
③ See F. E. R. Stephens, "A Sketch of the Civil and Canon Laws in England", *The American Law Register and Review*, Vol. 44, No. 3, 1896。

担保或者宣誓的契约以及各种各样的犯罪和侵权等,①使得教会法成为英国社会中运行的一种重要法律。

总之,普通法的形成、罗马法的传播以及教会法的实施构成了英国衡平法产生、发展的法律大背景,正是通过对这些法律的吸收、借鉴以及与这些法律的并存和竞争,英国大法官法院中的衡平法才得以产生、发展、壮大。

第二节 罗马法、教会法及普通法中的衡平因素

尽管一般认为,大法官法院是英国衡平法的诞生之地,但事实上,衡平因素并非为英国大法官法院所独有,在罗马法、教会法以及普通法中都可找到其踪迹。

一、罗马法中的衡平因素

(一) 罗马法中的衡平理论

爱尔兰学者凯利在《西方法律思想简史》一书中认为,罗马人对衡平概念的理解本身就受到古希腊思想中的衡平概念的影响。

他认为,古希腊思想中的衡平包括两个方面:其一为含义相对于字面意义,意图相对于纯语词的重要性;其二为希腊观念中的 epieikeia,罗马人称之为 aequitas,意指公正、合理,即与严格意义上的法(ius)并存的价值。② 与法律的严苛相反,它表示软化和让步。柏拉图在《法律篇》

---

① 关于宗教改革前教会法院管辖权,具体参见 Charles P. Sherman, "A Brief History of Medieval Roman Canon Law in England", *University of Pennsylvania Law Review and American Law Register*, Vol. 68, No. 3, 1920。

② 参见〔爱尔兰〕J. M. 凯利:《西方法律思想简史》,王笑红译,法律出版社 2002 年版,第 50 页。

中将其与仁慈一次并列,作为对严格法律的纠正,这一纠正有时是不得不为之的。第一个为其下定义的是亚里士多德,不过他并未摒除该词所隐含的本义。亚里士多德的这一定义至今仍未被超越,他在《伦理学》一书中解释说:"衡平与正义(justice)并无二致,而为正义之一种,不过为非据法律之正义而已。它是对法律正义之矫正。衡平的产生是基于法律作为一般情况所作之规定,其归纳不可能非常精确。因而,对于某一案由,法律的制定者未能预见,但他如果预见的话,则必然会将其排除于某一规范所规制之范畴。于此情形,引入衡平即为必然。"[1]

在罗马人的衡平(aequitas)概念中,亚里士多德所提出的"衡平是与法律共存的标准,并具有调节和补充法律的功能"这一观念被继承。此外,亚里士多德对严格法和衡平的区分也常常被提及。它是罗马修辞学学派的传统训练主题;西塞罗在论修辞学的一篇文章中说,案例的范围应该能够满足教师的两个标准之一:或是训练学生仅仅按照法律的字面意义来辩论;或是以不那么僵化的衡平(aequitas)为标准。他还记述了一则逸闻,说是加尔巴和克拉苏这两位大法学家发生了争执时,加尔巴试图证明克拉苏是错的,他的立论基础就是与严格法相对的衡平。在罗马法庭上,持衡平论者自然会运用这一古希腊哲学和修辞学赋予他们的利器。例如,在公元前 92 年的一个著名案件中,法学家克拉苏认为,遗嘱的解释应尊重遗嘱人的明显意图而不应拘泥于遗嘱的用词。对此,西塞罗记述了这样的格言——"最严格地适用法是最大的不正义"(summum ius summa injuria)。[2]

---

[1] See H. F. Jolowicz, *Roman Foundations of Modern Law*, Oxford: Clarendon Press, 1957, p. 54.

[2] 〔爱尔兰〕J. M. 凯利:《西方法律思想简史》,王笑红译,法律出版社 2002 年版,第50—52 页。显然,凯利认为在希腊和罗马的衡平概念之间还是存在着直接的传承关系的。但也有学者认为对此目前仍缺乏实证。参见李中原:《欧陆民法传统的历史解读》,法律出版社 2009 年版,第 72 页,注[19]。

尽管有学者对 epieikeia 与罗马的 aequitas 之间是否存在直接的承继关系提出疑问，但这两者显然具有极大的相似性，即它们都是指按照正义原则对偏离该原则的法律进行纠正。因此，对衡平的理解离不开对"正义"概念的讨论。而不可否认的是，对于"正义"概念的理解，罗马人从希腊哲学，尤其是希腊自然法哲学中受益良多。

希腊的自然法学说在斯多葛学派手中发展到顶峰。在斯多葛学派看来，正义是由永恒的自然律所确定的秩序，具有无上的权威，人与神都服从于这种永恒的自然律，因此人类制定法必须要服从这一自然律。公元前 2 世纪，希腊斯多葛学派的自然法思想经由西塞罗被引入罗马，引起了罗马法学家的极大兴趣。他们从斯多葛学派那里接受了关于"自然"、"自然法"、"自然理性"、"自然正义"的观念，并加以具体化的改造。例如，在查士丁尼的《法学阶梯》中引用了乌尔比安对法和正义的最高信条所作的表述："法的准则就是这些：诚实生活，毋害他人，给予每个人他应得的部分。"这一具有鲜明自然法色彩的格言被认为只是对西塞罗相应片段的汇总，其源头可以进一步追溯至古希腊。[①] 由于在开始的很长一段时间里，自然法实际上被等同于万民法，因此，通过法律实践实现正义的责任就落在了裁判官的肩头。法学家们的理解也通过他们对法律实践活动的指导逐渐渗透到了裁判官们创造性的法律活动当中，[②] 成为罗马衡平法的基石。

[①] 参见李中原：《欧陆民法传统的历史解读》，法律出版社 2009 年版，第 70 页。

[②] 有关历史记载表明，罗马裁判官最初出现之时，并非由职业法律家担任，这一传统在以后一直保持着。但到古典时期，已有大量的法学家担任了裁判官一职。然而，即便裁判官本人不是法律专家，他也非常尊重法学家的意见——这也是罗马社会的一大传统，因为在罗马人的观念中，法始终是掌握在法学家（从祭司到世俗）手中的。正因为如此，我们可以断言，裁判官法发布的某些告示、拟定的某些程式直接来源于法学家的意见。参见李中原：《欧陆民法传统的历史解读》，法律出版社 2009 年版，第 89 页。

(二) 罗马法中的衡平实践

作为最"先赋予罗马市民法以活力的法"[1]，人们常常将罗马裁判官法视为罗马衡平法的代名词，如乌尔比安就曾说过："裁判官给予衡平。"因此，裁判官的法律活动所形成的裁判官法无疑是罗马衡平法的重要组成部分。

裁判官包括公元前367年设立的内事裁判官及公元前242年设立的外事裁判官。前者负责处理罗马人之间的纠纷，后者负责处理罗马人与非罗马人以及非罗马人之间的纠纷。虽然裁判官并不能直接修改由城邦立法机构制定的法律，但他可以通过两种方式实现罗马法中的衡平：其一是裁判官通过对向其提起的诉讼拟定诉讼程式、发布程式简册的方法来改造旧法、创制新法，是为司法权；其二是裁判官在其任职之初，通过颁布"告示"，就其任职期间的执法方针和程序进行宣示的方法来创造衡平法，是为立法权。事实上，告示的签发是裁判官法中更为重要的部分，正如《罗马法中的衡平》的作者巴克兰（W. W. Buckland）所言："在提到罗马法上衡平的时候，很自然地会将裁判官视做其主要渊源。在这个方面，我们必须不把他视为一名法官，而是一位立法者。尽管并非完全，但他所作出的改变在很大程度上是通过清楚的立法的方式引入的。"[2]这些告示往往是对裁判官司法实践的总结，具有普遍性的效力，其存续时间为一年，甚至可以通过历任裁判官的代代相承而获得更为长久的生命力，其影响力也更为深远。因此，罗马衡平法不仅仅是罗马裁判官司法的产物，也是罗马裁判官将其司法实践予以立法总结的成果。当然，罗马裁判官的司法活动无疑是我们观察其创制衡平法的重要窗口。

---

[1] 黄风：《罗马私法导论》，法律出版社2003年版，第11页。

[2] W. W. Buckland, *Equity in Roman Law*, London: University of London Press, 1911, p. 6.

罗马裁判官在同一个法院中兼理市民法与衡平法的诉讼,鉴于裁判官在程式诉讼中享有广泛的自由裁量权及其颁布告示的权力,他能够有效地影响既有法律,改变其与现实需求不符的地方。因此,裁判官往往通过直接拒绝、推翻已经允诺的诉讼手段修改完善旧法的方式,或仅仅基于事实直接授予新诉权的方式来实现当事人的衡平权利。

1. 拒绝诉讼

由于裁判官兼理市民法诉讼,因此,当裁判官认识到既有的市民法规则有害于衡平原则的时候,他就可以直接拒绝、推翻已经允诺的诉讼手段,也即拒绝维护权利人根据市民法而取得的诉权。

在一些案件中,裁判官通过拒绝授予申请者程式的方式剥夺一个已经完成的交易的合法结果,从而在实质上使得市民法上的权利人因诉权的丧失而无法保护自己法定的实体权利。但这种做法过于激烈,它意味着对市民法的直接否定,因此,裁判官在行使的时候相当谨慎,他必须加以权衡,只有当他认为授予诉权将会损害另一个更为重要的利益的时候,他才会这么做。例如,裁判官曾经拒绝了一项针对正在海外任职的行省总督(Legatus)的诉讼,以避免妨碍该总督正在履行的公职。[①] 再如,一名借贷金钱的未成年人在将其贷得的金钱大肆挥霍之后,向该未成年人借贷的债权人的赔偿请求被裁判官拒之门外(d. 4. 4. 27. 1)。[②] 又如,大法官拒绝了针对在一个赌场中因招致的抢劫和伤害所提出的诉讼请求(d. 11. 5. 1. 3)。值得注意的是,即使有时候裁判官授予程式,他也会在后一个阶段干预并且拒绝推进执行。

裁判官拒绝授予诉讼手段的这一做法就其效果而言,与大法官干

[①] See W. W. Buckland, *Equity in Roman Law*, London: University of London Press, 1911, p. 38.

[②] Ibid.

预普通法诉讼程序以及防止原告执行其普通法权利的做法非常类似。但是由于裁判官独掌一般民事诉讼的审判权,因此不会产生普通法法院与大法官法院之间的那种管辖权冲突。①

2. 修改旧法

除拒绝诉讼外,裁判官也可以在旧法的基础上通过对其修改完善的方式来给予当事人衡平救济,这包括多种方法,如抗辩、拟制诉讼、扩用诉讼、附加诉等。

第一,抗辩。罗马法中的抗辩(exceptio),作为被告的辩护手段,是法律尤其是裁判官法为被告提供的据以对抗原告之诉的制度可能,它最初是介于原告请求和判决程式之间的一项诉讼程式,使被告有可能证明存在某种情形,足以让原告的请求丧失其合法性或有效性。②

在罗马早期的法律诉讼阶段并不存在抗辩,法律诉讼具有严格的形式主义特征,要求诉与法律严格相符,所以当事人也根本没有运用抗辩在判决上附加例外条款进行防御的机会。如当时的要式行为只问法律行为的形式是否完备,并不问意思表示有无瑕疵,即使因诈欺而为的法律行为,受害人也不得请求撤销或拒绝履行。

公元前 3 世纪,随着程式诉讼的引入,法律诉讼的僵硬、严苛和形式主义被逐渐克服,这就为抗辩制度的引入提供了历史契机。公元前 66 年,裁判官阿奎利乌斯·盖路斯首创欺诈诉(actio de dolo)以保护受欺诈者,使其可以撤销所为的法律行为并要求赔偿损失,由于欺诈诉是一个受欺诈人单独提起的诉讼程序,自然比不上拒绝对方请求那样既方便又经济,因此,在欺诈诉后,裁判官为使受害人可以拒绝履行因受骗而为的各种法律行为,增设了欺诈抗辩(exeptio doli),用以统称各

---

① See W. W. Buckland, *Equity in Roman Law*, London: University of London Press, 1911, p. 37.

② 参见黄风:《罗马法词典》,法律出版社 2002 年版,第 106—108 页。

种具体的事实抗辩。此后,裁判官又发展出了胁迫抗辩、同时履行抗辩、未准确履约抗辩、特定事务抗辩、既定简约抗辩、钱款抵消抗辩和保证人先诉抗辩等多种抗辩。

裁判官把抗辩当做一种间接手段,借以纠正法律的不公平之处,使之逐渐成为"对抗严格法的最有效的衡平武器"。因此,抗辩可以说是一种真正的裁判官法制度,是程式诉讼时期裁判官广泛干预审判的产物。

第二,拟制诉讼。所谓拟制诉讼(actio ficticia)是指,当裁判官认为应当保护的权利因缺乏某种法定要素而无法得到既有法律的保护时,裁判官假设该要素存在,从而赋予当事人相应种类的诉权。①

裁判官发展出了多种拟制诉讼,盖尤斯将其分为包税人诉、遗产占有诉、财产购买者诉、遗产买主诉、时效取得诉、异邦人罗马市民权诉、诉讼对手诉。② 其中最为著名的例子是"时效取得诉",亦称"善意占有之诉"或者"普布利西安之诉"。根据罗马市民法的规定,要式移转物所有权的移转必须具备要式买卖、拟诉弃权的方式,否则,取得者只是接受了对要式物的让渡,而没有取得市民法上的所有权,只是简单的占有者;只有当占有持续了一年或者两年之后,他才因时效而取得所有权。③ 尽管后来裁判官赋予已经接受让渡的占有者"让渡出卖物之抗辩",但在时效没有完成之前,面对他人的攫夺侵害,他仍无法像市民法上的所有人那样对他人起诉以保护其所有权、所有物。为此,在共和国末期,裁判官普布利西安以取得时效为基础,拟制了一种特别诉权作为

---

① 参见黄风:《罗马私法导论》,中国政法大学出版社2003年版,第30—31页。
② 参见宋飞:"盖尤斯法学思想解读",http://www.romanlaw.cn/subroma-189-1.html,浏览时间为2009年11月22日。
③ 参见〔意〕彼得罗·彭梵得:《罗马法教科书》,黄风译,中国政法大学出版社2005年版,第69页。

补救。该诉将未完成之时效假想为已经完成,故起诉时,已经接受让渡的占有者无须具备关于取得时效之占有条件。①此诉的出现,使得任何根据某一"正当原因"接受了让渡的人均可对第三人提出"扩用的返还所有物之诉",②由此成为真正的所有人,拥有裁判官法所有权。

此外,在遗产占有诉中,当某个经裁判官告示认可的新型继承人要求遗产占有时,"他可以把自己虚拟为继承人提起诉讼"。遗产买受人同样可以将自己虚拟成继承人,向被继承人的债务人提起诉讼,这就是所谓的遗产买主诉或"鲁第里诉讼"(actio rutiliana)。对于异邦人,也可以虚拟授予罗马市民籍,使他们在遭受非法行为侵害的时候可以对加害人依据《阿奎利亚法》③提起诉讼,此即"异邦人罗马市民权诉"。④

第三,扩用诉讼。裁判官将适用于特定情况或关系的法定诉讼形式扩展适用于某些相似的情况或关系,这被称为扩用诉讼(actio utilis)。⑤ 与拟制诉讼相比,扩用诉讼不再虚拟一种法定要素的存在,而是根据某些因素直接将原有诉讼扩展适用于与创立之初适用对象不同的情况。

扩用诉讼的例子也大量存在。例如,由于《阿奎利亚法》的适用条件过于苛刻,缺陷严重,在许多情况下,受害人得不到应有的补偿,不利于社会安宁,因此,裁判官为了适应社会的实际需要,在实践中对其作出了重大的改进。如最初该法仅允许所有权人因所有物的损害而提起

---

① 参见陈朝璧:《罗马法原理》,法律出版社 2006 年版,第 288 页。
② 参见〔意〕彼得罗·彭梵得:《罗马法教科书》,黄风译,中国政法大学出版社 2005 年版,第 163 页。
③ 《阿奎利亚法》(Lex Aquilia)是公元前 287 年由保民官阿奎利乌斯建议制定的罗马的一个较为完备的损害赔偿法,由此形成的诉权为"阿奎利亚法诉",为市民法上的诉讼。因此只有罗马市民的所有物遭受损害时才能提起此诉。公元前 2 世纪,裁判官使用拟制的方法允许将非罗马市民的当事人假定为罗马市民而进行诉讼。
④ 参见黄风:《罗马私法导论》,中国政法大学出版社 2003 年版,第 31—32 页。
⑤ 参见同上书,第 31 页。

该诉,裁判官将其扩用至对受损物享有物权之人(如用益权人)以及类似所有权的善意占有人;又如,该法原仅只适用于动产,裁判官将其扩展适用于不动产。①

再例如,随着对不满25岁未成年人的保佐制度的出现,裁判官允许对有关保佐人适用监护之诉。罗马法中债的转让往往是通过由让与方将受让方设立为诉讼代理人来实现的,然而,在真正的委托关系中,委托人的死亡将导致诉权的消灭。为了让作为诉讼代理人的受让方能够继续保留对被转让之债的诉权,裁判官允许受让方在委托人死亡的情况下提起扩用诉讼。②

第四,裁判官还可以实行主体调换,决定对其他人实行处罚,附加诉为其典型。根据市民法,奴隶和家属只能给家长带来利益,而不能使家长负担义务。但在频繁的交易实践中,家长们不可能事必躬亲,大量的契约是由奴隶和家属缔结的。而这些契约一旦带来利益,家长可以享有;反之,家长不承担任何责任,因为他不是缔约人。这对第三人而言是非常不公平的。对此,裁判官先后创设了五种诉权均采用这样的程式,即"如果奴隶或家属欠第三人钱,则判家长向第三人给付"。其中,主债务人仍是作为缔约者的奴隶或家属,而家长承担的只是一种附加责任。因此,这五种诉权又被后世称为附加诉。③ 通过改变处罚主体的方法,另一方缔约者的权利得到了切实保障。

3. 根据事实赋予新诉权

即使没有旧法基础,裁判官也可以根据事实直接授予新诉权。这一做法被称为"事实诉讼"(actio in factum)。具体而言,即当一新出现的法律关系不涉及由市民法所调整的权利,并且关系人不能借助法律

---

① 参见周枏:《罗马法原论》(下),商务印书馆2004年版,第860—863页。
② 参见黄风:《罗马私法导论》,中国政法大学出版社2003年版,第32页。
③ 参见李中原:《欧陆民法传统的历史解读》,法律出版社2009年版,第84页。

诉讼程序解决就该关系产生的争议时,裁判官根据具体事实制定程式的诉讼。在此,裁判官所维护的不是法律明确承认的权利,而是事实上存在的新的公平关系;这种诉讼"是以一种既无自己的类型和名称又未获得承认或以任何方式被归入市民法中的新关系为基础,上述新关系通常被人们用创造该关系的事实相称呼"。从一定意义上讲,所有的裁判官法诉讼在最初时均表现为事实诉讼,随着它们的发展成熟,其中一部分上升为权利诉讼。①

事实诉讼的典型例子是通常适用于行纪契约之外的无名契约。此外,查士丁尼的《法学阶梯》中被称为"准私犯"的四种类型——承审员的渎职行为,倒泼和投掷责任,堆置或悬挂物体的责任,船东、旅馆业主和马厩主人的责任,也是裁判官根据事实提供的事实诉讼的救济。②我们看到,事实诉讼实际上是用来解决法律的不周延性问题,它是对正在典型化的社会关系的司法确认,并预示着进一步的法律确认。③

总之,罗马裁判官运用种种手段改变僵化旧法,实现罗马法的衡平。2世纪,帕比尼安总结了裁判官行使司法权从而为实体法输入了衡平之价值的功能。他写道:"裁判官法的意旨所在是辅助、补充或校正罗马法(adiuvandi vel supplendi vel corrigenda iuris civilis gratia)。"但是自帝政前期哈德良皇帝命令法学家尤里安汇编《永久法令》之后,裁判官们仅被允许就该法令中搜集的裁判官告示加以应用,而不得宣布新告示,裁判官法由此走到了历史的终点。

值得注意的是,罗马衡平法并未与裁判官法同命运;相反,法学家法,尤其是法学家的解答和注释继续赋予罗马法以衡平特性,罗马衡平

---

① 参见黄风:《罗马私法导论》,中国政法大学出版社2003年版,第316页。
② 参见李中原:《欧陆民法传统的历史解读》,法律出版社2009年版,第88页。
③ 参见徐国栋:"客观诚信与主观诚信的对立统一问题——以罗马法为中心",《中国社会科学》2001年第6期。

法迎来了第二春。这些伟大的法学家通过对既有的制定法与裁判官实践中形成的裁判官法的进一步注释,以及对法院实践活动给予解答,赋予了衡平法以新的生命。正是在法学家们的著作中形成了大量的衡平救济与衡平权利。而这些法学家获得的特许解答权赋予其发展出来的衡平救济与权利以直接的法律效力。

300年左右,随着授予法学家特许解答权的做法不复存在,法学家法走向衰亡,罗马衡平法仍然在皇帝的司法权那里寻找到存身之所。诸如安东尼、哈德良、克劳迪厄斯(Claudius)、苏东尼斯(Suetonius)等罗马皇帝都在罗马法的发展中扮演了引人注目的角色。皇帝既可作为司法长官处理初审案件,也可处理上诉审。他与包括了当时最为杰出的法学家的咨议会一起坐堂听审,但无论皇帝在多大程度上被咨议会的意见所引导,最终的判决仍由皇帝作出。有时候,皇帝也会将提交给他的上诉审案件转交给一位专门的官员来听审,由此人作为皇帝的代表听审案件。这种做法与早期英国国王将提交给自己的诉愿交由大法官处理的做法如出一辙。另外,有时候,皇帝会收到各类官员请求其指导他们在审理案件过程中出现的疑点的信件,皇帝通常以敕答的方式作出回应,这些敕答成为大量重要的法律制度的来源。在这些司法活动中,皇帝们并未受阻于已经确立的法律规则与习惯,而是享有在其认为适当的时候推翻既成规则并忽略其法律顾问的建议的自由。① 对于皇帝的这些衡平司法活动,我们可以在查士丁尼的《学说汇纂》中找到大量相关的例证。

综上所述,罗马衡平法的渊源非常丰富,就裁判官法而言,它不仅仅是裁判官通过拟定司法程式改造市民法的司法产物,也是裁判官颁布告示修订旧法的立法结果。而且,除裁判官法之外,法学家法以及皇

---

① See W. W. Buckland, *Equity in Roman Law*, London: University of London Press, 1911, pp. 9-14.

帝谕令也都是罗马衡平法的源头。

二、教会法中的衡平因素

中世纪,英格兰教会法中也不乏衡平因素。从中世纪的忏悔手册中我们可以看到,教会法院的法官们在审理案件的时候并非将抽象规则僵化地套用到具体案件之上,而是根据具体案情的不同而给以不同的处理,也就是说教会法官们拥有自由裁量的空间,拥有提供衡平救济的余地。

例如,坎特伯雷大主教狄奥多尔(Theodore,约 602—690)的《忏悔规则书》在论及"许多各种各样的恶,以及何种必要的事物是无害的"这一内容时说:"如果任何人意外地用不洁之手碰触了食物,或者如果一条狗、一只猫、一只老鼠、一只吃了血的不洁净的动物碰触了食物,并不存在违法;而且如果出于必要吃了一只看来不洁净的动物,无论是一只鸟还是一只兽,也不存在违法。"[①]显然,教会法官认为,偶尔用不洁之手碰触食物之人或者由于生存的必要而吃了不洁的动物之人并不产生违法。教会法官的这种判断非常类似于后来用以授予人们公正救济的衡平原则。比如,如果有人偶尔因错误达成了一个契约,或者在胁迫之下被迫达成契约,衡平法院可能宣布契约无效。同样,在中世纪的教会法院,如果有人偶尔用不洁之手碰触了食物或者迫不得已吃了不洁食物,行动者都不必因为此类违反教规的行为而被处罚。

比德(Bede)[②]于约 730 年撰写的《赎罪规则书》也同样表明中世纪的教会法官在审理案件的时候仍然能够行使衡平公正的自由裁量权。在书中,比德提到要"认真告诫每位博学的基督牧师,应当仔细区分性

[①] See John T. McNeill and Helena M. Gamer (eds.), *Medieval Handbooks of Penance: A Translation of the Principal Libri Poenitentiales*, New York: Columbia University Press, 1990, p.191.

[②] 圣比德(Bede Saint, 673—735),英国历史学家及神学家。

别、年龄、条件、地位、悔过者的内心,并且应当由此以他认为最好的方式逐个地判断每个违法行为","纠正错误是必要的,这一切必须由一位有识别力的法官来衡量"。① 无疑,比德的意思是,一位法官在作出相关判决的时候必须注意每个当事人的具体情况。当一名法官被请求以他自己的良心权衡来"纠正错误"的时候,法官在裁决诉讼的时候有资格使用自由裁量权实现衡平的善。在中世纪的英格兰,当法律规则本身定义错误行为的时候,法官的自由裁量权提供了良好救济,从而避免僵化地适用规则本身所导致的不公平的结果。②

由坎特伯雷大主教休伯特·瓦尔特(约 1200)主持的威斯敏斯特会议的记录也提到,"由于更多的审慎将要被适用于忏悔",教士们必须"勤勉地在忏悔中关注具体情况,诸如人的条件、过错的大小、时间、地点、诉由、在罪孽状态中的拖延及悔过者精神的投入"。③ 尽管在比德的《赎罪规则书》和瓦尔特的"告示"之间相距 400 多年,但显然在审理提交给教会法院的诉讼时,中世纪的教会法官们被恳求使用衡平裁量权。尽管瓦尔特的"告示"并未明确表明衡平学说支配教会诉讼,衡平毕竟只是一个由法官根据他自己对于案件的主观分析所作出的善的标准,然而

---

① John T. McNeill and Helena M. Gamer (eds.), *Medieval Handbooks of Penance: A Translation of the Principal Libri Poenitentiales*, New York: Columbia University Press, 1990, p. 221.

② 比德的另一本《忏悔规则书》中提到了法官将衡平公正的标准适用于特定案例。在该书的第二部分"论残杀"(Part Ⅱ, Of Slaughter)中提到:一位怀孕不足四十天的妇女堕胎应当苦行赎罪一年。如果是孩子出生之后杀害孩子,她应当作为凶手苦行赎罪。但是,如果是一位贫苦妇女由于无法抚养孩子或者一位妓女为了隐藏自己的不道德而这么做就全然不同了。See John T. McNeill and Helena M. Gamer (eds.), *Medieval Handbooks of Penance: A Translation of the Principal Libri Poenitentiales*, New York: Columbia University Press, 1990, p. 225.

③ John T. McNeill and Helena M. Gamer (eds.), *Medieval Handbooks of Penance: A Translation of the Principal Libri Poenitentiales*, New York: Columbia University Press, 1990, p. 143.

通过要求法官在签发裁决之前关注全部证据，中世纪的教会法院显然仍拥有一些利用衡平救济获得具体情况下的善的结果的自由裁量权。

此外，1343年教规明确提出，一名法官可以"根据他自己的良心和谨慎""调节"对于违反教会法规行为之处罚。在本质上，这种被委托给了一名法官的自由裁量权授予他明示权限将衡平救济适用于教会法的个案中。比如，1346年的教规明确陈述，只要由法律加诸于一方当事人身上的负担是过分的，一名法官就可以"在衡平界限内减轻处罚"。显然，教会法院保留了使用其自己的自由裁量权为讼案提供适宜的良好救济的可能。而且，法官不仅仅在适用刑罚的时候拥有使用其自由裁量权的权力，在他被恳求作出决定时以及在考虑了综合情况之后，他都有权使用衡平标准。[1]

总之，上述例证表明在中世纪的英格兰，当针对教会案件作出判决时，教会法官会有某种程度上的自由裁量权以实施衡平救济。

三、普通法中的衡平因素

尽管"衡平法的诞生源于大法官为克服普通法的缺陷所作的司法实践"这一论点已经成为学界通说，但我们是否就能够由此得出"普通法中从未包含衡平因素"这一论点呢？虽然这一看法在英国法律史学家们的早期研究中确实盛行，但是自19世纪末20世纪初开始，他们已经有了不同的结论。参照大陆法系国家中衡平法律和一般法律可以在同一个法院体系中产生、并存的经验，我们可以认定，英国的普通法和衡平法的分道扬镳绝非必经之途。[2] 由此，英国的这一特例遭到了挑

---

[1] See Jack Moser,"The Secularization of Equity: Ancient Religious Origins, Feudal Christian Influences, and Medieval Authoritarian Impacts on the Evolution of Legal Equitable Remedies", *Capital University Law Review*, No. 483, 1997.

[2] See Wesley Newcomb Hohfeld, "The Relations between Equity and Law", *Michigan Law Review*, Vol. 11, No. 8, 1913.

战:既然英国衡平法源于普通法的僵化,那么,在普通法变得僵化之前,是否在创造普通法的普通法法院中也曾经萌生过衡平法最初的胚胎呢?霍姆斯、埃姆斯(Ames)、梅特兰、黑兹尔坦(Hazeltine)等多位学者都对此进行了细致研究,从用益制(use)、质押(gage)、罚金(penalty)、特定履行(specific performance)、禁审令(prohibition)、防患未然令(writs quia timet)、诉状(bill)等数个方面,论证在早期的普通法法院中出现了许多与被认为是后世大法官法院发展起来的衡平法所独有的制度类似的内容。

(一) 用益制

关于用益制,早期的主流观点认为,在用益制最初期,受托人的义务是纯道德的义务,并且不为王室法院所实施。但这一观点日益遭受质疑。

霍姆斯的论文"英格兰早期衡平法"以及埃姆斯的论文"在损害赔偿之诉之前的口头契约历史"[1]、"用益制和信托的起源"[2]对这一问题进行了阐释。前者提出,在大法官法院利用更为复杂和有效的救济——传票之前,早期的普通法法院使用它们的盖印契约令状(writ of covenant)来实施用益制;后者认为,早期的普通法法院通过使用请求动产返还令状和账目令状(writs of detinue and account)来实施不动产的用益制、动产和金钱的信托。

就盖印契约令状而言,霍姆斯认为,由于一般情况下,受托人和出托人之间存在有利于出托人的契约,因此,在那些出托人本身是受益人

---

[1] See James Barr Ames,"History of Parol Contracts Prior to Assumpsit", Association of American Law Schools (ed. and comp.), *Select Essays in Anglo-American Legal History*, Vol. Ⅲ, Little Brown and Company,1909, pp. 304-319.

[2] James Barr Ames, "The Origin of Uses and Trusts", *Harvard Law Review*, Vol. 21, No. 4,1908.

的案件中,他们受普通法的盖印契约令状的保护来对抗其受托人。①

而就请求动产返还令状和账目令状而言,埃姆斯认为,在早期的普通法法院中,在由一人向另一人进行的金钱交付中,作为第三方的受益人被允许针对收受金钱之人提起账目之诉。同样的,将动产交给用益制第三方的寄托由这第三方——受益人——通过动产返还之诉来执行。用埃姆斯自己的话来说,就是"无论是作为管家还是委托管理人,被告对于账目的义务来自于他作为受托人接受财产,并且对账目享有权利的原告才是真正的受益人。换句话说,早在大法官法院实施不动产信托之前,普通法中就已经实施支付金钱的信托了。针对一名委托管理人的账目之诉很久之前就已被普通法法院所淘汰,因为被告是为了原告的使用而拥有并且接受金钱。但是'为了原告的使用'这一用语仍然证明了信托关系"。② 埃姆斯在另一个地方也提到:"对大法官而言,允许针对用益制受托人的传票更为容易,因为普通法给予了针对收受了将要移交给第三人(或者说为了第三人的用益)的动产或金钱的受托人的救济措施,或者说,普通法给予了针对收受了将要再交付给第三人的动产或金钱之人的救济措施。"③

这名杰出的英国法律史学家同样指出在实施用益制时,大法官模仿了普通法上的动产寄托(bailment of chattels),或者普通法上的金钱交付。因此在实施由秘密土地买卖契约(a bargain and sale)而来的用益制时,他再度模仿了普通法上的动产的出售。已经支付货款或者

---

① 如果受益人是第三人,因而作为与契约无关的人无法获得普通法法院基于其契约学说提供的保护,但是他能够以违背诺言的名义在教会法院中起诉受托人。

② James Barr Ames. "History of Parol Contracts Prior to Assurnpsit", Association of American Law Schools (ed. and comp.), *Select Essays in Anglo-American Legal History*, Vol. Ⅲ, Boston: Little Brown and Company, 1909, p. 311.

③ James Barr Ames. "The Origin of Uses and Trusts", *Harvard Law Review*, Vol. 21, No. 4, 1908.

负有支付货款义务的动产的买主拥有针对卖主的动产返还之诉。同样的,已经支付货款或者已经变成土地价金债权人的买主,被大法官给予了受益人的权利。①

（二）质押

亨利二世时期的财产担保法律制度也表现出普通法的某些衡平性质的特征。普通法法院在后世招致人们批评的一个重大缺陷之一就是"作为抵押品的土地在债务到期而未偿还之时就不可逆转地归债权人所有",这一点为大法官法院后来所发明的"衡平赎回权"所救济。但是黑兹尔坦的考察证明,在亨利二世时期的普通法法院中就已经提供了类似的反对取消抵押品赎回权的救济。

也就是说,如果在双方当事人所拟定的合同中没有包括罚没条款,并且如果债务人没有在合同所规定的期限内清偿债务,债权人必须起诉债务人,迫使其出庭,回应命令他"还清"或者赎回质押土地的令状。如果在法院中,债务和质押为债务人承认,或者为债权人以其他方式证明,债务人就会被法院命令在一个"合理的"时间内通过清偿债务的方式来赎回质押;同时法院还宣布,如在这一新的期限内债务仍未被清偿,质押土地将变成质押财产,并且因为债务而丧失对该土地的所有权。

这一规定体现了亨利二世时期的普通法法院在一定程度上的衡平性：因为在当事人至质押合同规定的日期仍没有清偿债务的情形下,债

---

① 埃姆斯的所谓"动产和金钱的普通法信托"的观点并非没有受到挑战。比如,亨宁希(Henning)在他的"受益人的损害赔偿之诉的历史"一文中主张,动产受托人和金钱的委托管理人关于受益人的义务无法归于信托的种类之下,因为在早期普通法中缺乏现代意义上的"衡平所有权"的概念。但无论我们是否完全同意埃姆斯的观点,早期的普通法法院通过动产返还令状和账目令状履行的义务至少具有一个信托制的特征——接受动产和金钱之人负有为其他人而用益的义务。See H. D. Hazeltine, "The Early History of English Equity", *Essays in Legal History Read before the International Congress of Historical Studies Held in London in 1913*, Paul Vinogradoff ed., London: Oxford University Press, 1913, pp. 263-265.

务人仍被给予进一步赎回土地的机会。债务人的这第二次机会可以被理解为在本质上就是尚未成熟的"衡平赎回权"。① 但是,债权人和法院的耐心是有限的,如果债务人没有在法院所确定的新日期内行使他的衡平赎回权,那么,土地的所有权归属就会通过法院作出判决,最终绝对且不可撤销地判给债权人。而且到爱德华一世时期,早期的普通法法院已经停止通过"赎回衡平"的方法给予反对取消抵押品赎回权的救济,普通法中的衡平不再帮助那些不在确定日期内清偿债务的抵押人。这给后来大法官法院发明"衡平法上的赎回权"留下了可乘之机,也使得普通法法院从此丧失了对英国法中一个非常重要分支的管辖权。②

(三) 罚金

在早期普通法法院的衡平法中也出现了后来大法官法院的衡平法中针对罚金的救济。在爱德华二世的《年鉴》(塞尔登协会版第二、第三册)的导论中,梅特兰特意提到了"乌姆弗拉维尔诉兰斯蒂德案"(Umfraville v. Lonstede),该案于爱德华二世二年(1308—1309)判决,在梅特兰看来,该案"似乎值得每一个未来的衡平法史学家的关注"。根据梅特兰的描述,在这个案件中,"一个人如果没有在规定的日期移交某份特定的文件,他必须支付一笔钱。如果基于合同,他无法否认其没有在确定的日期提出文件以供转让这一事实,但是,此人提出他当时身在海外,已经把文件留给他的妻子以供交付,并且强调原告并未因此而遭受损失。"被告的主张得到了法官贝雷福德(Bereford)的支持,在提到"被告所寻求补偿的并非一个债而是一笔罚金之后",他大声地质疑:

---

① 12世纪,普通法法院的精神用格兰维尔的话来表述就是:"在争议的事物被绝对地判给债权人之前,债务人的出庭是必不可少的;因为如果他出现就可能提出一些为何该事物不应当不可被撤销的属于债权人的理由。"

② See H. D. Hazeltine, "The Early History of English Equity", *Essays in Legal History Read before the International Congress of Historical Studies Held in London in 1913*, Paul Vinogradoff ed., London: Oxford University Press, 1913, pp. 265-267.

"当文件最终被交付并且原告无法证明因拖延而遭受损失,如果按照普通法予以惩罚将是何种衡平?"最后,原告被告知他必须等待七年才能拿到判决。在此,梅特兰总结道:"我们似乎已经看到了'针对罚金的救济',并且救济以衡平的名义被授予,尽管它表现为一种笨拙的、由法律的僵硬性而导致的判决的不确定的迟延的形式。"①

(四) 特定履行

人们通常认为普通法法院以损害赔偿为主要的救济方式,而合同的特定履行则专属于大法官法院。但事实上,早在亨利二世和亨利三世时期的普通法法院就已经以它们自己的方式来给予非常类似的救济,甚至在采邑法院、教会法院中也可寻到其踪迹。

对此,在梅特兰和波洛克合著的《爱德华一世之前的英国法律史》一书中不乏经典阐释:

这一度可能看似奇怪。在后来,我们学习将损害赔偿之诉看做普通法的万能药,并且我们被告知古老的法院无法给予"特定救济"是大法官法院的"衡平管辖权"发展的主要原因。但是,当我们回溯王室司法的最初阶段时,我们看到它以惩罚犯罪和给予"特定救济"为主业。来到王室法院并且不想报复的原告,通常请求归还他被霸占的某物。这一事物可能是土地,或者劳役,或者一个受俸牧师的推荐权,或者一份动产,或者某一笔钱;总之,被原告不公地扣押。或者,他可能要求的是一个"终局协议",或者一份契约能够被遵守且履行,或者一份账目可能被汇报,或者一份损害可以被除去,或者一位林务官会被任命以防止一名被授予寡妇地产权的妇女犯下毁

---

① 转引自 H. D. Hazeltine,"The Early History of English Equity", *Essays in Legal History Read before the International Congress of Historical Studies Held in London in 1913*, Paul Vinogradoff ed., London: Oxford University Press, 1913, pp. 267-269。

损土地的行为。即使是没有能够履行保障其封地受领人权利的采邑授予者也并不被处以赔偿金钱损失的处罚;他必须给予相等的土地。在这些最古老的诉讼中,没有一个是损害赔偿之诉……①

即使造成诉讼的原因在我们看来是一个契约义务,普通法也会尽其最大的努力给予特定的救济。因此,如果一名领主一定要一名佃户摆脱法院诉讼的要求,判决可能会命令该佃户履行这一义务,并且可能命令郡长扣押其财物以保证义务的履行。在格兰维尔时代,被告如果在一项诉讼中被处以罚金,可能会被迫交纳保证金,以保证在未来他将遵守他的合同。契约的历史似乎表明,特定履行的判决至少和违反契约的赔偿金的授予一样悠久。我们可以发现,一个地方法院判决某人制造一个舵,甚至命令一名男子为另一人当仆役,以使得某项契约得以遵守。②

总之,早期普通法法院有时命令违约方执行他的协议,并以扣押财物相威胁。可见,普通法的特定履行与后来大法官法院的特定履行意义是相同的,只是前者仍然带有普通法救济方法的特征,而后者直接针对违约人,并且可以对拒绝服从特定履行令之人以藐视法庭罪予以拘捕,这无疑更为有效。所以,在大法官法院成长起来后,其特定履行令自然取代了普通法法院的特定履行。③

(五) 禁审令

在大法官法院中,禁令(injunction)是法院借以命令一方当事人做

---

① Frederick Pollock and Frederic William Maitland, *The History of English Law before the Time of Edward* Ⅰ, Vol. Ⅱ, London: Cambridge University Press, 1898, pp. 522-523.

② Ibid., pp. 595-596.

③ 参见程汉大:《英国法制史》,齐鲁书社 2001 年版,第 157 页。

特定的事情或者不做特定的事情的指令;作为对人的司法命令,禁令通常被视为是大法官法院所独有的,它不同于普通法法院的程序。① 但事实上,在大法官法院禁令产生以前,在早期的普通法法院的程序中,禁审令和毁损土地令状(writ of estrepement)以及各种其他的普通法令状所开启的诉答程序中所颁布的司法命令就作为一种对人诉讼,命令双方当事人以及法院做或者不做某项特定的事情。这种司法命令在许多方面都具有了后来的禁令所具有的特征:其对人管辖权不仅仅包括毁损土地案件、妨害(nuisance)案件和其他侵权案件,而且还包括合同案件和财产案件;它们不仅以一种消极的方式对行为的实施进行约束,而且以一种积极的和命令的方式来影响行为事实上的实行;普通法法院在禁审令案件中的管辖权也是对人管辖权,法院经常直接向当事人颁布命令,或者通过令状,或者在当事人出庭的时候直接颁布;另外,不服从禁审令也会导致严重的后果,在布雷克顿时代,普通法法院拥有对胆敢不遵守国王命令的法官或者当事人施加严厉的刑罚——甚至监禁——的权力。

因此,梅特兰对此评论说,如果这些早期的普通法的禁审令不是衡平法上的禁令的话,那我们很难知道它该叫什么了。②

(六)防患未然令

普通法法院中的防患未然令和后来大法官法院中的防患未然令之间也有着极大的相似之处,甚至后者的名称也来自于前者。

柯克在他对利特尔顿的评论中这样谈到普通法上的防患未然令:"在普通法上,在任何骚扰、财物扣押或者控告之前,有六种令状可以防患未然:(1)在为抵债而被扣押财物之前获得中间令状;(2)在被控告之

---

① 尽管普通法法院利用禁审令来限制教会和其他法院,大法官法院从未通过禁令约束普通法法院或者其他法院。

② 转引自程汉大:《英国法制史》,齐鲁书社 2001 年版,第 158 页。

前获得保证履行令状(warrantia cartae);(3)在被扣押财物或者烦扰(vexation)之前获得保护古有地保有人令状(monstraverunt);(4)在任何判决的执行被请求之前获得怨诉听审令(an audita querela);(5)在没有围栏之前获得强制修建围栏令(curia clandenda);(6)在任何妨碍土地占有的财物扣押之前获得禁止非法勒索令。这些被统称为预防令状(brevia anticipantia)。"①

而斯托里在他的《衡平法学》一书中则这样解释衡平法中的防患未然令,它"在性质上是预防令状,其目的在于实现司法预防。它们一般适用于防止不法行为或者预期的损害,而且并不仅仅在已经实现的时候纠正它们。当事人寻求衡平法院的帮助,因为他害怕(防患未然令)在将来对他的权利或者利益可能造成伤害,而不是因为一个伤害已经发生,而要求任何的补偿或者其他的救济"。② 这两者之间的类似之处不言而喻。

(七) 诉状

此外,尽管后来发展成熟的普通法法院使用由文秘署所颁布的起始令状作为启动诉讼的必要手段,但在早期却有很多例外。比如总巡回法院的诉讼有时就并不依赖于起始令状启动,而是和后来的大法官法院那样,只需由请愿书提出诉状即可。这些诉状和后来大法官法院中的诉状一样,都表现为请求恩惠与特权的救济的请愿书,连其中的用语都惊人的相似,"为了上帝和你自己的灵魂","为了你的仁慈","为了基督的爱和国王的灵魂"。③ 它们适用范围广泛,涉及当时普通法管辖权范围内外的各种各样的事情。通过对王室巡回法院的诉状与后来大法官法院的诉状之间的相似之处的研究,博兰(Bolland)认为,总巡回

---

① 参见 *Bouvier's Law Dictionary*, 1856,"Quia Timet"词条。
② Joseph Story, *Commentaries on Equity Jurisprudence, as Administered in England and America*, Vol. II, Boston: Little, Brown and Company, 1886, p. 556.
③ 转引自 W. C. Bolland (ed.), *The Eyre of Kent, 6 and 7 Edward II* (1313-1314), London: Selden Society, 1912, p. xxv。

法院中的诉状在格式和意图上都非常类似于后来的大法官法院的诉状,由此得出"王室巡回法院的诉状是衡平管辖权的开端"的结论。[1]这一观点也得到了波洛克和黑兹尔坦的认可,他们都倾向于赞同大法官法院的诉状源自于王室巡回法院的诉状。[2]

总之,如黑兹尔坦所言,当王室法院还没有为立法和司法先例所约束而拥有相当广泛的自由裁量权时,对于独立的、分离的衡平法院的需求似乎还不为人所知;王室法院自身就可以满足衡平的要求。更为重要的是,尽管仍然非常不成熟,存在于普通法法院中的这种早期的衡平法的萌芽远非那种广泛、模糊的司法公正,而是表现出与大法官法院中所发展出来的精致完美的衡平法的衡平原则和救济方法非常近似的特征。[3]

经过本章考察,我们可以认为,尽管英格兰大法官法院一向被视为英国衡平法的源头,但事实上,在大法官法院中的衡平法诞生之前,运行于英格兰王国中的其他法律——罗马法、教会法以及普通法中就存在着衡平理念和衡平规则。尽管由于种种原因,这些法中的衡平因素没有像大法官法院中的衡平法那样在英国长成参天大树,但不可否认的是,它们为英国大法官法院衡平法的孕育和成长提供了充分的养料。

---

[1] 转引自 Frederick Pollock,"The Transformation of Equity", *Essays in Legal History Read before the International Congress of Historical Studies Held in London in 1913*, Paul Vinogradoff ed., London: Oxford University Press, 1913, pp. 290-292。

[2] Ibid., pp. 291; H. D. Hazeltine, "The Early History of English Equity", *Essays in Legal History Read before the International Congress of Historical Studies Held in London in 1913*, Paul Vinogradoff ed., London: Oxford University Press, 1913, p. 262.

[3] See H. D. Hazeltine, "The Early History of English Equity", *Essays in Legal History Read before the International Congress of Historical Studies Held in London in 1913*, Paul Vinogradoff ed., London: Oxford University Press, 1913.

第二章　英国衡平法的产生

最初的大法官法院并不具有司法管辖的功能,而是作为国王的文秘机构存在(因此国内有部分学者将其译为文秘署)。[①] 此后,由于大法官法院承担了签发普通法起始令状的职责,借此获得了对某些事项的普通法管辖权。最后,基于大法官根据公平、正义原则对普通法不予保护的案件提供衡平救济的实践,大法官法院又发展出衡平管辖权,也被称为英语管辖权[②]或者特别管辖权。正是这一管辖权的发展,使得大法官法院从英格兰王国的行政中枢发展为一个与普通法法院并立的且独具特色的司法法院,其首席官员御前大臣也成为一名司法官员,即大法官(Lord Chancellor)[③]。

关于英国衡平法的诞生问题,英国法律史学界经历过激烈的争论。本章拟从两个方面对这些争论进行梳理:首先,介绍关于英国大法官法院衡平管辖权确立问题的两派学说;其次,从具体制度的角度,介绍普

[①] 大法官法院作为一个组织机构的具体历史沿革将在下章予以具体介绍,在此不予赘述。

[②] 得此称呼是因为其诉答程序以及由此产生的许多文件都使用英语。

[③] Chancery and Lord Chancellor 有许多不同的译名,如有学者将 Chancery 译为文秘署,将 Chancellor 译为御前大臣,也有人将两者分别译为中书法庭与中书令,这些译名都意在强调其行政特征;目前最为通常的译法是大法官法院和大法官,这种译法更为强调其司法性质。为了保持全书的统一并且凸显其司法性质,本书采用最为通行的译法,但需要强调的是 Chancery 作为国王文秘行政机构的历史要比其作为司法机关的历史更为悠久,而且在相当长的历史时期内,大法官都是一个拥有强大行政权力的高级行政官员。

通法、罗马法、教会法对英国大法官法院衡平法制度形成的影响。

第一节 关于英国衡平管辖权确立问题的争论

对于大法官法院衡平管辖权的确立问题,我国法律史学界尚无专门的研究。而英国法律史学界虽争讼经年,至今仍尚无定论。可以说,迄今为止,大法官法院衡平管辖权确立问题的真实面目仍然在历史的迷雾之中若隐若现。法律史学家们对这一问题的研究以20世纪中叶为界,大致可以分为两个阶段。

自19世纪至20世纪上半叶,英国法律史学家们虽然在具体细节上有所分歧,但都不约而同地认为,大法官法院衡平管辖权的确立来自于大法官法院的独立,只需确定大法官通过哪些步骤获得了较大程度的独立,将司法事务归于他自身的权威,一切问题就可迎刃而解。因此,这些学者往往致力于研究大法官是在何时、如何获得独自坐堂判案的权力的。这一派的研究角度和方法较为传统,大多通过研究国王法令、司法判例以及议会和私人的请愿书等历史文献进行定性研究,其视角较为宏观。笔者将这一派的观点称为"机构分离论"。

自20世纪中叶起,随着研究角度和方法的变化,一些学者开始从一个全新的角度来研究大法官法院衡平管辖权的确立问题。受社会统计学的影响,这些学者以英国国家档案馆中的大法官法院档案为基础,进行全面的数据分析研究。他们不再试图追寻大法官与咨议会分离的确切时间,而是试图通过对大法官法院的档案记录进行定量的、微观的数据分析,来寻求"何时、如何以及为何大法官法院衡平司法活动的工作量发生了惊人的增长"这一问题的答案。在他们看来,大法官法院衡平事务工作量的激增是大法官法院衡平管辖权确立的重要标志。笔者将这一派的观点称为"诉讼增长论"。以下就这两派的观点进行介绍。

一、机构分离论

(一) 分离机构

关于大法官法院衡平管辖权的直接源头这一问题,有两个误解需要澄清。

第一个误解是研究英国法律史的学者们在衡平法研究的早期所犯的错误。由于大法官法院的前身是文秘署,这一机构作为国王的文秘机构具有草拟文书、签发令状等行政职能,并基于其行政职能获得了一些普通法管辖权,因此,在研究大法官法院衡平管辖权的源头时,有学者进行同样的类比,将大法官法院衡平管辖权的源头追溯至文秘署的行政职能。[①] 这个看似顺理成章的误解早已被澄清。学者们已经证实,大法官法院的衡平管辖权的诞生与文秘署的行政职能并无直接的关联。套用鲍德温(J. F. Baldwin)的话说,大法官这个纯粹的行政职位之所以能够掌握司法职能,并且在他的带领下将文秘署最终变成一个大法院,正是因为13世纪的文秘署不仅仅是一个处理行政事务的机构,而且是咨议会的一个分支。[②]

---

① 如哈德威克(Hardwick)勋爵就认为,由于大法官负有签发在普通法法院进行诉讼所必需的起始令状之责,因此,一旦因为某些原因无法签发令状,致使当事人无法获得普通法上的救济,大法官便成为为当事人提供救济的最为合适的法官。并且如果大法官发现普通法救济有缺陷,他可以根据"获得正义离不开御前会议"(Ne Curia Regis deficeret in justitia exercenda)这一原则行使授予他的特别权力。因此,在哈德威克勋爵看来,大法官法院的衡平管辖权源自大法官签发普通法的基础令状的职责;正是由于普通法无法向大法官请求初始令状的众多案件提供救济,大法官出于必要或者怜悯提供了衡平救济。See Joseph Story, *Commentaries on Equity Jurisprudence, as Administered in England and America*, Vol. I, Boston: Little, Brown and Company, 1886, p. 40.

② See J. F. Baldwin, *The King's Council in England during the Middle Ages*, Gloucester, Massachusetts: Peter Smith, 1956, p. 227.

第二个误解在国内学界仍然广泛存在。许多论著在谈论大法官法院的衡平管辖权的源头时,大多不约而同地采取这样的表述:"……依普通法得不到保护的当事人,就按自古形成的习惯直接向国王请求裁决。最初,国王总是亲自审理这类案件,但终因不堪重负而将此重任转交给大法官……"①这一说法并不算错,但却过于简单,因为它省略了衡平司法权交接过渡的关键一步。事实上,大法官并非是直接从国王的手中而是从作为国王咨询机构的咨议会(King's Council)那里获得衡平管辖权的。换句话说,大法官法院的衡平管辖权的直接源头是国王咨议会,而非国王。

咨议会由御前会议中的小会议演化而来。御前会议由国王的直接封臣(Tenants in Capite)组成。除直接封臣外,大法官、首席政务官(Chief Justiciar)、财政大臣(Lord Treasurer)和国库司库(Chamberlain)等国王大臣,按其职务一般也是咨议会的必然成员。此外,国王还可能召唤他选择的任何人参加这一会议,故其成员并不确定。该会议的权力无限,用现代用语表述就是,集行政、司法和立法的权力于一身。

这样的会议由于参与人数众多,难以经常召集,由此逐渐形成了一个准常设性的核心机构——小会议,即咨议会。咨议会由王室要员和国王亲信组成,人数较少,其召开的时间、地点和内容都不固定。在职能上,它和大会议没有原则性的区别,兼理行政、咨询、司法和立法事宜。但因咨议会经常召开,其成员能够随侍国王左右,并在国王离开不列颠时能受王命管辖处理政府事务,所以咨议会又被视为大会议的核心组织和类似于常设性的机构。②

---

① 何勤华主编:《外国法制史》,法律出版社 2006 年版,第 142 页。
② 参见阎照祥:《英国政治制度史》,人民出版社 1999 年版,第 29—30 页。

由于咨议会没有自己的执行机构,因此必须通过一个或者更多的政府部门,如财政署、文秘署以及一些其他的机构来进行具体政策的执行。在爱德华一世统治期间,咨议会的许多重要活动都与财政署联系在一起,后者由司库大臣作为首席官员。咨议会成员常常在财政署宫室中开会,与财政署官员们坐在一起制定条例,这些条例被记录在卷宗上,并通过财政署来执行。此外,咨议会还就国王所指令的事项进行讨论,并且接受诉讼者们呈递给它的请愿书。

在爱德华二世时期,财政署失去了它的威望,文秘署(即后来的大法官法院)开始成为政府的首要机构。咨议会经常在那里召开会议,被称之为"大法官法院中的御前会议"(curia in cancellario)。① 大法官接替司库大臣成为朝中第一人,和以前的司库大臣一样,他接受国王以信件形式对咨议会所下的命令、负责召集咨议会的其他成员、接受诉讼者们送至咨议会的请愿书。但是这些职能最初大都并非为他所专有,而为咨议会成员所共有。②

咨议会享有的所有权力都来自于国王,其中也包括衡平司法权。在英国的传统观念中,国王被视为正义的源泉,他发誓"以仁慈、真实实现平等和正确的司法与判断力",而且如果常规程序被证明有缺陷,提供必要的救济则是其王室责任之所在。因此,尽管理财法院、民事诉讼高等法院和王座法院与咨议会相继分离,国王仍然保留了一个高于一切的残余司法权,一旦由于实证法本身固有的缺陷致使一般法院无法

---

① See William Lindsay Carne,"A Sketch of the History of the High Court of Chancery from Its Origin to the Chancellorship of Wolsey", *The Virginia Law Register*, New Series, Vol. 13, No. 7, 1927.

② See James F. Baldwin, "The King's Council and the Chancery I ", *The American Historical Review*, Vol. 15, No. 3, 1910, p. 499. 此时,大法官的职权已经非常广泛,具体参见 Thomas Duffus Hardy, *A Description of the Close Rolls in the Tower of London*, London: G. Eyre and A. Spottiswoode, 1833, p. 106, n. 1.

为某些特定的个案提供充分救济,国王就可以在常规制度之外行使司法权,弥补这一缺陷,纠正实证法的僵硬性。①

诉诸国王救济的方法是向国王呈递诉状或者请愿书。这些请愿书有时候出自议会,有时候则由其他机构或个人提出,通常提交给国王和他的咨议会。而此类救济的授予并不被视为是一项权利,而是国王的恩赐。在早期,国王总是在咨议会中亲自处理这些案件,比如,约翰王就经常坐在他的议事厅中日复一日地处理司法事务。但是,随着对法战争和国内政治开始占据金雀花王朝后期历代国王的注意力,他们逐渐不再这么做,咨议会便成为代替国王处理司法事务的重要机构。②这一点从请愿书的处理问题上可以得到验证。

至 13 世纪末,对于无数呈递给国王请求他显示仁慈、实现正义的请愿书,如果其中所主张的是普通法上的可诉事项,国王的回答经常是"在普通法法院诉讼"。此类请愿书通常被转交给巡回法院法官或者特殊刑事案件调查委员会(trailbaston)。有时候,请愿书所申诉的内容是诉讼者或者官员在普通法中所受到的不当行为,此类诉状在爱德华三世时期通常被转交给诉状中所提到的法院的法官,与此同时,国王还会发出一封命令他们解决该争议的信件。对于一般法律或者一般法院无法救济的极少数案件,国王或者直接采取行动,或者利用咨议会代其行使为其所有臣民实现正义的特权。在此,我们可以看到与国王的咨议会相联系的衡平管辖权的萌芽。③

至 14 世纪,通过向国王呈递请愿书寻求作为恩赐的救济已经非常普遍,此类事项被呈递给咨议会或者议会的特别会议。到 14 世纪中

---

① See J. H. Baker, *An Introduction to English Legal History*, London: Butterworth, 1990, pp. 112-113.

② See D. M. Kerly, *An Historical Sketch of the Equitable Jurisdiction of the Court of Chancery*, London: Cambridge University Press, 1890, p. 14.

③ See J. H. Baker, *An Introduction to English Legal History*, London: Butterworth, 1990, pp. 112-113.

期,仅仅特别重要的请愿书,比如那些寻求一般或者永久地改变法律或者程序的请愿书,被留给议会处理;如果请愿书获得议会的同意,它们就成为制定法。更多的私人诉讼则被留给咨议会处理。① 至此,咨议会的衡平司法管辖权已然确立。

在行使咨议会的衡平司法权时,在大法官和咨议会其他成员共同审理案件时,大法官只是作为咨议会众多成员中的一员而出现。当然,由于他在咨议会中的首要地位,大法官起到了主导性的作用。例如,由于大法官负责咨议会的召集,所召集的人选包括"领主和那些精通法律之人",或者更经常的是那些咨议会中"应当召集的人"以及"大法官认为合适的人",因此,应当召集多少主教、领主、法官、高等律师以及文书,在很大程度上取决于大法官的自由意志:有时候仅仅出现法学家,有时候主要是领主,他们组成了由大法官领导的法庭。② 此外,大法官还在整个案件的审理过程中扮演着主持人的角色。他召集双方当事人、确定开庭日期、向诉讼人提出问题、答复异议、不顾其他咨议会成员的反对认可律师、基于他自己的责任驳回案件、发布法院训令(mandate)。大法官在案件审判中的主导地位是如此确定,以至于在一起诉讼中由民事诉讼高等法院的首席法官代替缺席的大法官作出判决被指责为犯了程序上的错误。尽管咨议会其他成员只是作为辅助人或者建议人出现,但在14世纪的时候,其他成员的参与对于判决的作出仍然至关重要,这表明判决所依据的并非大法官的权威,而是咨议会的权威。③

总之,如普拉克内特所言:"大法官的司法管辖权并非依赖于他的官职产生,也与他是国王良心的保管人这一地位没有丝毫关系,……

---

① See J. H. Baker, *An Introduction to English Legal History*, London: Butterworth, 1990, pp. 112-113.

② See James F. Baldwin, "The King's Council and the Chancery I ", *The American Historical Review*, Vol. 15, No. 3, 1910.

③ See Ibid.

现在看来很清楚,大法官的职位最初源于对咨议会的非正式代表。"①

(二) 分离时间

早期学者在探讨大法官法院与咨议会的分离时间这一问题时,大多致力于为大法官法院衡平法管辖权的确立寻找一个具体的时间点。由于用以评判的标准不同,学者们所得出的结论也各异。

1. 爱德华三世时期

金勋爵(Lord King)②把大法官法院作为衡平法院独立管辖权的建立时间确定为爱德华三世统治时期。后来,布莱克斯通在《英国法释义》的第三卷中以及克利(D. M. Kerly)在《大法官法院衡平管辖权的历史概览》一书中③也都认为,在爱德华三世时期,大法官法院作为一个审理案件的衡平法院建立起来了。

他们资以立论的最主要的论据是爱德华三世时期所颁布的制定法。④

---

① Theodore. F. T. Plucknett, *A Concise History of The Common Law*,中信出版社 2003 年影印本, p. 180。

② 此人为"大法官法院普通法司法权"("The Legal Judicature in Chancery Stated")一文的作者。但是库珀(Cooper)在他的作品(*Lettres sur la Cour de la Chancellerie*)中对于金勋爵是否是这本小册子的作者表示怀疑,认为该文是《大法官司法权及主事官权力史》(*The History of the Chancery Relating to The Judicial Power of That Court and The Rights of the Masters*, 1726)一书的作者。赫德(Hurd)主教在他的《沃伯顿生平》一书中认为,这两本书都是伯勒(Burroughs)在沃伯顿(Warburton)主教的帮助下撰写而成的。See Joseph Story, *Commentaries on Equity Jurisprudence, as Administered in England and America*, Vol. I, Boston: Little, Brown and Company, 1886, p. 41, n. 5.

③ See D. M. Kerly, *An Historical Sketch of the Equitable Jurisdiction of the Court of Chancery*, London: Cambridge University Press, 1890, p. 35.

④ 事实上,早在爱德华一世八年法令中就规定,向咨议会提出的涉及国玺或恩赐事项的请愿书应当提交给大法官。"如果所请求的内容非常重大,大法官和他人未经国王批准无法处理,那么,他们应当亲自将其交予国王以知晓其意愿。"在爱德华一世时期(1290—1307),请求国王恩赐的请愿书常常被移交给大法官处理,这一做法在爱德华二世统治时期得以延续。大量请愿书都被交付给大法官,或者由大法官和同为咨议会成员的普通法官一起处理。爱德华三世十四年制定法第 15 章则直接将大法官法院冠以"法院"之名。See William F. Walsh, *Outlines of the History of English and American Law*, New York: The New York University Press, 1924, p. 197.

在爱德华三世二十二年(1349)，国王发布了著名的《致伦敦治安官书》的法令。该法在详述了国王为处理许多国家大事和他自己的事务占据了大量精力后，下令将所有呈递给他的事务都交由他人代为处理：与普通法相关的事项应当交由当时的坎特伯雷大主教，也即大法官处理；而关于国王恩惠的其他事项则交由大法官或者御玺大臣来处理，他们或者他们中的一员应当将那些未经国王表态就无法处理的请愿书附上其处理意见后交给国王，国王则向大法官或者御玺大臣表明他对该事项的处理意见，此后，此类事项即可照此处理，无须再向国王提起。①

在许多学者看来，《致伦敦治安官书》这一法令具有重要的意义，它首次建立了大法官法院的衡平管辖权的基础——在此之前，授予恩惠和特权的权力专属于国王，但是该法把这一权力下放。尽管此前大法官在行使衡平纠正管辖权时也发挥了最为积极的且可能是首要的作用，但是他并非唯一享有此权之人，也并没有从国王那里获得如此肯定的任命来行使这一判决权。乔治·杰里米先生在其"论大法官法院的衡平管辖权"的论文中写道："尽管大法官法院以及主持它的高级官员的名字在许多早期的制定法中提及，直到爱德华三世统治的后期，才出现一部制定法可以被认为认可或者说提到了其管辖权的特别的或者衡平部分。"②

尽管克利并不认同这一说法，而是认为爱德华三世二十二年制定法仅仅是由于国王专注于对法战争且在加来被困、被俘所采取的临时举措，但他同样不否认该法标志着大法官正在获得重要的地位。他说，

---

① 该令状原文见 Joseph Parkes, *A History of the Court of Chancery*, London: Longman, Rees, Orme, Brown and Green, 1828, pp. 35-36.

② George Jeremy, *A Treatise on the Equity Jurisdiction of the High Court of Chancery*, London: J. & W. T. Clarke, 1828, p. 20. 转引自 Thomas Duffus Hardy, *A Description of the Close Rolls in the Tower of London*, London: G. Eyre and A. Spottiswoode, 1833, p. 111.

该法表明,大法官正在与请求国王恩惠某物的请愿书相联系,并且与请求处理此类事务以及普通法中存在问题的请愿书相联系,从此,大法官获得了咨议会中决定性的重要地位。

另有一些制定法由于措辞不明,因此作为佐证的理由存在着争议。如在爱德华三世三十六年所通过的一部制定法,它包含了这样一个条款:"如果任何人感到自己受到了委屈,与任何以上所有条款或者任何包含在各种制定法中的条款以及将进入大法官法院的条款相冲突,或者存在支持他的条款,并且由此提起诉讼,他将立即在大法官法院通过上述条款和制定法获得救济,而无须到别处寻求救济。"[1]尽管这一法令被一些人认定为支持大法官管辖权的特别权威,[2]但是克利和柯克都认为该制定法仅仅是指通过获得令状的救济来启动普通法法院的诉讼。该制定法主要用来针对国王的王室承办商(Purveyors),防止他们反对一般法院的管辖权。[3]

此外,克利还将爱德华三世时期出现的一些直接呈递给大法官的请愿书作为进一步佐证的理由。他指出,爱德华三世时期的记录表明,大约是在这一时期,在缺乏或者难以获得普通法一般救济的情况下,向大法官提交案件已经成为一种通常的做法。从此,大法官法院颁布的禁审令和要求大法官取消禁止令的请愿书,取代了在较早的案件中国王下达的相应的命令和致议会的请愿书,它们的存在标志着大法官管

---

[1] Thomas Duffus Hardy, *A Description of the Close Rolls in the Tower of London*, London: G. Eyre and A. Spottiswoode, 1833, p. 112.

[2] 如伍德森(Wooddeson)和斯佩尔曼(Spelman)认为该法使得大法官对于许多事项拥有唯一并且专有的审判权。并且,伍德森还强调说,尽管爱德华三世时期大法官法院的衡平实践并不频繁活跃,但是大法官法院实施衡平管辖权是无可辩驳的。See Joseph Story, *Commentaries on Equity Jurisprudence, as Administered in England and America*, Vol. I, Boston: Little, Brown and Company, 1886, p. 43.

[3] See D., M. Kerly, *An Historical Sketch of the Equitable Jurisdiction of the Court of Chancery*, London: Cambridge University Press, 1890, p. 35.

辖权的诞生。①

2. 理查德二世时期

这一观点最早由大法官埃杰顿提出,在 1599 年判决的一个案件中,他引用了理查德二世(1377—1399)时期的一个先例。此后,斯托里、斯宾塞、贝尔登(Baildon)、戴雪等学者也都持有这一观点。

美国著名法学家斯托里认为,在理查德二世时期,议会对大法官法院干预司法进程的抗议大大增加,因此,衡平管辖权应当起源于这一时期。② 如理查德二世十三年,下院就向国王提出请愿书,要求"如果普通法能够公平地对待所有人,大法官和任何其他人都不能发布命令,违反普通法或者英格兰自古以来之习惯以及已经颁布或者本届议会将要颁布的制定法;并且未经正当法律程序,不能废止任何已经作出的普通法判决"。另外,通过同年另一个请愿书,下院祈求:"应当禁止大法官向国王的臣民发布'传唤被告到国王咨议会的令状'(quibusdam certis de causis)或者其他任何令状,要求他们出现在大法官或者国王咨议会面前,回答任何可以在普通法中获得救济的事项;否则,就对违反此命令的大法官处以 100 镑的罚款,由此征收的罚款供国王使用,并且撰写该令状的文书也将被免去他在大法官法院中的职位,此后再也无法担任大法官法院中的任何其他职位。"这两份请愿书并未获得国王的支持,没有成为制定法。③ 但从其字里行间,我们不难看出,这一时期大法官法院对普通法的干预已经被普通法法官和议会视为严重的威胁,这无疑从侧面证明,大法官法院的衡平管辖权已经获得了很大的发展。

---

① See D. M. Kerly,*An Historical Sketch of the Equitable Jurisdiction of the Court of Chancery*, London: Cambridge University Press, 1890, p. 35.

② See Joseph Story,*Commentaries on Equity Jurisprudence, as Administered in England and America*, Vol. Ⅰ, Boston: Little, Brown and Company, 1886, pp. 43-45.

③ See Thomas Duffus Hardy,*A Description of the Close Rolls in the Tower of London*, London: G. Eyre and A. Spottiswoode, 1833, pp. 115-116.

第二章 英国衡平法的产生

斯宾塞把理查德二世十七年(1394)的制定法作为大法官法院衡平管辖权确立的标志。他指出:"该法第6章规定,如果人们被迫基于最终被证明不真实的诉请(suggestions)而出现在咨议会或者大法官法院,大法官有权根据其自由决定权给予赔偿。"①"因此,从理查德二世十七年的制定法通过开始,我们可以认为大法官法院已经成为一个独立的且永久的法院,拥有独立的管辖权,拥有它自己特有的程序模式,类似于咨议会中所盛行的那种,尽管它可能还没有完全从咨议会中分离出来。"②斯宾塞的这一观点受到了挑战,如托马斯·达弗斯·哈迪(Thomas Duffus Hardy)就认为,该法仅仅授予大法官对那些迫于建立在错误的诉请基础上的令状而来到大法官法院的人给予赔偿的权力,针对的范围相当有限,因此,尚不足以作为大法官法院衡平管辖权确立的标志。

此外,贝尔登也引用戴雪的观点明确宣告,大法官早在理查德统治时期(1377—1399)就拥有并且开始实施其职责了。但他同时也认为,大法官法院和咨议会直到15世纪中叶仍然未能完全分离,③亨利七世三年的制定法第1章被其视为在大法官法院和咨议会之间作出最终区分的标志性立法。④

---

① 在此所提到的"不真实的诉请"(suggestions)是指由向大法官法院申请传唤令状的人所作的错误的指控,对此,大法官授予必须送还的令状以代替普通法法院所作出的必须送还的令状。据说,作为这一制定法的结果,呈递给诉状和请愿书在理查德二世十七年被首次归档。See Thomas Duffus Hardy, *A Description of the Close Rolls in the Tower of London*, London: G. Eyre and A. Spottiswoode, 1833, p.116.

② George Spence, *The Equitable Jurisdiciton of the Court of Chancery*, Vol.Ⅰ, Buffalo: William S. Hein & Company, 1981, p.344.

③ See William Paley Baildon, *Select Cases in Chancery*(A.D. 1364 to 1471), London: Quaritch, 1896, p.xix.

④ See Ibid., p.xx.

3. 15 世纪初

柯克认为大法官法院的衡平管辖权开始于亨利五世时期(1399—1413),并且在亨利六世时(1422—1461,1470—1471)日益发展,但其主要的增长是在亨利八世的沃尔西大法官时期(1515—1529)。柯克还声称无法在报告书中找到任何亨利四世之前的大法官法院的衡平案件。但是由于柯克对大法官法院衡平管辖权的敌意是众所周知的,所以使人很难相信柯克这一观点的客观与公正。①

美国大法官霍姆斯则提出:"在亨利五世统治末期(约 1413),大法官法院成为英格兰王国的国家法院之一。"②

4. 15 世纪末

霍兹沃斯则认为直到 15 世纪末大法官才获得了作为一个独立的大法官法院首领的地位,从此,大法官法院开始承担独立的衡平管辖权。在此前 15 世纪的大部分时间里,大法官法院的衡平管辖权尚未与咨议会及普通法法院实现完全的分离。因为,在大部分案件中,判决被明显认为是咨议会的行为——出庭的咨议会成员的名字被明确地告知。而在一些涉及对普通法规则的干涉或者应用的案件中,大法官必须按照高等律师或者普通法法官的建议采取行动。直到 1474 年(爱德华四世十四年),大法官才首次以他个人的且排他的权威作出了衡平法上的判决。此后,这类判决日益频繁。至此,大法官和大法官法院的管辖权才变为咨议会之外独立行使的管辖权。因此,直至 15 世纪末,由大法官作为大法官法院首领所行使的衡平管辖权才获得了真正的独立。③

---

① Joseph Story, *Commentaries on Equity Jurisprudence, as Administered in England and America*, Vol. Ⅰ, Boston: Little, Brown and Company, 1886, p. 38.

② 〔美〕霍姆斯:"英格兰早期衡平法",〔美〕霍姆斯:《法律的生命在于经验——霍姆斯法学文集》,明辉译,清华大学出版社 2007 年版,第 146 页。

③ See William S. Holdsworth, *A History of English Law*, Vol. Ⅰ, London: Methuen & Co., 1956, p. 404.

但是霍兹沃斯的这一结论为哈罗德·波特（Harold Potter）所反驳,后者认为有资料显示,早在1377年大法官就听审了一份专门呈递给他的请愿书,并且未咨询咨议会的意见即予以驳回。而这种做法在当时并非单例。① 因此,大法官独立于咨议会行使衡平司法权的时间很可能要早于1474年。但是波特认为具体的时间难以确定。

总之,由于采取了不同的判断标准,所以学者们得出了以上答案各异的结论。他们的共同特征是希冀以某部制定法、某些请愿书等个别的、零散的历史文件作为大法官法院衡平管辖权确立的标志。这样的一种判断标准未免失之简单。笔者认为,大法官法院衡平管辖权的确立是一个逐步的、长期的过程,绝非凭借一部或者若干历史文献就能够予以武断地认定。而在大法官法院的衡平管辖权确立的漫长历史过程中,各方的力量不断地博弈,一部部制定法的颁布、一份份请愿书的呈递,以及一份份判决的作出都是大法官法院的衡平管辖权确立进程中所留下的足迹。我们只有追寻这一完整的轨迹,才能够全面地了解大法官与咨议会的分离,深刻地认识大法官法院的衡平管辖权的建立问题。

笔者认为,对于作为大法官法院衡平管辖权确立的重要证据的制定法的颁布,我们至少可以追溯到爱德华三世时期。②

爱德华三世十四年颁布的第一部制定法第5章（14 Edw. Ⅲ, st. Ⅰ, c. 5）将大法官法院和普通法法院作为法院并提。1349年,爱德

---

① See Harold Potter, *An Introduction to the History of Equity and Its Courts*, London: Sweet & Maxwell, 1931, p. 8.
② 当然,有人追溯得更早,如爱德华一世八年法令规定,所有涉及印章的请愿书应当首先被送给大法官(See Thomas Duffus Hardy, *A Description of the Close Rolls in the Tower of London*, London: G. Eyre and A. Spottiswoode, 1833, pp. 107-108);1280年和1293年法令规定,所有涉及加盖国玺的文件之颁布的请愿书应当首先递交给大法官,等等。但是,经进一步的研究,此类制定法应当被认为与大法官法院的普通法管辖权的关系更为紧密。

华三世向伦敦治安官颁布的令状授权大法官处理与国王恩惠相关事项的权力。在 1394 年,理查德二世十七年制定法第 6 章(17 Rich. Ⅱ, c. 6)授权大法官给予损害赔偿的权力,这一授权在 1436 年为亨利六世十五年制定法第 4 章(15 Hen. Ⅵ, c. 4)所确认,后者进一步授权大法官收取诉讼费的担保。① 这些制定法从不同角度表明大法官法院作为法院的地位日益显现,其衡平管辖权日益巩固。

由制定法所确定的大法官法院管辖权的确立过程可以经由请愿书的证据得到进一步的确证。早在爱德华一世统治期间,请愿书已经被送至大法官和咨议会,这种送达形式在爱德华三世期间变得频繁。在爱德华三世统治之后,它们有时被按照习惯送给"大法官和咨议会",有时候被送给"大法官或者咨议会",有时候被送给"咨议会或者大法官法院"。②

至 1474 年,大法官首次以自己而非咨议会的名义作出衡平法上的判决,这为大法官法院衡平法管辖权的确立画上了一个最终的句点。

由此可见,大法官法院衡平法管辖权的确立历经爱德华三世、理查德二世、亨利四世、亨利五世、亨利六世、爱德华四世、爱德华五世、理查德三世、亨利七世九位君主,跨越四个王朝,总计一个半世纪,是一个相当漫长的过程。因此,我们只有突破"起点论"的思维模式,运用"过程论"的方法才能够更准确地把握大法官与咨议会的分离,认识大法官法院衡平管辖权的确立问题。借用英国学者塞尔斯的说法:"如果说我们对于中世纪英国各种机构和起源与发展感到模糊不清,那么,其原因在

---

① See William S. Holdsworth, *A History of English Law*, Vol. Ⅰ, London: Methuen & Co., 1956, p. 403, n. 8; William S. Holdsworth, *A History of English Law*, Vol. Ⅱ, London: Methuen & Co., 1936, p. 343, n. 2; William S. Holdsworth, *A History of English Law*, Vol. Ⅴ, London: Methuen & Co., 1945, p. 285, n. 3.

② See William S. Holdsworth, *A History of English Law*, Vol. Ⅰ, London: Methuen & Co., 1956, p. 402.

于它们并非是供人们解剖而陈列着的历史僵尸,而是不断地自我适应于新需要、新目的、具有生命力的活生生的有机体。"①

(三) 大法官和咨议会的分离的具体表现

尽管对于大法官法院和咨议会何时分离的问题存在着巨大的争议,但是对于大法官法院与咨议会如何分离这一问题,学者们并无很大分歧,认为大法官法院和咨议会的分离大致表现为请愿书的抬头与内容的变化、国玺程序与御玺程序的分离以及民事管辖权与刑事管辖权的分离三个方面。

1. 请愿书的抬头与内容的变化

有学者认为,大法官法院和咨议会的分离过程中最关键的步骤莫过于"原本呈递给咨议会与议会的请愿书被转呈给大法官"这一步。②这一点可以从请愿书的抬头及内容的细微变化中体现出来。

直至爱德华三世统治时期,人们都习惯于向咨议会中的任何显贵人物递交请愿书,以求得令状、信件及其他在他们日常权力范围内的事物。由于大法官在咨议会中首屈一指的地位,他很自然地成为申诉的对象。作为接触咨议会的一个渠道,大法官成为请求传唤令状和逮捕令状的通常对象,一旦获得令状,就可以借此启动在咨议会的诉讼。对于呈递给国王的请愿书,国王也往往转交给大法官来处理。比如,在爱德华一世统治早期,国王通过一份盖有御玺的信件交给大法官一份请愿书,这封信成为大法官法院中审判所必不可少的预备令状。③ 无论

---

① G. O. Sayles, *The King's Parliament*, London, 1975, p. 136. 转引自程汉大:《英国政治制度史》,中国社会科学出版社 1995 年版,第 73 页。

② 这一转呈过程的历史,尤其是在大法官和咨议会在司法事项上的关系的历史请参见 J. F. Baldwin, *The King's Council in England during the Middle Ages*, Gloucester, Massachusetts: Peter Smith,1956, pp. 254-261。

③ See James F. Baldwin, "The King's Council and the Chancery Ⅰ", *The American Historical Review*, Vol. 15, No. 3, 1910.

最终这些请愿书由谁处理,从具体格式来看,这些请愿书的抬头中所列举的对象多为国王或者咨议会。

在爱德华三世时期,出现了许多呈递给大法官和咨议会的法律请愿书,但它们措辞的多样性和经常出现的格式错误表明习惯仍未固定。与此同时,部分请愿书开始被呈递给大法官而非咨议会和国王。① 能够分辨出作者的最早的此类请愿书是在1343年至1345年,此后它们频繁出现,其数量足以表明这一程序日渐普遍。

在理查德二世统治期间,此类请愿书的数量众多且形式日益规范,这表明将大法官作为独立的请求对象已经成为一个惯例。与此同时,更为精致的致词形式也出现了。最早的请愿书中的"致大法官"(au chanceller)的形式现在被加上了"尊敬的神的父亲"、"可敬的"、"仁慈的"、"贤明的"或者"强大的上帝"等修饰词。在这一时期,致词也被放在羊皮纸的顶边,与诉状的主体部分相分离。这一切表明,大法官开始以他自己的名义来行使司法权。

除请愿书呈递对象发生明显变化外,请愿书的内容也发生了细微的变化。爱德华三世晚期,一些请愿书中开始把大法官法院认做一个不同的或者至少是咨议会权威的替代性的权威。② 在理查德二世统治时期,在某些请愿书的表述中存在两个不同的司法权威,如在理查德二世十二年,一份请愿书请求将某些扰乱治安者带到大法官法院,得到的回应却是"将他们带到咨议会"的令状。

值得注意的是,尽管请愿书呈递对象和内容的变化是大法官法院与咨议会分离的重要标志,但这仅仅标志着大法官法院衡平管辖权独立的开始而非完成。以例为证,在理查德二世时期,一份请愿书于

---

① 此类请愿书的抬头表达为"au chanceller notre seigneur le roi"。
② 其抬头表达为"en la chauncellerie ou devant le conseil"。

1389 年至 1391 年间被呈递给大法官威克姆的威廉（William of Wykeham），就一起海上抢夺事件请求给予救济。尽管该请愿书的呈递对象只有大法官一人，但在该请愿书背面的听审记录表明，听审是在整个咨议会面前进行的，并且以咨议会的权威作出了最终的赔偿判决。由此可见，咨议会和大法官法院在此时尚未实现完全的分离。

而且，应当指出的是，尽管大法官日益成为请愿书所呈递的唯一对象，但是国王、咨议会和议会向大法官法院移交请愿书的这种更古老的方法并未消失。在理查德二世时期，处理直接呈递给大法官和大法官法院的请愿书只是它们所处理的事务中的一小部分，大法官法院的更多精力仍然投注于处理国王、咨议会和议会所交代的事项中，这表明此时大法官法院与这些机构之间的从属关系依然十分明显。①

2. 国玺程序与御玺程序的分离

通过使用御玺（privy seal）来取代国玺（great seal），咨议会的运作方式变得不同于大法官法院的运作方式，由此实现了咨议会和大法官法院的程序的分离，大法官法院的程序被称为国玺程序，而咨议会的程序则被称为御玺程序。

御玺和国玺原本皆为国王的私章。国玺很早就被赋予代表王国与王权的象征性意义，由此，它的使用也就日益正式，必须遵循特定的格式和规范：国玺信件必须以拉丁文的形式写在羊皮纸上，并且要套用冗长乏味的格式；除了已经接受为习惯的令状外，未经议会批准，不得颁发新令状；令状颁发之后都必须登记在案。此外，由于国玺的公共性质，加盖国玺的公文一般都具有公开的性质。

国玺在使用上的重重限制越来越无法满足政府高效、秘密行政的

---

① See James F. Baldwin, "The King's Council and the Chancery I ", *The American Historical Review*, Vol. 15, No. 3, 1910.

需要,于是到14世纪之初,国王的又一私章御玺开始为咨议会在行政领域内广泛使用,御玺大臣(Lord Privy Seal)成为行政办公室的首领官员,并且独立于大法官及其领导下的大法官法院。在14世纪,御玺经常被咨议会用来代替大法官法院所拥有的国玺。相比于国玺,御玺的使用更为便利、快捷。使用御玺的文件开始以法语和拉丁文书写,后来为英语取代,并且不必一定要写在羊皮纸上,书写格式更为简短,这些信件无须授权即能颁布,而且从不登记。

随着御玺的使用日益广泛,御玺大臣的地位也水涨船高,开始分享作为咨议会首席大臣的大法官的权力。在爱德华三世统治时期,御玺大臣成为咨议会三大首要官员之一,并且其所辖办公室成为咨议会的直接行政机关。爱德华三世(1349)的密闭卷宗(Cal. Close Rolls 22)规定,请求授予国王特权的请愿书被移交给御玺大臣或者移交给大法官。1390年颁布的一个法令规定,人民的请愿书应当交由御玺大臣和其他可能出席的咨议会成员亲自审理。

咨议会的种种职能日渐经由御玺大臣通过令状、委任状以及其他信件的方法来实现,后者开始取代大法官法院充当咨议会的文秘部门。比如,国王和咨议会的判决首先通过御玺令状表达,继而被送往大法官法院,作为一份委任书加盖国玺后颁布。御玺大臣的文书,在一个交替和竞争的简短阶段后,取代了大法官法院的文书的位置,正如后者一度取代了财政署文书的位置一样。第一位担任咨议会文书职位的御玺大臣文书是理查德二世统治时期的主事官约翰·普弗(John Propher)。在这些人的手中,咨议会的记录及程序开始不同于大法官法院。

在理查德二世统治时期,御玺程序被进一步的发展。原本禁止以御玺发布普通法令状,但是在理查德二世统治期间,御玺也开始承担司法功能,御玺大臣有权用御玺颁布各类令状,如传唤令状、执行令状

(executory writs)以及传唤被告到国王咨议会的令状（quimusdum de causis)等,表现出要与大法官法院和普通法法院竞争的明显企图。这种篡夺为下院所憎恶,并成为贵族们废黜理查德二世王位而将兰开斯特家族抬上王位的一大原因。①

总之,国玺程序和御玺程序两种不同运作方式的出现,为大法官法院和咨议会的分离做好了进一步的准备。但程序分离的实现并不意味着两大机构分离的完成,如鲍德温所言:"我们可以谈到咨议会和大法官法院,不是作为两个彼此分离的权威体,而是作为同一个机构以两种不同的方式来运行。"②

3. 民事管辖权与刑事管辖权的分离

国玺程序和御玺程序在咨议会中并存也促成了司法管辖权的分离。面对由御玺大臣所提供的更私密、更快速、收费更低廉的御玺程序和由大法官法院提供的更正式、更安全、诉讼费更高的国玺程序,不同的主体出于各自的目的作出了不同的选择。

一方面,御玺程序因其快速、秘密而为咨议会在处理其所有的政治活动以及大部分影响国家利益的司法活动中使用;另一方面,尽管私人诉讼者也为御玺程序的快速及廉价所吸引,但仍更倾向于选择大法官法院,因为它随时开庭,而咨议会就其司法工作而言,有着固定的法律期限。总之,对这一问题的不同选择使得咨议会更多地关注刑事案件,

---

① 关于国玺程序与御玺程序的分离过程,参见 James F. Baldwin, "The King's Council and the Chancery Ⅰ", *The American Historical Review*, Vol. 15, No. 3, 1910; William S. Holdsworth, *A History of English Law*, Vol. Ⅰ, London: Methuen &. Co., 1956, pp. 407-408; William Lindsay Carne, "A Sketch of the History of the High Court of Chancery from Its Origin to the Chancellorship of Wolsey", *The Virginia Law Register*, New Series, Vol. 13, No. 7, 1927。

② William S. Holdsworth, *A History of English Law*, Vol. Ⅰ, London: Methuen &. Co., 1956, p. 408。

而大法官法院则更为关注与财产相关的案件。

显然,这种机制和实践上的不同倾向给予大法官与大法官法院更为独立的地位。这种趋势通过咨议会在玫瑰战争中的垮台而被进一步强调。这导致了将所有各种各样的请愿书都送交大法官的实践——这一实践显然倾向于巩固大法官及大法官法院已经获得的独立地位。

在爱德华四世统治的后半期,咨议会的管辖权开始复苏,它再度开始审判影响国家安全的刑事案件,并把民事案件的管辖权留给大法官和大法官法院。①

因此,早在15世纪下半叶,纯粹的衡平管辖权变得非常不同于咨议会的刑事或者半刑事管辖权,它主要处理与用益制、契约以及账目等事务相关的民事案件。

总之,通过请愿书的抬头与内容的变化、国玺程序与御玺程序的分离、民事管辖权与刑事管辖权的分离,至15世纪下半叶,大法官法院最终实现了它与咨议会的分离,获得了独立的衡平管辖权。

(四)大法官法院与咨议会分离的原因

大法官法院为何与咨议会分离这一问题,可以分为两个小问题依次回答:第一,咨议会为何放弃衡平司法管辖权;第二,为何由大法官法院接受衡平管辖权。

对于第一个问题,最为普遍的解释是,由于在14世纪下半叶到15世纪这段时间,相关的司法业务大大膨胀,国王及咨议会忙于其他国家大事而疲于应付烦琐的司法事务,所以把这些司法事务交给作为咨议会首席官员的大法官来处理。正如戴雪所言:"其他事务的压力以及对法律讨论的精确性的厌恶,使得咨议会愿意首先将法律方面的事项交

---

① William S. Holdsworth, *A History of English Law*, Vol. I, London: Methuen & Co., 1956, pp. 408-409.

给大法官,继而将这些事务完全交由大法官来决定。"①

此外,大法官不再跟随咨议会及国王巡游全国这一事实也在客观上拉开了大法官法院与咨议会之间的距离。在此之前,大法官总是随侍国王左右,这一点为爱德华一世二十八年制定法第 5 章所证实,该法条规定,大法官和其他贤明之士应当总是随侍国王身边,在遇上疑难案件和需要的时候向国王提供建议。显然,大法官在提供救济时扮演了非常积极的角色。因此,当大法官法院不再跟随国王巡游全国而是固定在威斯敏斯特宫办公时(这发生于爱德华三世统治初年),国王和他的咨议会必然从那时起在处理呈递给他们的案件时失去了大法官的直接支持。从此以后,咨议会被迫开始将案件送给大法官处理。因此,在这一阶段之后,请愿书常常被背书为"在大法官法院中处理"②。

对于第二个问题,可以从两个方面予以解释:

首先,大法官与国王之间的亲密关系使得国王愿意将这一重大权力交付予他。从理论上说,国王是"正义的源泉",实现正义是国王理应履行的一个义务,也是国王特权的一部分。国王的这一义务往往通过他的官员尤其是法官予以履行。但是,随着普通法的日益发展,普通法法官与国王之间的联系变得越来越不紧密。与此相反,大法官作为国王的私人顾问和王国的文秘署长官,与国王的关系仍然十分密切。当普通法法官固定在威斯敏斯特宫办公的时候,大法官仍然伴随在国王左右。即使大法官法院也固定在威斯敏斯特宫之后,他与国王之间的关系也仍然较普通法法官们更为亲密。因此,国王自然倾向于将其保

---

① See Dicey, *Privy Council*, London, 1887, pp. 16-17. 转引自 James F. Baldwin, "The King's Council and the Chancery Ⅰ", *The American Historical Review*, Vol. 15, No. 3, 1910。

② Thomas Duffus Hardy, *A Description of the Close Rolls in the Tower of London*, London: G. Eyre and A. Spottiswoode, 1833, p. 109.

留的"剩余司法权"交付给他所信任的仆人和与他自己有着最亲密关系的人。

其次,大法官所拥有的职权使得诉讼者们愿意将自己的冤屈向他倾诉,也使得他有能力为诉讼者们伸张正义。一方面,大法官通过发布令状、主持咨议会的司法审判等多重法律活动积累了丰富的法律经验;另一方面,作为王国中地位最高的权贵、作为"王国的钥匙"——国玺的保管者、文秘署长官,他所掌握的行政权力能够震慑富人或权势之家或诡计多端之人和心肠恶毒之人,迫使他们出现在他的法庭之上,并强迫他们服从他的命令;如果需要的话,甚至可以诉诸武力的手段。[1] 因此,大法官所掌握的行政权力能够使得他所发布的法令、判决得以有效实施。

最后,大法官注定要接受这一任务是由于其神职人员的特征。呈递给国王的请愿书往往声称"以上帝和慈善之名",祈求国王实现正义。显然,没有谁比教会的高级教士、作为国王良心守护人[2]的大法官更能胜任谴责违法者、接受其忏悔、以宗教和道德的名义清除其恶毒之心、防止其做邪恶之事且在需要之时对其施以惩罚的重任。[3]

二、诉讼增长论

自20世纪下半叶以来,在考察"大法官法院衡平管辖权的确立"这

---

[1] Henri Levy-Ullmann, *The English Legal Tradition: Its Sources and History*, M. Mitchell trans., Frederick Goadly rev. and ed., London: Macmillan and Co., Limited, 1935, pp. 301-302.

[2] 这一点似乎存在争议,因为尽管早期的论述大法官职位的作者都认为大法官最初是国王的首席神父和忏悔者,但是并没有公开的文件授予其这个头衔。而在议会卷宗的数个条目中所涉及的国王的忏悔者显然并非大法官。这些条目出现于爱德华三世、理查德二世和亨利四世统治时期。See Thomas Duffus Hardy, *A Description of the Close Rolls in the Tower of London*, London: G. Eyre and A. Spottiswoode, 1833, p. 105, n. 1.

[3] See Henri Levy-Ullmann, *The English Legal Tradition: Its Sources and History*, M. Mitchell trans., Frederick Goadly rev. and ed., London: Macmillan and Co., Limited, 1935, pp. 301-303.

一问题时,一些英国法律史学者另辟蹊径,试图用数字说话,通过对大法官法院的记录进行定量的数据分析,寻求"何时、如何以及为何大法官法院司法活动的工作量发生了惊人的增长"这一问题的答案。

(一)玛格丽特·埃弗里(Margaret Avery)的观点

在这一领域作出开拓性研究的是玛格丽特·埃弗里女士。1969年,她发表了"1460年之前的大法官法院的衡平管辖权的历史"("The History of the Equitable Jurisdiction of Chancery before 1460")[1]这一论文。在这篇文章中,她使用被统称为"古代大法官法院请愿书"(ancient chancery petitions)[2]的一系列诉状文档作为研究对象,并且仅限于来自于1460年之前的埃塞克斯和肯特郡的请求者所提出的那部分诉状。她由此得出的结论是:首先,在兰开斯特时期(1399—1461),大法官法院的衡平管辖权的业务有了一个实质的增长,尤其是在约翰·斯塔福德(John Stafford)[3]担任大法官期间(1432—1443;1443—1450);其次,大法官衡平司法权的急剧膨胀缘于其为了维护用益制的受益人(the cestui-que-use)的利益。

(二)尼古拉斯·普罗内(Nicholas Pronay)的观点

但不久,玛格丽特·埃弗里的论文受到了挑战。尼古拉斯·普罗内博士在"15世纪末的大法官、大法官法院和咨议会"("The Chancellor, the Chancery, and the Council at the End of the Fifteenth Century")[4]一文中,同样用"古代大法官法院请愿书"作为证据,但是他将其研究范围

---

[1] See M. E. Avery,"The History of the Equitable Jurisdiction of Chancery before 1460", *Bulletin of the Institute of Historical Research*, Vol. 42, No. 106,1969.
[2] Public Record Office [PRO] Class CI.
[3] 约翰·斯塔福德,曾任巴思和威尔斯主教,之后成为约克大主教。
[4] See N. Pronay,"The Chancellor, the Chancery, and the Council at the End of the Fifteenth Century", H. Hearder and H. R. Loyn(eds.), *British Government and Administration: Studies Presented to S. B. Chrimes*, Cardiff: University of Wales Press, 1974, pp.87-103.

扩展到英格兰全境,从而识别出埃弗里的分析中存在的两个严重的问题:首先,埃弗里选择研究的大部分乡村郡县的请求者所寻求的救济并不典型;其次,直到15世纪40年代,许多请求者很可能都是口头作出诉愿的,因而根本没有记载在案。

在普罗内看来,正是在约克时期(1461—1485),大法官法院衡平管辖权的业务发生了真正爆炸的激增,是原来的4倍。商业案件和祈求公正的请愿书加在一起,使得15世纪后期大法官法院案卷迅速膨胀,大法官法院也从一个对某些司法事务具有管辖权的行政部门变成了王国内四大中心法院之一。普罗内相信,请愿书在数量上的增长是大法官法院地位变化的主要指标。

(三) 马克·比尔比(Mark Beilby)的观点

马克·比尔比博士在"专家的好处:罗马法法学家的兴起和大法官法院衡平法"("The Profits of Expertise: The Rise of the Civil Lawyers and Chancery Equity")①一文中协调了埃弗里和普罗内之间的分歧。马克·比尔比虽然接受埃弗里提出的在15世纪三四十年代出现了向大法官法院提出私人申诉的数量的增长,并且向受损的用益制的受益人提供衡平救济对这一阶段活动的增加很有作用的论断,但他也像普罗内那样,认为随后请愿书在数目上的增长与商业案件的关联更为重要。恰恰是在大法官罗伯特·斯蒂林顿(Robert Stillington)②(1467—1473)时期,大法官法院被称为良心法院,并且负有审判与外国商人有关案件的特别责任。因此,比尔比认为,仅仅是在15世纪下半叶,一个具有全然独立的衡平管辖权和明确的衡平法一面的大法官法

---

① Mark Beilby,"The Profits of Expertise: The Rise of the Civil Lawyers and Chancery Equity", M. Hicks (ed.), *Profit, Piety and the Professions in Later Medieval England*, Gloucester: Sutton, 1990, pp. 72-90.

② 据说是他那个时代最为著名的文官之一。

院被建立起来了。

此外，比尔比认为，出现在大法官法院的诉讼爆炸与经过大学训练的罗马法法学家代替大批由大法官法院自己培养的人担任秘书这一变化相一致。在比尔比看来，随着大法官法院处理的商业案件的数目日益增多，罗马法法学家也更多地被吸引到大法官法院中担任官员。他认为15世纪中叶以前流传下来的请愿书中缺乏"良心"一词，而其后该词的使用日益增多，这一点具有重大意义。在这里，"良心"一词具有了新的含义，是"教会法院中的法学家所发现和使用的良心"。正是由于经受过相关训练且有过在教会法院和罗马法法院担任律师经历的人被大量任用为大法官法院的官员，才导致了大法官法院衡平法的出现，16世纪的评论家称之为"建立在良心基础上的衡平法"。①

（四）彭尼·塔克（Penny Tucker）的观点和论证

以上三者虽然在具体观点上各有不同，但其结论的得出都依赖于"古代大法官法院请愿书"这一单一类型的渊源。这一点受到了彭尼·塔克的批评与挑战。

塔克在"大法官法院的早期历史：一个比较研究"（"The Early History of the Court of Chancery：A Comparative Study"）②一文中指出，"古代大法官法院请愿书"并非一个非常可靠的源头。首先，请愿书通常只能追溯到特定的大法官任期内；其次，1440年之后，口头请愿无法被证实在事实上已经停止，因此很难避免将书面请愿书的数量和大法官法院所处理事务的总量相混淆的危险；第三，很明显的是，在大法

---

① See Mark Beilby, "The Profits of Expertise: The Rise of the Civil Lawyers and Chancery Equity", M. Hicks (ed.), *Profit, Piety and the Professions in Later Medieval England*, Gloucester: Sutton, 1990, pp. 72-90.

② See P. Tucker, "The Early History of the Court of Chancery: A Comparative Study", *The English Historical Review*, Vol. 115, 2000.

官法院作为法院发展的早期阶段,只有很少一部分请愿书能够留存至今,由于无法确定其典型性,如果单单以此为依据,很可能无法避免以偏赅全的结果。

对此,塔克提出了自己的解决办法,即通过结合使用大法官法院产生的其他资料,并且将另一个衡平法院——伦敦市长法院的发展证据作为参照物的方法,来回答大法官法院何时发展出了独立的衡平管辖权以及独立的衡平法这一问题。

塔克找到的新材料是大法官法院在案件审判过程中回应请愿书时所使用的司法令状,计有传票(subpoena)、扣押令(the attachias)、连人带案移送复审令状(the (habeas) corpus cum causa)以及调卷令(the certiorari (super causa captionis et detentionis))四种类型。将现存的请愿书与现存的司法令状进行的抽样比较表明,这些司法令状的保存状况要比请愿书的保存状况好得多,相对而言是更为可靠的研究资料。通过对这些司法令状的研究,塔克得出的结论是,大法官法院的司法令状数量的增长至少有两个主要的发展阶段:(1)大约 1385—1393 年(大概在 1393—1394 年因议会的抱怨而结束);(2)1435—1450 年。此外,如果普罗内和比尔比的观点是正确的话,还应当加上 15 世纪 60 年代和 70 年代。

此外,塔克还找到了判断大法官法院何时发展出独立的衡平管辖权的新的衡量标准。通过比照伦敦市长法院的发展,塔克驳斥了比尔比认定的"英国衡平法的三大特征",即由传票启动的法律程序、被告被要求宣誓回答以及使用罗马—教会程序。他认为,这三大特征在伦敦市长法院的普通法管辖权中并不缺乏。确定大法官法院衡平管辖权何时真正确立的方法是发现何时大法官或者其官员开始将普通法案件和非普通法案件明确区分开来。而这一点,塔克相信是在 15 世纪下半叶真正实现的。他认为,正是大致发生于 15 世纪 40 年代后期的大法官法院的诉状和令状文档的重组促成了大法官法院的普通法管辖权与衡平法管辖权的分离,而这意味着大法官法院衡平管辖权的真正独立。

与"机构分离论"相比,"诉讼增长论"采用了科学化的研究方法,依靠精确的数据统计进行分析,由此得出的结论无疑更具说服力。但"成也萧何,败也萧何",正是由于"诉讼增长论"的研究是建立在对留存至今的古代请愿书以及大法官法院的司法令状这些法院诉讼文书的数据统计的基础之上,运用统计方法得出结论的,因此,要实现结论的正确无误就要求对诉讼文档进行穷尽性的统计和研究,而大法官法院诉讼档案的残缺及其数量的庞大使得这一点难以得到保证。这也正是此种研究方法的缺憾所在。

尽管"机构分离论"和"诉讼增长论"采用了不同的切入角度与研究方法,但它们的结论并不冲突,而是大致契合。综合"机构分离论"的各家之言,大法官法院衡平管辖权的确立时间可界定于 1340 年至 1474 年这百余年间;"诉讼增长论"则将大法官法院的衡平业务暴增的时间确定为 1385 年至 1393 年、1435 年至 1450 年以及 15 世纪六七十年代,其结论比前者更为精确。因此,这两大理论可谓殊途同归。而且正是由于关注角度的不同,两派理论彼此能够很好地互补:"机构分离论"关注司法权力的下放和让渡,以国王对大法官进行授权的制定法作为主要研究对象,倾向于从中央机构的分离等宏观背景方面的外因进行分析;"诉讼增长论"关注大法官法院本身的业务增长,以大法官法院本身保存的各类诉讼文书作为主要研究对象,倾向于从大法官法院管辖权的扩张、罗马法法学家的兴起、大法官法院普通法管辖权与衡平法管辖权的分离等大法官法院中的内因进行探讨。这两种理论为我们展示了大法官法院衡平管辖权确立的不同侧面,因此只有将这两者结合起来,我们才能较为全面地认识英格兰大法官法院衡平管辖权的确立问题。

第二节　普通法对大法官法院衡平法的影响

在上一章,我们探讨了普通法中的衡平因素,在本章的第一节我们又探讨了大法官法院衡平管辖权的确立,这两者之间究竟有着何种关联？大法官法院的衡平管辖权的诞生在衡平法的历史发展过程中具有何种意义？这些问题不可避免地成为学者们争论的焦点,其中,亚当斯与霍兹沃斯之间的论战具有相当大的代表性。

1916 年 2 月,亚当斯发表了"英国衡平法的起源"("The Origin of English Equity")①一文。同年 11 月,霍兹沃斯发表了"普通法法官实施的衡平法与大法官所实施的衡平法之间的关系"("The Relation of the Equity Administered by the Common Law Judges to the Equity Administered by the Chancellor")②一文。翌年 5 月,亚当斯又发表了"英国衡平法的连续性"("The Continuity of English Equity")③一文。这三篇论文所探讨的是同一个问题,其核心如霍兹沃斯的文章所指出的——"普通法法官实施的衡平法与大法官所实施的衡平法之间的关系究竟如何？"

一、亚当斯的观点

亚当斯在"英国衡平法起源"一文中试图表明,后来泾渭分明的普通法和衡平法在 12 世纪时拥有相同的起源,在那时,它们未经区分,也

---

① See George Buton Adams, "The Origin of English Equity", *Columbia Law Review*, Vol. 16, No. 2, 1916.

② See W. S. Holdsworth, "The Relation of the Equity Administered by the Common Law Judges to the Equity Administered by the Chancellor", *The Yale Law Journal*, Vol. 26, No. 1, 1916.

③ George Buton Adams, "The Continuity of English Equity", *The Yale Law Journal*, Vol. 26, No. 7, 1917.

无法区分,彼此之间没有什么不同。当时的王室法院所进行的司法活动源于国王通过其特权为王国内所有成员提供安全和正义的义务,针对当事人提出的请愿书,国王通过发布令状的方式授权或者命令王室法官对相关的案件采取行动,给予当时的日常司法系统无法提供的救济。这一切与其说是我们所熟悉的普通法,毋宁说更接近于我们印象中的衡平法的特征。以至于亚当斯不得不说:"如果我们想确定两者中何者在时间上优先,我们必须说不是衡平法起源于普通法,而是普通法起源于衡平法。"亚当斯认为,普通法和衡平法日益分化发生在 13 世纪:普通法法院逐步从咨议会中分离出来,普通法随着大法官任意制定新令状的权力受到不断限制而日益僵化,普通法逐渐被视为一种日常和普遍的法律;而衡平法则在作为国王的特权组织的咨议会之下发展起来。

无疑,亚当斯与前述霍姆斯、梅特兰、黑兹尔坦及博兰等人所持的立场大致相同,即都认为普通法法院中的衡平法与大法官法院中的衡平法之间表现出很大的相似性,由此可以自然地得出这样的结论,即普通法中的衡平因素与大法官法院的衡平法之间具有前后相承的历史联系,前者可以被认为是后者的开端。换句话说,衡平法的历史发展表现出了连续性的特征。

二、霍兹沃斯的观点

尽管在"普通法法官实施的衡平法与大法官所实施的衡平法之间的关系"一文中,霍兹沃斯并不否认 12 世纪的普通法法院所实施的法律中与后世大法官法院中的衡平法具有很多类似之处,但他对这两个阶段的衡平法之间的历史连续性提出了质疑,认为这两个阶段的衡平法有着许多差异,主要表现在四个方面。

第一,法院不同。随着普通法的日益僵化和普通法法院的独立,普通法法院失去了衡平法的管辖权,不再行使衡平法,因此,从法院的角度来看，普通法法院中的衡平管辖权与大法官法院中的衡平管辖权之间没有连续性。

第二，诉讼程序不同。虽然总巡回法院中的诉状与大法官法院中的诉状具有很多相似之处，但前者也非常类似于王座法院中在侵害令状（the writ of trespass）发展起来之前，为填补因刑事上诉的崩溃导致的救济方式的缺口而发展起来的诉状，这些诉状大多针对藐视法庭、欺诈以及侵权而提起。更重要的是，从诉讼程序上看，尽管由总巡回法院的诉状所启动的诉讼程序与王座法院的诉状所启动的程序非常类似，但却缺乏由大法官法院的诉状启动的诉讼程序的最为显著的特征——对双方当事人及其证人的询问（examination）。因此，总巡回法院的诉状程序和大法官法院的诉状程序之间有着显著的差异。

第三，进行衡平干预的理论基础不同。普通法法院实施衡平法的基本指导理念就是实现公正。而大法官法院所实施的衡平法，其指导理论受到更多教会法的影响，建立在教会法中所出现的"良心"概念之上，即法院必须迫使每个诉讼者实现由理性和良心所规定的义务。事实上，正是服务于这一目的，在大法官法院中，对当事人和证人的询问才成为必要的手段。

第四，衡平规则的内容不同。对此，霍兹沃斯挑选了特定履行（specific relief）和用益制作为例证。

就特定履行而言，霍兹沃斯认为，普通法法院中的衡平法所给予的特定履行是以对物诉讼为中心的，而且其范围过于狭窄。相比之下，大法官所给予的特定履行要宽泛得多，在任何条件下，只要大法官认为授予该救济是公正的，他就会授予它。

正是大法官法院中这些范围更为广泛的原则支配着今天的法律，因此，尽管在这两套原则之间存在许多相似之处，但并不存在真正的连续性。

在用益制的问题上,霍兹沃斯认为将用益制的受托人的义务从道德义务转换为法律义务是纯英国式的发展,而且是一个完全可以归功于大法官的衡平管辖权的发展。尽管可以将用益制的起源追溯到日耳曼的萨尔曼(salman)或者说日耳曼法上的信托行为(treuhand)制度,即将财产由其主人委托给另一个人,由后者根据其主人的意愿进行处理,但这一观念在英国法中的具体化完全是出托财产之人和作为受益人之第三人的利益为大法官所保护的方式的结果。如果用益制是根据我们在13世纪的普通法中所发现的那些衡平观念发展而来的话,它将无法发展为那种英国法中最独具特色的衡平所有权。因而在此,由普通法法院所实施的衡平法和由大法官所实施的衡平法两者的观念之间的连续性是显著缺乏的。

霍兹沃斯的最终结论是:

> 无疑,一些已经出现在13世纪的普通法法院中的衡平法的观念,在大法官法院中再度出现——它们在国王和咨议会那里拥有共同的祖先。但是,因为这些衡平观念通过大法官法院的渠道流淌,在一个与当它们流经普通法法院的渠道时影响它们的力量和实施它们的机制完全不同的力量与机制之下,它们逐渐发展为一个技术性的体系。在大法官法院中规则的形成部分是通过对普通法规则的僵硬性的对抗;部分是基于良心决定精神上正确的作用的观念以及借鉴自教会法学家的衡平规则;部分是基于完全不同于普通法的程序,它使得大法官确定在每个案件中什么是衡平的道路。总之,无论是实施它的法院、法院所应用的程序,还是建立衡平法的理论或者衡平规则的内容,我们都看到了在实施衡平法的两个阶段的惊人的不同。它是如此惊人,我们必须得出结论,即我们今天的衡平法体系是由大法官所创造的,并非是普通法法院

所实施的衡平法的继续,而是一个新的、不同的并且独立的发展。[1]

三、亚当斯的反驳

针对霍兹沃斯所作出的"普通法法院中的衡平法与大法官法院中的衡平法之间存在历史断裂性"的观点,亚当斯很快以"英国衡平法的连续性"一文作出针锋相对的反驳。

首先,他认为,从实施衡平法组织的角度看,大法官管辖权与咨议会的分离并非一个新的开端。他这样描述两者的分离:"(大法官管辖权与咨议会的分离)只是一个正常分离的情况,缓慢地发生,没有刻意的企图,就像更早时财政署和王座法院从咨议会中分离出来一样。它是一个活生生的生长过程,那个时代的人在任何一刻都无法意识到任何剧烈的革命性的变化已经发生。发展的每个阶段、每个分离,通过如此微小的和自然的变化渐进地出现,以至于完全没有被察觉。"之所以坚持这一点,是因为在亚当斯看来,衡平法最初即产生于国王的特权,此后虽然大法官法院日益从咨议会分离而成为独立的法院组织,但是它始终都保有作为国王特权组织的性质,而没有发生根本性的变化,正是在这一点上,衡平法在其实行组织的历史发展方面保有连续性。

其次,从衡平法学说的角度,亚当斯也反驳了霍兹沃斯的观点。一方面,他认为尽管在大法官法院中加入了"良心"学说,但是"良心"并没有代替"实现公正的国王特权"成为衡平法的干预理由,而只是在一系列特定案件中,作为证明国王特权能够干预普通法的证据。

---

[1] W. S. Holdsworth, "The Relation of the Equity Administrated by the Common Law Judges to the Equity Administrated by the Chancellor", *The Yale Law Journal*, Vol. 26, No. 1, 1916.

另一方面,他引用维诺格拉多夫在1908年柏林历史大会选读并发表于《法律季刊评论》(*The Law Quarterly Review*)上的一篇论文中所提出的观点,认为在大法官法院中发展起来的衡平法新学说除发展了良心原则外,也吸收了许多历史上已经存在的衡平法学说(也就是普通法法院中发展起来的衡平法学说)的内容,也就是说它是一个新旧融合的结果。① 因此,由良心原则的引入所导致的衡平法中的变化也是一种持续进行的发展,而非一种革命性的或者破坏性的变化,它并未切断过去,而是加入新的生命和成长的力量,与过去保持一致。

亚当斯与霍兹沃斯两人的论证代表了当时法律史学者在这一问题上的意见分歧,这一争论到目前为止也并无定论。事实上,笔者认为这两者的观点之间并不存在绝对对立的、不可调和的矛盾。结合这两位学者的观点,我们可以得出这样的结论:虽然衡平法的起源可以追溯至大法官法院的衡平法管辖权确立前的普通法,甚至我们可以在很大程度上接受亚当斯的论点,即从普通法法院中的衡平法到大法官法院中的衡平法在一些基本性质上并没有发生根本性的断裂,但不可否认的是,大法官法院的衡平管辖权的确立对衡平法的发展具有虽非开创性的但也是关键性的历史意义。因为,正是在此之后,衡平法开始在独立的司法组织——大法官法院中发展,从而拥有独立的发展道路并日益形成迥异于普通法的特色。也正是在这一基础上,造就了英国法律史上的一大与众不同的特色:建立在独立的普通法法院和大法官法院基础上的普通法与衡平法两大法律的并立且持续数百年之久,直至19世纪80年代的司法改革才开始瓦解,而普通法和衡平法之间的融合直至今天也未完全实现。从这个意义上来说,英国衡平法是从大法官法院的衡平管辖权开始起步的。

---

① See Paul Vinogradoff, "Reason and Conscience in Sixteenth-Century Jurisprudence", *The Law Quarterly Review*, Vol. 24, 1908.

第三节　教会法、罗马法对大法官法院衡平法的影响

与普通法对衡平法影响力的争论不同，罗马法和教会法对于英国衡平法的影响力在英国法律史学家们看来几乎是不言而喻的。无疑，宗教改革前大法官们的教会背景在其中起到了关键性的作用。但这并不意味着在这个问题上无须做任何探索，事实上，学者们对于教会法、罗马法对大法官法院衡平法具体制度的影响这一问题仍然有着不同的答案。当然，必须首先申明的一点是，教会法本身就存在着对罗马法的众多借鉴，尤其是在诉讼程序方面，以至于有学者把中世纪的教会诉讼程序称为罗马—教会程序。

一、罗马法对大法官法院衡平法的影响

梅因曾经说过："……罗马法……常为下一代的衡平法官所借重，在他们的审判意见中，我们常常发现列入了从'罗马法大全'中采摘的整段原文，其中的名词不加更动，虽然它们的来源是从来没有注明的。"[1]穗积陈重也认为，根植于英格兰的衡平法是罗马法对英国法影响的最集中的表现。[2]那么，罗马法究竟在哪些方面具体影响了英国衡平法呢？

英国衡平管辖权最为重要的分支即为用益和信托，在很多早期学者看来，这一制度可以在罗马法中找到它的前身，即罗马法上的遗产信托(fideicommissa)。罗马人通过遗产信托制度来避免关于遗赠和继承

---

[1] 参见〔英〕梅因：《古代法》，沈景一译，商务印书馆1959年版，第26页。
[2] 参见〔日〕穗积陈重：《法律进化论》，黄尊之等译，商务印书馆1934年版，第32页。

的僵硬规定:在罗马法上,有些类型的人既不能成为继承人,也不能成为受遗赠人。① 为了规避这样的及其他的关于遗赠的限制,在罗马共和国终结之前的一段时间中发展起来一种这样的做法:要求被有效指定的继承人或者受遗赠人将其所接受的财产之全部或者某一部分交给遗嘱人列举的受益人。这样的要求没有法律上的效力:此类委托的履行取决于继承人和受遗赠人的忠诚。然而,在少数特殊情况下,奥古斯都要求执政官给予行政上的干预,以确保遗产信托的效力。后来,遗产信托很快变成了一种得到承认的法律制度。② 无疑,罗马的遗嘱信托与英格兰大法官法院给予救济的用益制之间存在着明显的相似之处,比如,在查士丁尼法中,遗产信托的受托人与信托的受益人一样,可以从任何在发出遗产信托通知时占据财物的人那里要求获得该财物。但是,这两者之间也存在不同之处,比如,遗产信托不能在活人之间设立,而且遗产信托受托人的地位也不同于用益制或信托制受托人的地位。③ 但无论如何,英国衡平法中的用益和信托来自罗马法中的遗产信托是可以确定的。

斯宾塞认为,不能由于两者之间的相似性就认为罗马的遗产信托制度对于英国的用益制和信托制拥有直接的影响力。事实上,大法官法院对于用益制的管辖权追溯自亨利五世时期。在亨利八世时期,《用益制法》给予土地受让人以普通法上的所有权,此后,大法官们通过实施"用益的用益"的制度设计创造了信托制,其中并没有罗马法的影响的痕迹。在斯宾塞看来,用益和信托制度的细节完全是由神职人员大法官所创造的,丝毫没有来自罗马法制度的帮助。因此,就罗马法对英

---

① 这些人包括异邦人、尤尼亚拉丁人、不确定的人(法人以及立遗嘱时尚未出生的人);根据奥古斯都为鼓励结婚和养育子女而实行的立法,上述人还包括大多数没有结婚的成年人和没有子女的已婚者。参见〔英〕巴里·尼古拉斯:《罗马法概论》,黄风译,法律出版社 2000 年版,第 283 页。

② 参见〔英〕巴里·尼古拉斯:《罗马法概论》,黄风译,法律出版社 2000 年版,第 283 页。

③ 参见同上书,第 285 页。

国用益制和信托制的影响而言,至多只能承认用益制和信托制的一般概念,以及对其管辖权的承担可能得到了熟悉罗马遗产信托制度的神职人员大法官的支持。①

如果说就信托制的起源而言,斯宾塞在某种意义上主张罗马主义,而霍姆斯法官无疑主张信托制来自于日耳曼人的萨尔曼制度。② 此外,梅特兰也并不支持罗马主义的立场。他认为,尽管通过教会法的中介,大法官们对于在《法学阶梯》或《学说汇纂》中出现的法律格言是熟悉的,这些格言也常常出现在衡平法文献之中,而且,显然早期的大法官们了解这些格言并认为其很有价值,但并不能借此就得出罗马法的知识经由这些格言而被引入英国法或英国法由此罗马化的结论。例如,他认为,关于英国双重所有权与罗马法双重所有权的比较在深层是无法进行的。对于用益制和信托制的态度,大法官们接近普通法,或者说非常接近普通法——他们常常向法官咨询,而且在大法官面前的律师都是普通法律师,因为当时还没有"大法官协会"。梅特兰的最终观点是,英国的用益制和信托制在很大程度上建立在普通法的力量之上。③

显然,对用益制和信托制是否受到罗马法的直接影响,学者们存在着争议。但就其他一些制度而言,学者们给出了更为肯定的答案。比如,我们可以确定英国衡平法上的抵押制度确实是受到罗马法学说的影响。英国目前的抵押制度是"建立在普通法基础上的一种担保,并且

---

① See Thomas Edward Scrutton,"Roman Law Influence in Chancery, Church Courts, Admiralty, and Law Merchant", Association of American Law Schools (ed. and comp.), *Select Essays in Anglo-American Legal History*, Vol. Ⅰ, Boston: Little Brown and Company, 1907, pp. 217-218.

② 参见〔美〕霍姆斯:"英格兰早期衡平法",〔美〕霍姆斯:《法律的生命在于经验——霍姆斯法学文集》,明辉译,清华大学出版社 2007 年版,第 149—150 页。

③ See F. W. Maitland, *Equity, also the Forms of Action at Common Law: Two Courses of Lectures*, London: Cambridge University Press, 1929, pp. 8-9. 转引自张军江:"英国衡平法浅析",中国政法大学硕士学位论文(2002 年),第 11 页。

为罗马法的赎回(redemption)原则所完善"。英国普通法规定,如果借出去的金钱未在既定的清偿日期偿还,抵押人便失去赎回土地的权利,土地就为抵押权人所有。但是罗马法认为应当保护债务而非土地;在任何时候清偿主债都能够解除土地上的附属的担保:债权人如果没有占有土地,就只能根据裁判官的判决将其出售;而如果在判决前清偿债务,土地上的抵押即能得以解除。这个对于债务人更为仁慈的解释,在查理一世时期被大法官法院所采纳,它使得债务人在合理的时间内能够实现"衡平法上的赎回",尽管根据普通法上的规定,在既定的清偿日之后,土地应当因为没有清偿债务而被没收。为了维持他们针对普通法法官以及债务人的管辖权,大法官认定,任何使得债务人失去其"衡平法上的赎回权"的条件无效。而这一做法类似于康士坦丁皇帝所做的一个规定,他也明确规定这一做法无效。因此,我们能够将大法官法院中的衡平法上赎回权的保护追溯至罗马法。①

在遗赠和法律文件的解释中,大法官也受到了罗马法的影响。大法官法院在遗嘱事项上没有初始管辖权,因而不得不采用教会一罗马法规则。在"赫斯特诉比奇案"(Hurst v. Beach)中,副大法官下令在一个案件中采纳罗马法学家的观点。在"胡利诉哈顿案"(Hooley v. Hatton)中,有争议的问题在于遗嘱以及遗嘱附录中对于同一对象的两份遗赠是累加的还是互相代替的,该案件与罗马法中的例证发生冲突;而瑟洛勋爵(Lord Thurlow)在其判决中说:"在现在这个案件中没有观点能够从内在的证据中得出,因此我们必须参考罗马法的规则。"在解释与信托相关的法律用语时,罗马法规则也被参考。查理一世时

---

① See Thomas Edward Scrutton,"Roman Law Influence in Chancery, Church Courts, Admiralty, and Law Merchant", Association of American Law Schools (ed. and comp.), *Select Essays in Anglo-American Legal History*, Vol. I, Boston: Little Brown and Company, 1907, pp. 218-219.

期,一名并未提出财产清册的遗嘱执行人在二十年后被要求提供一份遗产,这一主张所依赖的理论是罗马法上的"财产清单的利益"(beneficium inventoris)学说。在为了公共用益的遗产的案件中,瑟洛勋爵(Lord Thurlow)说,案件"已经继续进行,基于从罗马和市民中法采用的非常有利于慈善组织的概念,为了没有确定的公共用益的遗产应当被用于某些合适的目的"。慈善信托同样如此。①

大法官法院对于婴儿的管辖权非常类似于罗马裁判官对于监护人所行使的管辖权,但是斯宾塞仅仅提到,罗马法大全"有时候被参考,如果不是被作为对这一主题的权威请教的话"。此外,斯宾塞也认为,大法官法院对于白痴和疯子的管辖权类似于裁判官的管辖权,并且很可能是源自于它。②

大法官法院对于欺诈、撤销和移交契约的管辖权类似于执政官的恢复原状(restitutio in integrum)以及欺诈之诉(actio de dolo)。执政官和大法官都有救济意外事件的权力。因此,在普通法上和大法官法院中针对错误的管辖权以及在法律的错误和事实的错误之间的区别似乎都源自罗马。大法官法院的禁令与执政官的禁令类似;它对于证据开示制度的管辖权类似于罗马法上的交出原物之诉(the action ad exhibendum)。出于对未来的需要而询问证人使得证据永久化的程序在罗马法上也有类似的制度。③

除了具体制度,大法官法院所依据的良心原则也表明了罗马法的影响。深刻影响了大法官法院判决的良心原则,尽管其本身是神职人

---

① See Thomas Edward Scrutton,"Roman Law Influence in Chancery, Church Courts, Admiralty, and Law Merchant", Association of American Law Schools (ed. and comp.), *Select Essays in Anglo-American Legal History*, Vol. Ⅰ, Boston: Little Brown and Company, 1907, pp. 218-220.

② See Ibid., p. 222.

③ See Ibid., p. 223.

员的发明,但与罗马裁判官的善意(bona fides)的概念非常相似。①

以上事实至少表明,大法院的管辖权和救济手段与罗马裁判官的职责具有颇多相似之处,而这很可能是源自于由神职人员担任的大法官自觉或不自觉地受到了自己曾接受过的罗马法训练的影响。

二、教会法对大法官法院衡平法的影响

"衡平法受到教会法极大影响"这一观点也得到了众多学者的肯定。比如梅因就曾宣称:"早期的教会大法官曾从'寺院法'中采取了许多原则,这些原则已深深地根植在其结构中。"②维诺格拉多夫(Vinogradoff)在他的经典之作"论16世纪法学中的理性和良心"一文中谈到了衡平法对教会法的"间接的吸收过程";③霍兹沃斯观察到大法官遵循教会法学家的"当前的观念";④巴伯(Barbour)主要集中于英国法的渊源,得出这样的结论:"大法官……可能将教会法院的原则和理论带进了大法官法院",而且"衡平法中决定性的整个线索毫不含糊地指向教会法"。⑤ 但他们大多只是对此进行笼统的叙述,而未通过将英国衡平法的典型特征与教会法实践或者特定学说进行比较的方式予以

---

① 但是关于恶意(mala fides)的理解,英国法偏离了罗马法的原则——重大过失构成诈骗(lata culpa plane dolo comparabitur),而是坚持"疏忽大意可以是恶意的证据,但是这两者并非同一种东西"。See Thomas Edward Scrutton, "Roman Law Influence in Chancery, Church Courts, Admiralty, and Law Merchant", Association of American Law Schools (ed. and comp.), *Select Essays in Anglo-American Legal History*, Vol. I, Boston: Little Brown and Company, 1907, p. 223.

② 〔英〕梅因:《古代法》,沈景一译,商务印书馆1959年版,第26页。

③ See Paul Vinogradoff, "Reason and Conscience in Sixteenth-Century Jurisprudence", *The Law Quarterly Review*, Vol. 24, 1908.

④ See William S. Holdsworth, *A History of English Law*, Vol. I, London: Methuen & Co., 1956, p. 395.

⑤ See W. T. Barbour, *The History of Contract in Early English Equity*, Oxford: Clarendon Press, 1914, pp. 163, 168.

证明。

在这方面实现了重大突破的是柯因(H. Coing)教授,他受到了意大利学者德·卢卡(De Luca)的启发,较为全面地论证了中世纪后期的教会法中发展出的一种特定类型的诉讼——福音告发制度(the denunciatio evangelica)——对英国衡平法的产生和发展的重大影响。此外,华盛顿大学的赫姆霍尔兹(R. H. Helmholz)教授对用益制在教会法院中的实际应用进行了深入的探讨。哈佛大学的克里斯托弗·哥伦布·兰德尔(Christopher Columbus Langdell)教授则从诉答程序的角度讨论了教会法对于衡平法的影响。以下即结合他们的研究成果,就教会法对衡平法的影响作简要的介绍。

(一)福音告发制度对衡平法的全面影响

在"英国衡平法与教会法的福音告发制度"("English Equity and the Denunciatio Evangelica of the Canon Law")[1]一文中,柯因教授明确提出,早期的英国衡平法起源于中世纪后期的教会法中发展出的一种特别类型的诉讼——福音告发制度。这一制度的名称来自于《圣经·新约》:"倘若你的弟兄得罪你,你就趁着只有他和你在一处的时候指出他的错来。他若听你,你便得了你的弟兄。若是不听你,就告诉教会。若是不听教会,就看他像外邦人和税吏一样。"[2]福音告发制度作为一种特别种类的程序发展于12世纪的教会法。最初,它纯粹是用做忏悔,后来被用来救济不法行为,由此获得了法律性质。[3] 该程序在早期教会中似乎已经被切实遵守;但是直至12世纪,它才确实成为一种

---

[1] See H. Coing,"English Equity and the Denunciatio Evangelica of the Canon Law", *The Law Quarterly Review*, Vol. 71, 1955.

[2] 《圣经新约》之《马太福音》,见http://www.wordproject.org/gb/40/18.html。

[3] See H. Coing,"English Equity and the Denunciatio Evangelica of the Canon Law", *The Law Quarterly Review*, Vol. 71, 1955.

常规的程序,此后很快开始被用于获得对不法行为的补偿上。罪孽的告发是与合法的主张相结合的。受侵害者按照福音书规定的方式劝告他的对手;如果没有效果,就向主教或者主教的代理法官告发他,同时陈述自己的要求。①

建立在福音告发制度基础上的教会法管辖权与早期的英格兰衡平法之间具有相当多的相似之处。首先,它的管辖权大多是补充性的,并未取代一般法,而只是补充它。其次,实体规则建立在"良心和理性"的基础之上;当事人的义务为这一标准所确定。第三,在良心和法律主张之间存在密切的关系;法官注意到当事人的善意以及他们实质性的利益。第四,一种特定种类的程序被遵循,而这种程序与英格兰衡平法遵循的程序非常类似。此外,福音告发以及衡平法均主要涉及私法,而非刑事法律。② 而且,从时间上来看,福音告发制度在 13 世纪已经获得了充分的发展,14 世纪已经极其普遍。考虑到大法官法院的衡平管辖权成长于 14 世纪且大法官大多是神职人员,这一结论似乎并不难以确立,即福音告发制度是早期英国衡平法的原型。③

从更具体的角度来看,教会法中的福音告发制度在给予救济的条件、实体规则、诉答程序方面都对英国大法官法院的衡平法有着较大的影响。

首先,从给予救济的条件来看,福音告发制度和衡平法救济的给予都是由于原告的弱小或者被告的强大使得本来存在的救济无法获得,或者是在一般法律未给予救济的情况下,针对自然义务提供救济。此外,构成教会法上犯罪的抢劫、劫掠以及非法监禁等暴力行为也频频出

---

① See H. Coing, "English Equity and the Denunciatio Evangelica of the Canon Law", *The Law Quarterly Review*, Vol. 71, 1955.

② See Ibid.

③ See Ibid.

现在15世纪呈递给大法官的请愿书中。更为有趣的是,在那些提交给大法官法院的请愿书中有相当多的是关于巫术和魔法方面的内容,当然,这些构成了教会的犯罪。我们可以假设,衡平法在此受到了教会法的影响。①

其次,从实体规则来看:第一,福音告发制度和衡平法都认为,仅仅遵守实证法是不够的,而是必须履行"理性和良心的"义务,或者更确切地说,人类良心有受神法和自然法约束的义务。第二,巴特鲁斯指出,就福音告发制度而言,"自然义务"仅仅源自于同意(consent)或者源自于不当得利。其中,同意包括口头协议(不管有无对价)、经宣誓的许诺以及为了第三人的利益所作的许诺。如果我们审视早期英国衡平法的案件类型,巴特鲁斯所提出的这些原则似乎也同样为大法官所使用,衡平法同样保护口头契约、裸约(nuda pacta);在早期的英国衡平法中,对第三人利益的协议的保护至少有一个惊人的例子——对用益制的保护;此外,教会法格言"任何不当得利都是不衡平的"也存在于英国衡平法中。第三,关于契约义务,我们发现两个重要的教会法原则也为英国衡平法所适用:其一为"对毁信者不必守信(frangenti fidem fides servanda non est)原则"。与罗马法不同,教会法规定如果一方当事人违约,另一方有权废除它。而大法官在一系列案件中也允许基于这一理由废除契约。其二,衡平法上的特定履行原则也在教会法以及福音告发制度中拥有它的类似物。②

最后,从程序规则来看,两者也不乏相似之处。第一,尽管福音告发制度能够为名誉不佳之人提出,但被告可以基于原告为"犯罪者"(criminosus)这一理由提出反对。这让人想起衡平法上的格言"寻求

---

① See H. Coing,"English Equity and the Denunciatio Evangelica of the Canon Law", *The Law Quarterly Review*, Vol. 71, 1955.

② See Ibid.

衡平救济者自己的手必须干净"。尽管我们无法确认将一名犯罪者排除于福音告发制度之外这一实践的重要性,但是,衡平法上的这一格言必然是扎根于教会法的。第二,衡平法以及福音告发制度的诉答程序也表现出相当多的相似性。这两个制度中的法官都在确立事实方面起着积极的作用,并且既决定事实又决定法律;被告必须要回答原告的问题;证人基于当事人所起草的质询书在当事人不在场的情况下被听审。在此,教会法的"简易"(deplano)程序的影响力几乎是毋庸置疑的。①

无疑,基于以上事实,柯因具有说服力地证明了教会法中的福音告发制度对衡平法产生了重大的影响,教会法确为早期衡平法的重要渊源。

(二) 实体法上的影响

事实上,实践证明,教会法院比大法官法院更早地对一些我们一度认为是衡平法所特有的制度提供了法律保障。最为典型的例子就是作为信托制前身的用益制。

长期以来,学界的主流观点一直认为,用益制自其在英格兰诞生之后,对受托人而言一度只是一种道德义务,一旦受托人违背自己的良心不再按照原先许诺履行自己的义务,他们所承担的只是一种道德上的谴责而无法获得任何法律上的救济。大法官法院是第一个赋予用益制以法律救济的法院,正是基于此,大法官法院被称为"信托之母"。对此,梅特兰曾经提出了不同的看法,他认为"其中的一些可能为教会法院所实施"②。但是他未能解决这一观点所面临的两大困难:首先,王

---

① See H. Coing, "English Equity and the Denunciatio Evangelica of the Canon Law", *The Law Quarterly Review*, Vol. 71, 1955.

② Frederick Pollock and Frederic William Maitland, *The History of English Law before the Time of Edward* I, Vol. II, London: Cambridge University Press, 1898, p. 232.

室法院禁止教会法院承担涉及自由保有土地的管辖权;其次,没有积极的证据来支持这一假设。

华盛顿大学的赫姆霍尔兹教授在"用益制的早期实施"("The Early Enforcement of Uses")一文中对此进行了尝试。他提出,在用益制被普遍应用的爱德华三世时期起至它于15世纪的二三十年代最终成为大法官法院实施的衡平实践之间的这段空白时期,正是由教会法院针对土地受让人违反土地出让人的指令的行为予以制裁并给予救济的。换句话说,早期的用益制可能为教会法院所实施,从而使得大法官法院的用益制受到了教会法中的用益制实践的影响。①

赫姆霍尔兹解决了梅特兰面对的两大困难。他指出,"王室法院禁止教会法院承担涉及自由保有土地的管辖权"这一问题近年来已经获得解决,现有研究已经毫无疑问地表明,尽管存在王室禁止令的威胁,但中世纪的教会在数个为普通法禁止的领域仍实施管辖权。赫姆霍尔兹还通过考察坎特伯雷和罗切斯特教区的教会法院中的法庭记录来证明自己的这一假设。他指出,自14世纪末(当存留的最早的坎特伯雷法令书开始的时候)至15世纪中叶,涉及用益制的案件开始作为坎特伯雷和罗切斯特教区法院的业务的常规部分出现,从而在这些教会法院的记录中包含了大量涉及用益制的土地让与的案件。尽管其普遍性还有待商榷,但这些记录无疑证明在一些英国教会法院中存在用益制的土地让与的常规实施。②

通过对现存档案中案件的考察,赫姆霍尔兹发现了教会法院对用益制干预的一个限制,即在档案中找到的案件都涉及为某个在诉

---

① See R. H. Helmholz, "The Early Enforcement of Uses", *Columbia Law Review*, Vol. 79, No. 8, 1979.

② See Ibid.

讼之时已死亡之人所确立的用益制。他据此推断：在教会法院中用益制的实施是教会遗嘱检验义务的一个合法部分。在整个中世纪，英国教会都行使遗嘱检验管辖权。伴随着这一管辖权的一个义务就是保证实现一个人的临终遗愿的义务。因为立遗嘱者经常将向土地受让人发布的指令放入他们的遗嘱中，涉及土地用益的文件不可避免被提交到教会法院。尽管在土地和动产之间已经作出了严格的区分，但中世纪的教会认为这一分离是人工的；它试图尽可能地实施被告所有的临终遗愿。由此，用益制的实施就成为教会遗嘱检验义务的一个合法部分。[1]

此外，教会法上还有"当世俗法不充分的时候，教会法院应当提供正义"的原则。土地出让人生前通常在普通法上拥有救济，但是，在大法官的管辖权兴起之前，在原先的土地出让人死后，受益人没有任何救济。由于在世俗法律中的这一救济空白，教会将用益制作为其遗嘱检验管辖权的一部分而提供教会法禁令的救济。没有这种救济，死者的临终遗愿在法律上是无法实现的。[2]

对于用益制，教会法院针对土地出让人所作出的自相矛盾的指示提供必要的解释，当指示被确定后，教会法院通常会针对土地受让人的要求颁布实现土地出让的条件的命令。

在15世纪中期以后，随着大法官法院对于用益制管辖权的确立，涉及用益制采邑让与的案件不再出现在教会法院的档案中。[3]

赫姆霍尔兹最终的结论就是，在大法官法院的管辖权兴起之前，教会法院对用益制的常规干预至少使得我们可以认为教会法院在用益制

---

[1] See R. H. Helmholz, "The Early Enforcement of Uses", *Columbia Law Review*, Vol. 79, No. 8, 1979.

[2] See Ibid.

[3] See Ibid.

的成长和实施中扮演了一个重要的角色。① 当然,这也说明了教会法对于大法官法院衡平法的发展所发挥的巨大影响。

(三)诉讼程序的影响

关于教会法的诉讼程序与大法官法院衡平诉讼程序的相似性已为学界所公认,但是,对于衡平法的诉讼程序与教会法的相似程度,以及这种相似是直接借鉴教会法还是偶然的类似发展的问题,学者们的意见仍然有所分歧。

大多数学者认为,大法官法院衡平法的诉讼程序大体上是对教会法诉讼程序的模仿,他们甚至直接把大法官法院中使用的衡平诉讼程序描述为罗马—教会法式的。如英国法律史学巨擘梅特兰就指出:"它事实上是借鉴自教会法院的诉讼程序,但并非一般的程序,而是由他们用来镇压异端的简易程序。被告经宣誓而被询问,大法官既决定事实问题,也决定法律问题。"②亨利·列维·厄尔曼(Henri Levy-Ullmann)也提到:"大法官法院的这种简单而快速的程序与中世纪的教会法院中所使用的那种程序具有惊人的相似性。呈递给大法官的诉状(bill)……非常像在教会官员面前开始诉讼的诉状(the libellus)。此外,宣誓的使用、对双方证人的秘密询问、证据的出示和样式也都是一样的。"③英国当代著名法律史学家贝克更是直接指出,大法官法院自14世纪末以来发展的书面程序无疑是受到了教会法的启发。④ 哈佛大

---

① See R. H. Helmholz,"The Early Enforcement of Uses",*Columbia Law Review*,Vol. 79,No. 8,1979.

② See F. W. Maitland, *Equity:A Course of Lectures* , London:Cambridge University Press, 1936, p. 5.

③ Henri Levy-Ullmann,*The English Legal Tradition:Its Sources and History*, M. Mitchell trans., Frederick Goadly rev. and ed., London:Macmillan and Co., Limited,1935, p. 305.

④ See John Baker, *The Oxford History of the Laws of England*, Vol. Ⅵ, 1483-1558, Oxford:Oxford University Press, 2003, p. 180.

学的克里斯托弗·哥伦布·兰德尔则指出,虽然教会法院程序从未被直接引用为大法官法院的程序,它有自己的独立成长轨迹,它有时候遵循教会法院的程序,有时候则模仿普通法法院;但是无疑,大法官法院诉讼程序的大部分重要的特征都来自于教会法院。尤其是在强迫被告经宣誓后答辩以及由相关官员对证人进行询问并提供一份经宣誓的书面记录的模式上,它几乎完全遵循教会法院。①

对此,约翰·道森(John P. Dawson)提出了不同的看法。② 道森认为由于罗马教会诉讼程序的实现要求数量众多的法官予以配合,在只有一名大法官坐堂问案(卷宗主事官为其得力助手)的大法官法院,是无法借助这样的程序来应付来自全英格兰的成千上万的案件的。要解决这一矛盾,大法官法院或者直接从普通法中借鉴相应的程序,或者对教会法程序进行本土化改造,或者自主设计发展适当的程序。

首先,道森认为,大法官法院是从普通法法院而非教会法院中借鉴了它的诉答机制。③ 这一机制,在教会法程序中并没有真正的相匹配者,其目的在于尽可能地将筛选以及简化问题的负担加诸诉讼者身上。在普通法法院,可以借助陪审团将事实争点减至最少的范围。由于大法官法院没有陪审团,它是通过比普通法法院更为灵活地实施这些借来的诉答程序技术的方法来实现这一目的。当然,大法官法院也作出了不同于普通法诉答程序的改进,如将被告的答辩状用做一种证据给

---

① See Christopher Columbus Langdell, "The Development of Equity Pleading from Canon Law Procedure", Association of American Law Schools(ed. and comp.), *Select Essays in Anglo-American Legal History*, Vol. II, Boston: Little, Browns and Company, 1908, p. 773.

② See John P. Dawson, *A History of Lay Judges*, Cambridge, Massachusetts: Harvard University Press, 1960, pp. 145-172.

③ 兰德尔已经认识到了这一点,具体参见 C. C. Langdell, *A Summary of Equity Pleading*, Sec. 53, Cambridge: Charles W. Sever and Company, 1883。

予原告一种刺激,这可以用以扩展并且详细阐述他们的主张。由此产生的混合的诉答制度在较早时期帮助大法官法院避免过多的普通法上的争点诉答(issue-pleading),由此在争点的最初形成时期为该法院节约了大量时间,避免了麻烦。

其次,道森反驳了兰德尔的主要论点——大法官法院从教会法法院中借鉴了教会法的证据方式。① 道森承认英国大法官法院确实采用了询问经宣誓的个体证人的方式作为其基本的证据手段,但对它是否来源于教会法持怀疑的态度。他更倾向于通过强调大法官法院与咨议会之间的紧密联系而认为这种证据手段来自于大法官法院与中央行政管理之间的紧密联系。道森援引鲍德温的研究成果②指出,在一个独立的衡平法院出现之前,经宣誓对个体的询问是国王的各种机构——王座法院、财政署、议会以及咨议会都会使用的调查方式,并没有任何证据表明是教会法院程序提供了模型。③

再次,道森认为,尽管强迫被告经宣誓后答辩是教会法院不同于普通法的典型特征,④但是在早期的衡平案件中,并没有出现类似教会法那么精致复杂的审问制度,被告只是被要求亲自出庭,接受口头询问。自15世纪40年代开始,被告的书面答辩状大量出现;此后很快,书面诉答文书就扩展到原告的辩驳甚至被告的再答辩。但是这种向书面诉

---

① See C. C. Langdell, *A Summary of Equity Pleading*, Sec. 47, Cambridge: Charles W. Sever and Company, 1883.

② See J. F. Baldwin, *The King's Council in England during the Middle Ages*, Gloucester, Massachusetts: Peter Smith, 1956, pp. 296-300; I. S. Leadam and J. F. Baldwin, *Introduction to Select Cases Before the King's Council*, Cambridge, Massachusetts: Harvard University Press, 1918, pp. xliii - xliii.

③ See John P. Dawson, *A History of Lay Judges*, Cambridge, Massachusetts: Harvard University Press, 1960, pp. 147-148.

④ 在反对传票的抱怨的理由中,众议院在1415年提出:"除非根据罗马法以及神圣教堂的法律而非你的普通法,经宣誓对当事人双方进行询问,否则无法结束这些申辩。"

答文书的转化无法被看做是朝着教会法程序发展的。因为在这个时期普通法的诉答程序也已经发生了书面化的变化,无论是就使用的名称还是回应诉答文书的整个方式而言,大法官法院中发生的这种诉答程序的书面化都代表了向普通法而非教会法的借鉴。

最后,道森认为,大法官法院中询问证人获取证词的程序也与教会法中的相应程序有着明显的差异。他指出,对于住在远离伦敦之地的证人的询问,并未像法国那样采取把携带质询书的法官或者其他法院本身的官员送到证人居住地的方式,而是采取了一个更为英国化的措施。地方贵族或者权贵(也包括修道士有时候甚至普通法法官)被专门委任来询问证人并使其宣誓,并且以书面形式将证人所言回呈。在自15世纪50年代开始的早期的案件中,诉讼程序是非常不正式的,询问者并未被书面的质询书引导或者限制提问,询问者们回呈的诉讼程序的报告也很不正式。这一程序与教会法中相对应的极其正式地建立在书面记录基础上的程序的类似之处仅仅在于结果,即两者都提供了一份由在遥远地方的证人个体所做的书面的经宣誓的证词记录。

此外,不仅仅在证人证词的获取程序上,而且在案件的最终解决机制中,大法官法院也像英国政府的其他机构那样更喜欢选择外行人来帮助完成工作,而非建立他自己的官僚机构靠自己全力完成所有的工作。由于都铎王朝时期和斯图亚特王朝时期的衡平学说的模糊与不精确,也由于大法官无法在罗马法或者教会法中找到大量的帮助来回应这些由数个世纪以来将英国法律自身与英国社会的发展需求和价值观相分离的英国法所产生的英国式的问题,因此,大法官法院不得不大量地使用仲裁,即借助普通法律师、法官、商人、贵族——英国共同体的社会和政治领袖的整个网络——来找到能够为当事人自己所接受的且与英国社会盛行的道德标准相一致的特定的解决方法。因此,在解决诉讼纠纷的时候,充分利用仲裁而非正式的听审与判决程序也是大法官法院在都铎王朝时期和斯图亚特王朝时期经常使用的帮助自己加快速度、提高效率的制度设计。

总之,在约翰·道森看来,大法官法院主要依赖于当事人的主动,依赖于英国社会共同体中的世俗人员,将大法官从诉答程序、询问程序以及裁决程序中解脱出来,从而减轻了法官的负担。这是一种更为英国化的程序,而非对教会法程序的直接借鉴。但即便如此,约翰·道森的论证也只能说明大法官法院在借鉴的基础上进行了本土化的改造,却无法拒绝承认大法官法院衡平诉讼程序受到了教会法的影响。

综上所述,笔者对本章内容总结如下:综合"机构分离论"和"诉讼增长论"这两种理论,我们可以将大法官法院衡平管辖权的确立时间界定于14世纪中叶至15世纪中叶这百余年间。从内容来看,大法官法院衡平法既吸收了普通法中的衡平因素,也受到了罗马法、教会法的影响。应该说,大法官法院的衡平法是大法官融合了这三种法律中的衡平因素及其他特色制度并结合社会发展需要所形成,既是对原有法律资源的吸收和融合,更是大法官法院自身的创造。

第三章 大法官法院的组织机构

大法官法院作为英国历史上的中央机构,其职权经历了从行政文书机构向拥有普通法管辖权以及衡平管辖权的法院的历史转变,伴随其职权的转变,大法官法院的组织机构也随之发生变化,这一点从作为大法官法院内部构成的大法官及众多文书职位的历史发展、大法官一职的任命选拔、大法官法院的世俗化和司法化转变等方面都得以体现。

第一节 大法官法院的职权变迁

一、作为文书机构的大法官法院

(一) 大法官及大法官法院的起源

关于大法官及大法官法院的早期历史,我们所知甚少。就大法官而言,作为国王的秘书、国王小礼拜堂的私人神父以及国王印章的保管者,这是一个历史悠久的职位。柯克宣称它是从一个非常古老的时代起就存在了的、在诺曼征服之前就已有之。①

事实上,大法官法院及其首脑大法官并非英格兰所独有的事物。据说大法官法院和大法官的名称起源于拉丁文 cancelli,原意为"隔

---

① See Coke's Institute, Vol. Ⅳ, p. 78. 转引自 D. M. Kerly, *An Historical Sketch of the Equitable Jurisdiction of the Court of Chancery*, London: Cambridge University Press, 1890, p. 23.

板",即教堂中用来分隔或围住某一局部空间的花格屏风或栏杆。在中世纪早期的欧洲,"罗马教廷或加洛林那宫廷的文书事务正是在这类隔板后面进行的"[1]。文书事务集中于教堂处理,主要是由于中世纪初期欧洲世俗社会文化水平普遍不高,能够识文断字者多为教会神职人员。为了能忠实而明确地传达国王意志,国王便选用属于王室家臣并有较高文化修养的王室神父撰写各种文书。[2] 也有人推测,由于国王的小礼拜堂通常也被用来存放档案,因此,负责掌管国王小礼拜堂的神父也开始负责相关文书的撰写和整理工作。[3]

在英国,最早的文书大约出现于7世纪后期,主要为国王向教会捐赠土地及土地附属权的特许状。撰写此类特许状的国王小礼拜堂的神职人员便形成了最早的文书班子,主管此项事务的礼拜堂神父就是后来大法官的前身。[4]

除负责文书的撰写工作,大法官还成为国玺的保管者,国玺象征着国王的权威,往往加盖于以国王的名义颁布的文书之上,以证明文书真实性并赋予文书效力。因此也有人将大法官一职的源头追溯至加洛林王朝中王室印章的保管者。通常认为忏悔者爱德华是英国历史上第一位拥有国玺的国王,据说自他之后,英国国王开始采取在文件上盖章以代替亲自签名的做法。忏悔者爱德华将国玺的掌管权赋予了王室文书主管者。这样,以国王礼拜堂主事神父为中心、以礼拜堂教职人士为基

---

[1] William S. Holdsworth, *A History of English Law*, Vol. I, London: Methuen & Co., 1956, p.37.

[2] 参见孙宏伟:"中世纪英国中书法庭的起源和演进",《首都师范大学学报(社会科学版)》2003年第3期。

[3] See George Spence, *The Equitable Jurisdiction of the Court of Chancery*, Vol. I, Buffalo: William S. Hein & Company, 1981, p.334, n.a.

[4] 参见孙宏伟:"中世纪英国中书法庭的起源和演进",《首都师范大学学报(社会科学版)》2003年第3期。

本成员的文书班子就兼管着多项事务:既要主持国王的礼拜仪式,还要保管着象征最高王权的国玺,同时又要负责王室文书的起草和封印签发。①

(二) 诺曼征服之后的大法官及大法官法院

1. 作为国王私臣的大法官

诺曼王朝继承了爱德华时期的文书工作基础,历经威廉一世、威廉二世及亨利一世三位国王,随着王室文书工作的日益繁重,担负文秘之责的大法官法院逐渐成形,其主管者正式称为"大法官"。

诺曼王朝的"第一位大法官是诺曼王朝的国王礼拜堂神父赫法斯特(Herfast),他在1066年被首次提及"②。但在威廉一世、威廉二世时,大法官只是国王的个人扈从,"和御厨及理发师一同生活在王室之内,伴随国王转徙于各城堡之间或英格兰与法国之间,随时受命起草和发布国王书信及其他王室文书"③。甚至在威廉二世的私家狩猎队伍中也时有大法官混杂于仆役之间,其私臣烙印比较明显。此时,王制疏简,政务不繁,大法官似未显重,其属员寥寥,因此大法官法院在此时尚未真正成形。④

2. 大法官地位的上升

自亨利一世开始,随着国王集权的政治制度的构建和王国具体政

---

① 参见孙宏伟:"中世纪英国中书法庭的起源和演进",《首都师范大学学报(社会科学版)》2003年第3期。

② Bryce Lyon, *A Constitutional and Legal History of Medieval England*, New York: W. W. Norton & Co., 1980, p. 156. 转引自孙宏伟:"中世纪英国中书法庭的起源和演进",《首都师范大学学报(社会科学版)》2003年第3期。

③ Malcolm Richardson, *The Medieval Chancery under Henry V*, Wiltshire: List and Index Society, 1999. p. 8. 转引自孙宏伟:"中世纪英国中书法庭的起源和演进",《首都师范大学学报(社会科学版)》2003年第3期。

④ 参见孟广林:《英国封建王权论稿——从诺曼征服到大宪章》,人民出版社2002年版,第299页。

务的增多,文书撰写工作日益繁重,①负责这一工作的大法官一职渐显重要,以大法官及其一批比较固定的属员所组成的大法官法院日渐成形,同时其规模也不断扩大。

在亨利一世后半期,大法官法院除有大法官外,其下还有文书长率4名文书负责公文的拟写。到亨利二世时,文书长地位提高,文书数量也有所扩大。据考证,亨利二世的坎特伯雷大主教贝克特(Beckett)任大法官时(1155—1162),拥有16名文书。由于所撰文书不仅仅限于国王的私人书信,而是更多涉及国家政务的公文内容,因此,大法官及大法官法院必然不断地涉入国家管理中去,成为王权在公权领域施行统治的基本工具。②

从贝克特拥有这一官职的时代起,大法官就变成了一个在重要性和地位上仅次于首席政务官的职位。他统管大法官法院政务,监督文书的草拟和定稿,保管国玺,为所颁文件加盖国玺以表示国王的批准和验证;作为御前会议重臣,他还常年随王巡行,署证王令;受国王指派,他还率领部分属员参加王国一年两次的财政署会议,作为财政署的主要成员,负责该机构的文书工作;此外,教职空缺的主教区和修道院以及无继承者之封地的财产与收入,一般也常由大法官负责保护和管理。③ 威廉·菲茨·斯蒂芬(William Fitz Stephen)——贝克特的一名文书——曾经如此形容大法官的显赫权势:国王所有的命令需经其封

---

① 据史家统计,就现存的王家文书、令状的数量看,威廉一世在位的21年中约为300份;威廉二世在位的13年中约为200份;而在亨利一世在位的35年中则激增至约1500份;在斯蒂芬乱世期间,尽管因为内战有所影响,仍有约700份;亨利二世时期,随着国王政治集权的恢复与官僚机构的成长,王廷颁布的令文更是成倍地增长,在亨利二世在位的34年中竟达到约6000份。参见孟广林:《英国封建王权论稿——从诺曼征服到大宪章》,人民出版社2002年版,第301页。

② 参见同上。

③ 参见同上书,第299—300页。

印；国王所有的会议他都有权出席（即使没有被召唤）；未经其同意，即使是在御前会议或者财政署中，也将一事无成。①

在约翰王时代，大法官在地位和权力上显示出取代首席政务官的迹象。此前首席政务官一直是最显赫的政府官员，常于国王不在英国时代行其政，位极人臣。约翰王统治时期，因国王亲理政务，这一官职的重要性下降，特别是这一时期中央权力系统迅速成长，政府管理组织日渐精致化，司法领域出现职能的细分和专门化，这些都使首席政务官一职逐渐衰微，而同国王关系密切的大法官法院日益成为政府权力的中枢。②

大法官地位的提高一方面源于其所从事的文秘工作与国家管理之间的密切关系，更重要的是，大法官是国家最高权力的象征——国玺的掌管人。国玺由白银铸成，上面镌刻有国王的头像，装在一个绣有花纹的袋子中，由大法官随身携带。所有重要的政府法令、条约、议会宣召令、国王赏赐令、委任书、特许状均由大法官拟定和颁行，都必须加盖国玺才能生效。正是由于国玺具有极高的地位，所以"律师和政客们以一种近乎迷信的敬畏眼光看待国玺。伪造国玺被认为是叛国。在他们看来，如果国玺被使用——它可能与国王的意愿相反或者在国王疯癫期间使用——这一法令被认为和国王真正批准它的效果一样真实"③。无论是谁被任命保管国玺必然拥有国玺所传递的权力。国玺所具有的象征意义为大法官的权力笼上了一层神圣的色彩，为其地位的上升奠定了良好的基础。

---

① See D. M. Kerly, *An Historical Sketch of the Equitable Jurisdiction of the Court of Chancery*, London: Cambridge University Press, 1890, p. 23.

② 孙宏伟："中世纪英国中书法庭的起源和演进"，《首都师范大学学报（社会科学版）》2003 年第 3 期。

③ William S. Holdsworth, *A History of English Law*, Vol. Ⅰ, London: Methuen & Co., 1956, pp. 397, 403.

3. 从内廷私臣向国家官员的转化

亨利三世亲政后,大法官同国王的密切关系发生了改变。亨利三世实行征收高额捐税、重用法国宠臣、取悦罗马教廷的政策,严重损害了英国社会各阶层的利益,招致普遍不满。围绕王权地位问题,国王和大贵族之间在宪政领域发生激烈冲突。大贵族要求限制王权,其实质是力图通过限制国王私权对公权系统的控御,最大限度地维护贵族阶层的利益。为此,贵族们意识到有必要对大法官这一独特职位加以利用,使其从国王的私权工具转化为政府系统的独立官职,进而成为贵族集团制衡国王权力的手段。[①] 因此,1258 年的《牛津条例》规定,应当设置一个由 15 名贵族组成的永久会议,该会议可以提名最高司法官、国王的大法官和司库大臣。[②]

国王则为继续保持王权的强大控制力而开始疏远大法官,并通过重用御玺(privy seal)而对国玺的使用加以限制。御玺原是国王的私人印章,由负责保管国王衣物行李的锦衣库(Ward Robe)掌管。从 1230 年起,国王不再口头授权大法官起草文书,而是以御玺发布一纸授权状(warrants),要求大法官依据此状签发政府文书。此后便形成惯例:只有接到御玺署印的授权状(chancery warrants)后,大法官法院方可以以国玺发布文书。这一看似微妙的变化意义非同寻常,它清楚地显示出大法官和国玺同国王分离的趋势。国玺作为国王个人权威象征的色彩大为减弱,而在很大程度上成为王国政府的象征。1230 年 5 月到 10 月间,亨利三世远赴法兰西,大法官却依然留在英格兰处理政

[①] 参见孙宏伟:"中世纪英国中书法庭的起源和演进",《首都师范大学学报(社会科学版)》2003 年第 3 期。

[②] 〔英〕克莱登·罗伯兹、戴维·罗伯兹:《英国史》(上),贾士蘅译,(台湾)五南图书出版公司 1986 年版,第 194 页。

务,这足以证明大法官已同国王离析。1244年大法官拉尔夫·内维尔(Ralph Nevill)去世后,亨利三世对其继任者心存猜忌,对其实际权力加以削减,促使大法官法院日渐远离王室而被纳入公权系统。御玺成为国王和大法官法院之间的中介,以御玺署印的授权状成为大法官法院处理重大行政和司法事务的依据。①

随着政府事务特别是司法事务的持续增加,爱德华一世时期大法官法院人员在威斯特敏斯特宫获得了固定的工作地点,逐渐结束了随御前会议移徙的流动工作方式。大法官法院与国王分离的过程至爱德华三世时期基本完成。此后大法官仍同国王长期保持着千丝万缕的联系,但是以大法官为首的大法官法院在政府系统中的独立地位及其起草和签发文书令状、处理王国政务的基本职权渐趋稳定,这使其理所当然地成为政府系统的核心部门。②

二、作为普通法法院的大法官法院③

(一)大法官法院颁布起始令状的权力

尽管大法官法院在早期尚不拥有司法权力,但是,作为国王的文秘机关所固有的处理国王的文书工作的性质将其与普通法的发展紧密地联系在了一起,而联系两者的纽带就是起始令状的颁发。

---

① 参见孙宏伟:"中世纪英国中书法庭的起源和演进",《首都师范大学学报(社会科学版)》2003年第3期。

② 参见同上。

③ 对于这一管辖权出现的确切时间和范围,学者们一度有所争论。梅特兰在他的《衡平法讲座》中非常简单地触及了这一问题;而霍兹沃斯在其皇皇巨著《英国法制史》中则非常详细地论述了这个问题;温弗里德(Winfield)认为,这一问题的解决时机尚未成熟,并且更倾向于保留他的判断。转引自 Henri Levy-Ullmann, *The English Legal Tradition: Its Sources and History*, M. Mitchell trans., Frederick Goadly rev. and ed., London: Macmillan and Co., Limited, 1935, p. 294.

在亨利二世之前,令状的制作是为了满足特定案件的需要而不严格考虑先例,国王在原告的请求下颁发令状,当事人还需向国王支付一定的酬金。在亨利二世时期,随着国王的干预变得越来越频繁和越来越常规,签署此类令状的工作自然而然地落入主管文书工作的大法官的手中。到12世纪末,这种由大法官以国王名义签发的令状被称为起始令状(original writ),以区别于由领主的小法院所签发的令状,内容是告知被告有人向国王的法院提起诉讼,命令被告到庭说明。当事人申请令状之后,大法官法院将令状发给地方官员,由他将令状送达被告,告知被告应如何做后再将令状送回法院,法院取得令状之后再对案件行使管辖权。① 渐渐地,"没有起始令状,不能在王室法院提起任何诉讼,也不能在任何法院提起涉及自由保有地产的诉讼"成为一项基本原则。而要获得这些令状必须出钱向大法官法院购买。②

随着令状被大量广泛地使用,令状种类急剧增加,而且形成了若干不同的固定格式,起始令状作为必然结果被授予,成为当然令状(brevia de cursu)的一种。在亨利三世(1216—1271)时期,一种新的诉讼格式可以很容易地被创制出来,大法官只需对他的文书说"像这样的令状将来作为当然令状发布"几个字,就可以像大多数神圣的立法一样奏效。而在普通法法官和大法官之间还不存在嫉妒的情绪,后者并不会轻易取消前者所颁发的令状。③

正是凭借大法官颁布的起始令状,普通法法院不断地侵蚀原本由地方法院、教会法院和封建法院所享有的司法管辖权,扩大自身的管辖

---

① 参见潘维大、刘文琦:《英美法导读》,法律出版社2000版,第12—14页。
② See Frederick Pollock and Frederic William Maitland, *The History of English Law before the Time of Edward* I, Vol. I, London: Cambridge University Press, 1898, p. 194.
③ See Ibid., pp. 170-171.

权,最终成为这场管辖权争夺战中的最大赢家。与此同时,作为起始令状的颁布者,大法官"握有进入民事诉讼程序的唯一钥匙"①。由此,颁布起始令状的权力使得 12 世纪和 13 世纪早期的大法官对于普通法院所认可的权力握有很大的控制权。

但是,大法官所垄断的颁布起始令状的权力逐渐遭到多方面的攻击。一方面,在 13 世纪后半叶,在普通法法官们的压力之下,大法官和令状的颁布之间的关系开始变得仅仅具有行政的性质。普通法法官们成功地宣称,是他们而非大法官法院,拥有决定由大法官法院颁布的新令状是否有效的权力。② 另一方面,伴随着令状数量的增加和令状种类的增多,激起了其司法权力遭受一再侵蚀的贵族们的反抗。1258 年的《牛津条例》表明,贵族们并不希望留给大法官未受控制的颁布起始令状的权力——一种相当于制定新的法律的权力。条例规定,新令状只能由议会而非大法官法院来制作。尽管 1285 年的《威斯敏斯特第二条例》给予大法官轻微变化令状格式的权力,以便在类似案件中实现公正,而且这一权力也获得了充分的利用,但大体而言,大法官自由制定起始令状的权力已经消失了,虽然在形式上,仍然由大法官法院颁发起始令状。

需要注意的是,尽管大法官通过颁布起始令状而对普通法的形成作出了不可忽视的贡献,但是,大法官所拥有的这种签发令状的权力从性质上看从未具有司法权的性质,而仅仅是其固有的行政权力的一部分。对此,梅特兰有过肯定的论述,他说:"尽管我们可能从那些呈递给大法官的请愿书和其他渊源中得知,令状并非总是被完全机械化地颁布;大法官的朋友可能有希望在他的令状上获得一些陌生人不可能获

---

① H. G. Hanbury and D. C. M. Yardley, *English Courts Law*, London: Oxford University Press, 1979, p. 93. 转引自程汉大:《英国法制史》,齐鲁书社 2001 年版,第 172 页。

② See Theodore. F. T. Plucknett, *A Concise History of The Common Law*, 中信出版社 2003 年影印本, p. 164。

得的措辞,但是,令状的颁布绝非一项司法工作。"①

(二)大法官法院的普通法管辖权

在民事诉讼高等法院和王座法院从御前会议中分离出来组成独立的法院时,大法官法院在成为王国行政中枢的同时,也成为享有普通法事项管辖权的法院。大法官所享有的普通法管辖权主要与大法官享有的监督与国王的封建权利相关的权力有关。

首先,这包括与国王的财产权利相关的调查。比如,当一名国王的直接封臣(tenant in chief)去世的时候,大法官法院就会发布一份"他度尽了最后一日"的令状,命令一名地方官员进行一次死后调查以发现他所拥有的土地的确切数目、其死亡时间以及他的继承人是谁、年龄多大;这些信息将使得国王获得作为封建领主所应当获得的一切东西。②一旦国王通过他的下属官员以封地(escheat)的方式占有了他人的土地,而这名死去的封臣有继承人且在此提出了异议,由于国王无法在普通法法院中被诉,因为没有一项令状会将国王告上他自己的法庭,因此,该继承人要谦恭地向国王提出请求。这样一些类似的案件被提交到大法官法院,诉讼在大法官面前进行。③ 这一点为爱德华三世三十六年的制定法所确认。④

---

① See Frederick Pollock and Frederic William Maitland, *The History of English Law before the Time of Edward I*, Vol. I, London: Cambridge University Press, 1898, p. 197.

② See Theodore. F. T. Plucknett, *A Concise History of The Common Law*, 中信出版社 2003 年影印本, pp. 164-165; J. H. Baker, *An Introduction to English Legal History*, London: Butterworth, 1990, p. 116.

③ See F. W. Maitland, *Equity, also The Forms of Action at Common Law: Two Courses of Lectures*, London: Cambridge University Press, 1929, p. 4.

④ 该法规定,如果一名管理充公产业的官员(Escheator)因没收土地而被诉,应当将他送到大法官法院接受审讯,同时送达一份令状,要求他在大法官法院中表明没收土地的理由,并且起诉者可以在那里反对其职责或者以其他方式表明自己的权利,此后,该案应当被送往王座法院进行最终的讨论。See D. M. Kerly, *An Historical Sketch of the Equitable Jurisdiction of the Court of Chancery*, London: Cambridge University Press, 1890, pp. 330-334.

其次,这可能涉及国王授予土地或者职位的权力。比如,由于特许状所有人的虚伪陈述或者其他原因而导致国王所授予的特许状违反了法律,就必须通过"告知令状"来取消王室特许状,由于普通法法院中国王不受控诉,因此这类案件通常也被送到大法官面前。尽管大法官法院和大法官对此类事项的司法管辖权建立的时间难以确定,但是在爱德华一世八年的一个法令中对此作出了统一的规定。该法令规定,所有涉及印章的请愿书应当首先被送给大法官,涉及财政署的请愿书被送给理财法院,那些涉及普通法法官或者土地法的请愿书则送给普通法法官。如果事情非常重大,或者涉及如此多的特权,以至于未经国王过目,大法官和其他人无法处理,那么,他们将把这些案件送给国王以明了其意愿;未经上述大法官和其他首席大臣之手,任何请愿书都不会被送达国王及其咨议会的面前,从而保护国王和他的咨议会能够不受其他事务的干扰而从事他的王国及其海外领地的重要事务的处理。在该法令中所谓的涉及印章的事项,是指验证国王授权书和命令、签发起始令状,以及可能包括撤销不适格的授权书所要求的正式手续。如果确实如此,这一法令表明,大法官至少在此时已经具有对此类事项的司法管辖权。①

此外,在1345年,大法官法院的官员请求获得和普通法法院中的官员拥有同样的特权,即允许他们拥有在大法官面前而非在其他普通法院进行人身诉讼或者被诉的特权。② 由此,大法官在爱德华三世时期获得了对涉及其文书、仆人和官员的对人诉讼的排他管辖权。③

---

① See D. M. Kerly, *An Historical Sketch of the Equitable Jurisdiction of the Court of Chancery*, London: Cambridge University Press, 1890, pp. 26-27.

② 14 Edw. III, st. I, c. 5; See William S. Holdsworth, *A History of English Law*, Vol. I, London: Methuen & Co., 1956, p. 403.

③ See D. M. Kerly, *An Historical Sketch of the Equitable Jurisdiction of the Court of Chancery*, London: Cambridge University Press, 1890, p. 33.

大法官和大法官法院以上这一部分司法管辖权被统称为普通法管辖权、拉丁管辖权（因为记录此类事项的档案用拉丁文写成）、一般管辖权。在行使这种管辖权的时候，大法官遵循普通法规则，而且在后来由陪审团审判已经成为普通法法院审判事实问题的通常方法时，他会把此类案件中所提出的事实问题送到王座法院中由陪审团审判解决。

　　这种普通法管辖权大多是附属于大法官法院所具有的行政职责，从未具有很大的重要性，并且随着时间的流逝，完全处于另一种管辖权阴影的笼罩下。但是，它的存在表明，大法官和大法官法院并没有如一些学者所相信的那样，完全从普通法的影响和范围中摆脱出来。[1]

三、作为衡平法院的大法官法院

　　与文秘署的普通法管辖权、拉丁管辖权、一般管辖权相对应的是其后来发展出的衡平管辖权、英语管辖权（得此称呼是因为其诉答程序以及由此产生的许多文件都使用日常用语，即法语和英语）或者特别管辖权。正是这一管辖权的发展，使得大法官法院从英格兰王国的行政中枢发展为一个与普通法法院并立的、独具特色的司法法院，大法官也成为一名司法官员。关于大法官法院衡平管辖权的起源，笔者在第一章中已经采用大量的篇幅予以探讨，在此不再赘述。需要再度强调的是，大法官法院衡平管辖权的取得并非像大法官法院普通法管辖权那样，与大法官法院颁发起始令状的行政权力直接关联，而是传承自由大法官充当首领的国王咨议会的衡平管辖权。这一管辖权起初并没有确定的范围，主要就是由大法官基于"理性"与"良心"对普通法保护不力的权利予以救济，主要分为刑事和民事两个

---

[1] See William Lindsay Carne, "A Sketch of the History of the High Court of Chancery from Its Origin to the Chancellorship of Wolsey", *The Virginia Law Register*, New Series, Vol. 13, No. 7, 1927.

部分。其刑事管辖权主要表现为对殴打、侵入、强占等严重违法行为以及伪证罪的管辖。由于与国王的治权紧密相连，至都铎王朝时期，根据国王加强统治的需要，大法官法院的刑事管辖权被转移至专门的星室法院予以行使。大法官法院的民事管辖权包括以用益制和信托制为主要内容的专属管辖权，以契约、特定履行、禁令为主要内容的共同管辖权以及辅助管辖权等内容。

总之，随着大法官地位的不断提高，大法官法院最终成长为一个兼具行政和司法职能的中世纪英格兰中央政府的核心机构。从大法官和大法官法院的权力发展路径来看是行政为主、兼行司法。作为行政长官，大法官行使重大的行政权力：大法官作为国王御前的首席大臣，协助国王处理国内政务。大法官法院司法权的获得在很大程度上就是从其行政权力的行使中衍生而来的：大法官法院普通法管辖权的获得源自于大法官颁发起始令状的行政权力；大法官法院衡平管辖权的获得则是源自大法官作为咨议会的主持者的身份——咨议会负责处理国王交办的各类事项，其中也包括处理向国王呈递请愿书请求救济的司法诉讼。正是在这一基础上确立了大法官法院的衡平管辖权。因此，我们可以说，大法官法院衡平司法权的获得在很大程度上得益于大法官和大法官法院所具有的行政地位，这必然使得大法官法院的衡平司法权染上行政性的色彩。

第二节 大法官法院的内部组织

由于相关资料的匮乏，我们至今无法完整、清晰地描绘中世纪大法官法院内部构成及其运作过程。正如威尔金森（Wilkinson）所言："没有其他的中世纪的职位或者管理机构像大法官法院那样在事实上如此彻底地在其首领的遮蔽下相形见绌,并且使得现代历史学家如此陌生。"①

在大法官法院没有从咨议会中分化出来前,它的构成就像咨议会那样有些模糊不清。它由罗马法博士和"那些应当被召集的人"②所组成。但是,随着时间的流逝,它的班子变得固定,主要由大法官、各个等级的文书组成。

一、大法官法院的最高领导者

一般情况下,大法官法院最高领导者是大法官③,但有时候由于某种原因没有任免大法官,那么,国玺大臣(Lord Keeper of the Great Seal)④就代行大法官的职责,有时候甚至会出现由若干名成员共同组成的国玺委员会代行大法官职责的情况。

尽管大法官与国玺大臣在很大程度上履行着一样的职责,并自都铎王朝后期开始被混淆使用,但是在大法官与国玺大臣这两种名称之间仍然是有所区别的,特别是在较早的时候,因此,我们有必要对它们作出一些区分。

在中世纪,由神职人员担任的大法官身负多重职责:他是国玺掌管者、首席国王牧师,还是国王精神和世俗事项的顾问。因此,该职位成为政府中最为重要的职位之一,仅仅位列首席政务官之下。14世纪,大法官取代首席政务官成为王国中仅次于国王之人:作为咨议会领袖掌握行政大权,在大法官法院独立后兼掌大法官法院的司法之责,并在

---

① See B. Wilkinson, *The Chancery under Edward Ⅲ*, Manchester: The University Press, 1929, p. xxvii.
② 这一措辞表明了大法官法院最初成员资格的模糊和不确定性。
③ "Lord Chancellor"词条,见 http://encyclopedia.thefreedictionary.com/Lord+Chancellor。
④ "Lord Keeper of the Great Seal"词条,见 http://encyclopedia.thefreedictionary.com/Lord+Keeper+of+the+Great+Seal。

议会上下两院形成之后成为上院议长的当然人选,此外大法官还负责制定国家大政方针、行使外交权力,等等,可谓大权在握。

正是由于大法官的地位日益重要,事务繁忙,有时候会离开英格兰,因此,自贝克特时代以来,由他人代为保管国玺就成为一种必然的要求。在这种情况下,大法官选择将国玺交给另外一个人,此人被称为"掌玺大臣"(Custos Sigilli)或者"副大法官"(Vicecaucellarius),并且履行封印令状及授予状(grant)以及实施司法的所有职责。在亨利三世二十八年,一部制定法被通过来制止这一实践。但是,阻止此类委托的企图很快失败了。在大法官跟随使团出访、拜访他们的主教教区或者因长病在家休养而无法亲自使用印章的时候,他们不愿意将这一职位交给竞争对手,因为当其竞争对手尝到这一职位甜头的时候要想重新获得该职位可能是非常困难的。因此,在这一情况下,大法官们依恃着国王的宠爱而不顾法律的规定,将国玺交给自己的副职官员,这样,大法官可以在任何需要的时候将印章从他们手里拿回来。此后,在一名大法官死亡、辞职或遭撤职而另一名大法官还未获任命的空缺期间,也是依此办法进行。也就是说,此时的国玺没有由国王亲自保管,而是被授予一名临时的保管者,尽管这位国玺的临时保管者没有大法官的头衔,但是他们拥有了大法官的部分权力(如封印令状),有时候甚至拥有其所有权力。[①] 最终,这一实践日益固定为在必要时任命一

[①] 例如当大法官约翰·斯塔福德(John Stafford)于1433年出使加来长达两个月的时候,他将国玺交由卷宗保管者约翰·弗兰克(John Frank)保管,当斯塔福德返回,国玺重回他手中且无须进行新的就职仪式,该卷宗保管者只是作为大法官的代表或者副手持有国玺。同样的,当托马斯·兰利(Thomas Langley)于1422年9月28日交出国玺及其大法官一职的时候,国玺被交给卷宗保管者西蒙·冈斯蒂德(Simon Gaunstede)持有,直至兰利于数周之后被再度任命。在这数周中,当国玺为冈斯蒂德持有的时候,他并不仅仅是一个消极的保管者,他被给予与大法官同样的权力来使用国玺,没有任何限制。See Janice Gordon-Kelter, "The Royal Clerks-Career Patterns in the Chancery and the Privy Seal Office of Henry Ⅵ", A Dissertation Submitted to the Graduate Faculty in History in Partial Fulfillment of the Requirements for the Degree of Doctor of Philosophy, The City University of New York, 1988, pp. 179-180.

名"国玺大臣"来持有国玺,这意味着他以自己的名义永久性地持有国玺,并且履行所有与国玺相关的权力。①

在伊丽莎白一世统治期间,当女王试图将国玺以及国玺大臣的头衔授予尼古拉斯·培根爵士之时,培根的一些行为的合法性受到了质疑。培根遂要求女王以委任书的方式进一步确认其权力。此后,议会于1562年(伊丽莎白一世五年)通过了一部法令,规定国玺大臣被授予与大法官"同样的地位与尊荣,拥有实施法律以及所有其他的习惯(customs)、利益(commodities)和特权(advantages)的权力"。自此以后,由两人分别担任大法官和国玺保管者的情况不再出现,这两个头衔之间的唯一区别是,大法官的名号听起来较国玺大臣更为响亮,并且被认为标志其受到了更高的王室恩宠。尽管坎贝尔认为,两者的任命方式也有所不同——大法官通过正式的令状任命,而国玺大臣则是通过将国玺送交给他保管而任命,但有众多实例可以证明大法官的任命往往也仅仅通过国玺的交送来实现,无须国王经由颁发执照或委任状来确认其职位。②

此外,任命平民担任国玺大臣一职、贵族担任大法官一职原本是一个惯例。而获得了贵族身份的国玺大臣往往会随之被任命为大法官。最后一位国玺大臣是罗伯特·亨利(Robert Henley),他在1760年被封为男爵,并于1761年乔治三世登基之时被任命为大法官。从此以

---

① See J. Campbell, *The Lives of the Lord Chancellors and Keepers of the Great Seal of England, from the Earliest Times till the Reign of King George Ⅳ*, Vol. Ⅰ, Philadelphia: Blanchard and Lea's Publications, 1851, pp. 52-53.

② 如在1424大法官一职的交接仪式上,大法官的任命仪式就是君主从前任大法官手中接过国玺,并直接将其交给了温彻斯特主教。See Janice Gordon-Kelter, "The Royal Clerks-Career Patterns in the Chancery and the Privy Seal Office of Henry Ⅵ," A Dissertation Submitted to the Graduate Faculty in History in Partial Fulfillment of the Requirements for the Degree of Doctor of Philosophy, The City University of New York, 1988, p. 175.

后，平民以及贵族都可以被任命为大法官；但是，一名平民通常在他被任命后也会被赐予贵族的身份。

除个人以外，大法官一职也有可能被交付给一个委员会来行使，行使这一职务的一群人被称为"国玺贵族委员会"(Lords Commissioners of the Great Seal)。从很早的时候开始就出现过将国玺给予数人共同监护的情况，他们偶尔也在大法官的领导之下，但一般是在大法官职位空缺的时候持有国玺。

在16世纪，当大法官一职发生空缺的时候，联合委任令被颁布给普通法法官们和大法官法院中的主事官，授权他们听审并且判决衡平法案件。比如，在1529年，沃尔西垮台之后的四个月，一份委任状授权普通法法官和主事官等20人组成的团体代行其职。1559年，在国玺大臣培根生病期间，一个委员会获得授权代行其职。在哈顿大法官死后的大法官职位空缺期，两个委员会被任命：一个负责使用国玺；另一个由卷宗主事官领导，负责听审案件。这种临时性安排在埃杰顿(Egerton)任国玺大臣的前七年(1596—1603)持续的时间最长。①

在1689年"光荣革命"之后不久，高等律师梅纳德(Serjeant Maynard)和其他两名律师经一份盖有国玺的授权书被任命担任大法官的职务。但随之而来的是关于他们的权力范围如何界定的疑问，于是产生了威廉和玛丽统治第一年的制定法第21章(Statute 1. W. & M

---

① 这七年间是一种半永久性的安排，当时埃杰顿既是国玺大臣又是卷宗主事官。为了减轻他的负担，一个委任状在1596年5月被签发给了博蒙特(Beaumont)、克伦奇(Clenche)以及欧文(Owen)这三名普通法法官，他们和数位主事官一起被授权听审大法官法院的案件，直到一名新的卷宗主事官被任命。在这一时期，一位或者更多位著名的普通法法官的出席成为大法官法院的常事，此外，主事官们也积极地处理卷宗法院的事务。该委任状的措辞暗示，如果存在一个独立的卷宗主事官的话，这种性质的制度设计便无必要。See W. J. Jones, *The Elizabethan Court of Chancery*, Oxford: Clarendon Press, 1967, pp. 54-55.

c. 21),该条规定:"如此任命的被任命者应当拥有大法官或者国玺大臣的所有权威,其中的一个被授权听审中间动议,并且在宣布一个判决或者将在任何文件上加盖国玺时,另外两人都必须出席;被任命者在位阶上位于贵族以及下院议长之后。"[1]但自 1836 年起就未曾任命国玺贵族专员。

二、大法官法院的文书

除大法官外,在大法官法院中还有相当数量的文书在大法官身后工作着,他们被大致分为三等(如图 3—1 所示)。

一等文书共 12 名,他们穿着长袍制服,故又被称为长袍文书(Clerks of the Robe)[2]。1415 年,12 名长袍文书被称为"大法官法院的主事官"(Master),他们通常是法学博士,并且在行政和司法事务方面代表大法官。这些主事官每人带 3 名低级文书,他们被命令居于各自住处,与 12 名二等文书和 24 名起始令状起草员相隔离。在主事官中,最重要的是卷宗主事官,他们保管特许状和密闭卷宗,并且负责任命下级文书。

二等文书被称为 bougiers,经常也是 12 名,包括大法官法院皇家办公厅书记官[3](Clerks of the Crown in Chancery)、小袋文书局书记

---

[1] See J. Campbell, *The Lives of the Lord Chancellors and Keepers of the Great Seal of England, from the Earliest Times till the Reign of King George* Ⅳ, Vol. Ⅰ, Philadelphia: Blanchard and Lea's Publications, 1851, pp. 53-54.

[2] 参见"Clerks of the Robe"词条,薛波主编:《元照英美法词典》,法律出版社 2003 年版,第 238 页。

[3] 皇家办公厅由枢密大臣担任首长,而办公厅书记官是常任职员的首长。该职位自 1349 年设置。该书记官参与许多国家行为,诸如在上院宣读已得到国王御准的法案的标题,向贵族发出召集令,发出指示某地区负责选举的官员主持选举并向皇家办公厅回复当选人名单的令状等。参见"Clerk of the Crown in Chancery"词条,薛波主编:《元照英美法词典》,法律出版社 2003 年版,第 236—237 页。

官(Clerks of the Petty Bag)①、令状保管书记官(Clerk of the Hanaper)②等，其职责各有不同。每位二等文书之下还有一名低级文书，负责以他们的名义执笔起草文书，不过所拟文书均需经审核，然后方可使用印章。③

三等文书被称为起始令状起草员(cursitor)，共 24 名，他们负责撰写当然令状(writ of course)，有时还协助一、二等文书起草不太重要的行政性令状。他们在任职前要宣誓不得将未封印的令状带出大法官法院，未经文书指令官下令不得拟写令状等。④ 他们也配备了低级文书，在数量上也是 24 名。⑤

16 世纪，大法官法院司法活动的发展导致六书记官部门的增长，他们最初是卷宗主事官(Masters of Rolls)的助手。此后，六书记官也各有十名助手，被称为六十文书。⑥ 此外，从六书记官办公室中还派生出了登记官、询问官等官员。大法官法院衡平司法管辖权主要是由大

---

① 小袋文书局书记官负有三项特别职责：其一是对收存至伦敦塔的大法官法院卷档进行详细审查以确保其真实、完整和有序；其二是对大法官法院的记录及诉讼事宜予以解释；其三是证明议会选举并记录选举结果，因此类记录多保存在一种小袋中，其名称正是由此而来。参见孙宏伟："爱德华三世统治时期中书法庭研究"，首都师范大学硕士学位论文(2003 年)，第 29 页。

② 也有人将其译为大篮子保管人，是衡平法院涉及普通法方面的官员，在所有的诉讼都要求由大法官法院签发诉讼令的时期负责登记令状所要求登记的费用，监视将令状盖章后放入大袋中。起初，这些令状与回呈均保存在一个大篮子中，故因此得名。他还负责记录所有已经加盖国玺的特许状、委任状和授权状等事宜。依 1852 年《衡平法院法》，其职能移转至大法官法院皇家办公厅书记官；依 1873 年《司法组织法》，其部分职能移转至最高法院中央办公室。参见"Clerks of the Hanaper"词条，薛波主编：《元照英美法词典》，法律出版社 2003 年版，第 238 页。

③ 参见孙宏伟："爱德华三世统治时期中书法庭研究"，首都师范大学硕士学位论文(2003 年)，第 29 页。

④ 参见同上。

⑤ See W. J. Jones, *The Elizabethan Court of Chancery*, Oxford: Clarendon Press, 1967, p.158.

⑥ See Timothy S. Haskett, "The Medieval English Court of Chancery", *Law and History Review*, Vol. 14, 1996.

法官、主事官以及由卷宗主事官手下的六书记官、登记官、询问官等官员来负责实施的。

```
                 ┌─ 一等文书(12) ──→ ┌─卷宗主事官─────┐ ┌─六书记官─┐→┌六十文书─┐
大法官法院文书 ──┤                  │其他十一名主事官 │ └─────────┘  │询问官、登记官│
                 ├─ 二等文书(12) ──→ │大法官法院皇家办公厅书记官、小袋文书局│
                 │                  │书记官、令状保管书记官等          │
                 └─ 三等文书(24) ──→ 起始令状起草员
```

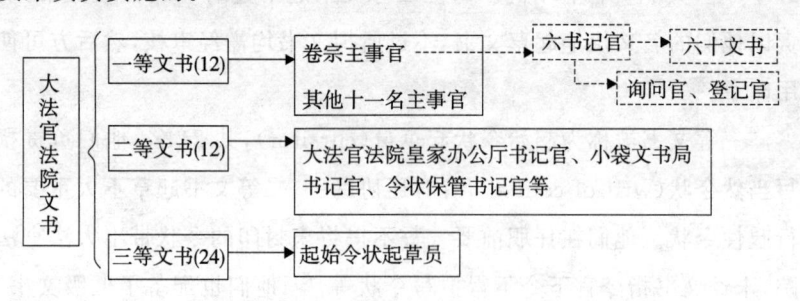

图 3-1　大法官法院文书结构

（一）主事官（Master in Chancery）

从很早的时期起，在大法官行使其职位的更为古老的或者普通法的职责的时候，某些高级神职人员就充当着大法官的顾问或者辅佐人和助手的角色。在理查德二世时期，有 12 名法官助理被任命为 Clericos de Prima Forma，作为大法官的辅佐人或者顾问。在爱德华三世统治时期，这 12 名文书获得了主事官的头衔,①其首领为卷宗主事官。

1. 卷宗主事官

卷宗主事官这一职位原先起源于督导抄写员抄写大法官卷宗的大法官法院职员。在中世纪，他成为大法官法院主事官的首领，并协助大法官工作，早期被称为卷宗文书（Clerk or Curator of the Rolls）、卷宗保管者（Keeper of the Rolls），直至亨利七世十一年制定法第 18 章才被正式称其为卷宗主事官。②

---

① See George Spence, *The Equitable Jurisdiction of the Court of Chancery*, Vol. I , Buffalo: William S. Hein & Company, 1981, p. 359.

② See William S. Holdsworth, *A History of English Law*, Vol. I , London: Methuen & Co., 1956, p. 418, n. 12; 并且直至亨利八世时期，该职位都由神职人员充任，参见 George Spence, *The Equitable Jurisdiction of the Court of Chancery*, Vol. I , Buffalo: William S. Hein & Company, 1981, p. 357, n. d.

作为等级文书中最重要的人员,卷宗主事官由国王亲自任命,并进行特别宣誓,任职十分稳定。这一职务的授予形式是由大法官当庭在主事官的头上放一顶帽子。①

卷宗主事官的职责非常广泛,在大法官法院中负有行政之责、掌玺之责、人事之责以及司法之责。就行政之责而言,卷宗主事官是大法官法院所有日常事务的基本监察者。他的主要职责就是监督大法官法院所发出的加盖了国玺的数量惊人的文件的撰写、登记和颁布。就掌玺之责而言,卷宗主事官经常被任命为国玺保管者。有时将大法官的司法权威授予他,但不保管国玺;有时候甚至国玺也被交付给他,但在使用上会受到限制。② 就人事之责而言,卷宗主事官拥有任命大法官法院中的低级文书以及根据大法官法院文书的地位和等级自由决定其薪俸的权力。③ 虽然大法官是大法官法院中此类赐予的直接来源,但一个忙碌且经常缺席的高级教士通常会允许他的超过100人的大法官法院班子的直接监督者来推荐人选或者决定其成员是否称职。

卷宗主事官一职在诞生之初并不享有司法之责,但是随着大法官法院司法管辖权的扩展,卷宗主事官不断扩大他的司法职责。

爱德华一世统治时期就有关于卷宗主事官行使司法权的记录,当

---

① 这一仪式可以追溯到罗马习俗。See George Spence, *The Equitable Jurisdiction of the Court of Chancery*, Vol. Ⅰ, Buffalo: William S. Hein & Company, 1981, p.360.

② See Ibid., p.357.

③ 这无疑使得卷宗主事官有可能通过出卖大法官法院中的低级职位而获利。事实上,这种获利是相当可观的,如马克斯韦尔-莱特(H. C. Maxwell-Lyte)就宣称,卷宗主事官从出卖大法官法院的低级职位,尤其是诸如传达员、宣叫者、大法官法院的门吏等职位而获利甚多。如在詹姆斯一世时期,爱德华·布鲁斯(Edward Bruce)从出卖3名六书记官、1名小袋书记员以及1名询问官中获得了16600镑的收入。See Malcolm Richardson, "Early Equity Judges: Keepers of the Rolls of Chancery, 1415-1447", *The American Journal of Legal History*, Vol.36, No.4, 1992.

时致国王的请愿书或者诉状经国王的特别授权后转给卷宗主事官。尽管在理论上应由大法官阅读他收到的所有请愿书，但实际上，通常由卷宗主事官接收、分类并处理请愿书，尤其是在像亨利·博福特（Henry Beaufort）这样忙碌的大法官就任期间。[1] 虽然卷宗主事官的权力逊于大法官，但是其救济更容易为请愿者获得，并且无疑更为便宜。[2] 因此，从亨利六世统治时期起，出现了呈递给卷宗主事官的寻求救济的诉状。[3] 但在 14 世纪和 15 世纪早期，卷宗主事官的司法职责尚从属于他管理大法官法院班子的主要职责。

在亨利八世时期，卷宗主事官的司法管辖权得到了突破性的发展，他成为了一位助理法官，并从沃尔西时代以后，卷宗主事官经特别授权可以对特定案件享有司法管辖权。柯克指出，在大法官缺席的情况下，往往由卷宗主事官听审诉讼并发布命令。自 1623 年之后，卷宗主事官开始参与规制法院的实践。至此，他成为大法官的总代表。[4] 但无论如何，卷宗主事官一直未能成为大法官法院中的独立法官，这一状况直至 18 世纪才得以改变。[5]

---

[1] See George Spence, *The Equitable Jurisdiction of the Court of Chancery*, Vol. Ⅰ, Buffalo: William S. Hein & Company, 1981, p. 358.

[2] See Malcolm Richardson, "Early Equity Judges: Keepers of the Rolls of Chancery, 1415-1447", *The American Journal of Legal History*, Vol. 36, No. 4, 1992.

[3] See George Spence, *The Equitable Jurisdiction of the Court of Chancery*, Vol. Ⅰ, Buffalo: William S. Hein & Company, 1981, p. 357.

[4] See A. K. R. Kiralfy, *Potter's Historical Introduction to English Law and Its Institutions*, London: Sweet & Maxwell Limited, 1958, p. 162.

[5] 1729 年，有法令规定卷宗主事官发布的命令应有效，但对此不服可向大法官上诉，此后卷宗主事官就正式成为大法官法院的法官。1833 年，其司法管辖权有所扩展，经法令规定，大法官法院院长常年开庭，不服其命令的在 1851 年前可向大法官、在 1851 年后可向大法官法院上诉庭上诉；卷宗主事官也可以并经常出席大法官法院上诉庭。1875 年开始，卷宗主事官一直担任上诉法院院长，1958 年前还全面负责保管公共档案，1958 年后此职责转归大法官，但卷宗主事官仍在担负着英格兰大法官法庭的档案保管工作。其另一项职责是接受某人为最高法院事务律师。参见"Master of the Rolls"词条，薛波主编：《元照英美法词典》，法律出版社 2003 年版，第 899 页。

2. 一般主事官

主事官最初由国王任命，但是在爱德华四世时期，大法官获得了除任命卷宗主事官外的其他 11 名主事官的权力。这种安排给予大法官将主事官的职位卖给出高价的贿赂者的良机，这种交易变得如此公开和臭名昭著，以至于它最终成为一个公开的丑闻。[①]

主事官的职责在早期非常广泛，主要有：(1)如《弗莱塔》(*The Fleta*)[②]记载，主事官们负责所有原始令状的签发。至伊丽莎白一世统治末期，主事官们的这一职责被限定于恩赐令状(writ of grace)，比如调卷令和传唤令等。(2)主事官们有时充当国王的秘书。(3)主事官们无须召唤即可出席上院，并经常被提名为请愿书的审判者(trier)。最初，他们的职位排在总检察长和副总检察长、国王的皇家大律师和高等律师之上，但由于 1576 年的一个意外事件，即巴弗克利博士(Dr. Bafkley)未经许可向上院致辞，他们的职位自此就排在高等律师之下。(4)他们在其管辖权的各个分支中协助咨议会和大法官法院。[③]

在宗教改革之后，随着大法官法院管辖权的迅速发展，主事官的职责变得专业化。最初，他们负责询问在大法官法院中审问之案件的证人，但是到了伊丽莎白一世时期，这一职责被授予询问官和特别主事官(Master Extraordinary)，一般主事官的职责变为主要作为大法官的助手听审及处理授予他们的案件的相关事项并作出报告，从而帮助大法官作出决定。事实上，提交给一般主事官们的公断变得如

[①] See William Lindsay Carne, "A Sketch of the History of the High Court of Chancery from Its Origin to the Chancellorship of Wolsey", *The Virginia Law Register*, New Series, Vol. 13, No. 7, 1927.

[②] 《弗莱塔》，又称《英格兰法律摘要》，是有关英格兰法律的一部古代论著。相传为一位法官或者律师约于 1290 年被困于伦敦弗利特监狱时所作，并因这监狱而得名。

[③] See William S. Holdsworth, *A History of English Law*, Vol. I, London: Methuen & Co., 1956, pp. 417-418.

此频繁,而且主事官们通过给予他们的承认获得了如此多的权力,以至于大法官培根不得不制定命令来限制他们的职权,以便他一直握有最终决定权。①

一般主事官的下级文书数量相当有限。在中世纪,每个主事官可以拥有三名下级文书,但是在亨利五世统治期间,他们被限制为每人仅可拥有 1 名下级文书。在 1566 年,每个主事官被获许由两名文书以他的名义书写;至 16 世纪末,这一额度扩展至 3 名。这些下级文书仅仅是从属于主事官们的秘书班子,他们并没有在大法官法院中获得任何显赫地位。②

3. 特别主事官

在伊丽莎白一世统治末期及 17 世纪,特别主事官被日益频繁地任命。有时候这纯粹是一个荣誉职位,如老托马斯·鲍尔(Thomas Powle)于 1601 年在其退休后被任命为特别主事官。但更多时候,特别主事官一职并非只是荣誉性的,而是拥有实际的职责,尽管他们不被认为是大法官法院的正式官员,因为他们并不接受法袍津贴,而且也为大法官法院的一般主事官们所轻视。最初,大法官法院雇用他们以从事远离伦敦的乡村的部分工作。但是,他们活动范围逐渐扩大,最后日益接近伦敦,以至于在 1588 年哈顿大法官不得不颁布命令,禁止他们在离伦敦三英里的范围内或者伦敦郊区活动,并且禁止他们"实施任何属于大法官法院主事官办公室的权力";他们还被禁止收取任何属于大法官办公室的费用;文书们被禁止将法律文件交由特别主事官承认,而且登记文书(Clerks of Enrolment)被告知他们必须拒绝登记或者接受

---

① See William S. Holdsworth, *A History of English Law*, Vol. Ⅰ, London: Methuen & Co., 1956, p. 418.

② See W. J. Jones, *The Elizabethan Court of Chancery*, Oxford: Clarendon Press, 1967, pp. 105-106.

由特别主事官承认的任何契约或者书面文件。大法官哈顿的命令表明特别主事官已经逐渐超越了正常界限，不再仅仅在国家的偏远地区开展工作。这种越界行为引发了一般主事官的强烈不满。但是，特别主事官明显增长的数量反映了增加一般主事官在诉讼领域方面的职权的需要。①

（二）六书记官

六书记官（Six Clerks）的最初源头已不可考，②但在理查德二世时期的一些文献中，我们已经可以看到对于他们的明确规定。1388年颁布的系列命令（ordinaciones）确立了关于大法官法院的三个主要阶层的书记官之间关系的规则以及令状的封印和检查程序的规则。该文件分配给卷宗主事官6名下级文书，是其他主事官的两倍。1415年的法令（renovacio）下令：卷宗主事官保留6名下级文书，同时把大部分其他主事官的下级文书削减至1名。由此，卷宗主事官和他的6名下级文书组成了一个重要的管理单位。

自其产生开始，六书记官的任命权在很长时间内都掌握在卷宗主事官的手中。1539年，卷宗主事官确认其享有任命六书记官的权力。16世纪末，埃杰顿再度坚持该任命仅仅为卷宗主事官所掌握。但此后，这一权力逐渐转移至国王手中，至1630年，国王通过一个专门条例掌握了六书记官的任命权。③

六书记官诞生之初身份卑微，其职责也并未明确，主要作为记录员和发布文件者（expediters）。他们的地位如此低下，甚至没有像一

---

① See W. J. Jones, *The Elizabethan Court of Chancery*, Oxford: Clarendon Press, 1967, pp. 117-119.

② 可能从大法官法院书记官发展而来。参见"Six Clerks"词条，薛波主编：《元照英美法词典》，法律出版社2003年版，第1263页。

③ See W. J. Jones, *The Elizabethan Court of Chancery*, Oxford: Clarendon Press, 1967, p. 119.

等、二等的文书以及起始令状起草员们那样拥有"公职人员"的头衔。但他们这种地位低下的情况并没有持续很久。按照陶特（T. R. Tout）的说法，1388年的规定卷宗保管者的下级文书的条款标志着六书记官办公室的起源，在此后的5个世纪中，它的权力日益增加。

据《弗莱塔》记载，六书记官的早期职责是起草令状并在封印之前小心地检查令状。后来，这一工作被交给了他们的下级文书履行，六书记官则负监督之责。每个书记官必须保证职责的正确履行，如果颁布了错误的令状，他们要对此承担责任，当事人可以从他那里获得补偿。[①]

此外，自理查德二世时期开始，六书记官最主要的职责是在卷宗主事官的监督下处理卷宗并保管记录。他们负责归档所有的诉状、答辩状和其他诉答文件、经委托而取得的宣誓书证，并保存所有的判决、驳回起诉以及其他记录。[②]

至16世纪下半叶，六书记官成为大法官法院中唯一的律师。他们被要求给予建议和使得他们的客户出庭以及履行诸如起草和登录判决的功能。六书记官的这一垄断性权力源自这样的一个规定：在15世纪上半叶，在西蒙·冈斯蒂德（Simon Gaunstede）、约翰·弗兰克（John Franke）以及约翰·斯托普登（John Stopyndon）三人担任卷宗主事官期间，法令规定，卷宗主事官应当将请愿书转交给六书记官，由六书记官根据其命令来处理请愿书。这一规定在15世纪早期开始演变为这

[①] See Henri Levy-Ullmann, *The English Legal Tradition: Its Sources and History*, M. Mitchell trans., Frederick Goadly rev. and ed., London: Macmillan and Co., Limited, 1935, p. 292; George Spence, *The Equitable Jurisdiction of the Court of Chancery*, Vol. I, Buffalo: William S. Hein & Company, 1981, p. 366.

[②] See George Spence, *The Equitable Jurisdiction of the Court of Chancery*, Vol. I, Buffalo: William S. Hein & Company, 1981, p. 366.

样一个程序:六书记官自主地将请愿书交给大法官或者保管者。这一程序无疑授予六书记官掌控影响大法官法院中的请愿者的渠道的这一垄断性权力,并且最终演化为后来迫使请愿者将六书记官中的一人作为他们的辩护律师的实践。①

随着法院管辖权的增长,六书记官的许多职责逐渐为他人所承担。比如起草令状的职责落在了起始令状起草员身上;亨利五世时期开始任命的登记官也减轻了他们记录法院的命令和判决的负担;后来,负责归档宣誓书、起诉状和答辩状的官员诞生了,这减轻了六书记官保管这些文件的负担。此外,法院日益增长的事务使得他们不可能担任双方当事人的诉状律师。尽管在《克拉灵顿勋爵规程集》(*Lord Clarendon's Orders*)中,仍然宣布他们是向法院报告其当事人诉讼的适当的、唯一的法院官员。但是,当事人经常雇佣六书记官手下的文书,并当事务律师已经成为法律职业的一个分支时去事务律师那里寻求帮助。但是,六书记官仍然继续保管记录,为当事人复制诉讼记录,并从中收取了大量的费用。②

六书记官职位的重要性不言而喻,因此从很早开始他们就被允许获得助手的帮助。尽管在1388年的命令中并没有明确提出六书记官应当拥有下级文书,但此后不久,六书记官的下级文书人数骤增,其规模如此壮大,足以形成一个独立的办公室,这些下级文书通常被称为"六十文书"。六十文书十人一组,从属于六书记官。开始时,六十文书只是六书记官的雇员。1596年,他们正式成为法院的官员。他们在任职时宣誓,因而被称为宣誓文书。埃杰顿大法官规定每名六书记官可

---

① Malcolm Richardson,"Early Equity Judges: Keepers of the Rolls of Chancery, 1415-1447", *The American Journal of Legal History*, Vol. 36, No. 4, 1992.

② See William S. Holdsworth, *A History of English Law*, Vol. I, London: Methuen & Co., 1956, pp. 421-422.

拥有 8 名宣誓文书。后来这个数字被升到 10 名。他们的报酬来自诉讼者向六书记官支付费用的固定比例。①

（三）登记官

作为六书记官的一个分支，登记官（Registra）一职产生于 15 世纪。16 世纪中叶，有两名登记官：一名由大法官任命，另一人则由主事官任命。自 1549 年开始，国王获得了登记官的任命权，并且只将这一职位授予单独一人。②

登记官负责记录法院的判决和命令，由此出现了可供参考的记录的先例。③ 由于登记官负责监督登记簿的编辑，因此作为一个必然的推论，他有权提供宣誓书、命令、判决和其他在法院中公布或者同意的事项的抄本。

登记官一职地位重要、工作繁重，因此，必然导致其副手的产生。开始，其副手人数为两名，17 世纪时增为四名。据推测，这些副手由大法官根据登记官所提供的名单任命。资历最浅的副手专门对卷宗主事官负责，而且在被要求的时候出席卷宗法院。此外，登记官还任命许多低级文书，以登记当庭所作的记录。④

（四）询问官

15 世纪，为了卷宗主事官的便利，询问官（Examiner）也从六书记官办公室中分化出来。在都铎阶段的开端，只有一名询问官，但至

---

① See William S. Holdsworth, *A History of English Law*, Vol. I, London: Methuen & Co., 1956, pp. 422-423.

② See W. J. Jones, *The Elizabethan Court of Chancery*, Oxford: Clarendon Press, 1967, p. 145.

③ See George Spence, *The Equitable Jurisdiction of the Court of Chancery*, Vol. I, Buffalo: William S. Hein & Company, 1981, p. 366.

④ See W. J. Jones, *The Elizabethan Court of Chancery*, Oxford: Clarendon Press, 1967, p. 145.

1530年,由于询问官与一名诉讼者有关联,为了回避而多任命了一名询问官,这一紧急措施被保留了下来。两名询问官地位平等,均由卷宗主事官任命,且都处于卷宗主事官的监督之下。①

尽管大法官法院也大量使用口头质询,但正式的证据通常以书面宣誓证词的形式被提出。由此,询问官在司法诉答程序中扮演了重要的角色。他们的主要职责在于询问证人,据此指导卷宗主事官的判决和判断。② 大法官当庭询问是大法官法院获得证据的标准方法,但是任命专员来履行这一功能逐渐成为惯例。在伊丽莎白一世时代,询问官被认为应当指导在伦敦或者伦敦周边的所有的询问,但是这一概念在他们运作的范围上有一个限制,因为它打开了任命其他人在乡间基于授权而进行询问的途径。③ 但询问官并不必然被限制于首都或者该法院的范围中,在瘟疫流行时期,他们会在圣奥尔本(St. Albans)或者其他合适的地方设立一个办公室。

(五)其他执事人员

此外,大法官法院还配备有一些专门的执事人员,如门吏、盖印官、蜡印官、警卫官等。

门吏的首要任务是看好法院的大门。如哈顿大法官就曾在1590年的指令中命令门吏"看好大门,除了必须出庭的同一法院的代理人和官员们以及女王的精通法律的辩护律师之外,不要让任何人在坐堂期间进入法庭"。事实上,在这一时期,"看大门"的任务已经由门吏的一名下属执行。门吏还充当法院传令者(crier),负责通知被告出席诉讼

---

① See W. J. Jones, *The Elizabethan Court of Chancery*, Oxford: Clarendon Press, 1967, pp. 136-137.
② See Ibid., pp. 136-137.
③ 这一限制显然来自于1545年的一道命令,但并未被严格遵守。在17世纪,这一限制被理解为离伦敦20英里,1661年这一距离被减少至10英里。

听审。如果他没有完成这一职责,有可能被处以罚金,二度犯错甚至可能导致监禁。此外,门吏还负责为大法官法院的文档工作提供卷宗所用的羊皮纸、墨水、笔、粗线①等办公用品。在大法官或者卷宗主事官的指令下,门吏还负责搬运档案。②

盖印官(Sealer)负责封印特许状、授权书以及其他法律文件的盖印工作;蜡印官(Chafewax)则负责加热用于法律文书盖印的蜡。③

警卫官(Serjeant-at-arms)是伺候君主的武装人员。在伊丽莎白一世时期,王室兵团的警卫官人数达到 25 名,其中一人负责为大法官提供服务。事实上,警卫官经常被用做执行法律,比如逮捕不接受传票而犯了藐视罪的被告。在伊丽莎白一世时期以及整个 17 世纪,当法院的传票以及乡间贵族们的委员会的努力被证明徒劳无功的时候,警卫官便会依照要求逮捕违令者。④

尽管大法官法院组织庞大,但大法官是大法官法院中唯一的法官,其他人员都只是履行事务性工作的行政人员。即使卷宗主事官和主事官有时会代行大法官的司法权,但也不被认为具有法官的身份。由于大法官及卷宗主事官掌握着高级文书们的任免和升迁的权力,因此在他们之间就带有一种行政性的上下级的色彩。当然,我们不能以严谨有序的近现代行政官僚系统的概念来理解大法官法院内部的这种上下级关系。相比之下,它极具中世纪的色彩,尤其表现在薪酬的分配上。大法官法院的主事官和文书们几乎不从国王那里获得报酬,他们的收入主要来自于从事公务活动时——如起草文书、加

---

① 线是用来将羊皮纸订在一起。
② See W. J. Jones, *The Elizabethan Court of Chancery*, Oxford: Clarendon Press, 1967, pp. 151-152.
③ See Ibid., p. 154.
④ See Ibid., pp. 155-156.

盖印玺、誊写文书复本等——当事人所支付的各种小费，这些小费成为主事官和文书们收入的重要组成部分。因此，与大法官法院中的每个文书职位相伴随的不仅仅是职责，还有利润和收益。在这个意义上，每个职位都意味着一笔收入。随着大法官法院事务的明显增加，大法官法院的文书们疲于应付，而事务的增加也带来其职位所附带的收入的增长，使得这些文书有财力任命自己的个人助手，为自己分担工作。由于这些下级文书由其上级直接雇佣，薪金由其支付，因而也仅仅对他负责。而当工作负担更为繁重使得下级文书也难以负担的时候，他们继而又任命"仆人"来帮助自己履行义务。这最终导致许多大法官法院的文书所要履行的义务皆由其下级及下级的下级代劳，他们自己则成为无须干活的闲职。这方面最突出的例子就是六书记官。他们每人雇佣十名下级文书，形成六十文书，而六十文书此后又雇佣各自的下属。这也导致虽然卷宗主事官任命了六书记官，却对六十文书及其下属没有任何控制权的结果。[1] 从这个角度来看，大法官法院的这一内部组织模式有些类似于封建社会封君封臣的关系。大法官法院中的高级官员们受到卷宗主事官或者大法官的直接任命，对其负责，但与此同时，他们将自己的职位所附带的权力和义务以及由此产生的利益再分包出去，就像国王的大封臣将自己所获得的封地再度分封一样。这样一种封建性的上下级关系固然不同于我们所理解的垂直型的上下级关系，但是，至少在直接的上级和下级之间，这种领导与被领导的上下级关系依然存在，仍然是一种行政性的关系。

---

[1] See W. J. Jones, *The Elizabethan Court of Chancery*, Oxford: Clarendon Press, 1967, p. 8.

第三节 大法官的任免问题

一、关于大法官任免权的争夺

(一) 亨利三世改革之前

在亨利三世改革之前,大法官的任命权掌握在国王手中。其任命的主要对象一般而言是深得王宠之人。但当国王经济窘迫之时,也会出于无奈而将此职出卖。如亨利一世的第五任大法官杰弗里·鲁弗斯(Geoffrey Rufus,1123—1133)。他被认为是首位公开用金钱买得大法官一职之人。亨利一世三十一年的卷筒卷宗(pipe roll)中提到,达勒姆主教(Bishop of Durham)杰弗里·鲁弗斯从国王那里以 3006 锂 13 苏 4 但尼尔[①]买得大法官一职;此后他不得不通过勒索当事人等手段来弥补如此大笔的亏空。在此后诸王的统治中,为获取金钱的目的而出售大法官一职的例子并不罕见。[②] 比如,理查德一世时期专权的朗香就是在理查德一世继位之时购得这一职位的。[③] 直至约翰王时期,大法官一职仍然是可以待价而沽的商品。约翰的第二任大法官沃尔特·德·格雷(Walter De Gray)就是趁着国王为筹集军款而大肆卖

[①] 自查理大帝时代以来,货币的计算以镑(又称利佛尔或锂)、索里达(又称苏,在英国也称先令)和但尼尔表示,1镑值合 20 索里达,1 索里达合 12 便士,但在流通中,没有称为"镑"的同义货币,镑只是一个货币计算单位。尽管货币名称经久不变,但实际价值一直在变化。

[②] 但是我们无法清楚地知道这到底是公开行为还是秘密协议。See J. Campbell, *The Lives of the Lord Chancellors and Keepers of the Great Seal of England, from the Earliest Times till the Reign of King George* Ⅳ, Vol. Ⅰ, Philadelphia: Blanchard and Lea's Publications, 1851, p. 80.

[③] See B. Wilkinson, *The Chancery under Edward* Ⅲ, Manchester: The University Press, 1929, p. 5.

官鬻之机自国王手中购得大法官一职的。[1]

由于大法官一职价格不菲,故长期为显贵所占据,且依据惯例,一经赴任并无任期,因此在亨利三世之前,大法官一职实为终身制,国王虽然掌握任命权,却不享有解职权,去世或者主动辞职成为大法官去职的主要原因。

(二) 亨利三世的改革

亨利三世时期,在国王与贵族的激烈斗争中,亨利三世将大法官的终身制变为非终身制。

1238年,亨利三世与大法官拉尔夫·内维尔发生争执,他们之间的裂痕终于导致国王决定废除由贵族担任大法官的旧制,而将国玺收回自己手中。1244年内维尔去世后,大贵族就要求任命新的大法官,并且其人选需取得贵族集团的同意。在此后的若干年里,亨利任命了数位文书官掌管国玺,但他们是否具有大法官之头衔,在西方史学界曾引起过持久争论。斯塔布斯(Stubbs)指出,内维尔去世后,亨利"在许多年里没有再任命其继承者"。而陶特和迪本则认为:"在1244年至1258年间,大法官几乎有着连续不断的继承。"威尔金森对此曾作出较为合理的解释,他认为内维尔之后的大法官虽然在名义上与先前并无两样,但其实际地位却显然远不及理查德和约翰两位国王在位时期,故许多年以来国王的编年史家甚至官员们都拒绝承认这种虚饰之衔。[2] 自亨利三世的此次改革之后,大法官不再由传统的不可靠的显贵担任,而成为"权力有限、领取薪俸的官员",而且通常也不再是任期终身,国

---

[1] See J. Campbell, *The Lives of the Lord Chancellors and Keepers of the Great Seal of England, from the Earliest Times till the Reign of King George Ⅳ*, Vol. Ⅰ, Philadelphia: Blanchard and Lea's Publications, 1851, p. 129.

[2] 转引自孙宏伟:"爱德华三世统治时期中书法庭研究",首都师范大学硕士学位论文(2003年),第12页。

王可以根据自己的意愿撤销其职位。①

（三）亨利三世改革之后

亨利三世改革的目的固然是希望藉此使得国王对大法官享有绝对的任免权,但从此后的历史发展来看,事实却并非如此。当国王本身较为强势之时,大法官的任免权能够很好地掌握在国王的手中;但是当国王本身较为弱势之时,大法官的任免则不可避免地要取决于许多力量之间的碰撞和斗争。

具体而言,当国王强势即王权较为强大的时候,国王往往根据自己的好恶来任免大法官。一般来说,国王往往任命自己的心腹大臣充任大法官,例如,尽管爱德华一世的第一任大法官沃尔特·德·默顿（Walter De Merton）是先王亨利三世的重臣,也不得不让位于伴随爱德华一世出征圣地并深得王宠的罗伯特·伯内尔（Robert Burnell）。事实上,大法官一职的授予往往被作为深得王宠、圣眷正隆的标志。而一旦大法官与国王意见相左、发生争执,往往会立即失去王宠,导致被免职的下场。如爱德华三世时期的斯塔福德兄弟。自 1330 年至 1340 年的十年间,除少许间隔外,此兄弟二人交替把持大法官一职,权势极其显赫。但由于在对法战争问题上大法官与国王立场相反,未能在战场上取得胜利的国王最终迁怒于此二人,最终他们也落得横遭解职的下场。又如,理查德二世时期的第六任大法官理查德·斯克罗普（Richard Scrope）也因指责国王将由马奇（March）伯爵处得来的土地赐给无用宠臣而激怒国王,终遭解职。但是当国王过于强势的时候,往往也会使得大法官一职不再具有吸引力,甚至有大法官主动挂冠求去。如亨利四世的第二任大法官埃德蒙·斯塔福德就因为亨利四世揽权,

---

① See B. Wilkinson, *The Chancery under Edward Ⅲ*, Manchester: The University Press, 1929, p. 7.

大法官一职权力不再,而他对坐在大法官法院中作为法官坐堂问案兴趣不大,故而主动辞职。

当国王处于绝对弱势之时,大法官任命权往往旁落。如当国王因年幼、病弱而无法亲政时,大法官的任免权往往掌握在摄政、护国主等人的手中,他们通常任命自己的亲信担任此职,从而将大法官一职纳入自己的掌控之中。爱德华三世统治初年的大法官亨利·乌尔盖尔希(Henry Urghersh)即是作为皇太后伊莎贝拉及其情夫莫蒂默的忠实追随者而得以上任的,随着皇太后的垮台,他也失去此职。又如,爱德华六世时期的三位大法官的任命皆非出自国王本意,其中两名为护国主萨默塞特(Somerset)所任命,另一名为诺森伯兰(Northumberland)公爵所选。此时的国王基本上已经沦为傀儡。

另外,国王的亲信宠臣也同样对大法官的任免具有很大的影响力。如亨利四世第一任大法官约翰·斯卡利(John Scarle)即为亨利四世的心腹——当时的坎特伯雷大主教托马斯·阿伦德尔(Thomas Arundel)所安排的傀儡。大主教认为他作为王国中的最高神职人员,应当仅以神职人员的身份主持国王的加冕典礼,由此将大法官一职安排给自己的卷宗主事官。①

当国王本身的力量与其他力量悬殊不大时,大法官的任免不可避免地取决于多方力量的碰撞和博弈。虽然国王希望任命对自己忠贞不贰的臣属为大法官,但实际上,国王总是依据具体政治形势、权衡各种因素之利弊,灵活地行使大法官的任免权,努力维持自己对于政府的掌控。因此,大法官一职的任免往往是国王同各方政治利益协调兼顾的产物,政治形势及同国王的亲疏关系就成为任命大法官的首要考虑因

---

① See J. Campbell, *The Lives of the Lord Chancellors and Keepers of the Great Seal of England, from the Earliest Times till the Reign of King George IV*, Vol. I, Philadelphia: Blanchard and Lea's Publications, 1851, p. 284.

素,以下从三个方面来具体阐述。

第一,国王与贵族之间的斗争。

亨利三世与西蒙·孟德福为首的贵族之间的政治斗争在大法官任命事项上得到了明显的反映。1260年,担任大法官一职的伦敦主教亨利·温纳姆(Henry Wingham)遭反叛的贵族们撤职,取代他的是由贵族们选举产生的埃利的尼古拉斯(Nicholas of Ely)。但好景不长,一年后当国王再度掌权时,尼古拉斯又为国王所任命的沃尔特·德·默顿所取代。但当西蒙于1263年再度掌权时,沃尔特·德·默顿同样遭遇了被解职的命运,尼古拉斯再度上台。但尼古拉斯此时表现出了在国王与贵族之间的某种摇摆不定的立场,因此再度遭西蒙解职而为约翰·奇泽赫尔(John Chishull)所取代。而1265年,为贵族们所任命的大法官托马斯·坎蒂卢普(Thomas Cantilupe)随着西蒙·孟德福的失败在上台一年后就被国王剥夺了大法官一职。[1] 在这一连串的走马灯式的大法官的频繁更替中,我们可以看到国王与贵族之间的斗争不仅仅反映在直接的兵戎相见中,也反映在大法官人选的变化上面。

爱德华二世时期,由于国王重用佞臣皮尔斯·格斯顿(Piers Gaeston)而招致贵族的集体不满,最终议会在军队的支持下要求国王罢免这些亲信,由国王任命的第一任大法官约翰·兰顿(John Langton)也被迫辞职。第二任大法官沃尔特·雷诺兹(Walter Reynolds)的上台是国王与贵族相互妥协的结果,但也终因两者之间的纷争而被解职。当国王试图再度召回宠臣而招致贵族的激烈反对时,国王被迫答应将大法官的任命权交给一个由贵族组成的委员会,后来双方一致同意不任命大法官,而仅仅任命一名国玺保管者,而此人仍是沃尔特·

---

[1] See J. Campbell, *The Lives of the Lord Chancellors and Keepers of the Great Seal of England, from the Earliest Times till the Reign of King George Ⅳ*, Vol. Ⅰ, Philadelphia: Blanchard and Lea's Publications, 1851, pp. 148-156.

雷诺兹。由此,他也就成为英国历史上唯一一名任大法官后又任国玺保管者之人。①

此外,爱德华三世时期的第十一任大法官罗伯特·萨丁顿(Robert Sadington)爵士、理查德二世时期的第五任大法官威廉·柯特内(William Curtenay)②、理查德二世时期的第五任大法官迈克尔·德·拉波尔(Michael De La Pole)、亨利六世时期的第四任大法官约翰·斯塔福德等都是在议会的压力下被迫解职的。③ 其中,理查德二世时期的第五任大法官迈克尔·德·拉波尔甚至成为英国首位被弹劾的大法官。④ 而亨利六世时期的第五任大法官则是在两院的支持下担任大法官一职的。

第二,国王与教会之间的斗争。

教会有时并不赞同神职人员担任国王的文职,会要求国王不要授予某位神职人员担任大法官一职,但是这样的请求往往会被国王所忽略。如休伯特·瓦尔特于1198年因庇护政治家威廉·菲茨·奥斯本(William Fitz Osbern)而与坎特伯雷的僧侣们发生了争吵,⑤坎特伯雷的僧侣们向教皇控诉。教皇要求英国国王解除休伯特所有的世俗职务,虽然理查德国王据此解除了休伯特的首席政务官一职,但1199年

---

① See J. Campbell, *The Lives of the Lord Chancellors and Keepers of the Great Seal of England, from the Earliest Times till the Reign of King George Ⅳ*, Vol.Ⅰ, Philadelphia: Blanchard and Lea's Publications, 1851, pp. 180-183.

② 在召开的议会中,议会要求调查政府权力滥用的情况,并且请求任命一位新的大法官和其他法官,威廉·柯特内由此被解职。

③ See J. Campbell, *The Lives of the Lord Chancellors and Keepers of the Great Seal of England, from the Earliest Times till the Reign of King George Ⅳ*, Vol.Ⅰ, Philadelphia: Blanchard and Lea's Publications, 1851, p. 298.

④ 在两院所有贵族的联合逼宫下,国王退让,国王的宠臣迈克尔·德·拉波尔被弹劾,并遭解职,成为英国首位被弹劾的大法官。See B. Wilkinson, *The Chancery under Edward Ⅲ*, Manchester: The University Press, 1929, pp. 353-355.

⑤ 威廉·菲茨·奥斯本在教堂中犯下了亵渎圣物的罪行,而这些圣物属于这些僧侣,他们要求将奥斯本予以逮捕,但后者受到了瓦尔特的保护。

登基的国王约翰却不顾教皇的意愿任命休伯特为大法官。

此外,中世纪的教会一度凌驾于国家之上拥有至高无上的地位,为了追求教职的提升,许多神职人员不惜放弃大法官这一职位。如亨利二世时期的第一任大法官托马斯·贝克特即为典型。虽然深受亨利二世的宠信,但是在他获得坎特伯雷大主教的任命之后就主动向国王提出辞去大法官一职。此后因为这一原因而放弃大法官职位的人也不在少数,如约翰时期的第二任大法官沃尔特·德·格雷为赴任伍斯特主教而辞去大法官一职;而爱德华一世时期的第四任大法官威廉·格林菲尔德(William Greenfield)在教皇拒绝授予其约克大主教圣职的情况下,为了表明其对于精神义务的全心奉献而主动辞职,奔赴罗马;爱德华三世时期的第十三任大法官约翰·托雷夏(John Thoreshy)为任约克大主教而请辞大法官一职;第十五任大法官西姆·兰厄姆(Simm Langham)在被教皇封为枢机主教后,因渴望成为教皇而主动辞去大法官一职远赴阿维尼翁。这也表明,中世纪的王权在很大程度上被教权的光芒所遮蔽。

第三,贵族之间的党争。

由于大法官一职位高权重,故而它也就成为各派贵族争夺的目标。在激烈的争斗之后,大法官一职往往成为获胜者的奖赏。这样的例子不胜枚举。如爱德华三世时期的第九任大法官罗伯特·鲍彻(Robert Bourchier)爵士的上台正是由于他参与了反对斯塔福德兄弟的党派,力主对此二人进行处罚,从而成为大法官的;理查德二世时期的第六任大法官理查德·斯特罗普作为议会中反对前任大法官威廉姆斯团体的领导者而被任命为大法官。

如若争斗双方势均力敌,相持不下,为了共同的利益,争斗双方也会通过协商的方式决定大法官的任免。如理查德二世时期的第十任大法官威克姆的威廉即作为一名为斗争党派双方接受之人而被任职,但同样作为这两大党派和平妥协的结果而遭解职。又如,亨利六世时期的第二任大法官亨利·博福特与当时的摄政之间斗争不断,最终以调停终结。而博福特则允诺放弃大法官一职,转而寻求神职上的升迁。①再如,亨利六世的第三任大法官约翰·肯普(John Kemp)的辞职也是亨利·博福特在与第一位格洛斯特公爵汉弗莱(Humphrey of Gloucester Ⅰ)斗争中的一个退让妥协的表示。②

总之,尽管大法官由国王任免,但大法官人选的确定在很大程度上受到王权、教权以及贵族权力之间力量较量及相互关系的影响。

二、大法官与教会职务的关系

在相当长的一段时间内,具体说即从诺曼征服开始至亨利八世统治前期的近五百年历史当中,神职人员都是大法官的主要选任对象,尤其自诺曼征服至爱德华三世统治前期的二百多年当中,神职人员成为大法官的唯一选任对象。因此,观察大法官就任时所担任的教职及担任大法官后教职的变化对我们了解大法官这一职位变化很有帮助。

(一)英国中世纪天主教教区与教职

当然,在此之前我们首先必须对英国的天主教教职稍作了解。在英格兰境内教职由高到低的排序为:大主教(Archbishop)—主教(Bishop)—执事长(Archdeacon)—监理(Rural Dean)—堂区主持人(Rector 与 Vicar)。他们所负责的宗教辖区相应为:大主教区(Province)—主教区(Diocese)—执事长辖区(Archdeaconry)—监理辖区(Rural Deanery)—堂区(Parish)。

大主教所管辖的大主教区也被称为教省,英国有两大教省,即坎特

---

① See J. Campbell, *The Lives of the Lord Chancellors and Keepers of the Great Seal of England, from the Earliest Times till the Reign of King George Ⅳ*, Vol. Ⅰ, Philadelphia: Blanchard and Lea's Publications, 1851, p. 290.

② See Ibid., p. 294.

伯雷教省和约克教省。两大教省的形成始于 12 世纪。两者并不互相隶属，各自直接向教皇负责。由于坎特伯雷教省发展远比约克教省迅猛，因此前者逐渐取得居先位置。约克大主教只是拥有与坎特伯雷大主教一样的"教皇使者"头衔，而坎特伯雷大主教还被称为"教皇直接任命的使节"。约克大主教被视为"英格兰总主教"(Primate of England)，而坎特伯雷大主教则被视为"英格兰全境的总主教"(Primate of all England)。当然，后来有的约克大主教因势力上升或受国王支持，也会被教皇授为"教皇直接任命的使节"。①

主教所负责的辖区就被称为主教区。公元前 7 世纪，奥古斯丁奉罗马教皇之命建立的坎特伯雷主教区是第一个隶属于罗马教廷的主教区。到 12 世纪，在英格兰与威尔士各地逐渐形成了 21 个主教区。属于英格兰的有 17 个：坎特伯雷、卡莱尔、奇切斯特、达勒姆、伊利、埃克赛特、赫里福德、林肯、伦敦、诺里希、罗切斯特、索尔兹伯里、温切斯特、伍斯特、约克、巴斯与韦尔斯、利奇菲尔德与考文垂。属于威尔士的 4 个是：班戈、兰达夫、圣阿萨夫、圣大卫。1539 年至 1542 年间新增了 6 个：牛津、切斯特、格罗斯特、布里斯托尔、彼得伯罗、威斯敏斯特。威斯敏斯特在 1550 年又被撤销。主教区大小不一，最大的是约克、林肯、利奇菲尔德，最小的是伦敦、伊利、卡莱尔。其中约克主教区包括约克郡与诺丁汉郡的全部以及韦斯特摩兰、坎伯兰的一部分，还有兰加斯特郡境内布尔以北地区。各主教区贫富程度也不相同。温切斯特、坎特伯雷、达勒姆、伊利最富有，班戈、圣阿萨夫则最为贫穷。②

执事长所负责的辖区被称为执事长辖区。它是主教区的一部分，一般来说，它的数量与主教区的大小相关。比如坎特伯雷、罗切斯特、

---

① 参见刘城：《英国中世纪教会研究》，首都师范大学出版社 1996 年版，第 16 页。
② 参见同上书，第 23 页。

伊利等小的主教区属下只有一个执事长辖区；而林肯主教区则划分为8个执事长辖区：斯托、林肯、累斯特、北安普敦、亨廷顿、贝德福德、牛津、白金汉。不过也有例外，较小的伦敦主教区也分为伦敦、米德尔塞克斯、科尔切斯特、埃塞克斯4个执事长辖区。执事长辖区大体上相当于一个郡的大小，当然也有例外。比如，在利奇菲尔德与考文垂主教区下有5个执事长辖区，其中斯塔福德、德比都是与郡区相当，而切斯特区不仅包括柴郡，还包括兰加斯特南部和威尔士地区的一部分，萨洛普区只是斯洛普郡的北部地区，考文垂区也只是沃里克郡的一部分，而林肯主教区的亨廷顿执事长辖区却是地跨亨廷顿与赫特福德两郡。①

监理所负责的辖区隶属于执事长辖区，是由若干个"堂区"组成的教会管理单位。堂区是最基本的教会管理单位、最小的教区地理区划。从13世纪末到16世纪前半期，苏格兰与威尔士地区堂区的总数介于9500至8600之间。②

（二）大法官任职前后教职的变化

1. 就任大法官前的教职

表3-1③

	低级教职	监理	执事长	主教	大主教 约克	大主教 坎特伯雷	俗人	小计
威廉一世	2	0	1	0	0	0	0	3
威廉二世	2	0	0	1	0	0	0	3
亨利一世	4	0	0	1	0	0	0	5

---

① 参见刘城：《英国中世纪教会研究》，首都师范大学出版社1996年版，第38页。
② 参见同上书，第41—42页。
③ 表中数字单位为任，如跨越两位国王统治时期，则归入前一位国王统治时期计算。统计数据的来源为坎贝尔的《英格兰大法官及国玺掌管者生平》、爱德华·福斯的《英国法官传记辞典：从征服至今(1066—1870)》(Edward Foss, *A Biographical Dictionary of the Judges of England from the Conquest to the Present Time*(1066-1870), London: John Murray, 1870)以及网络数据库。

(续表)

	低级教职	监理	执事长	主教	大主教 约克	大主教 坎特伯雷	俗人	小计
斯蒂芬	4	3	0	0	0	0	0	7
诺曼王朝小计	13	3	1	1	0	0	0	18
亨利二世	1	0	3	0	0	0	0	4
理查德一世	0	1	0	1	0	0	0	2
约翰	1	0	0	1	0	1	0	3
亨利三世	6	1	10	3	0	0	0	20
爱德华一世	1	2	2	1	0	0	0	6
爱德华二世	0	0	1	6	0	0	0	7
爱德华三世	0	1	0	11	0	2	5	19
理查德二世	1	0	0	6	1	2	3	13
金雀花王朝小计	10	5	16	29	1	5	8	74
亨利四世	0	1	1	1	2	0	2	7
亨利五世	0	0	0	2	0	0	0	2
亨利六世	0	0	0	4	2	1	1	8
爱德华四世	0	0	0	6	1	0	0	7
爱德华五世及理查德三世	0	0	0	1	0	0	0	1
兰开斯特及约克王朝小计	0	1	1	14	5	1	3	25
亨利七世	0	0	0	3	1	1	0	5
亨利八世	0	0	0	0	1	0	3	4
爱德华六世	0	0	0	1	0	0	3	4
玛丽一世	0	0	0	1	1	0	0	2
伊丽莎白一世	0	0	0	0	0	0	6	6
詹姆斯一世	0	0	0	1	0	0	1	2
查理一世	0	0	0	0	0	0	4	4
都铎王朝及斯图亚特王朝前期小计	0	0	0	6	3	1	17	27
总计	23	9	18	50	9	7	28	144

通过表 3-1,我们可以清楚地看出担任大法官一职的神职人员的教职的变化趋势:

在诺曼王朝时期,大法官基本上都是由监理或者职位更低的神职人员来充任,由执事长任大法官一职的情况都非常少见。至金雀花王朝上半期(亨利二世至爱德华一世),执事长担任大法官成为一种常见的现象,到金雀花王朝下半期(爱德华二世至理查德三世),主教成为担任大法官的中坚力量。而到兰开斯特、约克王朝统治时期,主教几乎成为担任大法官一职的最低门槛,同时由约克大主教、坎特伯雷大主教担任大法官的现象也日益增多。理查德二世的第三任大法官西蒙·德·萨德伯里(Simon de Sudbury)以坎特伯雷大主教的身份就任大法官一职,招致了广泛的批评,因为当时尽管已有许多大法官成为坎特伯雷大主教的先例,但是一名坎特伯雷大主教担任大法官被认为有辱教会的尊严。① 可见,从身份上看,当时坎特伯雷大主教仍是高于大法官的。但至兰开斯特、约克王朝时期,这种反对之声不再听闻。

总之,我们看到,担任大法官职位的神职人员,其教职从低到高的变化趋势无疑是非常明显的。这样的一种变化反映了大法官一职在国家统治机构中地位的不断攀升。

2. 任大法官后的教职升迁

事实上,对于神职人员而言,执掌国玺被认为是获得教会内部升迁的一个重要踏板。担任大法官的神职人员在国王的大力举荐或者教皇的提拔下,多可升至主教、约克大主教,甚至坎特伯雷大主教的显赫地位。其中的一些甚至能够升任枢机主教。

这一点早在亨利一世时期就有所显露。如亨利一世时期的罗吉尔在前朝只是国王内府中的一名寒微教士,亨利一世继位后即任其为大

---

① 当然,早期也有例外。即早在约翰时期,约翰的首位大法官休伯特·瓦尔特即以坎特伯雷大法官之尊出任大法官一职。

法官，不久，罗吉尔即离职升任索尔兹伯里主教。他的继任者沃尔德里克和拉纳夫都是位卑之人，在任大法官后，前者成为拉翁主教，后者则成为杜汉主教。[1] 亨利二世所任命的大法官托马斯·贝克特任职期间（1155—1162）名声卓著，他离开大法官法院后成为坎特伯雷大主教。下一位大法官杰弗里·里德尔（Geoffrey Ridel），在担任大法官一职时还是坎特伯雷执事长，但是在离任时立即成为伍斯特主教。1173年至1781年的大法官拉尔夫·德·沃内维尔（Ralph de Warneville）在离任时同样成为利斯（Lisieux）主教。亨利二世的最后一位大法官——亨利的私生子杰弗里，早在1173年就已经被提名为林肯主教，但是他在1181年放弃了这一头衔，在同年又被授予大法官一职作为补偿。[2]

这既说明国王对于大法官一职的重视，也说明国王与教会之间的密切关系。在教皇革命之前，主教等高级教士的授予权掌握在国王的手中，授予大法官们更高的教职是国王对他们忠心耿耿的奖赏和回报；即使教皇革命后主教的授予权转归罗马教皇，国王对于高级教职任免的影响力仍不可小觑，他们可发挥其影响力使得大法官们被授予更高的教职，这既是一种奖赏，也反映了国王通过让其心腹任高级教职以加强其对教会控制力的企图。当然，大法官卸任之后所任教职的不断攀升同样表明大法官一职地位的重要性及影响力在不断增强。

三、大法官与行政司法职务的关系

表3-2是对理查德一世至查理一世时期历任大法官任职之前所任行政司法职务的统计。

---

[1] 参见孟广林：《英国封建王权论稿——从诺曼征服到大宪章》，人民出版社2002年版，第301页。

[2] See B. Wilkinson, *The Chancery under Edward Ⅲ*, Manchester: The University Press, 1929, p. 4.

第三章 大法官法院的组织机构　147

表3-2

	首席政务官	大法官法院 副大法官	大法官法院 卷宗主事官	大法官法院 文书	财政署 国库长	财政署 署长	财政署 首席男爵	御玺大臣	官室官员	（副）总检察长	王室法院法官	地方官	地方大法官	再任大法官	其他	任数小计
理查德一世、约翰王	1	2											1		1	5
亨利三世		3			2	1			1					5	8	20
爱德华一世			1	1				2						1	3	6
爱德华二世		1			3			5				1		1	1	7
爱德华三世					5		1	1	1		2			3	1	19
理查德二世			1					3				1		4	7	13
亨利四世,五世,六世			1		1			3						7	4	17
爱德华四世,理查德三世			2					1			1	1	1	3	1	8
亨利七世		1			1				1		1	1		2		5
亨利八世			1									1				4
爱德华六世,玛丽一世												1			4	6
伊丽莎白一世									1		1	1	2		3	6
詹姆斯一世															1	2
查理一世										3		2	3			4
总计	1	7	6	1	12	1	2	15	4	3	5	2	3	26	34	122

由该表可见，就行政职务而言，大法官大多是由大法官法院中的副大法官或者卷宗主事官、财政署中的高级官员（财政署司库、财政署长官、财政署首席男爵）、御玺大臣、国王内府官员、王室司法人员晋升而来。其中，由大法官法院内部提拔为大法官的计有 14 任，占总数的 11.5%；由财政署中的高级官员提拔的计有 15 任，占总数的 12.3%；由御玺大臣提拔的计有 15 任，占总数的 12.3%；由王室司法人员（总检察长、法官、地方大法官）提拔而来的计有 11 任，占总数的 9%；再次担任大法官一职的有 26 任，占总数的 21.3%；此外，由宫室（内府）官员提拔的计有 4 任，占总数的 3.3%；其他计有 34 任，其中，亨利八世之前 26 人，占总数的 21.3%，大都为不担任高级行政职务的神职人员，亨利八世之后 8 任，占总数的 6.6%，多为普通法律师。

（一）大法官与首席政务官

在约翰王时代，大法官在地位及权力方面首次显露出超越首席政务官的迹象。首席政务官此前一直是最为显赫的政府官员，常于国王不在英国时代行其政，位极人臣。大法官的地位一直居于其下。但在约翰统治时期，首席政务官一职的重要性渐呈下降之势，而大法官权职迅速增强。

这一点从理查德一世时期的大法官朗香及约翰王的第一位大法官休伯特·瓦尔特行政职位的变化上可以得到充分的体现。朗香在担任大法官一职之后又升任首席政务官，不过朗香并未放弃原先的大法官一职，而是采用了兼任的方法，这或许也能表明，首席政务官在此时已经出现了空壳化的趋势，大法官一职虽然地位居于其下，但已经是一个实权在握的重要职位。但无论如何，此时的首席政务官仍然是英格兰最为显赫的行政官职。而到休伯特·瓦尔特（1199—1205）时期，形势发生了逆转，他以堂堂坎特伯雷大主教之尊在担任过首席政务官之后，又欣然接受了大法官一职。尽管这一做法在当时被认为是休伯特·瓦尔特地位下降的一个表现，①但是它显然也标志着向大法官与首席政务官之间的力量对比发生了明显的变化。

事实上，由于法国领土的大量丧失，约翰在其统治时期已经无法像以前的诺曼王朝和金雀花王朝诸王那样长期滞留诺曼底，将英格兰的统治之权交给首席政务官；相反，约翰长期居于国内，亲理政事，这必然导致首席政务官的权力被日益剥夺。同时，在约翰统治时期，行政官职的成长和分化、强有力的部门首领的出现以及法院的分化和专门化，都使得全能的、非专门化的首席政务官一职的继续存在变得困难。因此，在亨利三世未成年时期的休伯特·德·伯格（Hubert de Burgh）成为最后一位权力巨大的首席政务官。此后，首席政务官的地位日益为大法官所取代。②

（二）财政署官员、御玺大臣、宫室官员与大法官

自亨利三世至亨利八世时期，大法官一职更多地自财政署、御玺大臣、宫室官员以及大法官法院本身的官员中选拔。

由财政署高级官员提拔而为大法官者占到了相当大的比例，尤其是在爱德华二世、三世时期。财政署是亨利一世时期从御前会议中分离出来的一个专门处理财税事务的部门，分为上下两部分。上署负责处理财税、账目方面的纠纷，下署负责财政收支。③ 财政署男爵、财政署署长、国库长等职位均为财政署上部的高级官员。

---

① 1198 年，坎特伯雷的僧侣们向教皇抱怨休伯特因担任首席政务官一职而醉心于世俗事务，不顾及他作为神职人员的本职工作。See J. Campbell, *The Lives of the Lord Chancellors and Keepers of the Great Seal of England, from the Earliest Times till the Reign of King George IV*, Vol. I , Philadelphia: Blanchard and Lea's Publications, 1851, p.127.

② See B. Wilkinson, *The Chancery under Edward III*, Manchester: The University Press, 1929, p.5.

③ 参见"Curia Regis"词条，薛波主编：《元照英美法词典》，法律出版社 2003 年版，第 359 页。

亨利二世时代，出席财政署会议的人员组成非常复杂，王室的重要官员，包括首席政务官、大法官、最高法官等都会参加每年两次的财政署会议。但是从13世纪开始，随着行政事务增多，上述王室官员参加财政署会议的次数越来越少。此时，他们往往会派自己的事务官为代表参加财政署会议，这些代表渐渐成为财政署的重要官员，1234年他们被正式称为"财政署男爵"(Barons of Exchequer)。①

其中，大法官派遣的代表起初只是协助大法官的事务官。1198年，大法官脱离财政署，他在财政署的代表遂变得重要起来，该代表被指定掌管财政署大印(seal of the exchequer)，并且对财政署账目行使司法职能。② 在亨利三世统治时期(13世纪30年代)，大法官的代表被冠以财政署署长(Chancellor of the Exchequer)之称，负责领导财政署的工作，成为财政署的行政首脑。③

国库长(Treasurer)一职是在威廉二世末期正式设立的，主要负责国库的钱物收支和财务文件的保存等事务。财政署成立后，国库长的职责主要还是接受纳款人的账目和档案缮写。国库长所建档案具有很大的权威性，一般不得更改。只有在模糊不清或错误明显时才交给众财政署男爵决断后更改。国库长还有参与所有财政署要政的权力。作为财政署上部人员，国库长同首席政务官、大法官一样，在财政署工作期间只负责对某些原则性或疑难问题作出决断，大量具体计算则由其下属进行。同时国库长及其下属人员要受大法官的制衡。④

---

① 参见"Barons of Exchequer"词条，薛波主编：《元照英美法词典》，法律出版社2003年版，第135—136页。
② 参见"Chancellor of the Exchequer"词条，同上书，第212页。
③ Bryce Lyon, *A Constitutional and Legal History of Medieval England*, New York: W. W. Norton & Co., 1980, p. 371; at http://www.hm-treasury.gov.uk/about/about_history/about_history_history.cfm.
④ 参见王丽："英国中古财政署研究"，曲阜师范大学世界史硕士研究生论文(2003年)，第10页。

爱德华三世至理查德三世统治时期，大法官的任命对象多由御玺大臣中选拔。御玺大臣源自锦衣库的御玺保管者。锦衣库原为保管国王行李的地方，但在国王流动办公的情况下，它还兼保管各种公文档案并管理现金收支，地位日渐重要。亨利三世时期，锦衣库发展为国家行政中心。其职能除了财政收支外，还起文秘署的作用，起草、发出各种证书及令状，为此而持有御玺。[1] 爱德华一世时期，大约自1300年起御玺保管者成为御玺大臣。[2] 至爱德华三世统治时期，御玺大臣成为咨议会三大首要官员之一，并且御玺大臣下辖文书机构通过颁布令状、委任状以及其他信件的方法取代大法官法院成为咨议会的直接行政机关。[3] 1338年，爱德华三世在渡海作战之前发出《瓦尔特法令》，把大法官法院置于国王的严格控制之下，规定如无御玺的确认，大法官法院不得发出拨付款项的文书；除一般日常行政司法事务外，大法官法院用国玺发出的文件均需经由御玺确认，形成了国玺受御玺控制的制度，此后这一制度一直得以沿用。[4]

此外，还有部分大法官由宫室官员中选拔。在锦衣库衰落之后，宫室通过掌管国王的密玺（secret seal）和王印（signet）发出各种令状和命令，表现国王意志。国王还把一些没收取得的财产交给宫室处理，使其具有财产和收入，更便于工作，这种情况一直延续至都铎时期。[5]

从大法官法院本身的官员、财政署高级官员、御玺大臣甚至宫室官

---

[1] 参见马克垚：《英国封建社会研究》，北京大学出版社2005年版，第83页。

[2] See "Lord Privy Seal"词条，[英]戴维·M. 沃克：《牛津法律大辞典》，李双元等译，法律出版社2003年版，第713页。

[3] See James F. Baldwin, "The King's Council and the Chancery I", *The American Historical Review*, Vol. 15, No. 3, 1910.

[4] 参见马克垚：《英国封建社会研究》，北京大学出版社2005年版，第271—272页。

[5] 参见同上书，第273页。

员中提拔大法官,源于这些机构与文秘署之间的密切关系。英国中世纪的中央行政机关,主要有文秘署(即大法官法院)、财政署、锦衣库、宫室四个。虽然它们彼此之间权限不明、互相重叠,也互相争夺,但大法官作为王国中仅次于国王的第二号行政管理者,其人选来自于上述行政机构也是很自然的事情。这也表明,在中世纪,大法官最受重视的能力显然是经长期的历练而来的行政管理能力和经验,其司法能力及经验并未得到特别的重视和强调。

(三)王室司法官与大法官

都铎王朝时期,大法官的选拔对象发生了变化,多从王室司法官中挑选。而自伊丽莎白一世时期开始至斯图亚特王朝前期,(副)总检察长成为担任大法官的热门人选。这一变化主要是自亨利八世时期的大法官莫尔开始,大法官一职不再依照传统从神职人员中挑选,而是越来越多地从普通法律师中选拔。这一变化被称为大法官法院的世俗化和司法化,是大法官法院的发展史上的关键转折点。它表明,大法官所扮演的角色开始由一位行政管理者向法官转变,更受重视的是其司法能力。对于这一变化,我们将在下一节中重点阐释。

(四)大法官的再任问题

自亨利三世至亨利七世期间出现了大法官再任的情况。此前,大法官一职为终身制,故大法官一旦因主观或者客观上的某些原因而去职是不可能再担任此职的。自亨利三世以来,大法官终身制的取消使得大法官的再任成为可能。从表3-2中,我们看到,亨利三世至亨利七世之间,大法官再任的情况是非常普遍的,95任大法官中共有26任为再任,其比率高达27.4%。推测其原因,可能是因为一方面政治的动荡使得大法官一职在政治集团的对抗中不断地换手,另一方面大法官一职位高权重,由有经验者来担任显然更为合适。

但自亨利八世之后，大法官再任的现象逐渐消失。据笔者推测，这很可能是因为两方面的原因：一是，都铎王朝以来，随着王权再度强势，国王的掌控能力增强，政治变动不再那么频繁，大法官的任命权再度回归强势国王的手中，他们可以选择对自己忠心耿耿的官员担任此职。二是，大法官一职随着强势国王的出现，其政治影响力下降，更多地以法官的形象出现，因而也不再成为各派进行政治斗争的必争之职。而且为保障司法独立，法官应当任职终身的观念越来越深入人心，[①]因此，大法官的任职得以长久。这一点在伊丽莎白一世统治时期表现得最为突出。

总之，从大法官的选任中，我们可以证实以下几点：首先，直至都铎王朝亨利八世的第二位大法官沃尔西在任时期，英格兰大法官大多是由神职人员，尤其是高级神职人员担任，而以由神职人员担任的大法官为中介，英格兰教会法必然对大法官法院衡平法产生重大的影响，赋予其宗教色彩。其次，在相当长的时期，英格兰大法官都是从富有行政经验的行政官员中选拔而来，大法官候选人的司法能力与经验并不受重视，这表明大法官职位的行政性较司法性更胜一筹。最后，国王、教会与贵族之间对大法官任免权的争夺表明这三大政治力量之间的纷争与合作对于大法官权力的行使乃至大法官法院的发展都具有重要的影响力。

[①] 当然，这一制度的最终确定是经历了漫长的时间的。在都铎时期，尽管国王有权根据自己的意愿解除法官的职位，但仅有玛丽一世这么做；而至斯图亚特王朝时期，出于对王权至上等国王专制主义思想的信奉，英国国王更为任意地行使这一权力，并且在复辟时期变本加厉，如在1668年，"凭国王意愿"的任命制度被再度提出，在查理二世统治的最后11年，查理二世解雇了11名法官；詹姆斯二世则在三年中罢免了12名。直至1701年的《王位继承法》，法官们才获得了未经议会弹劾任职终身的立法保障。见 http://www.judiciary.gov.uk/about_judiciary/judges_and_the_constitution/judicial_independence/index.html。

第四节　大法官法院的世俗化与司法化

一、大法官法院的世俗化

大法官法院世俗化最为显著的表现就是大法官人选的世俗化。自14世纪至17世纪的三个多世纪中，尽管每个世纪都或多或少地出现由世俗之人担任大法官的情况，但是在都铎王朝的亨利八世之前，神职人员仍然是任命大法官一职的首选，仅有极少数的情况，大法官由非神职人员担任，具体而言：

在14世纪，罗伯特·鲍彻（Robert Bourchier，1340—1341）、罗伯特·帕文（Robert Parving，1341—1343）、罗伯特·萨丁顿（Robert Sadington，1343—1345年）、罗伯特·索普（Robert Thorpe，1371—1372）；约翰·尼维特（John Knyvet，1372—1377）、理查德·斯特罗普（Richard Scrope，1378—1380、1381—1382）、迈克尔·德·拉波尔（Micheal de la Pole，1383—1386）7名大法官为非神职人员。他们集中于爱德华三世统治时期（1340—1345，1371—1377）及理查德二世统治时期（1378—1386）。但这7人担任大法官的年限的总和不超过16年。[①]

在15世纪，仅有的非神职人员的大法官是亨利四世统治末年所任命的托马斯·博福特（Thomas Beaufort，1410—1411）和亨利六世统治时期的理查德·内维尔（Richard Neville，1454—1455）。[②]

而自16世纪初叶，亨利八世的第二任大法官沃尔西垮台而被著名的殉道者托马斯·莫尔代替之后，任命普通法律师担任大法官的

[①] See Timothy S. Haskett, "The Medieval English Court of Chancery", *Law and History Review*, Vol. 14, 1996.

[②] See Ibid.

现象日渐普遍。莫尔也往往被视为由普通法律师接任神职人员担任大法官一职的标志性人物。莫尔之后,虽有所反复,但是占据大法官一职的神职人员日渐稀少,在 16 世纪仅有爱德华六世和玛丽一世时期的托马斯·古德里奇(Thomas Goodrich,1552—1553),斯蒂芬·加德纳(Stephen Gardiner,1553—1555)和尼古拉斯·希斯(Nicholas Heath,1556—1558)为神职人员,在 17 世纪,詹姆斯一世时期所任命的威廉姆斯主教(1621—1625)则是由神职人员担任大法官的唯一例子。

从以上的分析中,我们可将看到大法官一职的任免经历了由神职人员向非神职人员,尤其是普通法律师的转变,这种现象可称为大法官选任的世俗化。这一过程可以分为三个历史阶段:爱德华三世统治时期,是大法官选任对象世俗化的始端,并在理查德二世时期得以延续;自亨利四世至亨利七世一百多年的时间,由于王权的衰落,由世俗人员担任的大法官再次占据了主导地位;亨利八世时期的宗教改革引发了王权与教会之间的激烈斗争,也使得大法官选任对象世俗化的趋势再度出现,并且得以加强,虽然其中出现了玛丽一世统治时期的反复,但随着英国教会与罗马教廷的分离,国王在教会中至尊地位的确立,世俗人员代替神职人员成为主导性的大法官人选。

(一) 爱德华三世时期:始端

1. 爱德华三世统治早年(1312—1340)

爱德华三世统治早期沿袭传统,任命神职人员担任大法官。这一做法无疑是看到由神职人员来担任这一高级官职具有极大的优势,能够满足当时的种种现实的需要。首先,神职人员是中世纪最为杰出的知识分子群体,他们接受严格的教会教育,具有较高的文化素养和能力,对法律有精深的研究,在王室政府的管理中往往比世俗贵族更为高效、专业和富于经验。因此,他们比世俗之人更足以承担大法官一职的重任,如《弗莱塔》就认为,除了"像一名具有极大尊严的主教或者神职人员那样的明智并审慎之人"以外,任命任何人担任大法官都是不合适的。[1] 其次,在常常面临着秩序缺失、社会紊乱境况的中世纪,任命高级神职人员担任大法官一职,也能够用教会的荣耀和尊严保证大法官一职具有足够的权威与尊严。[2] 再次,教会中的高级神职人员,如主教,享有与最为显赫的贵族同样的地位,由他们担任大法官不会激起任何当出身模糊的世俗之人被委以大权时常常会产生的嫉妒、内讧等负面的现象。而且他们不会通过积累财富或者他们家族的影响而危及王权,而且神职人员为维护自身的庄重形象断然不会像贵族那样进行经常的劫掠和暴力。[3] 此外,由于教士担任教职已有薪俸,因此由教士担任国家公职可以节省开支。[4]

正是这些好处使得爱德华三世遵循前人传统,任命教会人员担任他的大法官。当然,国王会尽量利用种种手段,如力促自己的亲信在教会中地位的升迁等,使得这些大权在握的高级神职人员对自己忠心耿耿。对此,教皇在没有利害冲突的情况下并不会横加阻挠,反而会予以配合,爱德华三世时期的理查德·伯里(Richard Bury)就是一个典型的例子。此人以学识渊博而闻名一时,所以在爱德华三世未登基前被

---

[1] See William Lindsay Carne,"A Sketch of the History of the High Court of Chancery from the Chancellorship of Wolsey to That of Lord Nottingham", *The Virginia Law Register*, New Series, Vol. 13, No. 10, 1928.

[2] 参见胡健:"论英国大法官制度的历史流变",《广西政法管理干部学院学报》2005年第1期;爱德华三世时期的例子见 B. Wilkinson, *The Chancery under Edward Ⅲ*, Manchester: The University Press, 1929, pp. 114-115。

[3] See J. Campbell, *The Lives of the Lord Chancellors and Keepers of the Great Seal of England, from the Earliest Times till the Reign of King George Ⅳ*, Vol. Ⅰ, Philadelphia: Blanchard and Lea's Publications, 1851, p. 212.

[4] 但是爱德华三世时期的例子表明由世俗之人取代神职人员担任大法官并未导致严重的财政问题,故对这一理由持保留意见。参见帕文的例子,B. Wilkinson, *The Chancery under Edward Ⅲ*, Manchester: The University Press, 1929, pp. 115-116。

其聘为帝师。爱德华三世在登基之后曾亲笔写信给教皇,请求授予其老师以赫里福(Hereford)、伦敦以及奇切斯特的教堂中的圣职,在信中更是称其老师为"王国中他最为热爱的神职人员"。教皇答应了爱德华三世的要求,从而使得理查德·伯里在教会当中的升迁极其迅速。当达勒姆主教一职出现空缺的时候,尽管事实上约克大主教已经将该职授予达勒姆的一名修道院副院长罗伯特·德·格雷斯通斯(Robert de Greystones),但在国王的请求下,教皇将这一选举置之不理,而让理查德·伯里取而代之。① 可以说,在这一阶段,爱德华三世和罗马教廷处于蜜月时期,并不存在冲突,因此爱德华三世因循传统,任命神职人员为大法官。

2. 爱德华三世的第一次转变(1340—1345)

但也正是爱德华三世首次开启了由世俗之人担任大法官一职的先例。在爱德华三世统治之下,先后有五位世俗人员突破教会垄断担任此职。具体又分为两个阶段:第一阶段为 1340 年至 1345 年,在此期间先后任命了罗伯特·鲍彻、帕文以及罗伯特·萨丁顿三位世俗之人担任大法官一职,他们成为英格兰首批世俗大法官。第二阶段为 1371 年至 1377 年,在此期间,罗伯特·索普爵士与约翰·尼维特担任了大法官一职。

1340 年之前,斯塔福德兄弟交替掌握大法官一职近十年,可谓权倾一时。由于国王醉心于对外战争,因此当国王离开英国作战期间,英格兰一度处于斯塔福德兄弟的统治之下。但是,当 1340 年由于作战不利,爱德华三世由法国返回之时,他突然撤销了大主教斯塔福德的大法官一职以及一些其他人员的职务,这引发了爱德华三世

---

① See J. Campbell, *The Lives of the Lord Chancellors and Keepers of the Great Seal of England, from the Earliest Times till the Reign of King George IV*, Vol. I, Philadelphia: Blanchard and Lea's Publications, 1851, pp. 202-203.

的第二次统治危机。

斯塔福德兄弟垮台的直接原因在于虽然国王赋予了他们大权,但他们却未能满足跨海征战的国王对于资金的要求,甚至当国王因为身负巨额债务而作为人质被困于弗兰德尔之时,英格兰的汇款也不见踪迹。处于困境中的国王不得不逃回英格兰,在回程中他还不幸遭遇了暴风雨。因此,坎贝尔认为,斯塔福德的撤职仅仅是愤怒的国王将自己的战争失利迁怒于他人的结果。[1] 国王不但迁怒于大法官,还严词斥责整个教士阶层,认为他们不适合承担任何世俗职务。特别是由于中世纪的神职人员可以用特权和豁免权来保护自己,针对任何公共腐败行为的世俗刑罚都无法常规地施加于他们身上,这导致在必要时国王无法对其施以处罚。因此,当爱德华三世发现,根据《克莱门宪章》(The Clementine Constitutions),他不得不立即将解职的大法官从监狱中释放出来,而他试图进行清算的大主教还对其严词谴责并试图将他逐出教会的时候,爱德华三世决定吸取此次教训,在将来任命一个能够为自己控制和处罚的大法官。[2] 于是,一名由世俗之人担任的大法官成为国王的必然选择:1340年12月,罗伯特·鲍彻成为英国历史上第一位世俗大法官。

对这一事件,威尔金森有不同的看法,他将大法官的解职解读为一场政治斗争的结果。威尔金森认为,随着大法官法院日益与国王分离,逐渐脱离内府而成为国家机关,在大法官法院与国王之间就日益出现分歧。事实上,约翰·斯塔福德自1334年起就在战争问题上同国王逐渐出现意见分歧,甚至一度被迫交出国玺。爱德华三世还于1338年发

---

[1] See J. Campbell, *The Lives of the Lord Chancellors and Keepers of the Great Seal of England, from the Earliest Times till the Reign of King George Ⅳ*, Vol. Ⅰ, Philadelphia: Blanchard and Lea's Publications, 1851, p. 211.

[2] See Ibid., p. 212.

布"瓦尔特法令",对国王不在英国时的财政划拨问题及其他政府事务予以详细规定。国王甚至在跨海出战时,在身边组成了一个由其内府官员及部分贵族组成的行政班子,与国内的斯塔福德兄弟所控制的行政班子遥遥相对,造成一时之间"二重内阁"的对峙。这无疑公开显示了爱德华对于政府官员的不信任。因此,1340年的人事变动一方面是国王的内府官员对于国家官员的一次胜利,代表了爱德华三世时期王室内府官员在王权授意下对政府系统斗争的一次高潮;在另一重意义上,1340年的政治危机也是聚集在国王身边的贵族顾问的胜利,而其首要成果就是在国王咨议会中贵族们日益增长的优势地位。可以大胆地猜测,正是像威廉·德·基尔比(William de Kilsby)这样的内府官员提出对失宠的大主教的激烈抗议,从而在一定程度上激起了国王及其顾问们的反教权主义。①

3. 爱德华三世向传统模式的回归(1345—1371)

当然,王权与教权之间的冲突在14世纪的英国尚未发展为一种鱼死网破的生死之争,双方依然能够在必要的时候达成妥协。这种妥协导致爱德华三世在1345年至1371年之间向由神职人员担任大法官这种传统模式的回归。

对于这一回归的原因,历史学家们有着多种猜测。在威尔金森看来,爱德华三世在大法官任免对象的选择上向神职人员的回归有些难以理解。此前最后一任世俗大法官萨丁顿似乎并未犯下什么大错。他没有从国王那里要求额外的赏赐来支撑他的职位,也没有什么确定的证据来支持坎贝尔的观点,即萨丁顿无法胜任大法官的工作。尽管下院在1343年提出请愿,反对由世俗之人担任大法官一职,但是爱德华三世并没有关注议会请愿书的习惯,除非情势所迫,事实上在此之后他

---

① See B. Wilkinson, *The Chancery under Edward Ⅲ*, Manchester: The University Press, 1929, pp. 111-113.

立即任命了萨丁顿。并且在击败斯塔福德之后,似乎也没有什么有组织的政治上的反对派足以使他有所顾忌。我们只能推测,很可能是预料到将来在海外的不确定期限的滞留,以及出于调和教会反对力量并且留下一个免受纷争的政府部门的渴望,使得爱德华在1345年末再次开始从神职人员当中选任大法官。[1]

4. 爱德华三世统治时期的第二次转变(1371—1377)

1371年至1377年间,大法官选任对象再度从神职人员转向世俗人员。在此期间,民事诉讼高等法院的首席法官罗伯特·索普爵士和王座法院的首席法官克尼维特(J. Knivet)相继接受国玺,担任大法官一职。有学者认为其原因很可能是由于在爱德华三世第四十五年时议会提出请愿,请求只任命世俗之人担任该职务。[2] 事实上,这一转变是英格兰国内政治斗争及反教皇运动双重作用的结果。

1371年,爱德华三世之第三子——兰开斯特公爵冈特的约翰在议会中发起攻击,批评爱德华三世的咨议会治国无方,使英国在法国战场遭受失败。[3] 由此,议会提出请愿书,反对神职人员担任大臣,要求英格兰的伯爵、男爵以及平民们同意进行变革。迫于压力,温彻斯特主教威克姆于1371年3月14日被解除大法官一职。尽管这一请愿书留存在那些来自于下院的议会卷宗中,但事实上请愿活动发生在上院。根据这一时期最为可靠的编年史作者托马斯·沃尔辛厄姆(Thomas Walsingham)的说法,年轻的彭布罗克(Pembroke)伯爵很可能是这次攻击的领导者。与1340年形成鲜明对比的是,没有迹象表明攻击源自

---

[1] See B. Wilkinson, *The Chancery under Edward III*, Manchester: The University Press, 1929, p.117.

[2] See William Lindsay Carne, "A Sketch of the History of the High Court of Chancery from the Chancellorship of Wolsey to That of Lord Nottingham", *The Virginia Law Register*, New Series, Vol.13, No.10, 1928.

[3] 参见马克垚:《英国封建社会研究》,北京大学出版社2005年版,第264、270页。

于国王。这是一场发生于冈特的约翰和黑太子爱德华之间的政治斗争。斗争的结果是冈特的约翰全盘胜利。除了威克姆离开大法官法院以外,同为神职人员的托马斯·布兰丁姆(Thomas Brantingham)离开了财政署,彼得·莱西(Peter Lacy)离开了御玺办公室。从其政治派系来看,布兰丁姆和威克姆一样原是一名内府官员,效忠于国王;彼得·莱西是黑王子爱德华的仆人。而新任大法官罗伯特·索普是冈特的约翰的首席顾问(councillor),而国库长博尔顿的理查德·斯特罗普则是冈特的约翰的扈从中的一员。如果说新任的御玺保管者的世俗之人尼古拉斯·卡鲁(Nicholas Carew)的地位还不甚清晰的话,但至少在内府官员中的重大变化是任命威廉·拉蒂默(William Latimer)为宫室长。通过这一系列的人事变动,咨议会成为冈特的约翰控制的工具。这些证据足以表明,1371 年对于咨议会成员的批评,尽管表面上可能是为彭布罗克伯爵所领导,但实质上是由冈特的约翰所发起的。关于导致这场危机的直接原因,我们可以接受陶特的观点:"即使反教权的主张也只是真正问题的一张面具,我斗胆认为,真正问题是战争的指挥权。"①

另一方面,愈演愈烈的反教皇运动在其中也起到了催化剂的作用。14 世纪正值"阿维农之囚"②和英法百年战争,教皇对英国事务的干预和对英国的侵夺有增无减、法国人垄断教皇职位及教皇对法国的倾斜政策激起英国人强烈的反教皇情绪,以至于在民间、政界以及理论界都出现了反对教皇的声音。在理论界,以牛津神学教授威克利夫为代表,提出了对教皇的种种批判。而在政界,贵族们再也无法忍受教皇滥用

---

① See B. Wilkinson, *The Chancery under Edward Ⅲ*, Manchester: The University Press, 1929, pp. 124-125.
② "阿维农之囚"期间,法国垄断和控制着教皇职位,先后七任教皇都是法国人,法国人在枢机主教团中居主导地位,教皇完全处于法王掌控之中。

权力在英国横征暴敛、滥授圣职的情况,他们在议会中表达自己的愤怒。1343年,下院贵族在议会中提交陈情书,要求教皇取消由外国人担任英国教职的制度;1346年再次递交陈情书,提出应剥夺外国修道院、外国人担任的英国圣职及教皇授予的某些枢机主教的年金并归英国所有,要求将外国教士逐出英国。由于陈情书收效甚微,最终英国议会先后颁布1351年的《圣职授职法》、1353年的《王权侵害罪法令》、1390年的《圣职授职法》第二法案、1364年和1393年的《王权侵害罪法》第二法案和第三法案,以结束教会滥用权力的状况。这一系列法令的实质在于王权崛起后以国王为首的世俗政权所主张的就权力和经济利益在教俗双方之间重新分配,它们的颁布导致了世俗政权与教权之间的激烈对抗。[①]

而当世俗政权与教权斗争时,由神职人员担任大法官一职所具有的缺陷也就暴露无遗。神职人员任命的大法官拥有双重身份,作为教会的神职人员,在效忠国王的同时,他们往往也要效忠教皇。而当两者矛盾之时,对于国王的忠心必然会大打折扣,难免会将教会的利益凌驾于国王利益之上,甚至依恃教会而与国王对立,国王不但无法从大法官那里获得绝对的支持,甚至会受其妨碍。[②] 在这种情况下,立场坚定的世俗之人再度成为选任大法官时的必然选择。

5. 理查德二世时期的延续(1378—1382,1383—1386)

在理查德二世统治早年,也出现了世俗大法官和神职大法官交替的情况。理查德的首位大法官是爱德华三世的最后一位大法官圣大卫主

[①] 参见王秀清:"英国十四世纪反教皇立法研究",首都师范大学硕士学位论文(2005年)。

[②] See J. Campbell, *The Lives of the Lord Chancellors and Keepers of the Great Seal of England, from the Earliest Times till the Reign of King George Ⅳ*, Vol.Ⅰ, Philadelphia: Blanchard and Lea's Publications, 1851, p.212.

教亚当·德·霍顿(Adam de Houghton)。此后世俗之人理查德·斯特罗普先后于 1378 年至 1380 年以及 1381 年至 1382 年两度担任大法官一职。但是在理查德·斯特罗普的两次任期空隙,尽管只有两年不到的时间,但已先后由坎特伯雷大主教西蒙·萨德伯里、世俗之人休·西格雷夫(Hugh Segrave)以及伦敦主教威廉·考特尼(William Courtenay)出任大法官一职。理查德·斯特罗普第二次任期之后,伦敦主教罗伯特·布雷布鲁克(Robert Braybrook)于 1382 年至 1383 年间短暂出任主教一职,接替他的迈克尔·德·拉波尔是理查德二世时期担任此职的最后一位世俗大法官,此后所任免的大法官均为神职人员。

之所以会出现这样的交替变化,主要原因还是在于当时政治力量之间的激烈争斗。在理查德二世未成年之时,爱德华三世的情妇艾丽斯·佩罗斯、伦敦主教威廉·考特尼、摄政王冈特的约翰交替掌握政权,导致大法官人选不断变化,此后逐渐成年的理查德二世迫切期望亲政,由此与贵族、议会之间的冲突也导致对大法官人选在世俗之人与神职人员之间的摇摆。此外,14 世纪的反教皇运动余波未平,也促使议会中的部分力量对由神职人员担任大法官一职表示反对。[①]

总体而言,理查德二世时期的这种更迭与爱德华三世时期更迭的根本原因是一致的,即是贵族之间、贵族与国王之间、国王与教会之间为争夺权力和利益而彼此斗争的结果。

(二) 从亨利四世到亨利七世时期:停滞

15 世纪虽然已是中世纪的黄昏,但也是英国历史上朝代更替最频繁的时期,一再改朝换代,篡位夺权事件屡次发生,至 1455 年演变为长

---

① 威尔金森提到:"1372 年议会像 1371 年议会那样对神职人员毫不同情;在 1372 年提出了四份请愿书反对教会中的权力滥用,并且有一份实际上代表民事诉讼高等法院的法官。"See B. Wilkinson, *The Chancery under Edward Ⅲ*, Manchester: The University Press, 1929, p. 130.

达 30 年的"玫瑰战争",由此百年左右的时间先后经历了兰开斯特王朝、约克王朝以及都铎王朝。

朝代的频繁更迭肇因于王权的衰落和大贵族的崛起。由爱德华一世发起的旷日持久的"百年战争"耗费了英国大量的人力物力,这场战争最后又以英国失败而告终,政府元气和王室威望均受损伤。与此形成鲜明对照的是一些大贵族的实力膨胀,尤其是 14、15 世纪高级爵位和领地的封赏,抬高了部分贵族的政治和经济地位。他们豢养亲兵、执掌王权、跻身政府、操纵议会、纠集帮派、积聚实力、酿造阴谋、觊觎王位,遇着机会就兴兵作乱,制造宫廷争辩,不择手段地夺取王权。如此周而复始,形成了政治上的恶性循环。此外,随着商品经济的发展和封建农奴制的瓦解,原有的封君封臣关系已经在相当程度上被打破,国家政治权力的天平发生倾斜,由此导致了新老贵族之间在各自利益的驱使下彼此间的恶战。① 尽管在贵族恶战之后所建立起来的王权依然比较孱弱,顾忌于各方的力量而难以有所作为,往往要听命于大贵族的约束和要挟。

在这一乱世之下,由神职人员来担任大法官是各方更容易接受的结果。一方面,神职人员代表教会力量,在这场大贵族对王位的争夺中处于一个相对超然的地位;另一方面,以神权为支撑,大法官在行使权威镇压暴力和纠正通过武力犯下的违法行为时往往具有更大的权威。

在这一背景下,自 1399 年金雀花王朝终结至都铎王朝第二任国王亨利八世统治初年,大法官一职基本上一直为神职人员所占据。仅有的两个例外是亨利四世统治末年所任命的托马斯·博福特(1410—1411)和亨利六世统治时期的理查德·内维尔(1454—1455),但这两任

---

① 参见阎照祥:《英国政治制度史》,人民出版社 1999 年版,第 77 页。

大法官任期累计时间不到四年,在历史上没有什么重大的影响。

(三) 亨利八世时期:再度复兴

亨利八世时期的宗教改革引发了王权与教会之间的激烈斗争,也使得大法官选任对象世俗化的趋势再度出现。普通法律师托马斯·莫尔接任枢机主教沃尔西成为英国大法官这一事件被法史学界视为英国衡平法发展阶段的一个关键的转折点,如弗朗兹·梅茨格(Franz Metzger)所言,"沃尔西的任期标志着大法官法院的中世纪的高潮和最后阶段",①而托马斯·莫尔则标志着近现代的大法官法院的开端。

托马斯·沃尔西(1473—1530)被视为整个都铎时期最令人好奇、最有魅力的人物。他从一位伊普斯威奇(Ipswich)的屠夫之子成为亨利八世时期教会(作为枢机主教和约克大主教)和国家(作为大法官)的关键人物。沃尔西在1498年接受圣职。他的第一个职位是作为坎特伯雷大主教亨利·迪恩(Henry Deane)的私人牧师。在为加来的理查德·南芬(Richard Nanfan)爵士担任私人牧师之时,他引起了亨利七世的注意,并于1507年成为亨利七世的私人牧师。此后两年,他承担了一些出使苏格兰和尼德兰等地的次要的外交任务。1509年,他成为年轻的亨利八世的王室施赈官(Royal Almoner),这个职位使得他自动成为咨议会成员,并且在此之前他就通过组织1513年的对法远征成为国王必不可少的臂膀。他的升迁并未止步于此:1514年至1518年,他成为法国图尔内主教;1514年至1530年任约克大主教;1515年至1529年任大法官;由于亨利八世对罗马的一再施压,他自1515年后成为终身枢机主教。1518年,沃尔西还被教皇任命为使节,这意味着他

---

① Franz Metzger,"The Last Phase of the Medieval Chancery",Alan Harding (ed.), *Law-Making and Law-Makers in British History*:*Papers Presented to the Edinburgh Legal History Conference*,1977,London:Royal Historical Society,1980,p.79.

到达了权势的顶峰,成为英格兰"有史以来最受尊敬的教会人士",在权力上仅次于国王。[1] 1529 年,由于沃尔西没有能够实现亨利八世所期盼的罗马教皇对于他与凯瑟琳的婚姻的废除而遭解职,1530 年,他在赴伦敦接受蔑视王权罪的指控[2]的路上因病去世。

1529 年,在沃尔西被免职之后,亨利八世任命托马斯·莫尔爵士接替大法官一职。与以往从神职人员中产生的大法官不同,莫尔出身于普通法法官的家庭,他的父亲就是一位普通法法官,他本人接受的也是普通法律师的教育。这一任命标志着由教会神职人员和教会法学家实施衡平法向由世俗之人与普通法律师实施衡平法的转变。因此,在衡平法以及大法官法院的发展史上,托马斯·莫尔也就被视做一位界碑性的人物。

沃尔西的垮台和莫尔的继任这一衡平法历史上关键性的转变发生的深层次原因要从当时的社会大背景中寻找。16 世纪的英国在都铎王朝第一位国王亨利七世的统治下逐渐从玫瑰战争的废墟之中恢复了元气,玫瑰战争使得英国旧贵族势力遭受严重打击,英国的专制王权得到进一步的巩固和强大。虽然亨利七世、八世对于欧洲大陆的宗教改革持反对的态度,但是教会与国家之间存在着不可调和的矛盾。首先,专制政体的加强意味着国王权力的扩大,但是,教会并不承认国王的绝对权威,它只承认教皇的绝对权威。因而,当国家与教会发生利益冲突时,双方都面临着严峻的考验。其次,教会与国家之间的矛盾还表现在双方经济利益的瓜分上。英国教会占了当时全国 1/3 的土地,成为"古老土地所有权的宗教堡垒",其年收入在宗教改革前达到了 27000 镑,而同一时期王室的年收入只有 10000 镑,仅占教会的 1/3 强。对于教

---

[1] See Russel Tarr, "The Rise and Fall of Thomas Wolsey", *History Review*, Issue 45, 2003.

[2] 这对于教会人士而言事实上意味着叛国罪。

会拥有的庞大财产,以国王为首的世俗势力觊觎已久。① 总之,国家和教会的二元结构体制造成双方在政治权力和经济利益方面的矛盾,使得英国国王与罗马教会之间的矛盾一触即发。而亨利八世寻求与王后凯瑟琳离婚未获得罗马教廷的支持则成为最后一根稻草,最终点燃了英国宗教改革的导火索。

而沃尔西的垮台正是由于他本身所具有的高级神职人员以及大法官的双重身份,使得他在国王与教会的斗争中无法倾尽全力地支持国王。尽管沃尔西曾有"我侍奉国王甚至超过我侍奉上帝"之语,但他无疑是无法义无反顾地站到教会的对立面的。亨利八世需要的是一位能够和他并肩作战、对抗教会的同盟者,而非一位骑墙者。因此,在此时遵循前例任命一位神职人员为大法官显然不是亨利八世的选择。而且在对抗教会的时刻,亨利八世需要尽可能地获得更多的同盟者,尤其是议会的支持对于亨利八世而言至关重要,而此时的普通法律师已经成为下院中的一支重要力量,②任命一位普通法律师显然有助于国王赢得下院的支持。最终,国王出于安抚普通法法官以及议会下院,从而获得他们对于自己的婚姻问题以及宗教改革问题的支持的政治考虑,任命莫尔担任大法官一职。③

正如霍兹沃斯所言,从沃尔西到莫尔这一转变的时机是政治性的,并且政治和宗教的原因使得这一转变永久化。亨利八世之后,英国宗

---

① 参见马亮:"英国都铎王朝宗教改革研究",福州师范大学世界史硕士论文(2005年),第 15—16 页。

② 具有律师公会教育背景的议员在下院占有很大比例。根据英国历史学会所编写的《下院信史》,亨利八世时期(1509—1547),该书统计的 950 名议员中,在律师公会学习过的人占 20%;伊丽莎白一世时期(1558—1601),该书统计的 2603 名下院议员中,在律师公会学习过的人上升到 39%(1601 年最后一届甚至达到 55%)。转引自宫艳丽:"英国律师阶层的兴起(1550—1640)",武汉大学硕士学位论文(2004 年)。

③ See William S. Holdsworth, *A History of English Law*, Vol. IV, London: Methuen & Co., 1945, p. 222.

教改革的完成使得天主教在英国国内的力量消灭殆尽,同时议会尤其是下院的力量急剧上升,这些宗教和政治的原因使得由普通法律师担任大法官一职这一新模式得以永久的保存。

具体来看,莫尔之后,虽然偶然存在向旧类型的大法官的回归,但通常是由于临时的政治原因。自 1551 年至 1558 年,国王连续任命了数位神职人员大法官。1551 年,埃利主教古德里奇被任命为国玺大臣,开始只是一种临时性的措施,直至 1552 年,他才被任命为大法官——也许是摄政王诺森伯兰认为这位主教比普通法律师更便于控制。玛丽任命加德纳和希斯两位神职人员为大法官,与她试图使英国重回天主教怀抱、恢复国家和教会的旧秩序的政策有关。但是除此以外,除了赖奥斯利(Wriothesley,1544—1547)的短暂任期以及保莉特勋爵(Lord Paulet)在 1547 年的纯粹临时性的任命之外,国玺一直掌握在普通法律师的手中。[①]詹姆斯一世时期的威廉姆斯主教是英国历史上最后一位掌握国玺的神职人员,其任职原因在于国王与议会之间的斗争,但这一尝试只是昙花一现,并未得以持续。

另外需要补充的一点是关于大法官法院中的文书的变化。在整个中世纪,他们多由神职人员担任,故早期曾有禁止其结婚的规定。但事实上,早在 13 世纪,大法官法院中那些地位低微的执事人员,比如盖印官和蜡印官等就被允许结婚。这些职位并不要求由受过教育的人充任,而且通常对于神职人员也没有吸引力。13 世纪末,更高职位的人员也开始由世俗之人充任。例如一名大法官法院文书贝内迪克特·诺曼顿(Benedict Normanton)于 1331 年结婚;而大法官法院的皇家办公室文书约翰·塔姆沃斯(John Tamworth)在 14 世纪中叶被称为"已婚

[①] See William S. Holdsworth, *A History of English Law*, Vol. Ⅳ, London: Methuen & Co., 1945, p. 224.

教士"(clericus uxoratus)。皇家办公室文书属于大法官法院的高级官员,塔姆沃斯在经官方许可结婚后仍留任该职。1388 年至 1389 年期间的官方文件表明,神职人员对大法官法院的垄断正在被逐渐打破。1388 年至 1389 年,理查德二世时期签发了《大法官法院法令》(Ordinaciones Cancellarie),其中规定:"大法官法院文书当然不得结婚。"即便如此,大法官法院皇家办公室文书的结婚权仍获政府承认。后来亨利五世的一份委任书重申禁止结婚的命令:"国王不希望有家室之人在将来被提升至这一阶层。"与此同时,政府不得不向现实屈服,在同一份文件中,允许大法官法院的首席书记官格雷·内赫斯特(Ralph Grenehurst)结婚。① 据贾尼斯·戈登-凯尔特(Janice Gordon-Kelter)对亨利六世时期大法官法院和御玺办公室的 120 名文书所作的统计,其中的世俗人员超过 1/3。② 1523 年,大法官法院的文书请求议会允许他们结婚并获得了批准,他们提出这一请求的依据之一是对于他们的属员——起始令状起草员——而言,娶妻已经是一个长期的习惯。③ 显然,自 15 世纪中叶开始,大法官法院的文书由世俗之人担任的现象已经非常普遍,大法官法院文书的世俗化倾向已经相当明显。但是,就卷宗主事官这样的大法官法院高层官员来说,世俗化的情况出现在宗教革命之后——1534 年,托马斯·克伦威尔成为首位从未获取圣职的卷宗主事官。总之,大法官法院文书和官员的婚姻状况的变化从另一个

---

① See Janice Gordon-Kelter,"The Royal Clerks-Career Patterns in the Chancery and the Privy Seal Office of Henry Ⅵ", A Dissertation Submitted to the Graduate Faculty in History in Partial Fulfillment of the Requirements for the Degree of Doctor of Philosophy, The City University of New York, 1988,pp. 129-130.

② See Ibid., p. 139.

③ See Mark Beilby,"The Profits of Expertise: The Rise of the Civil Lawyers and Chancery Equity", M. Hicks(ed.), *Profit, Piety and the Professions in Later Medieval England*,Gloucester: Sutton, 1990, p. 83.

层面反映了大法官法院的世俗化趋势。

综上所述,大法官法院世俗化的两个阶段都是政治因素影响的结果。相比之下,第一阶段世俗化更多地受到国王与贵族以及贵族之间政治斗争的影响,而第二阶段世俗化则主要是罗马教会与英国国王及贵族之间较量的结果。虽然爱德华三世时期大法官法院出现了第一次世俗化的趋势,但由于范围不大,时间也不够持久,因此未给衡平法留下什么深刻的印记。但是,大法官法院的第二次世俗化彻底改变了衡平法发展的方向。沃尔西及其之前的衡平法与莫尔及其之后的衡平法之间出现了明显的裂隙,经历此次转折之后,衡平法的宗教色彩日渐减弱。

二、大法官法院的司法化

与大法官法院的世俗化几乎同步发生的是大法官法院的司法化,主要表现为两个方面:一方面,大法官法院中的官员越来越多地由接受过专门的法律训练(普通法训练或者罗马法训练)之人担任;另一方面,这些高级官员所履行的职责也日益明晰,由中世纪行政、司法杂糅的模糊状态转变为承担日益明晰的司法职能。

(一)大法官法院任职人员的变化:从神职人员到精通法律的实践者

1. 大法官的变化

我们首先来看一下大法官法院的最高长官——大法官所发生的变化。如前文所述,中世纪多由神职人员担任的大法官总是王室法院中特别博学的一员。如果法律问题被送至御前会议,作为国王的首席法律顾问,他的意见是非常有价值的,[1]因此,"他必须熟悉教会法和罗马

---

[1] See F. W. Maitland, *The Constitutional History of England*, London: Cambridge University Press, 1908, p. 222.

法,并知晓英格兰的普通法"①。教会背景赋予大法官应有的学识,他们往往在牛津或者剑桥接受大学教育,其中,教会法和罗马法是相当多的中世纪大法官所精通的课目。

玛格丽特·埃弗里所作的一个简单的统计可以让我们更为清楚地看到这一点:从1396年埃德蒙·斯塔福德担任大法官开始到1532年托马斯·莫尔,在这136年中担任大法官一职的18个人几乎都是主教或大主教,有几名是红衣主教。从教育背景而言,这十八人中,在大学中四人研究神学、五人研究罗马法、四人研究罗马法和教会法;有四人将自己关于罗马法和教会法的文本遗赠给许多图书馆;②五人对教会中的法律程序尤为熟悉,包括英国教会法院和罗马法院。③

但值得注意的是,在上述这些大法官中,精通罗马法与教会法之人在时间段上并非均衡分布的。

马克·贝尔比提出,1377年至1382年的这一时期在中世纪大法官法院的历史上是一个非常时期。因为当时的大法官法院为具有教会法院实践经验的大学法学家所支配。大法官一职相继为西蒙·萨德伯里、威廉·考特尼以及罗伯特·布雷布鲁克所担任。所有这些人都是罗马法学士,并都曾在宗教法院中担任过辩护人(advocate)。在1382年,国玺为约翰·沃尔萨姆(John Waltham)以及沃尔特·斯基罗(Walter Skirlow)联合执掌。斯基罗是1377年之后以及15世纪中期

---

① F. W. Maitland, *The Constitutional History of England*, London: Cambridge University Press, 1908, p.225.

② 如大法官托马斯·罗拉瑟姆(Thomas Rotherham,1474—1483),他是一位获得神学博士学位的神学家,在他临终时,他捐献了一套豪华的罗马法法典给其在牛津就读的学院,其中包括这一时期执业的罗马法学家的标准著作。

③ See M. E. Avey, "The History of the Equitable Jurisdiction of Chancery before 1460", *Bulletin of the Institute of Historical Research*, Vol. XLII, No.106, 1969.

以前大法官法院的秘书处中服务的唯一具有教会法院实践经验的律师。①

15世纪中叶往后,随着大法官的司法职能的日益重要,大法官候选人的法律学识获得了重视。因此,在15世纪中叶,相继有两位极负盛名的罗马法学家被任命为大法官,一位是罗马法博士罗伯特·斯蒂林顿,另一位是他的继任者、同为罗马法博士的劳伦斯·布斯(Lawrence Booth)。此后,1483年上任的拉塞尔(Russell)博士本身是一位非常博学的律师,而亨利七世时期任命的莫顿博士则是牛津大学罗马法学院的首席负责人。②

虽然担任大法官的神职人员中不乏精通罗马法和教会法之人,但我们也应当注意,在当时,精通法律从未作为任命一名大法官的必要条件,而且即便大法官的任职者具有一定的法律知识,可真正具有法律实践经验之人却少之又少。

自托马斯·莫尔开始,随着神职人员被世俗之人取代,普通法律师成为担任大法官的主力军。在此,我们同样可以作一个统计,从1529年都铎王朝第一位担任大法官的普通法律师托马斯·莫尔开始直至1649年查理一世统治结束的120年中,共有18任大法官,除4任由神职人员担任外,剩余的14任皆为受过普通法训练的律师,即使伊丽莎白时期的大法官哈顿的法学素养常为人们所诟病,③但他也于1560年

---

① See Mark Beilby, "The Profits of Expertise: The Rise of the Civil Lawyers and Chancery Equity", M. Hicks (ed.), *Profit, Piety and the Professions in Later Medieval England*, Gloucester: Sutton, 1990, p. 75.

② See N. Pronay, "The Chancellor, the Chancery, and the Council at the End of the Fifteenth Century", H. Hearder and H. R. Loyn(eds.), *British Government and Administration: Studies Presented to S. B. Chrimes*, Cardiff: University of Wales Press, 1974, p. 92.

③ 坎贝尔称其以精湛的舞技赢得了女王的欢心,从而在女王宫廷中平步青云,最终获得大法官一职。

为内殿律师公会接纳。

因此,我们可以认为,自 15 世纪下半叶开始,大法官的担任者经历了一种司法化的变迁,这种司法化所要求的法律训练从早期的罗马法、教会法转变为后来的普通法。

2. 其他官员的变化

除大法官外,我们同样不能忽略的是大法官法院中其他官员的变化。

直到兰开斯特王朝末期,大法官法院的班子与其他中世纪的行政部门类似,文书们大多由神职人员担任,他们按照资历的顺序缓慢地升迁,有时候会因为特别的能力、庇护人或者运气而获得快速地提升。总体而言,大法官法院所达到的职业的顶峰——主事官,以及大篮子文件局和卷宗办公室(the Hanaper and the Rolls)的首席文书仍然是由下级有能力的文书晋升而来的,很少有罗马法律师参与大法官法院秘书处的活动。以 1454 年的 12 名主事官为例,其中有 11 位都是由下级文书晋升而来。其中 7 人没有上过大学,甚至没有读过牛津的"商业学院"(Business-school)。从发现写有他们名字的第一份令状,或者由他们在卷宗上首次被称为大法官法院文书的日期开始推算,他们在大法官法院的平均服务年限超过 25 年。事实上,这一时间可能更长,因为在大多数情况下,他们此前还必须在大法官法院经历长达 7 年的学徒生涯。因此,大多数主事官度过了漫长的职业生涯。① 在这 12 名主事官中,有 11 名主事官没有接受过法律训练。这些主事官的首领——卷宗主事官托马斯·克尔比(Thomas Kerby)也同样如此:他并没有接受过大学教育,1429 年 11 月 3 日,他已经在大法官法院担任二等文书,

---

① 尽管很少有人能够与主事官尼古拉斯·温比希(Nicholas Wymbysh)匹敌,他在理查德二世后期进入大法官法院,大约于 1454 年退休。

1437年11月1日成为主事官,15世纪40年代为议会文书,1447年3月29日为卷宗主事官的副手,从1448年1月26日开始担任卷宗主事官。①

但数十年后,发生了一个急剧的变化。1487年,当时的卷宗主事官大卫·威廉姆斯(David Williams)是教会法学士(B. Cn. L)、罗马法学士、教会法博士,此前还担任过坎特伯雷特权法院的保管者,而他的卷宗办公室的副手、主事官威廉·埃利奥特(William Elyot)则为罗马法学士(B. C. L)。我们从当时的主事官名单中也可以看出巨大的变化:托马斯·巴鲁(Thomas Barowe),罗马法学士、教会法开业执照持有者(Lic. Cn. L.);布朗,罗马法学士、罗马法开业执照持有者(Lic. C. L.);威廉·凯莱特(Willam Kelet),教育未知;詹姆斯·约翰(James John),被称为博士,但不知是何博士;埃德蒙·马丁(Edmund Martyn),罗马法学士、罗马法与教会法开业执照;约翰·摩根(John Morgan),罗马法与教会法双博士;威廉·莫兰(William Morland),教育未知;理查德·斯凯普顿(Richard Skypton),并非律师,牛津商业学院毕业;威廉·史密斯(William Smyth),罗马法博士。因此,在亨利七世统治初期,大法官法院被一群由非常杰出的罗马法学家担任的卷宗主事官所领导,12名主事官中至少有7名,很可能有9名是受过训练的法学家,不少于4名是法律博士或者领有执业证书之人。当然,负责与外国条约的首席书记官部门此前已经成为罗马法学家的专属区,它掌握在亨利·夏普(Henry Sharp)博士的手中。②

---

① See N. Pronay,"The Chancellor, the Chancery, and the Council at the End of the Fifteenth Century", H. Hearder and H. R. Loyn(eds.), *British Government and Administration*: *Studies Presented to S. B. Chrimes*, Cardiff: University of Wales Press, 1974, pp. 90-91.

② See Ibid., p. 91.

事实上，从神职人员到法律职员的转变是逐渐实现的，这一转变始于托马斯·德·苛克比(Thomas de Kirkeby,1447—1461)接受卷宗主事官职位的那一年。1448年，罗马法学士理查德·韦顿(Richard Wetton)成为大法官法院中首位没有按级升迁而是由国王直接从大学毕业生中任命的主事官。但直到韦顿于1465年去世，他仍然是大法官法院中除了首席书记官外唯一的法学家。似乎至15世纪70年代，直接从大学而非下级文书中提拔法律家担任主事官才成为定制。与此同时，1472年罗马法博士约翰·莫顿(John Morton)被首次任命为卷宗主事官。自1472年之后，随着老一代的主事官一个接一个的离开，他们为来自于大学的年轻的罗马法学家们所取代。[1]

在亨利八世宗教改革之后，尽管大法官一职已经逐渐为普通法律师所占据，大量的主事官职位在这一时期仍然由罗马法学家担任。当然也出现了例外，比如威廉·兰巴德(William Lambard)就是个著名的例子，他是学者、古文物研究者以及宪法律师。至17世纪的前30年，大多数主事官已经由普通法律师充任。但是在1633年，枢密院宣布在11名一般主事官中至少要有8名为罗马法学家。此后直至1640年英国革命，一般主事官仍由罗马法学家充任。[2]

自16世纪中叶开始，普通法律师也开始担任主事官的领导者——卷宗主事官。比如，1547年担任卷宗主事官的罗伯特·索斯韦尔(Robert Southwell,1541—1550)、他的继任者博蒙特(Beaumont,1550—1552,后因伪造罪和侵占挪用罪于1552年被解职)，以

---

[1] See N. Pronay,"The Chancellor, the Chancery, and the Council at the End of the Fifteenth Century", H. Hearder and H. R. Loyn(eds.), *British Government and Administration: Studies Presented to S. B. Chrimes*, Cardiff: University of Wales Press, 1974, p. 91.

[2] See Amala D. Kessler, "Our Inquisitorial Tradition: Equity Procedure, Due Process, and the Search for an Alternative to the Adversarial", *Cornell Law Review*, Vol. 90, 2005.

及在1557年至1581年间担任该职的科德尔(Cordell)都是普通法律师。而科德尔的继任者吉尔伯特·杰勒德(Gibert Gerard)爵士和托马斯·埃杰顿爵士都曾担任过总检察长一职。詹姆斯一世通过在1603年任命第一任金洛斯勋爵(1st Lord Kinloss)爱德华·布鲁斯(Edwaed Bruce),一位苏格兰法官协会的成员,打破了英国律师们的这一序列。但是此人又为高等律师爱德华·菲利普斯(Edward Phellips)爵士①(1611—1614)所接任。在他之后又出现了两名罗马法学家——朱利叶斯·西泽(Julius Caesar)爵士(1614—1636)和他的儿子查尔斯·西泽(Charles Caesar)爵士(1639—1643),以及两名既非普通法律师又非罗马法学家之人——达德利·迪格斯(Dudley Digges)爵士(1636—1639)和约翰·科尔佩珀(John Colepeper)爵士②(1643—1660)。

自约翰·科尔佩珀爵士之后,普通法律师在主事官人选上获得了压倒性的胜利,很少有罗马法学家担任主事官,卷宗主事官的职位总是由普通法律师来担任。③

所以说,大法官法院内部官员们的选任对象也经历了从神职人员到罗马法学家再到普通法学家的变化,他们的法律素养,尤其是对普通法知识和实践的熟悉度也在不断地提高。

(二)大法官地位的变化

在中世纪,除了极少数的例外,大法官一直都是作为首席大臣出现

---

① 诺伯里(Norburie)赞扬此人试图通过尽可能地废除向主事官和其他人提交审断而缩短大法官法院的诉答程序。

② 此人为保皇党所任命,同期还有为议会党所任命的卷宗主事官威廉·伦索尔(William Lenthall,1643—1659)。另外,关于卷宗主事官自1286年至今的名单可见http://en.wikipedia.org/wiki/Master_of_the_Rolls。

③ See William S. Holdsworth, *A History of English Law*, Vol. V, London: Methuen & Co., 1945, pp. 260-261.

在政治舞台上。到亨利七世时期,所有大法官都是政治家而非法官,其作为法官的司法职能从属于其作为国王首席大臣的行政、外交等职能。正是由于这一原因,大法官个人的司法能力并非国王选择大法官时的首要考虑因素。即使具有司法能力,很多大法官在履职过程中,其司法工作也往往要让位于政治任务。在大法官无力或者无暇顾及其司法职责的履行的情况下,往往会将司法职责交给其副手处理,甚至有大法官因此而遭到弹劾。卷宗主事官正是由此获得了广泛的司法权力。但是,在都铎王朝早期,随着上下两院力量对比的变化、国家部门的专门化特征的发展、国务秘书职权的变化,大法官的角色发生了变化,大法官法院的地位也随之变化。

1. 政治影响力削弱

都铎王朝以来,大法官的政治权力日益削弱。作为上院的议长,中世纪的大法官的政治地位素来举足轻重。因为在中世纪,就上下两院的关系而言,上院无疑占有主导性的地位。但是,自都铎王朝以来,上院与下院之间的力量对比出现了此消彼长的态势,具体表现为上院立法能力的削弱和下院立法能力的增强。由于克伦威尔解散修道院,修道院院长在上院中消失了,僧侣贵族保守势力被削弱;同时慑于王权的强大,"世俗贵族在议会活动中变得相当温和,绝大多数情况下总能主动配合政府"。而随着乡绅和新兴资产阶级经济实力的增强,他们的政治地位日益提高,作为城市或地方的代表进入下院,逐渐成为下院的核心部分,这无疑有利于下院地位的提高。在这一背景下,克伦威尔时期的"改革议会"开创了政府议案必须首先交给下院审议的先例,致使上院保持多年的立法优势一去不返,政府议案从此多由下院创议。至玛丽一世时期,由上院创议的议案已经降至议案总数的1/4。至伊丽莎白一世在位晚期,上院提案不到议会提案总数的1/5。在立法问题上,下院成为国王的合作者,给予国王巨大支持,使得许多法案得以顺利通过。同时,下院从国王那里获得许多权力,下院作为国家机构的组成部分得到承认。总之,自亨利八世联合下院进行宗教改革之后,上院力量日益削弱,大贵族不再飞扬跋扈,而是仰仗国王赐给一官半职;教会代表亦由国王任命和提拔。因此,上院变成了一个恭顺的团体。相反,下院的力量在不断壮大,下院取代上院成为议会的主体。① 随着上院政治地位的下降,作为其议长的大法官的政治影响力自然也随之大为削弱。

2. 行政地位下降

作为英格兰咨议会的首席官员,大法官无疑握有行政大权,但在亨利八世时期的大法官沃尔西之后便风光不再。事实上,亨利八世的宠臣托马斯·克伦威尔所领导的"都铎政府革命"的内容之一就是提高国务秘书的地位,扩大其职权范围。国务秘书原是宫廷中低微的职务,只负责管理国王的信札等琐碎事务,通常由没有贵族爵位之人担任。1533年,克伦威尔担任国务秘书一职之后,采取各种措施扩大其职权,使国务秘书一职发生了实质性的变化。他简化政府办公手续,削弱国玺大臣的权力,由国务秘书经管各种印玺,负责文件的签发。从此以后,国王的各种印章在政府公务中都不起实际作用,管理这些印章的职务成为一些闲散差使或荣誉之职。此外,他还主管各类印玺及印玺处的官员,以自己主管的御玺处取代印玺处成为行政中心。1539年,国务秘书地位已相当显赫,有一项法令已把秘书与大法官、财政大臣这样的重要官员相提并论。1592年,当时的一位官吏罗伯斯·比尔在"论大法官和首席秘书"一文中列举了国务秘书权限之内的事务,有宗教事务、对边境委员会的领导、海陆防御、海外领地事

---

① 参见李自更:"托马斯·克伦威尔的政府制度改革与英国近代政治制度基础的奠定",《河南大学学报(社会科学版)》2004年第3期。

务、海外商业事务、王室收入和一般财政、王室管理机构以及外交文化事务等。克伦威尔时,国务秘书的职责范围比这还要大。克伦威尔不仅将各个政府部门置于国务秘书的领导之下,还通过与枢密院的关系对枢密院下设办事机构进行具体领导,把自己变成了事实上的枢密院首脑。① 大法官托马斯·奥德利爵士(Thomas Audley)作为第一届枢密院成员而处于作为枢密院首脑的国务秘书克伦威尔的领导之下这一事实也直接反映了大法官行政地位的下降。② 事实上,自克伦威尔改革至16世纪末,由于司法权与行政权的逐渐分离,大法官甚至不再是枢密院的成员。③

总之,克伦威尔的种种举措将国务秘书提高为政府首席大臣,结束了过去大法官作为行政机构首脑的传统。④ 从此以后,国务大臣取代大法官成为上承王命、下令众臣的行政首脑。

3. 司法职能强化

与此同时,大法官的司法职能被强调,大法官法院也从一个具有一定数量的司法业务的行政部门转变为英格兰的四大法院之一。

由于案件的大量增长,大法官不再如以往那样在普通法法官以及他的主事官们的协助下轻松地处理案件,并且同时一身多任、心有旁骛地处理许多其他事项。相反,《遗嘱法》《用益制法》、为了避免占有的转让而引入的新的产权转让方式、被解散的修道院的财产引发的问题

---

① 参见李自更:"托马斯·克伦威尔的政府制度改革与英国近代政治制度基础的奠定",《河南大学学报(社会科学版)》2004年第3期。
② 枢密院是由克伦威尔在1536年至1537年间正式建立的,其成员除身兼数职的国务秘书克伦威尔之外,还有19名原咨议会的核心成员,具体名单参见于民:"在中世纪和近代之间——论都铎中央政府的过渡性特征",山东师范大学硕士学位论文(2000年),第23—24页。
③ 参见阎照祥:《英国政治制度史》,人民出版社1999年版,第138页。
④ 参见朱正梅:"都铎时期英国国家机构的变革",《学海》2004年第3期。

以及国家商业和财富的大量增长将如此多的重要案件带到了大法官法院,以至于大法官再也无法通过从他的政治工作中偶尔偷出几个小时来处理诉状和请愿书的方法来满足公共需要"①。面对越来越多的案件、越来越冗长且复杂的书面诉讼材料,要履行好他的司法职责,大法官必须具有足够的法律知识和法律训练并全身心地投入其中。由此,我们看到,托马斯·莫尔这位著名的普通法律师在担任大法官期间不仅在开庭期坐堂问案,甚至在休假期也受理当事人的诉讼;不仅在威斯敏斯特宫正式开庭,甚至在家里也审理案件。这一实践至伊丽莎白一世的第一任大法官尼古拉斯·培根时期被确立为永久性的实践,演化为这一习惯——大法官法院在任何时候都救济诉讼者。

总之,在经历了一个摇摆的阶段之后,至 17 世纪中叶,大法官已经从一位政治家、行政首脑转化为一名真正的法官,大法官法院成为第四大法院。随着大法官行政权力的削弱及司法职能的强化,大法官法院衡平法的行政性特质也日渐减弱。

通过上述考察,我们发现了中世纪的英国大法官法院与英国普通法法院之间存在着相当大的差异。

普通法法院和普通法法官早在 13 世纪就实现了职业化和世俗化,②形成了法律职业共同体,而大法官法院的职业化和世俗化的过程

---

① D. M. Kerly, *An Historical Sketch of the Equitable Jurisdiction of the Court of Chancery*, London: Cambridge University Press, 1890, pp. 97-98.

② 有学者评价说,亨利二世最大的胜利就是让教会教士担任法官。在亨利二世统治时期,他先后任命 3 名主教担任其首席政务官。在理查德二世时期,国王的世俗法院由坎特伯雷大主教、2 名主教、两三名执事长、两三名将要升任主教的教士以及两三名世俗之人组成。这也就是说,国王的世俗法院中大多数法官均为神职人员。但这种情况在 13 世纪发生了变化,并在 14 世纪被彻底扭转。See Charles. P. Sherman, "A Brief History of Medieval Roman Canon Law in England", *University of Pennsylvania Law Review and Ameirian Law Register*, Vol. 68, No. 3, 1920.

却漫长得多。

就职业化而言，中世纪的大法官法院更多的是表现出其行政特质而非司法特性。作为大法官法院核心的大法官本身就是兼理行政与司法的官员——他既掌管国玺，协助国王处理国家的行政事务，也坐堂听审，充任大法官法院的唯一法官。但这两种特质不是并重的。就中世纪大法官的选拔而言，重行政经验轻司法能力的标准使得由此产生的大法官行政性强于司法性。在大法官领导下的大法官法院一方面是重要的中央行政机关，另一方面也是具有司法管辖权的法院。而在中世纪，长期充任中央文书机构的事实使得大法官法院中充斥着具有丰富经验的行政官僚，致使大法官法院的组织具有组织严密、上下层级分明的行政性特征。

与普通法法院相比，中世纪的大法官法院也表现出浓重的宗教色彩。除了爱德华三世和理查德二世时期以及其他极少的例外，大法官及大法官法院其他人员在中世纪主要由神职人员担任。这与普通法法院形成了鲜明的对比。

但自14世纪以来，尤其是宗教改革之后，大法官法院的组织机构发生了重大的变化，具有了更多的世俗和司法的色彩。尤其是其成员从神职人员逐步向罗马法学家最终向普通法律师过渡，选任标准从具备行政经验转为具备罗马法知识最终变为具备普通法知识和经验。而这一变化在很大程度上是由国王加强王权的需求与贵族、教会利益之间的冲突所导致的。如果说爱德华三世及理查德二世时期的转变是国王一次不成功的尝试，那么，亨利八世时期的改革则实现了国王的夙愿。在都铎王朝，英国王权经历了自等级君主制向专制君主制的转化，加强王权、摆脱中世纪教会以及大贵族的桎梏的渴望使得都铎国王抛开中世纪的传统治理方式，寻求新的支持，由此导致了普通法律师对神职人员及罗马法学家的取代,导致了大法官法院逐渐从宗教性走向世俗性、从行政性走向司法性,并日益向普通法法院靠拢和接近。

第四章 大法官发展衡平法的实践：从沃尔西到考文垂

作为大法官法院中唯一的法官，大法官法院的衡平判决都是由大法官根据他自己对理性、良心的理解作出，不受程式令状与先例的束缚；大法官对于大法官法院诉讼程序的设定享有颁布规程的权力；同时，作为大法官法院的最高领袖，大法官对于该法院内部的人事等行政问题享有最高的管理权。因此，衡平法管辖权的扩张、诉讼程序的确定、大法官法院组织机构的发展都深受大法官个人的影响，可以说，在很大程度上，是大法官个人推动了衡平法的发展。特别是当大法官法院经历了世俗化和司法化的改革，大法官们从政治、行政角色向更为纯粹的司法角色转移的过程中，他们对于大法官法院衡平法发展的影响力尤为明显。本章在简要介绍中世纪若干重要的旧式大法官之后，以里程碑式的人物亨利八世时期的枢机主教沃尔西大法官为起点，以斯图亚特王朝的悲剧国王查理一世时期的考文垂大法官为终点，对这一个时间段中的几位至关重要的大法官对衡平法发展所作的贡献进行梳理。

第一节 旧式大法官

早期大法官大权在握，全面控制国家内政外交事务，辅助国王治理国家,大有一人之下、万人之上的势头。其中有数位对英国历史发展具有重大影响力,值得我们略作介绍。

第一位是亨利二世时期的首位大法官托马斯·贝克特(1152—1162),坎贝尔将其称做"首位给予大法官一职显赫地位及光辉之人"[①]。贝克特深得王宠,在他担任大法官期间,首席政务官一职空缺,因此他成为一人之下、万人之上的人物。其职责非常广泛:主持咨议会;用国玺封印所有国王的授权书(grants);掌管王室礼拜堂;辅助国王管理国内事务,并在必要时出使外国,甚至带领军队攻打他国。[②]但也正是这位深得王宠的大法官,在被任命为坎特伯雷大主教之后,因一心想献身教会而主动辞去大法官一职,并与国王就教俗司法权问题发生矛盾,最终酿成了贝克特血溅圣坛的惨剧。正是从贝克特与亨利二世的冲突中,我们看到大法官已经拥有了挑战国王的力量,也正是因此,在贝克特之后,亨利二世将此职位空置了12年。史家认为这或许是因为国王防备继任的大法官获得贝克特那样的大权才不给其头衔的。[③]

第二位是理查德一世时期的首位大法官威廉·朗香(1189—1197)。在理查德一世时期,朗香身兼大法官和首席政务官之职,并由此发展出朗香专权的局面,常常用自己的私人印章来处理财政署以外的重大政务。史家对此评论道,因朗香专权,"高度发展的行政官职对每一种职

[①] See J. Campbell, *The Lives of the Lord Chancellors and Keepers of the Great Seal of England, from the Earliest Times till the Reign of King George Ⅳ*, Vol.Ⅰ, Philadelphia: Blanchard and Lea's Publications, 1851, p.87.

[②] See Ibid., pp.88,90.

[③] 在杰弗里·雷德尔继贝克特执掌大法官一职期间(1162—1173),亨利二世始终未授予他大法官的正式头衔,直到1173年让其任伊利主教后,国王才正式任命拉尔夫为大法官。参见孟广林:《英国封建王权论稿——从诺曼征服到大宪章》,人民出版社2002年版,第302页。

位的制约与平衡作用消失了,安茹王朝官僚统治的统一权力通过大法官的唯一意志而施行。"朗香被铲除后,国王开始削弱大法官的权力,故而在理查德一世后期,在王家令状下端必须标注"朕已确认"字样,以防大法官在所颁令文中作伪谋私。①

第三位是约翰王统治时期的第一位大法官休伯特·瓦尔特(1199—1205)。1193 年,休伯特·瓦尔特出任狮心王理查德一世的首席政务官,同时还担任坎特伯雷大主教。他可以说是中世纪最有名的首席政务官,在理查德不在的情况下,他筹措军费,进行财政、司法改革,征收土地税以替代久不施行的丹麦金。② 1198 年,坎特伯雷的僧侣们向教皇抱怨休伯特因担任首席政务官一职而醉心于世俗事务,不顾及他作为神职人员的本职工作。③ 休伯特虽因此失去了首席政务官一职,但他很快接受了约翰的任命,成为约翰王时期的第一任大法官。休伯特基于丰富的管理经验,开始建立大法官法院的档案制度,并于 1200 年建立证书档案库,即把发出的证书复制一份,逐项抄在羊皮纸上,加以保管,方便查阅,以后其他种类的公文档案也陆续建立。④ 据载,由于瓦尔特的声威太盛引起了约翰王的猜忌,遂于 1200 年底被国王停职一个星期,由国王亲自草拟文书。⑤

第四位是爱德华一世时期的第二位大法官罗伯特·伯内尔(1274—1292)。爱德华一世通过任命罗伯特·伯内尔使得大法官这一

---

① 参见孟广林:《英国封建王权论稿——从诺曼征服到大宪章》,人民出版社 2002 年版,第 302 页。
② 参见马克垚:《英国封建社会研究》,北京大学出版社 2005 年版,第 85 页。
③ See J. Campbell, *The Lives of the Lord Chancellors and Keepers of the Great Seal of England, from the Earliest Times till the Reign of King George Ⅳ*, Vol. Ⅰ, Philadelphia: Blanchard and Lea's Publications, 1851, p. 127.
④ 参见马克垚:《英国封建社会研究》,北京大学出版社 2005 年版,第 79 页。
⑤ 参见孟广林:《英国封建王权论稿——从诺曼征服到大宪章》,人民出版社 2002 年版,第 302 页。

职位呈现出新的重要性。此人甚至在爱德华登基之前就已经是他所信任的密友,并且在新王于 1274 年自十字军中归来之时,迅速成为英格兰大法官。他持有国玺 18 年,并且在这 18 年中,对爱德华一世所主持的法律改革的伟业起到了巨大的辅助作用。自《威斯敏斯特第一条例》至 1290 年的《封地买卖法》(*Statute Quia Emptores*)①,在这些制定法的准备过程中,我们都能看到罗伯特·伯内尔的身影。因此,普拉克内特将其看做"中世纪的大法官中在法律上最为杰出的一员"②。

以上四位大法官是早期大法官的典型代表,他们都是神职人员,扮演的主要是一位政治家、一位行政管理者的角色,而非一位真正的法官,他们所关注的更多的是国内外大事,而非当事人的诉讼纠纷。这样的大法官类型也被我们称为旧式大法官。

第二节 枢机主教沃尔西

亨利八世时期权倾一时的重臣红衣主教沃尔西于 1515 年至 1529

---

① 1272 年爱德华一世加冕,国王和男爵由于次级分封制失去了对很多土地的控制权,必须采取措施来控制这种情况,因此他于 1290 年颁布了《封地买卖法》(*Statute Quia Emptores*)。这部法律阻止了所有的次级分封。以放弃次级分封制为代价,大领主们不得不开始允许给所有自由的封臣以权利——在没有得到领主同意的情况下,可以将自己土地的一部或者全部分封给新的封臣。新的封臣向领主负有同样的义务,如果转让的是部分土地,那么新的封臣将按照比例承担义务。《封地买卖法》主要的历史影响有两个:其一,立法建立了土地自由转让的原则。在财产法发展中呈现出一种强力的转让资源给他人的权利是市场经济的基本要素。其二,在土地回复制度及没收制度之下,现存的中间领主将会消灭,绝大多数的土地直接归国王所有。在《封建买卖法》之后,随着自由分封得到承认,封臣与领主之间的关系基本上是经济关系。封臣就是现在的所有人,劳役和封建附随义务转化成税收的形式。作为封建制度核心特征的人身依附关系已经消亡。随着建立在工资而非供奉义务基础上的经济的崛起,封建主义开始消亡。参见"美国所有权理论",http://www.szfdc.gov.cn/xxgk/zcfg/fgzx/fgzxyj/200712/t20071220_30087.html。

② See Theodore. F. T. Plucknett, *A Concise History of The Common Law*, 中信出版社 2003 年影印本, p. 696。

年间担任大法官一职。作为从旧式的教会大法官向新式的律师大法官转型时期的关键人物,沃尔西被认为具有旧式大法官的典型特征——既是教会的高级官员,又是国王所依赖的重臣,其关注的重心在于国内外大事,而非衡平司法。因此,尽管沃尔西未经间断地掌管国玺长达14年,但是有一度,"不仅历史学家,甚至包括他自己的传记作家,在将其描述为政治家和教会人士的时候,都几乎忘了他曾经是一名大法官"①。

但事实上,沃尔西对大法官法院的衡平管辖权抱有浓厚的兴趣。正是从他与谢利(Shelley)法官在约克宫会面时的谈话中,我们了解了他对于作为一名衡平法大法官的权力和义务的观念。沃尔西在法律和良心之间作出了区分,他说:"在普通法的僵硬性面前考虑良心是合适的,因为做事尽责而不随便的人值得赞扬。具有王室尊严以及特权的国王必须减轻普通法的僵硬性,对此,良心拥有最大的力量;因此,在他的王室公正司法的地方,他必须设立一名大法官,一名用仁慈来实现正义的官员,在那里良心被用来反对法律的僵硬性。并且因此大法官法院通常被称为良心法院,因为它拥有命令普通法的高级官员限制性地使用执行和判决的管辖权,在那里良心具有最强的效力。"②

带着这种观念,沃尔西相当随心所欲地行使他的衡平司法权。但对于他作为大法官的司法活动,除了通过间接证据所获得的一些内容外,我们所知不多。

菲德斯(Fiddes)提到:"在审理大法官法院案件的时候,他与那些

---

① See J. Campbell, *The Lives of the Lord Chancellors and Keepers of the Great Seal of England, from the Earliest Times till the Reign of King George IV*, Vol. I, Philadelphia: Blanchard and Lea's Publications, 1851, p. 411.

② See Ibid., p. 412.

精通法律之人合作，并询问他们的意见；然而针对一些并不非常复杂但可能被以一种对衡平法的普通原则有所争论的理性方式来判决的事项，他经常会根据他自己的理解来作出判决。"①

也有人提到，沃尔西用非常高压的手段维持着他的衡平管辖权，不顾普通法的规定以及普通法法官的反对而作出判决。② 沃尔西积极扩展管辖权的结果是，在他担任大法官期间，向大法官法院呈递的诉状和请愿书的数量暴增。沃尔西的传记作者记录了人潮涌向大法官法院时的情景：沃尔西自己习惯于在开庭期有规律地至大法官法院开庭，他通常在八点到十一点之间在大法官法院听审案件并作出判决。由于人们纷纷涌向威斯敏斯特宫，因此在去大厅的路上，沃尔西不得不使用"糖果来掩盖致命的空气，当他走向人群，或者当他被许多诉讼者纠缠的时候，他经常将糖果放在鼻子底下"③。这样的状况自然使得原有的大法官法院的人员配备不堪重负。对此，沃尔西采用了一个非常有力的救济措施，即未经向议会申请而直接任命了一位副大法官。此外，他还基于自己的权威新设了四个授权法院来代替他坐堂问案。其中的一个在白宫开庭，由他自己的副手主持；另一个开始是由国王的施赈官斯托赫比（Stoherby）博士主持，后来则由伦敦主教主持；第三个是由咨议会的某些成员在财政署开庭；第四个是在卷宗办公室，由卷宗主事官卡思伯特·滕斯托尔（Cuthbert Tunstall）主持。作为此次任命的结果，该卷宗主事官习惯于在中午的时候在卷

---

① J. Campbell, *The Lives of the Lord Chancellors and Keepers of the Great Seal of England, from the Earliest Times till the Reign of King George Ⅳ*, Vol. Ⅰ, Philadelphia: Blanchard and Lea's Publications, 1851, p. 383.

② See Ibid., p. 413.

③ Joseph Parkes, *A History of the Court of Chancery*, London: Longman, Rees, Orme, Brown and Green, 1828, p. 61.

宗办公室听审诉讼。① 从此以后,卷宗主事官办公室就成为大法官法院的辅助法院并获得了司法权,其他三个法院则随着沃尔西的失势而垮台。②

从沃尔西的教育和实践背景来看,他很可能接触过罗马法以及教会法,但他从未像莫顿大法官以及其他由教会神职人员担任的大法官那样有过在教会法院中进行实践的经验,也没有在大法官法院中担任过文书、主事官,或者曾为前任大法官服务过。③ 有鉴于此,律师们公开嘲笑沃尔西对于大法官法院的学说和实践的无知。对此,沃尔西以指责在大法官法院执业的律师们对于罗马法以及法学的一般原则一无所知的方式加以报复。也有人记载沃尔西经常打断律师们的辩论,并且尖刻地批判他们狭窄的概念以及有限的论据。为了对普通法的缺陷予以纠正,沃尔西还提出在伦敦建立一个机构,用以系统化地研究所有的法律分支。他甚至为该建筑提供了一个建筑模型,该模型被认为是一个杰作,并且在他死后作为珍奇品在格林威治宫中保留了相当长的时间。坎贝尔也认为,这样的一个机构在英格兰仍然是急需的;因为必须承认,除了极少的例外,英国的律师尽管是非常聪明的实践者,却并非是有能力的法学家。④

沃尔西狂热地扩张大法官法院的管辖权并极力地压制、傲慢地对

---

① 在里夫(Reeve)撰写的法律史中,据说这是卷宗主事官独自听审诉讼的首个例子,此前他仅仅是被指派辅助大法官的主事官委员会的首领;但是后来发现在伦敦塔中,致卷宗主事官的诉状早在爱德华四世时期就已经出现了。See W. F. Finlason, *Reeves' History of the English Law, from the Time of the Romans to the End of the Reign of Elizabeth*, Vol. Ⅳ, Philadelphia: M. Murphy, 1880, p. 369.

② See J. Campbell, *The Lives of the Lord Chancellors and Keepers of the Great Seal of England, from the Earliest Times till the Reign of King George Ⅳ*, Vol. Ⅰ, Philadelphia: Blanchard and Lea's Publications, 1851, p. 412.

③ See Ibid., p. 382.

④ See Ibid., p. 413.

待普通法律师及法官的行为最终成为弹劾他的罪状之一。他被指控滥用权力,试图以多种手段篡改并彻底推翻普通法:如,通过向诉讼当事人颁布禁令以阻止他们在普通法法院诉讼,并且在普通法法院判决之后阻止该判决的执行;经常在当事人尚未呈递任何诉状的时候即颁布禁令;甚至召唤普通法法官且显然用威胁的方式命令他们推迟判决;通过调卷令(certiorari)将向大法官法院的属员提出的诉讼调到大法官法院。普通法法官们对此深恶痛绝,指控沃尔西"通过这种方式,将王国中更多的诉讼者吸引到他的面前,由此,他和他的众多仆从获得了更多的金钱,而人民遭受了更大的误判"①。

尽管由于在政治斗争中的失败,沃尔西最终垮台,其主导的大法官法院对于普通法法院管辖权的侵夺战受到了阻挠,但不可否认的是,对于大法官法院与衡平法的发展而言,沃尔西具有重要的意义。正是他在任职期间不顾普通法的限制大力扩张大法官法院的管辖权;也正是在他任职期间大法官法院的业务量急剧增加,导致了对大法官法院机构的改革,卷宗主事官法庭此后成为定制。正是由于他通过大量工作奠定了衡平司法体系的坚实基础,并使之能与普通法抗衡竞争、互补共处,所以,有人将大法官法院衡平管辖权的确立归属于他,史学界称他为既是"身为政府主要大臣的旧式官员的代表,又是所有新型法官中的第一人"②。

第三节 托马斯·莫尔

1529年,在沃尔西被免职之后,亨利八世任命托马斯·莫尔爵士

---

① D. M. Kerly, *An Historical Sketch of the Equitable Jurisdiction of the Court of Chancery*, London: Cambridge University Press, 1890, p. 96.

② 转引自阎照祥:《英国政治制度史》,人民出版社1999年版,第139页。

接替大法官一职。莫尔通常被看做是第一位新式的律师出身的大法官。他出身于普通法法官的家庭,父亲是一位普通法法官,他本人接受的也是普通法律师的教育。人们一般认为,国王出于安抚普通法法官与议会下院从而获得他们对于自己的婚姻问题及宗教改革问题的支持的政治考虑,任命莫尔担任大法官一职。① 但由于这一任命标志着由教会神职人员和教会法学家实施衡平法向由世俗之人和普通法律师实施教会法的转变,因此,在衡平法以及大法官法院的发展史上,托马斯·莫尔也被视做一位界碑性的人物。

我们看到,与沃尔西相比,莫尔的就职给大法官法院带来了完全不同的变化。就职之初,莫尔就认识到了自己所处的危险处境。莫尔的孙子在为莫尔所写的传记中记载了其就任之时对诺福克(Norfolk)公爵的演讲所作的答复,其中不乏非常有远见和预言性的内容:"我坐上这个充满了艰辛和危险的席位,而没有任何坚实的荣誉感;它有多高,就跌得有多深,我心怀恐惧,尤其是关于事情本身的性质,因为我已经被这一新近的吓人的例子②所警告。"他真实地形容他的"害怕,如同达摩克利斯之剑悬在他的头顶,而且仅仅用一根马尾系着"③。

但是尽管意识到了自己的艰险处境,莫尔仍然致力于纠正大法官法院中的一些弊端。

首先,莫尔致力于让大法官法院为更多的贫寒之士提供救济。他

---

① See William S. Holdsworth, *A History of English Law*, Vol. Ⅳ, London: Methuen & Co., 1945, p. 222.

② 这个例子指的应该是沃尔西。

③ *Life of Sir Thomas More, Lord High Chancellor of England*, by His Grandson, Thomas More esq.(ed.),1726, p. 162. 转引自 Joseph Parkes, *A History of the Court of Chancery*, London: Longman, Rees, Orme, Brown and Green, 1828, pp. 62-63。

的传记中记载,莫尔甫任该职,就表现出与其前任沃尔西明显的不同,沃尔西只接见富贵之人,而托马斯·莫尔爵士却特别关注低贱的诉讼者,诉讼者越贫贱卑下,莫尔的态度就越和蔼可亲,就越热忱地听其倾诉。莫尔还"更为专注地听审他的诉讼,更为快速地审理案件"。为了实现这一目的,他一般每个下午坐在他的开放的大厅中,"这样如果任何人有任何诉讼要交给他,他可以更大胆地走近他,那里的大门总是向他敞开。"①

其次,莫尔也致力于提高审理的效率,他认为法律不仅仅应当被公正地实施,而且必须被毫不拖延地实施。当莫尔来到大法官法院的时候,他发现由于前任沃尔西的频频缺席,积案成堆,大量的工作有待完成。许多案件甚至已经持续了近二十年。他开始以极大的勤奋解决这一问题,在数个开庭期内,当诉讼一出现,他就立即予以听审。最终,在一个早晨,他被大法官法院的官员们告知,已经没有未完成的事务,已经没有任何诉讼或者请愿书要其审理。② 后来甚至流传着这样的一首小诗:"当莫尔,数年前担任大法官的时候,不再有案件悬而未决;同样的境况将不再看见,直到莫尔再度在那里出现。"③

再次,莫尔还致力于清除大法官法院中的陈年陋习。他禁止文书们对遗嘱检验明显的勒索性收费以及对停尸房的过度收费,他还

---

① Joseph Parkes, *A History of the Court of Chancery*, London: Longman, Rees, Orme, Brown and Green, 1828, p. 64.

② See John Farrow, *The Story of Thomas More*, Chap. 13, at http://www.cin.org/farmor13.html. 莫尔死后,讼案的积压卷土重来,并成为大法官法院的一个陋习,对案件积压的抱怨一直持续到了近现代。See D. M. Kerly, *An Historical Sketch of the Equitable Jurisdiction of the Court of Chancery*, London: Cambridge University Press, 1890, p. 97.

③ Sir Thomas More, *Works*, London, 1557, p. 71. 转引自 John Farrow, *The Story of Thomas More*, Chap. 13, at http://www.cin.org/farmor13.html.

禁止大法官法院的文书参与贸易活动。同样,只要交钱就可以未经查实是否存在任何启动大法官法院诉讼的理由即授予传票,从而将他人卷入诉讼的做法,也为莫尔大法官下令禁止。莫尔规定:"除非已经提起由律师签名的诉状且经大法官自己细读并批准,否则不得授予传票。"①

此外,莫尔还致力于缓和大法官法院与普通法法院之间的关系。例如,他规定,只有他认为原告的诉愿理由真实可信才能签发传票,由此使得大法官法院授予的禁令的数量大大地减少。但是当普通法法官们的诉讼被审查且其判决被推翻时,他们仍然非常恼怒,不断口出怨言。当莫尔听到这些抱怨之后,他首先指示六书记官之首的克鲁克(Crooke)主事官将所有禁令制作成一份明细表,这些禁令既包括他已经通过的,也包括当时在任何威斯敏斯特王室法院中悬而未决的。然后邀请所有法官共进午餐。在午餐后,莫尔向法官们表明他所听到的对于其禁令的抱怨,继而就他所颁布的禁令一一列举,并且解释他颁布每份禁令的原因。对此,法官们也不得不承认,在类似的情况下他们也没有其他更好的选择。② 莫尔继而向法官们许诺,如果法官们自己对法律僵硬性的改革有合理的考虑(如他所认为的受良心的束缚),并采取一定的行动减轻法律的僵硬性,那么他此后将不再授予禁令。当法官们拒绝对此妥协的时候,莫尔对他们说:"因为你们迫使我不得不授予禁令以救济人们所受的伤害,你们此后没有任何正当的理由责备我。"事后,他曾私下对他的儿子鲁珀(Rooper)说道:"我知道为什么他们不喜欢这个;因为他们认为他们能够通过一个陪审团的裁决而将所

---

① Silas Alward, "Evolution of Chancery and the Judicial Murder of Sir Thomas More, One of Its Greatest Administrators", *Canadian Law Times*, Vol. 33, Issue 7, 1913.

② See William Roper, *The Life of Sir Thomas More*, p. 76. 转引自 John Farrow, *The Story of Thomas More*, Chap. 13, at http://www.cin.org/farmor13.html.

有的责任推卸于陪审团身上。因此,我不得不作出他们所指责的冒险。"①无论如何,自莫尔担任大法官后,大法官法院和普通法法院之间一度紧张的关系得以缓和。②

最后,这位杰出的法官不为任何不良影响所动。他下令在向他提起的诉讼中回避他的亲属关系。他对祈求他帮助的女婿说:"基于我的信念,我确定,如果我手头的双方当事人要求正义和公平,尽管一方是我至亲的父亲,另一方是我极端憎恶的魔鬼,而他的诉讼是公正的,那么,魔鬼在我这里也会获得他的权利。"③他总是拒绝和返还无数诉讼者们试图影响他的判决而给予的礼物和新年礼品。据记载,一位戈克(Goaker)夫人送了莫尔一副手套,并且在手套里放了40镑的钱币,莫尔对她说:"夫人,既然拒绝您的新年礼物是有违礼貌的行为,那么我愿意收下你的手套,但是对于手套的衬里,我完全拒绝。"他同样能够对抗王家的权威,以至于国王也不得不感叹"莫尔更为珍视他良心的平静和正义,而不是世界上任何国王的宠信"。④

正是由于莫尔的这份坚持,虽然他最终失去了生命,却保住了自己的人格。而莫尔对大法官法院所作的种种改进,尤其是他成功地实现了大法官法院与普通法法院之间矛盾的缓和,对于衡平法和大法官法院的发展具有重要的意义。

---

① *The Records of the Honourable Society of Lincoln's Inn*, *The Black Books*, Vol. I , 1897, London: Lincoln's Inn, p. 703. 转引自 John Farrow, *The Story of Thomas More*, Chap. 13, at http://www.cin.org/farmor13.html。

② See William S. Holdsworth, *A History of English Law*, Vol. IV, London: Methuen & Co., 1945, pp. 223-224; Joseph Parkes, *A History of the Court of Chancery*, London: Longman, Rees, Orme, Brown and Green, 1828, pp. 63-64.

③ William Roper, *The Lyfe of Sin Thomas Moore*, *Knighte*, E. V. Hitchcock ed., London: Humphrey Milford, Oxford University Press, 1935, p. 5.

④ Joseph Parkes, *A History of the Court of Chancery*, London: Longman, Rees, Orme, Brown and Green, 1828, pp. 65-66.

第四节 尼古拉斯·培根

莫尔之后出现的第一位杰出的执掌国玺之人是尼古拉斯·培根爵士。1559年12月22日,尼古拉斯·培根爵士,伟大的哲学家弗朗西斯·培根的父亲,被任命为国玺大臣(Lord keeper)。正是在培根任职时期,授予掌玺大臣与大法官相同管辖权的法令被通过,这使得即使女王不愿意授予大法官法院的领头人以大法官这一地位更高、荣誉更大的职位,也不会削弱该法院的权力。① 此后,尼古拉斯·培根持续执掌大法官法院达21年之久,直至他于1579年去世为止。作为一名政治家,尼古拉斯·培根获得了女王伊丽莎白一世的尊重;作为大法官,他增强了大法官法院的地位,重组了大法官法院,并且为我们留下了现存最早的大法官法院的程序规则。②

罗伯特·蒂特勒(Robert Tittler)在"尼古拉斯·培根爵士与都铎王朝大法官法院的改革"一文中给予伊丽莎白一世的首位掌玺大臣相当高的评价,他认为培根克服了当时的大法官法院中出现的大量的不专业以及效率低下的弊病,并且为大法官法院程序的正式化以及管辖

---

① 约瑟夫·帕克斯(Joseph Parkes)提到,在任命之初,尼古拉斯·培根似乎已经怀疑其司法权力的范围;在就职次年的4月,他获得了一份特许状宣告他拥有大法官的全部权力,并且批准他以国玺大臣的名义所做的所有事项。但是这并不令人完全满意,四年之后一个议会法令(即伊丽莎白一世五年制定法第18章,该法令指出"一些问题已经产生",即国玺大臣是否能够行使大法官同样的权力和管辖权)被通过,它宣布:"就属于其职位的权力而言,普通法一直规定,国玺保管者总是拥有同样的权威、管辖权、法律的执行权以及所有其他的权力,如同英格兰大法官在法律上所使用的。"斯佩尔曼也提到这部法令的通过打消了尼古拉斯·培根的顾虑,至于那些顾虑的原因并没有被记载,也没能被揭露。See Joseph Parkes, *A History of the Court of Chancery*, London: Longman, Rees, Orme, Brown and Green, 1828, pp. 67-68.

② See Theodore. F. T. Plucknett, *A Concise History of The Common Law*, 中信出版社2003年影印本, p. 697。

权的界限奠定了牢固的基础,他的工作成为埃杰顿以及其他人继续进步的基石。① 具体而言,针对当时大法官法院中的弊端,培根主要从三个方面予以纠正,即大法官法院班子的重组和扩编、大法官法院管辖权的澄清以及法院程序的改革。

一、大法官法院班子的重组和扩编

培根关于大法官法院班组成员改革所做的最为显著的努力是设置了数个新的职位,这表明他希望以增加人手的方式来应对更多的工作。培根主要增加了文书的职位,其中以新增的撰写医院保护令状的文书以及撰写国王土地转让许可证的文书最为典型。然而,培根已经认识到简单地增加大法官法院人手的办法其效果并不理想,因此除增加必要职位外,他还致力于大规模地重组大法官法院的常设职位,为此他制定了详细的规则以规范起始令状起草员(Cursitor)、二等文书(Secondary)以及六书记官的行为。② 其中最值得我们注意的是培根对于起始令状起草员这个重要的文书组织所做的重组。

在培根就职之时,起始令状起草员还是一个组织松散的团体,大约有 20 名文书,他们负责准备处理大法官法院常规业务中的当然令状。这一工作在很大程度上决定了整个机构的效率。而当时起始令状起草员管辖权与职责不明、组织松散,这些都直接影响了大法官法院的效率,成为亟须解决的问题。在培根任职的二十年间,他签发了至少三套关于起始令状起草员的命令,其内容也使我们了解了培根对于行政改革的看法。

---

① See Robert Tittler,"Sir Nicholas Bacon and the Reform of the Tudor Chancery", *The University of Toronto Law Journal*, Vol. 23, No. 4,1973.

② See William S. Holdsworth, *A History of English Law*, Vol. Ⅳ, London: Methuen & Co., 1945, p. 228.

第一套命令于 1566 年签发。其中规定，应当设置 24 名起始令状起草员，每个都需配备相应的副手。每位起始令状起草员都必须经历 7 年学徒期的训练。培根将全国分为 24 个管辖权，每位起始令状起草员排他性地负责撰写其中一个辖区的相关令状。这套命令还详细规定了制作令状的正确格式、起始令状起草员在开庭期及常规业务时间的出庭与所收取酬金的确切比例。最后，大法官还设置了一个监督委员会来监督起始令状起草员及其副手的活动，并检查他们是否存在职务上的玩忽职守，这一委员会的成员由大法官负责任命，其成员包括两名六书记官、两名起始令状起草员，他们将直接向大法官报告其调查的结果。

由于第一套命令在实施中的一些问题，培根于 1573 年签发了第二套命令，对第一套命令作一些重要的增补和修改。为了消除一般形式的玩忽职守，培根强调所有的起始令状起草员都要对一切与他们的令状相关的罚金的正确征收及回呈负严格责任。因此未经大法官法院高级官员同意，不得在令状中征收罚金。一旦罚金被征收，也不允许起始令状起草员任意扣留超过他应得的部分。这一套命令还试图防止令状格式及其书写的拉丁文字体的潦草和随意。另外，起始令状起草员的着装标准也被确立起来了，他们被禁止在大法官法院的办公室中穿着外套、无袖紧身上衣或者大斗篷，而只能"如长期以来的文书经常做的那样"穿着正确的法衣。监督制度也被修改。原有的由大法官任命的由两名六书记官和两名起始令状起草员组成的委员会被一套更为复杂的规则所取代，其中规定大法官每半年任命一名书记官来亲自审查令状的格式，同时每年由起始令状起草员中自行选出 3 人，承担日常监督其同僚的工作。

最后一套针对起始令状起草员的命令于 1576 年签发，其内容更为简单，涉及大量出庭规则。

培根针对起始令状起草员所制定的这几套命令代表了他对适用于整个都铎行政管理的态度和观念。比如，培根坚持起始令状起草员这样相对次要的职位都必须经历长达 7 年的学徒期，这意味着他试图加诸整个大法官法院极高的履行标准；他在针对起始令状起草员的命令中强调有条理的档案保存，这些都有利于效率的提高；通过确立每位起始令状起草员的独立管辖区，培根部分地消除了大法官法院长期存在的内部竞争；最后，他对于起始令状起草员出庭和着装规则以及对于令状制定中的细心和准确的强调都是成熟的官僚所要达到的标准，这些要求在他的时代都是无可匹敌的。①

除了提高效率，培根的命令也致力于减少各种各样的不端行为。常规的酬金标准的确立在很大程度上杜绝了不正当手段的可乘之机；引入自治的概念具有更为重大的意义；涉及评估和征收罚金的条款充分表明需要某种监督程序。由此导致的起始令状起草员在很大程度上被允许实行自我监督的制度是相当富有创造力的。

总之，通过对起始令状起草员组织的重组以及工作的规范，培根在没有增加总体雇员数量的情况下，提高了这一行政组织的效率，减少了其中的不端行为。在培根担任大法官的 21 年间，大法官法院中的职位在功能上分离得更为清楚，其任职者以一种更为常规且有效的方式运作。因此，在培根治理的末期，大法官法院逐渐表现出职业化的特征。②

二、大法官法院管辖权的界定

除在大法官法院的重组等方面的举措外，培根还实施了一些重要措施来界定大法官法院的管辖权，主要是针对大法官法院受理案件的

---

① See Robert Tittler,"Sir Nicholas Bacon and the Reform of the Tudor Chancery", *The University of Toronto Law Journal*, Vol. 23, No. 4,1973.

② See Ibid.

类型、大法官法院与其他法院的关系,以及大法官法院对于某些特定种类诉讼者的权力。①

1565年,培根开始规定他认为不适宜在大法官法院中审理的诉讼类型。自当年的圣三一开庭期开始,该法院不再受理涉及6英亩以下的土地案件,除非其每年的货币价值超过40先令。当时所有未判决的此类案件都被立即驳回,其中的大部分后来为债权法院所接收。在涉及动产的案件中,大法官法院仅仅受理那些价值超过10镑的案件。尽管我们无法弄清到底有多少案件以这种方式被驳回,但是无疑借助这一规定,培根将大法官法院的管辖权放在了一个更为坚实的平面中,这大大有助于加速大法官法院的运作。

培根对于管辖权问题的关注主要集中于大法官法院与其他法院之间的关系上。他的一些措施并非预先设计,而是针对他所看到的作为大法官法院管辖权的明显滥用的特定事例作出的反应。大法官法院的诉讼者在诉讼期间有权免遭其他法院逮捕即为典型一例。

当培根于1558年任职时,存在这样一种情况,一个已经收到大法官法院传票之人很可能因为同一个抑或不同的指控,通过由另一个法院颁布的令状而遭监禁。确切地说,这一情况产生于1560年5月,一个名叫沃尔特·托马斯(Walter Thomas)的人收到了一份由大法官法院签发的传票,其原因为一个名为亨利·沃恩(Henry Vaugham)的人向他提起诉讼。但托马斯没有在指定的时刻出现,而此后的调查揭示,他已经基于由王座法院所签发的潜逃拘捕令状(latitat)被逮捕。米德尔塞克斯郡的郡长执行了逮捕令并拒绝释放托马斯,即使大法官法院签发了中止诉讼令状(supersedeas)也没能阻止这一逮捕行为的发生。

---

① See Robert Tittler,"Sir Nicholas Bacon and the Reform of the Tudor Chancery", *The University of Toronto Law Journal*, Vol. 23, No. 4,1973.

该案的问题在于,在托马斯已经收到了传票或者已经出现在大法官法院上之后,郡长是否有权逮捕他?大法官法院所签发的中止诉讼令状是否优先于王座法院的诉讼呢?

在大法官法院被告知托马斯被逮捕之后,培根知悉了这一情况,并且立即找到王座法院的首席法官罗伯特·卡特林(Robert Catelyn)爵士。在经过激烈的争论之后,培根带着托马斯一起回到大法官法院。继而他起草了大法官法院的命令,反复重申,任何诉讼者在将要或正在大法官法院进行诉讼的时候,在他作为诉讼者期间,有权免遭逮捕。此外,宣告中止诉讼令状是用来获得在任何司法官员监护之下的诉讼者的人身自由的有效且合法的方式。

这并非培根试图捍卫大法官法院管辖权免受其他法院侵害的唯一例子;在1561年,他已经与五港同盟①的长官(Lord Warden of the Cinque Ports)就管辖权问题进行过战斗,并且获得了同样的成功。但是,由此假定大法官法院根据培根的指令总是对其他法院抱有敌视的态度是绝对错误的。当基本的管辖权没有争议的时候,培根命令大法官法院支持其他法院的正当程序,无论是地方管辖权还是中央管辖权。比如,他支持戴尔(Dyer)法官关于彻斯特的财务管理人(the chamberlain of chester)的管辖权的规则,并且亲自帮助确认剑桥大学在法律争议方面的管辖权。

此外,培根还坚持大法官法院对于贵族的管辖权。按传统规定,对于一名贵族而言,无论出席大法官法院是否必要,大法官都必须以信件的方式谦卑并有礼貌地请求他们出庭。1571年,贵族对大法官法院管辖权的公然挑战出现于"塔弗罗纳诉克伦威尔勋爵案"(Taveronor v. Lord

---

① 五港同盟,指11世纪组成海运和防御联盟的一组英国东南部的海港(最初为黑斯廷斯、罗姆尼、海斯、多佛和桑德威奇),在14世纪盎格鲁与法国对抗中达到鼎盛。

Cromwell)中。原告已经请求了针对克伦威尔的传票令状,而被告选择忽视传唤。于是,培根针对这位倔强的贵族签发了一份逮捕令,并派遣诺福克和萨福克郡长拉尔夫·谢尔顿(Ralph Shelton)实施逮捕,而被告克伦威尔坚持贵族拥有免于王室法院签发的逮捕令的权利。对此,培根予以坚决反对,他认为这样的特权是基于恩赐而非权利产生的,因此完全是可以废止的。最后,这一争执在克伦威尔将其案件提交上院后才得出结论。培根主张,贵族们有义务服从国王,因为由大法官法院所签发的判决是以国王的名义作出的,克伦威尔事实上对逮捕令负有义务。然而,尽管他的演说博学且雄辩,但最终培根的主张未获支持。

尽管受到这一打击,但无可置疑的是,在培根领导时期,大法官法院管辖权的界限更为清晰。

三、大法官法院诉讼程序的改革

培根在任期间也一直致力于大法官法院诉讼程序的改革。正是在他担任大法官期间,我们获得了关于该法院诉讼程序的首份详细的规则。在培根之前,大法官法院的大部分命令与该法院的组织相关,程序规则稀少且模糊,主要涉及官员的职责和权力。实践中唯一存在的关于该法院衡平管辖权的程序规则是一两个关于处理传票的签发以及询问证人的规则。[①] 培根在任期间颁布了更多且更为详尽的规则,主要涉及永久保存的证词(testimony in perpetuam rei memoriam)、多重调卷令以及大法官法院诉讼者的义务。[②]

首先,由一个特别委员会获取永久保存的证词的制度被应用于无

[①] See William S. Holdsworth, *A History of English Law*, Vol. IV, London: Methuen & Co., 1945, pp. 228-229.

[②] See Robert Tittler,"*Sir Nicholas Bacon and the Reform of the Tudor Chancery*", *The University of Toronto Law Journal*, Vol. 23, No. 4, 1973.

法亲自在威斯敏斯特宫作出证词的案件。以这种方式获取证词的实践为大法官法院所特有,并请求经常基于为其他法院提供这一服务。由于永久保存的证词是以口头而非书面形式获取的,还存在着其他的不确定因素,因此有可能发生无数不精确、曲解甚至不端行为。基于此,培根任职不久就签发了一份全面且详尽的命令来规范这一重大的司法制度的正确使用,以制止这一程序的滥用。

其次,培根还致力于规范多重调卷令的签发。调卷令本来用于在大法官法院提起上诉。诉讼者可以使用调卷令来达到将当时正在其他法院进行的审判的记录送至大法官面前的目的。一旦获得此类记录,就可能在大法官法院中提起上诉。但调卷令极有可能被滥用,因为即使大法官法院再度确认下级法院的初审判决,当事人也有可能借助于第二个调卷令再度发动整个诉讼并要求第二次上诉。而且第二次审判很可能会由另一位主事官审理,他也极有可能推翻其同僚所作的判决。另一方面,调卷令的多次使用相当耗费时间,并很可能与正常程序的原则相冲突。在当时,调卷令的滥用已经使得大法官法院及其他法院原有的快捷的正当程序遭到极大损害。

1568年,培根首次尝试限制签发多重调卷令的实践,并在此后颁布一套命令予以补充。他下令,没有大法官的亲自批准不得授予调卷令,而且所有的此类请求要被正确登记,作为永久记录的事项;最后规定对于一位诉讼者不得签发超过两份调卷令。在这里,培根再次阐明并强调了保存记录的重要性以及将基本程序格式化的必要性。

此外,培根还制定了程序规则,阐明诉讼者在法院面前的义务,以达到减少不正当手段提高大法官法院效力的目的。1578年以前的普遍做法是当被告被首次召唤出庭时,他会让其代理人代为出庭。代理人将会以其客户的名义作出初步的证词,基于该次证词来确定正式听审的时间。同时,被告并不会被真正拘捕。他可以在法庭外解决他的案件,在另一个法院中反诉原告,或者在大法官法院中提起反诉诉状,借此他有希望对原告作出攻击。在此类诉讼中,被告都有可能不出席基于其代理人的证词而确定的听审。大法官法院将会浪费大量的时间,而原告无法就其冤屈获得任何补偿。

为了尽可能避免这种不确定的但又并非不合法的实践活动,培根于1578年下令,任何被传唤出庭的当事人必须亲自出庭。他的出庭将会被登记官记录在案,他将要为其出庭提供保证金,且必须亲自在该法院等待直至审判。只有在该法院明令允许下,他才能免于此类义务。

四、对尼古拉斯·培根的评价

作为伊丽莎白一世的首位国玺大臣,尼古拉斯·培根引入了多方面的改革,并且在促进大法官法院运作方面获得了某种意义上的成功。他创设了一些新的职位、重组了一些原有的职位并使其常规化,从而增加了大法官法院处理其工作量的效率。在他管理期间,法院程序也变得更为精确化、正式化,某些特定的实践活动,尤其是记录的登记和保管以及酬金的固定等被更为牢固地确立,或者在一些案件中被首次确立。培根也以一种积极的方式阐明了大法官法院的诉讼者的权利和责任,并且更为明确地界定了该法院的管辖权。[①] 总之,培根对大法官法院所作的全面改革为该法院的进一步发展奠定了坚实的基础。

第五节 托马斯·埃杰顿

伊丽莎白一世时期另一位值得关注的大法官是女王的最后一位国

[①] See Robert Tittler, "Sir Nicholas Bacon and the Reform of the Tudor Chancery", *The University of Toronto Law Journal*, Vol. 23, No. 4, 1973.

玺大臣——托马斯·埃杰顿爵士，其任期与尼古拉斯·培根一样长达21年，并且在此期间被授予埃尔斯密尔勋爵以及布拉克利子爵。埃杰顿毕业于剑桥大学，于1572年被授予律师资格，并在大法官法院中任职多年。据说伊丽莎白女王偶尔听到他在一个案件中反对国王，对他的能力留下了极其深刻的印象，遂于1581年任命他为副总检察长，女王说："这样他再也无法反对我了。"1594年，埃杰顿成为卷宗主事官，1596年成为国玺大臣和枢密院成员。1603年，詹姆斯一世任命他为大法官。1617年，埃杰顿辞去大法官一职，并于12天后去世。①

埃杰顿深得女王和詹姆斯一世的信任，因此具有很大的政治影响力。在大法官法院，他发布了许多关于法院的程序和组织的命令，尤其是以简化诉答程序和防止拖延为目的的命令。②

一、埃杰顿时期的程序改革和行政改革

埃杰顿甫一上任，就迫不及待地启动他的改革计划，他于1596年5月24日下令，从此以后，针对土地和房屋的价值10镑以下的诉讼和价值20镑以下的货物与动产的诉讼将不再被听审。如果违反这一规定，则原告必须对被告所付出的诉讼费用和全部开销予以补偿。为防止琐碎冗长的诉答文书，他规定，在过于冗长的诉答文书上署名的辩护律师将被处以至少40先令的罚款。埃杰顿还规定，藐视罪所需要的宣誓书不得包含任何与诉讼主体相关的内容。③ 1596年6月23日，为防止伪造证据，他下令，非经相关的法院官员签字，诉答文书和宣誓证词

---

① See Theodore. F. T. Plucknett, *A Concise History of The Common Law*，中信出版社2003年影印本，pp. 697-698。

② See Ibid., p. 698.

③ See George Williams Sanders, *Orders of the High Court of Chancery*, Vol. Ⅰ, London: A. Maxwell & Son, 1845, p. 69.

(desposition)的抄本将不再当庭宣读。①

1598年5月31日,埃杰顿试图通过规定未能在一个完整的开庭期内提出对被告答辩的原告将被驳回诉请,从而加速诉答过程。他还宣布,为了防止侵犯人身的行为,宣誓书一经作出,藐视法庭罪的拘禁令(attachment)即自动签发,无须再提出动议。这一规定可能由于不真实的宣誓书而导致无辜者遭受不公正的对待,但埃杰顿也规定一旦欺诈性的宣誓书被发现,宣誓者即被处以全额审理费用的罚款。② 此外,埃杰顿为了证明法院对于调卷令的管辖权,还重新解释了询问证人的必要性,这与他早期坚持关于询问证人的一般规则应当遵守证言的字面意义的观点相一致。③

但埃杰顿颁布的上述这些命令还不是让人印象最深刻的,他对登记簿(entry book)所作的改革具有更大的影响,埃杰顿主要是通过行政指令(administrative directives)的方式来完成这一改革的。

如埃杰顿在1596年的指令中规定:"所有的令状、证书以及回呈给大法官法院的其他传票都将在回呈后的适当时间内交到卷宗礼拜堂(the Chapel of the Rolls),并按规定予以归档和捆扎。"1599年的详细命令的目的是"为了清除近年来在羊皮纸、墨水、笔记以及在大法官法院中制成的档案卷宗中产生各式各样的混乱"④。1596年的命令要求所有法律文

---

① See George Williams Sanders, *Orders of the High Court of Chancery*, Vol. Ⅰ, London: A. Maxwell & Son, 1845, pp. 73-74.
② See Ibid., pp. 77-78.
③ See Ibid., pp. 78-79a.
④ 当时的文档材料和文档的管理极其混乱。罗伯特·巴克(Robert Buck)在伦敦的商店以20苏的价格售卖伪造的国玺和海事大臣的印章。造成这一问题的部分原因是由于一些被处理和保存的成堆的羊皮纸。到伊丽莎白一世统治末期,每年大概有240镑被用于支付蜡和羊皮纸的费用。在1595年,六书记官、小袋办公室的文书、卷宗礼拜堂以及登记办公室使用了80卷羊皮纸,到1599年已经增加到了110卷,1601年则为161卷。各种卷宗和档案分为38类,每年被带到卷宗礼拜堂保存。请求进行文件查找的客户至少支付10苏。

件的副本至少包含 15 行,并需带有首席文书或者其副手的签名。① 由此,责任可以被清楚地界定,文书们不再那么容易利用大字或者过大的行距等增加纸张数量的诡计而获得暴利。此外,1599 年的命令对于所有类型的文件和羊皮纸工作制定了明确的规则。② 当埃杰顿进行改革的时候,他强调处理微小的细节。但是他也认识到蝇头小利的诱导效果。因此他许诺给予那些"能够并愿意在登录办公室仔细且漂亮地努力书写大法官法院的记录"的文书们额外的两但尼的奖赏。③

埃杰顿也认识到令状导致了大量的权力滥用,因此防止令状的滥用成为其改革最为重要的内容之一。比如,埃杰顿在 1596 年命令中规定,禁止离境令(writs of ne exeat regnum)、禁令、诺桑普顿法令(statute of northampton)、专门的调卷令、停止进行令状(non procedendo)、收监令(mittimus)以及连人带案移送复审令状(corpus cum causa vi laica)等令状如未经国玺大臣或者卷宗主事官签名不得签发;每个案件只能发布一个普通调卷令以及发还审理令状(procedendo)。④ 他也警告文书及其副手不要沉溺于欺骗女王、法院官员以及客户的行为中。在另一个方面,他下令,请说明理由令状(scire facias)⑤不会基于未经大法官法院登记的保证书或者早于正确日期的保证书而被授予。而且——这甚至适用于合法案件中——将在签发请说明理由令状之前检查档案。⑥ 这个措施表明了一个迹象,即有害的、不被许可的以及不被

---

① See George Williams Sanders, *Orders of the High Court of Chancery*, Vol. Ⅰ, London: A. Maxwell & Son, 1845, p.70.
② See Ibid., pp. 80-82.
③ See Ibid., p. 82.
④ See Ibid., p. 70.
⑤ 法院命令关系人说明某项成案何以不应执行的书状。
⑥ See George Williams Sanders, *Orders of the High Court of Chancery*, Vol. Ⅰ, London: A. Maxwell & Son, 1845, p.70.

授权的法律文件的溪流已经在流淌。此外,埃杰顿还规定,在制作无案可查令状之副本(innotescimus)之前,必须获得国玺大臣或者卷宗主事官的专门的委任书(warrant)。①

为了制止文书们利用种种漏洞将制作令状的过程中收取的酬金装进自己的腰包,埃杰顿发布了四个明确的指令。从此以后,不再允许在令状上背书"更新"(renovatur)或者"因为之前"(quia antea)等字样,除非经过盖印确认,并且已经向国王支付了报酬。一个下级文书或者仆人不再基于特权免于支付报酬,除非他亲自出现或者他的主事官送来一份亲笔记录。以贫民的身份制作的法律文件也必须支付报酬,除非另有委任书证实该主张。而且任何文书都不能在"核对之前被送出,除非是基于大法官的特别命令,或者除非该文书或其记录先前已经呈递给乘骑书记官(Riding Clerk)或者令状保管书记官(Clerk of the Hanaper)"②。

为了防止一些人非法利用大法官法院中的档案作为证据挫败其诉讼对手,埃杰顿也作出了相关的规定。他宣布未经询问官签字,不得复制城镇宣誓证词(town depositions);未经国玺大臣同意,不得部分或者全部地复制登记的契约或那些未经公证的契约。③

埃杰顿一方面致力于提高起始令状起草员或者六书记官办公室中的下级文书地位,另一方面,他还对大法官法院诉讼过程中的种种违规收费行为进行全盘清理。为此,他专门任命了一个委员会,对相关问题进行调查和报告。该委员会于 1598 年 3 月 8 日提交了报告,

---

① See George Williams Sanders, *Orders of the High Court of Chancery*, Vol. I, London:A. Maxwell & Son, 1845, p.71.

② See W. J. Jones, *The Elizabethan Court of Chancery*, Oxford:Clarendon Press, 1967, p.85.

③ See George Williams Sanders, *Orders of the High Court of Chancery*, Vol. I, London:A. Maxwell & Son, 1845, p.71.

如实地列举了大法官法院的官职、传统的法定收费，以及后来增加的没有合法依据的费用。这份报告表明，当时大法官法院中费用的滥收已经达到了惊人的程度，当事人支付的大量费用仅仅用来换取官员、文书们的一个签名。但是，埃杰顿清理额外收入的这一工作遭受了大量的批评和攻击。最终，这些费用并未被删减，1598年的这份关于大法官法院官员报酬的报告甚至成为此后大法官法院官员收取费用的依据。这个例子表明在大法官法院进行全面改革困难重重。

二、埃杰顿时期先例原则的萌芽

埃杰顿大法官的判例有少量至今尚存。他被视为第一位将其衡平管辖权建立在已经判决过的案件和从这些案件中抽象出来的原则之上并为它们所引导的大法官。但学者们这一结论有待进一步考证。埃杰顿无疑经常查阅先例，并指令主事官在特定案件中搜寻它们。但我们可以看到，埃杰顿也在判案过程中为衡平法增加了许多新原则，提供新救济。在牛津伯爵大案中，埃杰顿明确主张基于新原则决定新案件的权力。他说："大法官通过其位于女王陛下之下的职权来补充议会权力，直到在当事人之间分清'我的'和'你的'。"另外他认为："之所以出现大法官法院的原因在于，人们的诉讼是如此多样和无限，以至于无法就此制定出任何能够恰当地满足每个特定案件且不会在某些情况下失效的一般性的法律。"[①]由此可见，埃杰顿尚未在衡平法中确立明确的遵循先例原则。

---

① See D. M. Kerly, *An Historical Sketch of the Equitable Jurisdiction of the Court of Chancery*, London: Cambridge University Press, 1890, pp. 99-100.

三、埃杰顿时期大法官法院与普通法法院管辖权冲突的解决

就大法官法院与普通法法院之间管辖权的关系而言，可以说，正是埃杰顿任大法官期间，更确切地说是在1616年，大法官法院的独立最终被确认。1616年，王座法院与大法官法院之间爆发了激烈的冲突。王座法院首席法官柯克禁止诉讼者在衡平法院诉讼；而大法官埃杰顿禁止诉讼者们实施普通法判决。最终，埃杰顿将这一纷争诉诸国王，国王詹姆斯一世任命了一个委员会，其中包括总检察长弗朗西斯·培根，并请这个委员会提供参考意见或建议，在经过考虑之后，国王最终下令支持大法官法院。这一事件的详细过程及其意义我们将会予以专章讨论，在此，我们只需注意埃杰顿通过这一事件对衡平法及大法官法院产生了极其重大的影响。正是基于此，霍兹沃斯给予埃杰顿的大法官任期以很高的评价，他说："自从托马斯·莫尔担任大法官以来，还没有比他在早期的衡平法史上更为重要的时期了。正如托马斯·莫尔的任期标志着衡平法的实施从教会人士转移到了普通法律师大法官手中一样，埃杰顿的大法官任期则标志着衡平法与普通法的关系最终被确定下来。莫尔之后的大法官都保持着与普通法的密切关系，由于埃杰顿证明了大法官法院的独立地位，他之后的大法官才能够开始发展系统化的原则，并基于这些原则给予衡平救济。"[①]

四、对埃杰顿的评价

总之，埃杰顿为大法官法院提供了更为牢固的程序规则，试图通过

---

① William S. Holdsworth, *A History of English Law*, Vol. Ⅳ, London: Methuen & Co., 1945, pp. 230-231.

行政改革给予该法院一个新的支柱,同时他试图建立系列原则,从而减少自由裁判权的范围,并且使得大法官法院的实践与其他在威斯敏斯特宫确立的法院的实践更为接近。在界定大法官法院和其他法院的关系方面,他完成了他的前任们如培根和帕克林(Puckering)等人未竟的工作。埃杰顿实施的一系列行政改革意味着大法官法院能够真正地作为一个拥有固定程序习惯的法院确立下来,而这又反过来使得创设支配大法官法院和其他法院之间管辖权分配规则成为可能。因此,该法院获得了对于"衡平法"的公认的垄断权,这成为后来17世纪末期的大法官,尤其是诺丁汉工作的基础。①

第六节 弗朗西斯·培根

继埃杰顿之后执掌大法官法院的是弗朗西斯·培根。培根是一位真正的天才,他不仅如我们所熟知的是一位哲学家、科学家、文学家,他还是一位卓有成果的法学家。培根的早期生涯开始于剑桥圣三一学院、格雷律师公会和巴黎的英国大使馆。1584年,培根进入议会。1607年,培根成为副总检察长,并于1613年成为总检察长,在那个职位上,他参与并主导了托马斯·埃杰顿与爱德华·柯克就大法官法院与普通法法院之间的管辖权冲突进行的斗争。1617年3月7日,培根接替托马斯·埃杰顿成为国玺大臣,1618年1月7日,他接受了大法官的头衔。② 同年7月12日,培根获封韦鲁勒姆男爵(Baron Verulam),③这

---

① See W. J. Jones, *The Elizabethan Court of Chancery*, Oxford: Clarendon Press, 1967, p.16.
② 也有人认为培根是1617年1月4日担任大法官一职的。
③ See Theodore. F. T. Plucknett, *A Concise History of The Common Law*, 中信出版社2003年影印本, pp.699-701.

可谓其政治生涯的顶峰。1621年,作为大法官的培根因收受贿赂而遭议会弹劾,最终定罪,他被罢免了大法官一职,并且此后不得担任任何公职。这标志着培根法官生涯的终结,也是其政治生涯的终结。

对于作为法官的培根,供我们了解的资料并不丰富。瑞奇(Rtchie)于1932年出版的判例选集使我们对于培根的判决有一些了解,①但是由于有关培根作为大法官的绝大多数判决的法院档案并未出版,因而我们拥有的仅仅是一些非常琐碎的、不连贯的且令人不满的记录。从这些记录中,我们能够看到培根发展衡平法的一些指令,也可以发现培根创立或者参与了衡平法的后来一些的学说。但是,在缺乏报告的情况下,如同这一时期的其他法官一样,我们无法确切地了解培根在大法官法院中详细的工作状况。当然,从培根自己的著作中我们确实了解了他的大量成就,至少比在常规报告开始之前我们所知道的任何其他大法官的成就都要多。②

一、培根的就职演讲:大法官法院改革的构想

1617年,在大法官法院的就职仪式上,培根发表了一篇就职演说,在这篇演讲中,他把大法官比做罗马裁判官,并仿照古罗马裁判官颁布就职告示的做法,对自己任职期间的一些基本原则进行了阐释,同时许诺改革大法官法院中存在的一些程序上的缺陷。③

---

① See Theodore. F. T. Plucknett, *A Concise History of The Common Law*, 中信出版社2003年影印本, p. 701。
② See William S. Holdsworth, *A History of English Law*, Vol. V, London: Methuen & Co., 1945, p. 251.
③ See Joseph Parkes, *A History of the Court of Chancery*, London: Longman, Rees, Orme, Brown and Green, 1828, pp. 81-85;D. M. Kerly, *An Historical Sketch of the Equitable Jurisdiction of the Court of Chancery*, London: Cambridge University Press, 1890, pp. 102-104.

在演说中,培根提到了詹姆斯一世给予他的四个指令:第一,大法官法院的管辖权不应当再扩展;第二,国玺不应当随意加盖于特许状上;第三,应当避免所有不必要的迟延,否则对臣民们的救济只是一种嘲讽——给得快等于加倍地给(bis dat qui cito dat);第四,衡平法应当更便宜,"生长于正义周围的荆棘"以及勒索应当被发现。①

对于国王所给予的颇有见地的建议,培根以非凡的识别力和判断力作了进一步的发挥。他建议通过排除所有在普通法上可以判决的诉讼的方法来限制大法官法院的管辖权。如他所言,大法官法院的作用在于补充而非推翻普通法。他宣布他将亲自"掌管法院的钥匙",不再把异议或者申辩提交给主事官审断,不再过度依赖主事官的报告;并且他将于每周四听审所有的动议。他声称对于普通法判决后的诉请,他将要求原告方提供诉讼的证据。他保证他不会仅仅基于诉讼的优先权或者基于一个没有证据的抱怨而授予禁令来制止普通法上的诉讼,而是会基于被告的答辩中所坦承的事项授予禁令,除非这一坦承为胁迫所得。最后,他提到在许多疑难案件中,普通法法官的意见和建议对他而言非常必要。②

对于国王建议的快速司法的问题,培根强调:"我决心在听审之后尽可能快速地作出判决(如果不是立刻的话)。"他也间接提到诉讼迟延的问题(前任大法官们经常将一个诉讼搁置数个开庭期后重新听审)。培根指出:"对于此种间断,我认为并无用处,因此,我许诺将在我听审后的几日后宣布我的判决,并且至少在宣告后的休庭期里签署我的判决,因为及时的正义是最甜蜜的。"为了提高速度和防止积案,他告诉律师们,他将坐堂时间"从上午延长至下午",有时候还在休庭期进行审

---

① See Joseph Parkes, *A History of the Court of Chancery*, London: Longman, Rees, Orme, Brown and Green, 1828, p. 81.
② See Ibid., p. 82.

理。他说道,他将不允许一名原告为了明显的拖延诉讼的目的而获得衡平法上的禁令以制止普通法上诉讼;并且,如果他察觉到原告未曾尽快在大法官法院中依法起诉,他将立刻取消禁令。

对于国王训令的第四点,培根作出了下列许诺:

> 首先,我将严格维持以前大法官针对诉状和答辩状等法律文书的过度、不必要的冗长所颁布的命令。
>
> 其次,对于法院中所进行的所有询问,我要求询问官们避免无价值的重复,或者在记录宣誓证词时避免记录不必要的事实;对于乡间的委员会我也作同样的要求。
>
> 再次,我将对大法官的抄写员作持续不断的监督;确保他们有自己正确的抄写行数,而非不受限制地任意增加抄写行数。
>
> 最后,我将仔细地确保不产生任何新的不必要的费用,只收取已经存在于列表中的规定的费用。

培根的这篇演讲无疑表明一个关于改革大法官法院的既定计划已经在他的心中成形。

二、培根颁布的大法官法院的命令

为了实现他在就职演说中对大法官法院改革所作的许诺,培根相继于1619年和1620年颁发命令。[①] 虽然在培根之前,大法官们为了纠正特定的不便之事也会颁布一些一般命令,但是培根是第一个试图全面系统地改进这一实践的人。[②] 培根自始至终都是制定法法典化以

[①] 大法官培根的命令的日期被标注为1618年1月29日。

[②] See George Spence, *The Equitable Jurisdiction of the Court of Chancery*, Vol. Ⅰ, Buffalo: William S. Hein & Company, 1981, p.397.

及判例法摘录的坚定鼓吹者,他所颁布的这一套命令也是其所倡导的法典化的一种落实。从很大程度上讲,这套命令也成为了大法官法院实践的基础,且一直被后人所滥用,直至 19 世纪的改革。①

1619 年 1 月,培根签发了涉及大法官法院实践的 101 条命令。② 1620 年 10 月,他又签发了补充命令,其中 11 条涉及同一个主题。首先,1619 年命令规定了大法官法院判决的质疑、推翻以及执行。其次,它解释了在何种情况下诉状能够被驳回;并确认在何种情况下能够获得债权法院或者省咨议会命令的判决;详细罗列了登记官的职责;还制定了提交主事官审断的规则以及起草主事官报告和证书的规则。再次,规定了涉及诉状、答辩状、异议和申辩的诉答规则。最后,规定了询问证人委员会的行为规则、获取宣誓书的行为规则以及针对那些犯有蔑视法院罪之人的程序规则。该命令还列举了某些并非基于请愿书而被授予的诉请,制定了针对某些种类的令状的签发问题的特别规则,规定了提出令状申请及登记禁令的程序。此外,为了签发关于慈善用益、下水道、破产方面的委任状以及建立授权法院(the court of delegates),还制定了一些特别规则。该命令的最后三条规则涉及贫民诉讼、征收损害赔偿金以及许可证和其他档案的文件公证。

1620 年的命令涉及迫使与债权人和解的要求妥善清理遗产的诉状(bills of conformity)、命令的登记,以及关于签发征收损害赔偿金的许可证的进一步的规则。③

---

① See William S. Holdsworth, *A History of English Law*, Vol. V, London: Methuen & Co., 1945, p. 253.

② 命令全文见 *Ordinances Made by the Right Honourable Sir Francis Bacon Knight, Lord Verulam, and Viscount of Saint Albans, Being Then Lord Chancellor, for the Better and More Regular Administration of Justice in the Chancery, to be Daily Observed, Saving the Prerogative of this Court*, London, 1642.

③ See George Spence, *The Equitable Jurisdiction of the Court of Chancery*, Vol. I, Buffalo: William S. Hein & Company, 1981, pp. 397-399.

这一内容广泛的法典规范了大法官法院的程序,也成为大法官法院发展实质性的衡平原则的基础。

三、大法官法院改革的具体实践

(一) 提高司法效率、保证司法质量的实践

培根实现了他提高司法效率的诺言。在大法官法院就任的一个月后,他在给白金汉公爵的信中写道:"今天我已经将王国内寻求普遍正义的事情处理完毕;所有的案件均已听审完毕;律师们已经提出了他们要做的所有的动议;所有的请愿书均予以答复。"在同年 11 月,他自认仍然维持了这样的效率。

与此同时,没有任何证据表明在培根任职期间大法官法院的司法质量有令人不满意之处。尽管他自己承认过于轻易地从诉讼者那里收取礼物;尽管在至少一个案件中,他因受到白金汉公爵的影响而滥用了司法,但是很可能他的上述做法并没有使得他改变他的判决。至少我们确实没有听说他所判的大量案件为他的继任者所推翻。①

(二) 实现大法官法院与普通法法院和谐共处的实践

为了弥合大法官法院与普通法法院之间的关系,培根仿效托马斯·莫尔的做法,在大法官法院演讲后的次日,他邀请法官共进午餐,并且希望他们把他看做他们中的一员。餐后,培根和他们坐在一起讨论,他向法官们指出,柯克和埃杰顿之间的争论在很大程度上是个人的;对于将来,"因为我不会忍受任何对于大法官法院自古以来的正当权力的缩减和侵蚀,因此如果任何涉及大法官法院的诉讼且在你们看来是过度不当的事项被提交到你们面前时,你们应当直率、友好地告诉我,我们应当很快达

---

① See William S. Holdsworth, *A History of English Law*, Vol. V, London: Methuen & Co., 1945, p. 254.

成一致；或者如果不这样，我们找一位主事官，让他就此进行辨别并规制。"对于这次讨论，培根说："我确实看到了他们脸上的愉悦和安慰，仿佛它是一个新世界。"培根履行了他的诺言。在其命令中，他反对由有权势的诉讼者滥用权力来获得禁令；他的措施显然是成功的，因为普通法法院和大法官法院不再争吵。因此可以说，他恢复了普通法法院和大法官法院之间原有的关系，这对于两套法院的有效运行是有必要的。①

四、对弗朗西斯·培根的评价

可以公正地说，培根在大法官法院留下了深刻的印迹。作为总检察长，他在维护法院的独立性方面拥有大量的手段，并且由此维护了衡平法的自由发展。作为大法官，他帮助恢复了大法官法院和普通法法院之间的和谐关系；并且他从其前任零散的命令中创立了一部程序法典，它的形成对于衡平法制度的发展是一个先决条件。总之，培根巩固完善了自托马斯·莫尔开始的律师类型的大法官的工作。尽管直到复辟之前衡平法都没有获得快速发展，但这完全是由于政治原因。

第七节 托马斯·考文垂

托马斯·考文垂是斯图亚特王朝前期最后一位值得关注的大法官，他是一位法官之子，其父是民事诉讼高等法院法官。1594年，考文垂进入内殿律师公会，并于1614年成为公会主管（Bencher of the Society）。尽管由于考文垂与柯克的友谊，培根竭力反对提拔他，但在1616年他仍然成为伦敦司法官（Recorder of London）②。自1617年至

---

① See William S. Holdsworth, *A History of English Law*, Vol. V, London: Methuen & Co., 1945, p.251.

② 由伦敦市高级市政官法庭选举产生，终身任职，是伦敦市共同体的首席顾问和首席辩护人，非经国王授权，不得实施任何司法审判权能。其职责是维持和平、宣布判决、证实并记录城市习惯，应邀参加政务。

1621年间,考文垂一直担任司库一职。1617年3月14日,考文垂被任命为副总检察长并被授予爵位。1621年1月11日,他被任命为总检察长。1625年11月1日,考文垂被任命为国玺大臣。①

一经上任,考文垂就热切地投身于大法官法院的改革事业中,他颁布了大量的命令。其中很多命令用来规制大法官法院官员的职责及支付给他们的报酬标准。还有些命令用来防止官员们侵蚀彼此的管辖范围。而有些命令只是临时性的,比如,考文垂于1636年颁发了数个关于由于瘟疫而导致业务混乱的命令。考文垂的许多命令与程序相关,数个命令被用来反对不按秩序听审案件的权力滥用。此外,还有些命令涉及特权令状的滥用、询问证人的委任状的签发、针对那些漠视传票之人的藐视传票的签发。②

值得关注的是,1635年11月17日,考文垂在卷宗主事官朱利叶斯·西泽爵士的建议和支持下颁布了一套新命令,共31条。③ 这套命令致力于改革大法官法院中的权力滥用、取消不必要的费用、提高审判效率。它规范了六书记官、登记官、主事官以及大法官法院文书的职责;要求避免诉答文书的冗长;规定了关于大法官法院的质询和询问证人的规则,如要求避免询问证人不相干的问题,引入了对特定证人作特定质询的实践;该命令还涉及听审异议、动议、请愿书、禁令的签发以及

---

① 资料来源见http://encyclopedia.thefreedictionary.com/Thomas+Coventry,+1st+Baron+Coventry。
② See William S. Holdsworth, *A History of English Law*, Vol. V, London: Methuen & Co., 1945, p. 254.
③ 具体内容参见George Spence, *The Equitable Jurisdiction of the Court of Chancery*, Vol. I, Buffalo: William S. Hein & Company, 1981, pp. 402-403; D. M. Kerly, *An Historical Sketch of the Equitable Jurisdiction of the Court of Chancery*, London: Cambridge University Press, 1890, pp. 105-106. 其中许多内容后来为克拉伦登(Clarendon)大法官重复。大法官考文垂的一些命令至今仍然被认定为实践事项上的权威;但是很可能由于它们在当时未得到有效实施,因此几乎没有受到关注。

贫民诉讼；并对律师们的行为予以规范，禁止他们对小额诉讼提出异议，除非由其亲自起草或经其仔细阅读，否则他们不得在诉答文书上签名。仅仅基于律师或者客户的权威而没有细读该案件的档案，律师们不能向法院提供事实。[1]

这些命令表明考文垂清楚地认识到了大法官法院中存在的权力滥用现象，并且试图予以救济。

从实践来看，通过清除由其前任累积下来的诉讼积案，考文垂获得了更多的声望。坎贝尔提到，在考文垂初掌国玺之时，等待他处理的案件多达两百多件；他在当年将所有案件审理完毕，自此，大法官法院的客户无须再受其诉讼的折磨。[2] 他与普通法法院的法官们也维持着良好的关系。有记录表明，当考文垂审案之时，如果遇到衡平法中的疑难问题，他就会请求普通法法官的帮助。[3]

此外，考文垂还确定了一些衡平法原则。人们在考文垂时期的"大法官法院报告"中发现了对这些原则的阐述。在普通法法官们的支持下，许多案件被"基于先例"而判决。大法官哈德威克在与大法官凯姆斯（Kames）关于英国衡平法的著名信件中确定，衡平法一般规则的建立日期"始于国玺大臣考文垂时代"。[4]

以上种种都表明，考文垂是一位有能力的法官——如克拉伦登所

---

[1] See William S. Holdsworth, *A History of English Law*, Vol. Ⅴ, London: Methuen & Co., 1945, pp. 255-256；这些规范的具体内容可参见 George Spence, *The Equitable Jurisdiction of the Court of Chancery*, Vol. Ⅰ, Buffalo: William S. Hein & Company, 1981, pp. 402-404。

[2] See J. Campbell, *The Lives of the Lord Chancellors and Keepers of the Great Seal of England, from the Earliest Times till the Reign of King George Ⅳ*, Vol. Ⅰ, Philadelphia: Blanchard and Lea's Publications, 1851, p. 420.

[3] See Ibid., p. 420.

[4] See D. M. Kerly, *An Historical Sketch of the Equitable Jurisdiction of the Court of Chancery*, London: Cambridge University Press, 1890, pp. 105-106.

说,他理解"整个科学以及法律的神秘"①。但是,由于查理一世与议会之间的政治斗争以及此后爆发的内战,考文垂对大法官法院的改革措施没有得到贯彻,他之后继任的大法官们也没有为改进或者发展衡平管辖权作出任何努力。

总之,经历了自沃尔西向莫尔的转变之后,大法官的工作重心日渐转移到司法工作上。而从莫尔到考文垂,大法官们在推动发展衡平法方面的工作主要在于完善大法官法院的组织、改进大法官法院的诉讼程序规则,以及确定普通法法院与大法官法院之间的管辖权关系等。经过他们的努力,大法官法院的组织日渐庞大,诉讼规则基本定型,普通法法院与大法官法院的管辖权的边界日渐清晰,彼此之间的关系也被确定,为大法官法院衡平法的近代转型奠定了基础。

---

① William S. Holdsworth, *A History of English Law*, Vol. Ⅴ, London: Methuen & Co., 1945, p.256.

第五章 大法官法院的衡平诉讼程序

衡平法的产生源自于普通法的僵化,这一点在诉讼程序方面表现得尤为明显。至14世纪,普通法诉讼程序中表现出的迟缓、昂贵、无效等现象已经非常明显,而且还屡遭滥用。由于普通法本身具有"程序先于权利"的特征,因此一旦诉讼程序方面遭遇障碍,往往导致当事人的实体权利无法得到有效保障,正义无法实现。无法在既有的普通法法院中获得救助的当事人无奈之下只能另辟蹊径,求助于大法官。一开始,作为咨议会首领的大法官在对个案实施救济之时,无须遵循固定、正式的程序,任意性较大。随着大法官法院全面接管衡平案件以及案件数量的不断增加,至15世纪,大法官法院的衡平诉讼程序逐渐成形,它一方面借鉴了普通法、教会法以及罗马法的诉讼程序,另一方面又根据自身的需要加以改造,形成了自己的特色。至16世纪,大法官法院的衡平诉讼程序的主要阶段均已定型,大致可以分为诉答程序、中间程序、证据制度、仲裁、听审和判决、复审和上诉等部分。本章拟对大法官法院中的这些具体诉讼阶段予以讨论,并总结其特征。

第一节 大法官法院衡平诉讼程序的历史发展

一、普通法法院诉讼程序概述

(一)普通法法院诉讼程序的发展

至爱德华一世统治末期,普通法的诉讼程序已经表现出技术化的特征,历经爱德华二世、三世时期的发展,普通法的诉讼程序日趋稳定,大致如下:首先,普通法的诉讼程序由一份签发给郡长要求原告出庭的起始令状开启。原告继而提出他的申诉状(declaration),最初该申诉状以口头方式提出,自爱德华三世时期开始,以书面方式提起。被告对此作出答辩(plead),原告对被告的答辩作出辩驳(reply),然后被告再答辩(rejoin),等等。申诉状(declaration)、答辩(plead)、原告辩驳(reply)、被告再答辩(rejoin)、原告次轮辩驳(surrejoinder)、被告的三轮答辩(rebutter)、原告三轮辩驳(surrebutter),等等,整个过程被称为诉答程序。各方当事人如果不回应其对手的上一轮诉答文书,可以代之以异议(demur),宣称一些理由,如用来支持主张(claim)或者抗辩(defence)的事实在法律上不充分或形式上有缺点,这一异议由法官审理并决定。最后,在所有有争议的法律问题和诉答文书被决定之后,如果该诉讼本身还未解决的话,一方当事人就诉诸一个陪审团来决定仍有争议的事实问题,另一方当事人则以一份"(接受对方当事人提出的某一争议点的)承认"(similiter)做回应,法官最终基于陪审团裁决作出判决。①

(二)普通法法院诉讼程序的缺陷及大法官法院的干预

普通法上的这种诉讼程序具有一定的缺陷,并且随着普通法的日益僵化,这些缺陷也日益明显,最终导致了大法官法院的干预。从向大法官呈递的诉状中,我们可以看到许多由于普通法的程序缺陷而不得不向大法官求助的例证,这些缺陷表现为如下几个方面:

1.普通法的程序极其拖拉。例如,在1389年,一位船主就因为一些商人们拖欠运费,他又无法"等待漫长的起诉过程"而不得不向大法

---

① See D. M. Kerly, *An Historical Sketch of the Equitable Jurisdiction of the Court of Chancery*, London: Cambridge University Press, 1890, pp. 50-51.

官请求救济。① 稍后,一名原告也"因为他在普通法上没有找到迅速的救济"而在大法官面前提出了一个"强行侵入"(forcible entry)②的诉讼。③

2.普通法的程序非常昂贵。原告的贫穷以及普通法诉讼的昂贵常常成为请求大法官干预的理由。例如一位原告声称,她因为被告许诺娶她而被诱使将自己的财产交给被告,但该被告是一位有妇之夫,骗取财产后便立即逃离。该被告此前也用类似手段欺骗过他人。因为贫穷,她只能求助于大法官。④

3.普通法的程序过于技术性且非常不充分。首先,一位被告可以通过经常改变住所的方式来逃避令状的送达;他也可以通过逃往被授予特权之地来逃避令状的送达,比如威尔士、巴拉丁各郡,或者其他享有豁免权从而使得国王的令状不起作用的地方。这些事实经常被作为诉诸大法官的理由。其次,宣誓断讼法(wager of law)⑤在许多诉讼中都可以作为抗辩;原告求助于衡平法来避免这种极不理性的裁断方法。第三,普通法并不享有涉及海外的行为和交易的管辖权,因此直至普通法法院修改它们严格的管辖地规则,许多商业诉讼还是由于种种原因而必须在咨议会或者大法官法院提出。第四,普通法的"程式制度"(formulary system)非常僵硬。对于数名原告而言,将他们数个诉讼理由并于一份令状上是不可能的。一个未组成社团的组织无法作为一个

---

① See William Paley Baildon, *Select Cases in Chancery* (A. D. 1364 to 1471), London: Quaritch, 1896, p. 10.
② 普通法指未经法律授权,违反合法占有人或所有人的意愿,以占有为目的,用威胁、恐吓、实施暴力等手段强行侵入他人不动产的非法行为。
③ See William Paley Baildon, *Select Cases in Chancery* (A. D. 1364 to 1471), London: Quaritch, 1896, p. 66.
④ See Ibid., p. 47.
⑤ 宣誓声明无罪或不负债,并由11个保证人宣誓,即可免诉。

集合体成为一方诉讼当事人。在 15 世纪，普通法学家对于法人团体的概念非常模糊，而基于一个人无法起诉他自己这一观念，法人团体也不被允许提起针对其成员的诉讼。例如，在亨利五世时期，德文郡普利顿（Plymton）伯爵领地的民众共同体抱怨他们的市场为一群匪徒所骚扰，但是，因为这帮匪徒中有六人是该共同体的成员，在普通法上，该共同体无法对他们提起诉讼。另外，遗嘱执行人在起诉另一名遗嘱执行人时也存在类似的困难。第五，普通法上的诉答程序制度也变得极其僵硬，以至于拥有实质性正义的诉讼者如果在诉答过程中出现形式上的失误也经常会败诉。

4. 普通法上，在法院面前就有争议的事实获取证据的方法非常不成熟，这在很大程度上加重了由于诉答程序规则的僵硬性所导致的缺陷。尽管陪审团很快就不再掌握一手事实，但陪审团的认知仍然被大大地倚重。自愿作证的证人仍然有可能面临非法干涉诉讼的指控的威胁，但是如果有适格的法院要求证人作证，证人就有了很好的对抗非法干涉诉讼指控的抗辩理由。因此，我们看到一些想要成为证人之人在其呈递给大法官的请愿书中，请求大法官命令他们作证。此外，由于诉讼当事人在普通法上无法作证，而且一方当事人根本无法迫使另一方当事人出示对其胜诉而言所必需的证据，因此他们在请愿书中请求大法官传唤对方当事人，并且向他们询问所主张的事实，或者强迫他们出示为对方当事人所主张的证据。

5. 此外，普通法的程序被有权有势者基于掩盖自己的暴力行为以及过错的目的而滥用。因此，基于普通法程序遭滥用而求助于大法官的请愿书占了此类请愿书中的很大部分。这些诉状中所宣称的行为多种多样，例如，用毫无根据的法律程序折磨原告、陪审团成员；地方官员、地方法院以及普通法法院、海事法院的腐败、非法干涉诉讼及帮讼；非常普遍的密谋欺骗、恐吓或者腐化陪审团。此类例子不胜枚举。

一个通过毫无根据的法律诉讼程序折磨原告的典型例子来自于14世纪末。一位名叫坎平·普林内尔(Campyn Prynell)的来自伦巴底卢卡(Lucca)的商人向大法官抱怨一个名叫理查德·尤德伍德(Richard Uderwood)的伦敦裁缝通过各种各样捏造的侵害之诉(actions of trespass)意图夺走他的妻子和货物。王座法院已经两次驳回了理查德的诉讼。但是,理查德仍不断在普通法法院提起诉讼。事实上,理查德声称为其妻子的妇女早已与他离婚了。

另一个案件则说明了一个错误的裁定是如何被作出的。两位伦敦市民丢失了他们的皮夹。原告发现了其中的一个皮夹并将其归还原主。失主在拿回了那个皮夹之后说除非原告送回另一个皮夹,否则就会逮捕他;尽管在搜查之后,失主并未找到什么值得怀疑的东西,原告仍被逮捕。最终的结果是原告被判损害赔偿,并且因为没有履行这一判决而遭逮捕。

还有一个案件则表明了对一个伦敦陪审团所抱有的怀疑。被告伦敦布料商约翰·马丁(John Martyn)和另一个伦敦人迈尔斯·比斯内(Miles Bysney)就约克的马赛打赌,赌金为30苏,这笔钱存在该案原告约克的威廉·怀特恩(William Whytyng)处。约翰·马丁的马以不正当的方法获得了胜利,按惯例这笔钱应当支付给迈尔斯,而且原告也这么做了。但是在怀特恩到达伦敦之后,马丁向他提起30苏的账目之诉并要求逮捕他,而由马丁的12名邻居组成的陪审团却作出了有利于马丁的裁决。

另一份诉状则提到,一位神甫作为切斯特主教区的一位官员,因为被告的通奸行为而将其逐出教会。被告来到伦敦并成为验尸官和管理充公产业的官员。当此名神甫来到伦敦后,被告对其提起侵害之诉(an action of trespass)并将其逮捕。可怜的神甫不得不向大法官请求救济。①

二、大法官法院衡平诉讼程序概述

如果我们现在将目光转向大法官法院中使用的衡平诉讼程序,那么,我们将看到,在 15 世纪,它恰恰是在普通法制度虚弱的地方表现得很强势。概括而言,其程序流程如下:

在大法官法院,原告以提交诉状开启诉讼,该诉状在形式上没有非常技术化的要求,在语言上也要求不高。原告通常在诉状中陈述案件的事实,请求救济,并且原告通常会请求大法官签发一份迫使被告出庭接受询问的传票。

当被告出庭的时候,他会对原告的诉状作出答辩,开始是口头答辩,此后逐渐发展为书面答辩,②并依惯例要对书面答辩状的真实性发誓。在答辩状中,被告常常通过辩称原告没有在大法官法院中诉讼的理由开始,进而对诉状予以回应,他通常对诉状提出异议(demurrer)、予以申辩(plead)、否认诉状中主张(allegation)的真实性,并且提出他自己的事实版本。在后来的发展中,申辩(plea)、异议(demurrer)与答辩状(answer)相分离。

针对被告的答辩,原告以类似的方式予以辩驳,被告也有可能对原告的辩驳进行再答辩,如此往复,一个案件中甚至可能出现原告的第三次辩驳。此外,如原告提出的诉状有瑕疵,他还可提出修改的诉状(amended bill),被告也可提出反诉诉状(cross bill)。

尽管普通法律师试图将普通法的技术性的诉答程序规则引入大法官法院的衡平诉讼程序中,但是我们可以从年鉴以及早期的大法官法

---

① See William S. Holdsworth, *A History of English Law*, Vol. V, London: Methuen & Co., 1945, pp. 279-284.

② 第一个记录在案的书面答辩状出现在亨利六世二十一年。

院案例报告中看出,大法官反对通过引入那些在普通法上有效的技术性的反对(objection)而使得原告败诉的企图。①

当诉答程序完成后,双方当事人提出各自的证人(这些证人在宣誓后接受大法官或者任何其他经大法官授权之人的询问,或者在其他地方由一个被授权的委员会进行询问,证人提供的证言被记录下来,并在大法官法院中存档),以及他们所拥有的书面证据。这些证据往往被提交给大法官指定的主事官审查,并由该主事官出具报告,大法官根据主事官的报告作出最终的判决(judgement or decree)。② 当事人如若对判决不服,可提出复审或上诉。也有相当多的诉讼并未以判决的方式终结,经双方当事人的同意,大法官可将这样的案件交给其指定的仲裁者仲裁。

至16世纪,大法官法院衡平诉讼的主要阶段,如诉答程序、证据、提交审断以及判决和命令都以书面形式记录。自伊丽莎白统治时期往后,大法官法院的一般诉讼规则变得日益固定,在原则上与近现代的衡平法诉讼程序几乎没有什么差别。

第二节 诉答程序

诉答程序(pleadings)是整个诉讼的起始阶段。在普通法法院和大法官法院中都存在着诉答程序。在大法官法院中,它是指当事人通过提交正式书状阐明各自主张,并且确定和缩小诉讼争点(issue)范围的程序。在这个程序中,诉讼当事人交替向法庭和对方当事人提交书面

---

① See William S. Holdsworth, *A History of English Law*, Vol. V, London: Methuen & Co., 1945, p. 285.

② See D. M. Kerly, *An Historical Sketch of the Equitable Jurisdiction of the Court of Chancery*, London: Cambridge University Press, 1890, p. 51.

文件,以提出诉讼请求、陈述诉讼理由和进行答辩。在衡平法的诉答程序中,这些书面文件包括原告的诉状(bill of complaint)、被告的各种答辩状(demurrer,plea,answer and disclaimer)或其混合形式、原告的辩驳以及被告的再答辩等。①

由于材料的匮乏,对于早期的诉答程序我们只能进行一些合理的猜测。留存至今的书面诉答文书最早仅仅能够追溯至巴思和威尔斯主教斯塔福德担任大法官时期(1432—1450),并且直至1443年之后诉答文书才日益普遍。② 与普通法的技术性和僵硬性相比,15世纪大法官法院中的诉答程序仍然是相当灵活并富有弹性,或者说是相当不正式的。但大法官们通过实践探索,以及参考教会法院和普通法法院中的诉答程序,很快就创造出独具特色的大法官法院自身的诉答程序。

一、诉状

与普通法法院以起始令状来开启诉讼的方式不同,渴望获得大法官法院救济的当事人如同向议会或者咨议会请愿那样使用请愿书(petition),该请愿书后来被称为诉状(bill)。③ 与普通法法院中的起始令状相比,大法官法院的诉状在形式上和内容上都具有更大的灵活性。

---

① 参见"pleading"词条,薛波主编:《元照英美法词典》,法律出版社2003年版,第1058页。

② 普通法的诉答程序最初是口头的,但也是在15—16世纪,它们发生了从口头向书面的转化,成为技术性的法律文书,由当事人的律师细致地起草。普通法诉答程序的书面化过程可参见 Christopher Columbus Langdell,"The Development of Equity Pleading from Canon Law Procedure", Association of American Law Schools(ed. and comp.), *Select Essays in Anglo-American Legal History*, Vol. II, Boston: Little, Browns and Company, 1908, p. 614。

③ See George Spence, *The Equitable Jurisdiction of the Court of Chancery*, Vol. I, Buffalo: William S. Hein & Company, 1981, p. 367.

(一) 诉状的制作

一般而言,诉状是由当事人自行制作。但目前大法官法院档案中存留下来的诉状大都由大法官法院的文书根据请愿人所提交的请愿书或者口头诉愿制作,这一点可以从留存下来的诉状上的笔迹较为一致,以及请愿书和答辩状有时被发现写在同一张纸上这一事实推断得出。[1] 当然,大法官法院有时也会保留由请愿者自己撰写的诉状,此类诉状一般在语法和造句上略显粗糙,存有缺陷,在格式上也较为随意。

尽管我们通常认为大法官法院与普通法法院在程序上的一大不同在于前者使用英语,后者使用法语,但事实上,这种差异并非从一开始就存在。向大法官法院呈递的诉状使用的语言以亨利五世时期为界经历了从法语到英语的变化。在亨利五世之前,诉状几乎总是用法语撰写;在亨利五世时期,用英语撰写诉状成为定制,法语诉状逐渐趋于消亡;[2] 但并未完全消失:直至亨利六世二十年还存在一些以法语书写的诉状。甚至到大法官埃杰顿时期,他还明确下令要以英文撰写诉状,[3] 据此,我们可以推测在 16 世纪末 17 世纪初很可能还存在以法语撰写诉状的情况。

保留至今的诉状在格式上非常相似,大致包括标题、称呼、案件事实陈述、请求的救济、结语、起诉保证人以及律师的签名等内容。[4]

诉状的第一个部分是标题,用以说明原告的名字、身份以及或者职

---

[1] See M. E. Avery, "An Evaluation of the Effectiveness of the Court of Chancery under the Lancastrian Kings", *The Law Quarterly Review*, Vol. 86, 1970, p. 85.

[2] See William Paley Baildon, *Select Cases in Chancery (A. D. 1364 to 1471)*, London: Quaritch, 1896, p. xxiv.

[3] See George Spence, *The Equitable Jurisdiction of the Court of Chancery*, Vol. I, Buffalo: William S. Hein & Company, 1981, p. 367.

[4] See D. M. Kerly, *An Historical Sketch of the Equitable Jurisdiction of the Court of Chancery*, London: Cambridge University Press, 1890, pp. 61-65. 后来诉状的格式被更为细致地划分为九个部分。

业、住址。

诉状的第二个部分是称呼,用以表明该诉状所请求的对象。除了少数例外,①诉状一般都是致大法官的。②

诉状的第三个部分是案件事实陈述,原告对其所抱怨的违法行为进行陈述,这一陈述无须使用任何特定的术语,但原告必须明确宣称,他的案件属于必须由一般授权的权力管辖,在普通法上没有救济。

诉状的第四个部分是请求的救济。在自理查德二世及亨利四世以来的最早的请愿书中,起诉者经常以笼统的言辞请求救济,或者请求一份传唤被告到国王咨议会的令状,但是请求签发一份传票的诉状在这一时期已零星出现。至 1432 年,传票已经成为最为常见的被诉请的救济,几乎所有的诉状都请求大法官法院授予传票,命令被告到庭,就原告所诉的事项接受询问并给予答复。但传票并非总是合适的救济。比如,在请愿者抱怨他在另一个法院被不公正地起诉的时候,他会请求大法官签发一份调卷令或者中止诉讼令(supersedeas),以制止在该法院的诉讼程序,并将案件转到大法官法院。如果原告在监狱中,一份连人带案移送复审令状(corpus cum causa)可能被送给主管者,要求他将囚犯送到大法官法院,并且解释囚犯被监禁的原因。除此以外,传唤被告到国王咨议会的令状(quibusdam causis),或者发还审理令状(procedendo)③、请求被扣留的货物的交付

---

① 或者是没有致词,或者致国王、印章保管者或者卷宗主事官。

② See D. M. Kerly, *An Historical Sketch of the Equitable Jurisdiction of the Court of Chancery*, London: Cambridge University Press, 1890, p. 61.

③ 亨利八世时期的一个案件,因为请求者太穷以至于无法在大法官法院中诉讼,因此祈求一个发还审理令状(procedendo),这一申辩在一个特别许诺要护卫弱者的法院中听起来必然有些讽刺。参见 Royall v. Garter, 1 Cal. cxxx,转引自 D. M. Kerly, *An Historical Sketch of the Equitable Jurisdiction of the Court of Chancery*, London: Cambridge University Press, 1890, p. 65。

的命令、限制诉讼的禁令以及请求安宁保证金(surety for the peace)[①]等都可能成为请求救济的内容。[②] 还有一些诉状涉及已经在大法官法院中开始的诉讼程序。[③] 当然，还有许多诉状仅仅请求一般性的救济。

诉状的第五个部分是结语。请愿者们总是以恳求哀怨之词作为结语，如"为了上帝的尊严以及为了仁慈"，原告有时会加上"他将永远为您祈祷"等话语。

诉状的第六个部分是起诉保证人和律师的签名。起诉保证人(the pledges to prosecute)的名字通常注于诉状背面，这一格式借鉴自普通法法院。[④] 原告被要求提供保证人(mainpernours)，其作用在于防止琐碎的或者恶意的诉请以及可能更适合在普通法上判决的事项的诉请。保证人保证，如果诉状内容被证明不真实，原告会支付损害赔偿。这一内容最初为1393年制定法所规定，并于1437年被重新颁布，但是从实践来看，该制定法从未被严格执行，保证人的签名很快就成为虚拟的人名。

[①] 比如，在亨利六世时期的一个名叫特里旺沃尔(Trewonwall)的人，控告被告伙同威尔士人、爱尔兰人以及荷兰人一起洗劫他的屋子，为此他祈求大法官命令一个警卫官将被告带到大法官法院，在那里支付维持和平的保证金，并进行审问。参见 D. M. Kerly, *An Historical Sketch of the Equitable Jurisdiction of the Court of Chancery*, London: Cambridge University Press, 1890, p. 66。

[②] See D. M. Kerly, *An Historical Sketch of the Equitable Jurisdiction of the Court of Chancery*, London: Cambridge University Press, 1890, p. 61。

[③] 例如有一个人一度被沃里克(Warwick)伯爵作为其生来奴隶(neif)而监禁，通过在大法官法院中缴纳保释金而获得自由并以此为他在普通法上的自由辩护后，他请求免除保释金。参见 Tregoys v. Warwick, 1 Cal. ⅱ。转引自 D. M. Kerly, *An Historical Sketch of the Equitable Jurisdiction of the Court of Chancery*, London: Cambridge University Press, 1890, p. 65。

[④] See D. M. Kerly, *An Historical Sketch of the Equitable Jurisdiction of the Court of Chancery*, London: Cambridge University Press, 1890, pp. 65-66。

此外，从较早时期开始，①每份诉状都被要求签上大法官法院中执业律师的名字，以此来保证诉状内容的真实性和相关性。②

尽管大多数诉状都遵循相对固定的格式，但大法官法院对于诉状格式的要求并不非常严格，大法官法院的请愿者并不像普通法的那些原告一样受制于程序的技术性，不会仅仅因为技术上的缺陷而败诉。③

当然，这并不意味着所有的诉状会被无条件地接受。诉状在由律师署名并且提出之后，可能会由于诽谤、诉因的不当合并（multifariousness）（如它把由不同原告提出的不同诉因结合在一起）、冗长以及减损了法院的任何固有权力等原因而遭到反对。如是这类情况，一方当事人及其辩护律师将会受到处罚。④

(二) 诉状的分类

开启大法官法院诉讼的诉状最为常见，但它仅仅是大法官法院中使用的众多诉状中的一种。除此以外，大法官法院还拥有大量其他诉状，它们也分别发挥着各种不同的功能。⑤

---

① 在乔治·斯宾塞看来有两种可能，其一，据"论主事官"（"The Treatise of the Masters"）一文认为是从托马斯·莫尔爵士时代；其二，据《大法官法院新规则》（*The Renovation Ordium Cancellariae*）来看，则认为可以追溯至亨利五世时代的一个命令。参见 George Spence, *The Equitable Jurisdiction of the Court of Chancery*, Vol. Ⅰ, Buffalo: William S. Hein & Company, 1981, p.368, n.m. 但在贝尔登看来，在诉状上签字的实践显然开始于爱德华四世时期，参见 William Paley Baildon, *Select Cases in Chancery* (A.D. 1364 to 1471), London: Quaritch, 1896, p. xxvii.

② See George Spence, *The Equitable Jurisdiction of the Court of Chancery*, Vol. Ⅰ, Buffalo: William S. Hein & Company, 1981, p.368.

③ See M. E. Avery, "An Evaluation of the Effectiveness of the Court of Chancery under the Lancastrian Kings", *The Law Quarterly Review*, Vol. 86, 1970, p.85.

④ See D. M. Kerly, *An Historical Sketch of the Equitable Jurisdiction of the Court of Chancery*, London: Cambridge University Press, 1890, pp.118-119.

⑤ 参见薛波主编：《元照英美法词典》，法律出版社2003年版，第148页；"bill" in *Bouiers Law Dictionary*, 1856, at http://www.lawguru.com/dictionary/term.php?id=781&searchtext=BILL.

首先，让我们初步了解一下大法官法院的诉状的基本分类。具体而言，大法官法院的诉状一共可分为三种：初始诉状（origial bill）、非初始诉状（not original bill）和初始诉状性质的诉状（bill in the nature of original bill）。

初始诉状向法院提供的事实是未经法院受理过的，并且具有请求救济的目的或者其他辅助目的，它包括请求救济的初始诉状以及非请求救济的初始诉状两大类。

请求救济的初始诉状包括一般诉状[①]、确定竞合权利诉状（interpleader bill）[②]以及调卷复审诉状（certiorari bill）[③]三种。

非请求救济的初始诉状包括证言保全诉状（bill to perpetuate testimony）[④]与证据开示诉状（bill of discovery）[⑤]两种。由于它们都与证据相关，所以笔者将其放到证据制度部分予以介绍。

非初始诉状或者是对初始诉状的补充，或者是其延续，或者两者兼有。它包括补充诉状（supplemental bill）、恢复诉讼诉状（bill of revivor）和恢复补充诉状（a bill of revivor and supplement）。

初始诉状性质的诉状具有混合的性质，它们并非严格意义上的初始诉状，因为它们总是涉及已经提出的其他诉状，并且不被认为是前一

---

① 请求法院的判决或者命令的诉状涉及提出诉状之当事人所主张的某项权利，反对诉状所针对之当事人所主张的某项真实的或假设的权利，或者涉及某项侵犯原告权利的违法行为。

② 衡平法上的一种初始诉状。当有两人或两人以上对同一方当事人提出相同权利主张要求或要求其履行相同义务时，该当事人可提出此诉状，要求法院促使提出权利主张的双方或多方之间进行争讼，以确定权利究竟属于谁。

③ 因下级法院没有管辖权或程序中有不公正之处而请求大法官法院签发调卷令，将案件从下级衡平法院移交大法官法院审理的诉状。

④ 为了收集和保存在诉讼开始之前可能死亡或离开法院管辖区的重要证人的证言，或者为了避免将来发生争讼而提出的一种诉状。

⑤ 一方当事人为要求对方披露其所知道的事实，或者其所掌握的有关契据、文书或其他物品等而提出的诉状。

诉状的延续；但事实上，它们又具有初始诉状的性质。它们包括反诉诉状、复审诉状、复审诉状性质的诉状、弹劾因欺诈获得之判决的诉状（bills to impeach a decree for fraud）、执行判决诉状（bill to carry decrees into execution）、使判决实施无效的诉状（bill to avoid the operation of decree）等。

此外，还有一些诉状并不属于以上三种诉状，它们的名字源于原告所期待的目的，包括丧失抵押品赎回权诉状（bills of forclosure）、防止滥诉诉状（bill of peace）①、预防性诉状（bill quia timet）②等。此类诉状多为大法官法院所特有，用来帮助请愿者获得在普通法上无法获得的救济。

在此，我们仅讨论与在大法官法院中提起诉讼阶段紧密相关的补充诉状、恢复诉讼诉状和反诉诉状。

补充诉状、恢复诉讼诉状和反诉诉状在15世纪就为人们所熟知，它们的目的各不相同。首先，大法官法院为了获得尽可能全面的和终局的判决，希望其判决可能会影响的所有当事人都到该法院来诉讼。恢复诉讼诉状通常为了这一目的而提出。其次，大法官法院渴望将所有的事实摆到它的面前，以此实现判决的绝对公正。为了实现这一目的，一个补充诉状或者反诉诉状可能会被提出。③

1. 补充诉状（supplemental bill）

在提出初始诉状之后，如果原告认为有必要就其诉状进行修改，他可能会提出修改诉状，或者在被告提出答辩状之前或之后提出了一份

---

① 当原告就同一权利可能与不同的人、在不同时间、以不同的诉讼发生争议时可提出此诉状，请求法院一劳永逸地裁决该问题，禁止他人就同一请求再行起诉。

② 提出这种诉状的依据是原告担忧他人的错误或疏忽有可能对其财产权利或利益造成损害。这种诉状是为了预防可能或即将产生的损害，并为现存权利保留据以避免未来或偶然损害的手段。它与禁令不同，后者针对的是已经发生或正在发生的或者紧迫、特定的损害。

③ See William S. Holdsworth, *A History of English Law*, Vol. IX, London: Methuen & Co., 1944, p. 344.

补充诉状,陈述增加的事实。① 修改诉状就是对初始诉状进行修改的诉状,由于其出现时间较晚,至 18 世纪才被普遍使用,因此这里不予赘述。②

早期使用的多为补充诉状,尤其是当一些新的事实在诉答程序结束后产生,以至于无法通过修改的方式来弥补初始诉状中的缺陷时,补充诉状是个恰当的选择。补充诉状的使用范围较为广泛,"为了获得来自被告的进一步的证据开示、为了提出新的争议中的事项或者为了增加当事人"都能提出补充诉状。其中最后一个目的的用途使得它接近恢复诉讼诉状,比如,如果一名限嗣继承土地保有人的出生意味着对作为诉讼标的的财产的利益的分享,一份补充诉状就是必要的。③ 这一补充诉状可以作为当然之事项被提出,也就是说,可以未经该法院先行允许而提出。④

2. 恢复诉讼诉状(bill of revivor)

如在诉讼进行期间,因原告死亡或女性原告结婚而发生了资格转移,该诉讼将被撤销,并且需要提出一份恢复诉讼诉状以继续诉讼。⑤

---

① See George Spence, *The Equitable Jurisdiction of the Court of Chancery*, Vol. I, Buffalo: William S. Hein & Company, 1981, p. 374.

② 原告所寻求的修改通常涉及对方当事人身份的变化,比如增加一名新被告作为"必要的被告"(即其理由将会被支持原告的判决直接影响之人),或者删除在初始诉状中指明的某人。这类修改可能也会为被告答辩状中的材料所修改。因此,在支付了规定的费用之后,一个修改的诉状也能在被告的答辩状之后提出。(事实上,如果并非所有适格当事人都被囊括其中,那么即使在获取了证人的宣誓证词之后,增加新的当事人也是可能的。)当然,这种修改将会延长诉答程序,因为如果被告已经答辩,将不得允许他改变其答辩状,由此使得原告提出辩驳的时间也随之延后。

③ See William S. Holdsworth, *A History of English Law*, Vol. IX, London: Methuen & Co., 1944, pp. 345-346.

④ See Henry Horwitz, *Chancery Equity Records and Proceedings, 1600-1800*, London: Hmso Books, 1995, pp. 16-17.

⑤ See D. M. Kerly, *An Historical Sketch of the Equitable Jurisdiction of the Court of Chancery*, London: Cambridge University Press, 1890, p. 120.

具体而言,如果因一方当事人去世导致诉讼的撤销,即由去世一方当事人的代表或者针对该代表提出恢复诉讼诉状。在伊丽莎白一世统治时期,此种针对死亡当事人的继承人、遗嘱执行人或者遗产管理人的诉状颇负盛名。① 此外,如果原告为单身妇女,当她结婚的时候,根据普通法中已婚妇女在法律上无民事行为能力之学说,她的丈夫成为必要的一方当事人;相反,当一名已婚妇女成为寡妇之时,她就拥有了提起一个新的诉状或者答辩状的选择权。通常,恢复诉讼诉状伴随着一份使得原告增补其诉答文书的补充诉状。②

3. 反诉诉状(cross bill)

马多克(Maddock)将反诉诉状定义为:"由被告针对前一份诉状所提出的诉状,针对前一诉状中的原告或者该案其他的当事人,或涉及诉状中的事项,或在被告对此类诉状的答辩状中所列举的事实。"③一个反诉诉状可以在诉答程序阶段的任何时候提出。此后,基于两份诉状的诉讼程序通常一起进行。因此,起诉人有可能被驳回诉请并且发现法院基于被告的反诉诉状而作出不利于他的判决。④

二、传票

一旦提出诉状,下一个问题就是使得被告出庭,接受询问并作出回应。大法官法院通过签发传票来实现将被告传唤到庭并答辩

---

① See George Spence, *The Equitable Jurisdiction of the Court of Chancery*, Vol. Ⅰ, Buffalo: William S. Hein & Company, 1981, p. 374.
② See Henry Horwitz, *Chancery Equity Records and Proceedings*, *1600-1800*, London: Hmso Books, 1995, p. 20.
③ William S. Holdsworth, *A History of English Law*, Vol. Ⅸ, London: Methuen & Co., 1944, p. 346.
④ See Henry Horwitz, *Chancery Equity Records and Proceedings*, *1600-1800*, London: Hmso Books, 1995, p. 14.

的目的。① 传票(subpoena)这一程序被认为是理查德二世的第五位卷宗主事官、索尔兹伯里主教约翰·沃尔萨姆(John Waltham)的发明,它的出现大大扩张了大法官法院的衡平管辖权,引发了议会的诸多抗议,但这些抗议都未获得国王的支持。至爱德华四世时期,传票的签发已经成为大法官法院的日常惯例。②

(一)传票的作用和内容

与普通法法院允许被告缺席并作出缺席判决不同,在大法官法院衡平案件的审理中,双方当事人亲自到庭被认为是必要的,因为在场的双方可以提供法院可能需要的所有信息,并且可以履行法院判决。③当然,如果是基于高龄等特殊理由,当事人可以被允许通过代理人诉讼,而非亲自出庭。④ 如无特殊理由,当事人必须亲自到庭。传票正是为了实现这个目的而为大法官法院所应用的一种文书。

传票的内容相当简单,它并不告知关于原告诉讼的种种具体内容,而是仅仅要求被告在规定的时间亲自出现在大法官法院,如不遵行,将受到惩罚(sub poena),"传票"(subpoena)之名正是由此而来。⑤

---

① 通常贵族不是通过传票而是通过大法官的私人信件被召集的,因为传票被认为不适合他们的地位。不过这一传统似乎在16世纪末就终终止了。此外,贵族还保留了一些其他的程序特权,比如不被要求宣誓、应当首先检查对其提出的质询书以确定它们没有包含吹毛求疵的或者不相干的内容等。See Williams J. Jones, "Due Process and Slow Process in the Elizabethan Chancery", *The American Journal of Legal History*, Vol. 6, No. 2, 1962; George Spence, *The Equitable Jurisdiction of the Court of Chancery*, Vol. I, Buffalo: William S. Hein & Company, 1981, p. 368.

② See Joseph Story, *Commentaries on Equity Jurisprudence, as Administered in England and America*, Vol. I, Boston: Little, Brown and Company, 1886, pp. 43-44.

③ 有一位大法官曾说道:"法律的性质要求双方当事人应当在场。"(爱德华四世九年年鉴14, No. 9)

④ See George Spence, *The Equitable Jurisdiction of the Court of Chancery*, Vol. I, Buffalo: William S. Hein & Company, 1981, p. 369.

⑤ See Ibid., pp. 368-369.

大法官法院的传票由该法院的文书制作和签发。为此,大法官法院中设有专门的大法官法院传票签发处(Subpoena Office in Chancery),这一部门直至 1852 年才为《大法官法院法》废除,转由专司卷宗与令状签发的书记官承担。① 亨利八世的首位国玺大臣赖奥斯利要求主事官们亲自监督以保证所有的传票在被密封前都是正确的。在伊丽莎白一世统治时期,主事官必须对他们所写传票的正确性负责;一旦发生错误和违法性就要遭受处罚,甚至被解除职务。由此也形成一个规则,即错误的传票不会被修改,而是被重新制作。②

(二) 签发传票的条件

传票的签发必须具备一定的条件,大致如下:

1. 非经大法官对诉状予以审查并同意,不得签发传票。

就性质而言,传票令状并非当然令状。因此,只有经大法官审查认为诉状中的诉请理由正当,才会签发传票。有时候,大法官下令相关官员在当地就诉请内容予以调查,并将调查结果回呈大法官法院。比如,在 1393 年,大法官命令德文郡的巡回法官们调查一个错误拘捕的案件,他们调查后发现该诉请没有事实根据。某些时候,郡长或者警卫官也会被授权进行调查。

有时大法官还会向普通法法官们请教传票是否应当签发。比如,在 1465 年,大法官在签发传票之前来到附近的财政署宫室,向法官们请教。来自于议会的压力以及普通法律师对于大法官蚕食普通法的专门领域的嫉妒可能从某种程度上极大地鼓励了这一做法。③

---

① 参见薛波主编:《元照英美法词典》,法律出版社 2003 年版,第 1301 页。

② See Williams J. Jones,"Due Process and Slow Process in the Elizabethan Chancery", *The American Journal of Legal History*, Vol. 6, No. 2, 1962.

③ See M. E. Avery,"An Evaluation of the Effectiveness of the Court of Chancery under the Lancastrian Kings",*The Law Quarterly Review*,Vol. 86, 1970, pp. 86-87.

但从实践而言,在 16 世纪之时,原告就经常在提出诉状之前即获得传票令状(writ of subpoena),甚至有证据表明这一情况在 15 世纪就已经出现了。至亨利六世时期,针对那些已经成为常例的事项,传唤令状已不经大法官同意被自动签发。

尽管亨利八世时期的大法官们一再抵抗这一陋习,如根据亨利八世三十七年大法官赖奥斯利的命令,如果没有诉状或诉状上未按有诉状制作者的手印的话,则不得签发传票;如有违反,则对签发这一传票的文书或者他的主事官处以征收诉讼费的惩罚。[①] 又如,托马斯·莫尔爵士任大法官之时,也拒绝在诉状被批准之前签发传票,并且这一做法在"论主事官"一文中得到推崇。但是在实践中,这一做法很快即无法坚持,传票的签发最终也成为例行之事。[②]

2. 诉状之上非经律师签名,不得签发传票。

事实上,每份诉状上所要求的辩护律师的签名很快就取代了大法官个人对于诉状的亲自审查而成为大法官允许签发传票的条件之一。[③] 从理论上说,这一形式要求与大法官对诉状的亲自审查具有同样的作用,即保证诉状内容的真实性、精确性,但是,这一实质意义很快就被遗忘。

3. 非经原告提供保证金,不得签发传票。

亨利六世十五年的制定法[④]第 4 章规定,非经原告提供保证金,从

[①] See George Spence, *The Equitable Jurisdiction of the Court of Chancery*, Vol. Ⅰ, Buffalo: William S. Hein & Company, 1981, pp. 368-369.

[②] See D. M. Kerly, *An Historical Sketch of the Equitable Jurisdiction of the Court of Chancery*, London: Cambridge University Press, 1890, p. 118.

[③] See George Spence, *The Equitable Jurisdiction of the Court of Chancery*, Vol. Ⅰ, Buffalo: William S. Hein & Company, 1981, p. 368.

[④] 这一部制定法为爱德华·柯克和他同时代的人所论及,但是人们怀疑其内容是否真如其所述。

而在万一原告无法证明其诉状中提出的控诉时保证赔偿被告的损失和开支,不得签发传票。这一规定与上述传票签发条件的第二条有着类似的目的,但是这一规则在伊丽莎白一世统治时期也流于形式。①

总之,尽管理论上传票并非当然令状,但在实践中,其签发最终成为例行之事,与当然令状已经没有实质性的差别。

(三)传票的送达

在早期,传票多由原告送达,但大法官法院对于送达没有严格的规定,并不要求原告将令状交至被告的手中,由此导致了许多混乱。开始的时候,原告"向他(被告)出示传票,并告知被告该传票是针对他的,但是仍把传票掌握在自己的手中,不让被告拥有它;他也不会交给被告任何出庭的通知,或者将该事项告知他,而是让他人作证自己已经送达了传票"。后来,被告被允许看传票。将传票给予被告的妻子、兄弟和仆人,或者留在他的屋子里、留在走廊或者挂在门上的做法都被认可。在一个案件中,原告将传票钉在了被告每天都去用餐的贵宾桌的帘子上。② 后来,传票由大法官法院的信使送达,该信使被要求以宣誓书的方式证明他已将传票送达。③

(四)违背传票的后果

如果被告在传票送达之后没有在规定时间到庭,也没有取得一份推迟到庭时间的命令,他就被视为藐视法庭,并被处以相应的处罚,包括被逮捕、罚款、没收财产,但不会像普通法那样直接导致原告胜诉的结果。

---

① See George Spence, *The Equitable Jurisdiction of the Court of Chancery*, Vol. Ⅰ, Buffalo: William S. Hein & Company, 1981, p. 369.

② See Williams J. Jones, "Due Process and Slow Process in the Elizabethan Chancery", *The American Journal of Legal History*, Vol. 6, No. 2, 1962, p. 132.

③ See Magaret Dowling, "Public Record Office Research: The Equity Side of Chancery, 1558-1714", *The Review of English Studies*, Vol. 8, No. 30, 1932.

如果被告拒绝服从传票的传唤,原告可以获得一份针对被告的拘禁令(attachment),指令被告所在郡的郡长逮捕被告并把他带到大法官法院,或者,如果地方权力机构因为某些理由而无法执行,可将拘禁令交由大法官法院的警卫官执行。但事实上,这只是一个要求被告在指定日期出庭的警告,并不导致真正的拘捕。[1]

如果罪犯无视拘禁令,大法官就会以特许证的方式签发一份宣告拘禁令(an attachment with proclamation)来拘捕被告。一旦被拘捕,被告将被投入弗利特监狱。如果因为某个原因被告已经在押,这一令状会被送给主管人员,指令他将囚犯送至大法官法院。[2]

除送往监狱监禁之外,法院还会酌情对缺席被告处以一定数额的罚款,通常为 40 镑、60 镑或者 100 镑。

从 16 世纪末期起,如果被告未出庭又没有被找到,在签发了一份宣告拘禁令并收到"他未被找到"的回呈之后,大法官法院会针对被告签发一份藐视法庭令(a commission of rebellion)。[3] 该令状命令由原告指定的四名专员一旦找到被告时就将其作为一名反抗及藐视国王法律者予以逮捕,并在该藐视法庭令指定的日期将该名被告带到大法官法院。[4] 作为叛逆者,被告的财产很可能被没收。[5]

如果被告不顾传票、拘禁令、宣告拘禁令和藐视法庭令拒不出庭或

---

[1] See "Magaret Dowling, Public Record Office Research : The Equity Side of Chancery, 1558-1714", *The Review of English Studies*, Vol. 8, No. 30, 1932.

[2] See M. E. Avery, "An Evaluation of the Effectiveness of the Court of Chancery under the Lancastrian Kings", *The Law Quarterly Review*, Vol. 86, 1970, p. 88.

[3] See D. M. Kerly, *An Historical Sketch of the Equitable Jurisdiction of the Court of Chancery*, London: Cambridge University Press, 1890, p. 119.

[4] "a commission of rebellion" in *Bouvier's Law Dictionary*, 1856, at http://online-dictionary. datasegment. com/ word/ commission%20of%20rebellion.

[5] See Magaret Dowling, "Public Record Office Research : The Equity Side of Chancery, 1558-1714", *The Review of English Studies*, Vol. 8, No. 30, 1932.

者答辩,且诉讼与土地相关,大法官法院则会颁发一份占有土地委任状(commission),使得原告占有土地直到被告出庭或者答辩。培根大法官将占有禁令局限于强制实施的判决。①

但无论如何,被告的缺席或者其他拒不服从的行为并不会像普通法那样使得原告胜诉。爱德华四世时期的一名大法官就宣称:"如果一个人通过他的诉状声称有人侵犯了他,而被告未作任何回应,如果我们清楚地确定被告事实上并没有侵犯原告,那么,原告无法胜诉。"尽管在《案例选》(Choice Cases)中有案件引用了伊丽莎白一世十八年的一个命令——基于被告拒绝回答而承认原告的证据,而且作者提到"后来的命令将其视为如同承认(pro confesso)诉状",但这只是一个例外。②

三、被告的答辩

(一)被告答辩的书面化

一旦被告被传唤到庭,就必须在大法官面前对原告的诉状进行答辩。最初,被告并不要求针对原告的诉状提出一份正式的答辩状,而是在其出庭时,由大法官进行口头询问,被告的答辩也只是口头作出,并未以书面形式记录。③ 在此情况之下,大法官即可直接作出判决,并不

---

① See George Spence, *The Equitable Jurisdiction of the Court of Chancery*, Vol. I, Buffalo: William S. Hein & Company, 1981, p. 370.

② See D. M. Kerly, *An Historical Sketch of the Equitable Jurisdiction of the Court of Chancery*, London: Cambridge University Press, 1890, p. 119.

③ 例如,在 1438 年的一个案件中,大法官只是在自己的乡间采邑上口头询问了被告,并且获得了被告的口头承认,即一份特定的采邑让渡已经以信托的方式完成。Calendar (Record Commission), I, p. xliii (1438). 转引自 John P. Dawson, *A History of Lay Judges*, Cambridge, Massachusetts: Harvard University Press, 1960, p. 149。又如,在 1407 年,有一个关于一位名叫索普(Thorpe)的人被指控异端而为大法官审判的案件所记录,据该案显示,大法官把他"快速地带到一个密室",并与他进行了一场愤怒的谈话,这可能代表了当时的大法官的习惯。See D. M. Kerly, *An Historical Sketch of the Equitable Jurisdiction of the Court of Chancery*, London: Cambridge University Press, 1890, p. 66.

存在进一步的诉答程序。这也解释了为何在早期出现了如此多的诉状,却极其缺乏任何关于后续程序记录的原因。①

后来,大法官法院的文书将在法院中经询问而获得的被告的答辩以书面形式记录了下来,并和诉状一起归档。相关的例子可以在1441、1442年的案件中找到。但对于何时且为何被告未经法院的询问就主动提出书面的答辩状,我们尚无明确的答案。②

有人认为,书面答辩状的产生与通过一份"我们已授权"(dedimus potestatem)令状任命一个委员会以获得被告的答辩的实践有关。③ 如果大法官法院中的被告因病或者其他原因(比如其住处与伦敦相距遥远)而无法亲自到庭,他可申请该法院签发一份盖有国玺的委任状,该委任状授权一人或数人询问被告并从被告那里取得对诉状的回答,被告的答辩被记录下来,附于委任状之后,经过宣誓,并且在某个特定的日期盖上询问人的印章后将其送回大法官法院。④ 目前所知的最早签

---

① William Paley Baildon, *Select Cases in Chancery* (A. D. 1364 to 1471), London: Quaritch, 1896, p. xxvii; George Spence, *The Equitable Jurisdiction of the Court of Chancery*, Vol. Ⅰ, Buffalo: William S. Hein & Company, 1981, p. 372.

② 在贝尔登的《大法官法院案例选》一书中,最早的书面答辩状出现在1443年至1450年间;在《大法官法院诉讼记录大全》中也记载有一例,时间为1454年至1455年,此后就日益普遍。

③ 贝尔登认为,"我们已授权"令状的前身是咨议会的"听审并裁决委任状"(Commission of Oyer et terminer)制度。"听审并裁决委任状"一度是咨议会最喜欢的用来实施其管辖权的制度。这一程序被用来处理无法由普通法法院处理的案件,通常针对被告为其社区中有权有势之人的案件。这些委任状在议会中遭到不断的反对,并通过出台各种制定法以规制或限制咨议会在这一方面的管辖权。因此这种程序渐趋消亡。戴雪认为它们在理查德二世登基之前已经被抛弃了。但这一观点并不准确,在贝尔登的案例选中,我们看到迟至1412年仍然有人请求授予该委任状,尽管最终未被批准。正是在"取代听审并裁决委任状"这一程序的基础上发展出了"调查委任状"(commission of inquiry)和"我们已授权"令状。两者之间的区别是微小的,更多的只是措辞上的差别。See William Paley Baildon, *Select Cases in Chancery* (A. D. 1364 to 1471), London: Quaritch, 1896, pp. xxvii-xxviii.

④ See George Spence, *The Equitable Jurisdiction of the Court of Chancery*, Vol. Ⅰ, Buffalo: William S. Hein & Company, 1981, p. 372.

发"我们已授权"令状的案件似乎是 1458 年。① 后来这种以书面方式记录被告答辩的形式不仅适用于这种特殊情况,而是适用于所有被告的答辩,于是就实现了被告答辩的书面化。

总之,自 15 世纪 40 年代开始,被告的书面答辩状开始大量出现。② 此后,书面形式很快就扩展到原告的辩驳、被告的再答辩等其他诉答程序。③

(二) 答辩程序的变化

从留存至今的 15 世纪的诉答文书中,我们可以看到,在早期,大法官法院答辩程序尚未定型,一直处于不断变化之中。

在书面答辩状出现之前,对被告的口头询问和被告的答辩两个程序在很大程度上是混同的。有时候,被告虽然接受询问,但并没有给予其申辩的机会,如 1439 年"斯托戴诉博伊登案"(Stodey v. Boyden)的书面文件就仅仅包含了原告的请愿书以及对被告询问的记录。迟至 15 世纪 50 年代,有被告只是被动接受询问的情况,但也有被告开始主动提出书面答辩状的情况。如在"布伦奇尔斯诉沃蒂与贝奇恩案"(Brenchelse v. Wattys & Bechyng)中,一名被告来到大法官法院,宣誓并基于诉状接受询问,而另一名被告则提出了一份书面答辩状;有时候,被告首先被询问,继而被给予一个申辩的机会,如根据 1408 年的"登特诉热农案"(Dent v. Gernon)请愿书背书的记载,诉讼

---

① See William Paley Baildon, *Select Cases in Chancery* (A. D. 1364 to 1471), London: Quaritch, 1896, p. xxvii.

② See D. M. Kerly, *An Historical Sketch of the Equitable Jurisdiction of the Court of Chancery*, London: Cambridge University Press, 1890, p. 67.

③ 但是这种向书面辩诉文书的转化几乎无法被看做是朝着教会法程序发展的。如兰德尔所指出的,不仅所使用的名称,而且回应诉答文书的整个手段,都代表了向普通法而非教会法的借鉴。See John P. Dawson, *A History of Lay Judges*, Cambridge, Massachusetts: Harvard University Press, 1960, p. 149.

程序以对被告的询问开始,继而双方当事人的律师进行"辩论、否认、声称以及答辩";有时候,被告首先对诉状进行申辩,然后基于诉状接受询问。①

在大约 1443 年②之后,当出现更多的书面证据的时候,最为通常的程序是被告针对诉状立即提出答辩状。在答辩状中,他通常对诉状提出管辖权异议(demurrer)、予以申辩(plead)、否认诉状中主张(allegations)的真实性,并且提出他自己对事实的陈述。③ 在早期的答辩状中,所有这些都混合在一起,最后通常以请求驳回诉讼和要求原告赔偿诉讼费告终。

后来,被告的答辩被进一步地细化,申辩(plea)、异议(demurrers)与答辩状(answer)相分离,并被更为精确地使用。也就是说,被告在出庭就原告诉状中提出的主张进行答辩之时,有四种不同的选择:

1. 无利害关系答辩书(disclaimer)

如果被告与此事没有利害关系,他可以提交一份无利害关系答辩书,否认被告与诉讼标的物有任何利害关系,从而使得被告完全从诉讼中脱身。④

无利害关系答辩书在伊丽莎白一世时期的大法官法院已经获得完全的承认。被告借此明确宣誓否认该事项与他有任何关系,并且放弃

---

① See M. E. Avery,"An Evaluation of the Effectiveness of the Court of Chancery under the Lancastrian Kings",*The Law Quarterly Review*,Vol. 86,1970,p. 90.

② 即亨利六世二十一年,书面答辩状的第一个记录在案的例子发生于该年。Arkenden B. Starkey. 1 Cal. xxvi. 转引自 D. M. Kerly,*An Historical Sketch of the Equitable Jurisdiction of the Court of Chancery*,London:Cambridge University Press,1890,p. 51.

③ See D. M. Kerly,*An Historical Sketch of the Equitable Jurisdiction of the Court of Chancery*,London:Cambridge University Press,1890,p. 51.

④ See George Spence,*The Equitable Jurisdiction of the Court of Chancery*,Vol. I,Buffalo:William S. Hein &. Company,1981,p. 372;Henry Horwitz,*Chancery Equity Records and Proceedings*,1600-1800,London:Hmso Books,1995,p. 14.

为原告所主张的任何权利利益。例如,由于同名同姓的原因而向错误之人发送了传票,这位被错误传唤之人就可提出无利害关系答辩书,并请求法院判决是否有必要进行进一步的答辩。

对于无利害关系答辩书的评估完全由法院作出,原告无权就该问题进行争论,只能等待。之所以由法院在评估无利害关系答辩书中扮演主要角色而不允许原告插手,是因为法院害怕这一制度被原告所利用。比如,如果原告主张对某块土地的权利,而被告宣称没有利害关系,这可能意味着原告的权利会被认可,法院有可能下令恢复原告的占有。因此,法院必须警惕这可能是原告为了夺取第三方的权利而与被告进行的共谋。

总之,无利害关系答辩书是避免诉讼的一种有效方式,如果它被接受,被告就被允许离开。为了避免被告此后重新提出权利主张的危险,习惯上原告会请求一份针对被告的判决。①

2. 异议(demurrer)

被告使用异议来承认原告主张的事实是真实的,但认为该事实在法律上不足以支持原告的救济请求,否认原告基于那些事实而提出的继续诉讼或者要求被告答辩的权利,以此逃避原告的控告。② 异议必须针对诉状中的主张提出,而非基于该法院管辖范围内的其他事项提出。③ 异议仅仅承认事实事项而非法律事项。异议的主要目的在于避

---

① See W. J. Jones, *The Elizabethan Court of Chancery*, Oxford: Clarendon Press, 1967, pp. 212-213.

② See Henry Horwitz, *Chancery Equity Records and Proceedings, 1600-1800*, London: Hmso Books, 1995, p. 14.

③ 这是异议与申辩的根本区别。培根大法庭在区分申辩(plea)与异议(demurrer)时说前者引入了诉状中没有的东西,而后者则没有。See D. M. Kerly, *An Historical Sketch of the Equitable Jurisdiction of the Court of Chancery*, London: Cambridge University Press, 1890, p. 51.

免可能会损害被告的证据开示,保护一个有缺陷的权利,或者防止不必要的花费和拖延,它导致对原告所寻求的救济的绝对否认。①

可以提出异议的情况主要包括以下几种:首先,当缺乏管辖权,因为基于诉状的字面意义,衡平法显然没有授予原告衡平救济,缺乏由衡平法院进行干预的足够理由时,被告可以提出在原告的案件中缺乏衡平的理由来支持该法院的管辖权的异议。其次,针对特定之人。如果原告因为任何人身问题上的缺陷而无权提起诉讼,被告可以提出异议。因此,如果一名婴儿或者已婚妇女、一名白痴或者精神病人提起一份诉状,而没有任何诉讼代理人或者委员会的签名,并且显然是基于诉状的字面意义,被告可以提出异议,而且这一异议理由可扩展至证据开示诉状以及请求救济的诉状。第三,由于制作诉状过程中的缺陷,被告可以提出异议,例如一份诉状缺乏适格的当事人,被告就可以提出异议(除非诉状只是为了证据开示),而且此类异议无须指出该当事人的名字。②

如果被告的异议被接受,原告的诉状将被驳回,但被告无法获得任何由原告赔偿的诉讼费,因为它所争议的事项的真实性还未经审判;③如果异议被推翻,被告必须作出答辩。④

---

① See George Goldsmith, *Doctrine and Practice of Equity or a Concise Outline of Proceedings in the High Court of Chancery, Designed Principally for the Use of Students*, Vol. Ⅰ, London: William. Benning & Co., Law Booksellers, 1845, p. 75.

② See Dominick T. Blake, *An Historical Treatise on the Practice of the Court of Chancery of the State*, Printed by J. T. Murden for David Banks, Law Bookseller, New York, and William Gould, Law Bookseller, Albany, 1818, pp. 110-111.

③ 这为投机的原告制造了可乘之机,因为如果在讨论中原告发现没有机会胜诉,他就可以根据一个一直持续到大法官杰弗里斯(Jefferies)时期的规则,通过仅仅支付20苏的审理费用撤回诉讼。See D. M. Kerly, *An Historical Sketch of the Equitable Jurisdiction of the Court of Chancery*, London: Cambridge University Press, 1890, p. 120.

④ See Dominick T. Blake, *An Historical Treatise on the Practice of the Court of Chancery of the State*, Printed by J. T. Murden for David Banks, Law Bookseller, New York, and William Gould, Law Bookseller, Albany, 1818, p. 108.

3. 申辩(plea)

申辩是一种针对诉状的部分或全部所作的专门的答辩,它表明或者回答为何该诉讼应当被驳回、拖延或者禁止。与异议一样,它承认在诉状中所宣称的所有事实,不作反驳,但它并不像异议那样依赖在原告的诉状中所指控的事项,而是直接主张原告可能回答的事实。① 申辩的目的在于将为申辩所针对的诉讼减少至单个问题,从而节省当事人的开销。②

琼斯(W. Jones)认为,直至 17 世纪中叶,申辩才成为被告用以对付原告诉状的一种公认的重要的程序。③ 尽管 16 世纪的时候已经存在申辩这一名称,但是它只是被视为异议的一种,而非独立的诉答程序。在大多数情况下,大法官法院及其官员都是以一种相当模糊的方式使用该词的。这一情况一直持续至大法官弗朗西斯·培根时期。1619年,他在一份命令中专门解释了申辩与异议的区别:"异议完全建立在诉状本身所包含的有缺陷的事项之上,而非针对其他事项;而申辩则是针对撤销或者阻碍诉讼的其他事项提出的,比如该诉讼先前已经被驳回,或者原告被宣布为逃犯或被逐出教会,或者还有针对同一诉由的诉状悬而未决,等等。当申辩事项是基于法院记录时,此类申辩可以不经宣誓提出;但如果申辩事项并非基于法院记录,申辩必须要经过宣誓。"④

---

① See Dominick T. Blake, *An Historical Treatise on the Practice of the Court of Chancery of the State*, Printed by J. T. Murden for David Banks, Law Bookseller, New York, and William Gould, Law Bookseller, Albany, 1818, p. 114.

② See George Goldsmith, *Doctrine and Practice of Equity or a Concise Outline of Proceedings in the High Court of Chancery, Designed Principally for the Use of Students*, London: William. Benning & Co., Law Booksellers, 1845, p. 79.

③ See W. J. Jones, *The Elizabethan Court of Chancery*, Oxford: Clarendon Press, 1967, p. 210.

④ Sanders, Vol. I, p. 117. 转引自 W. J. Jones, *The Elizabethan Court of Chancery*, Oxford: Clarendon Press, 1967, p. 211, n. 1。

培根大法官的这一命令被认为标志着申辩作为一种独立诉答程序的诞生。

申辩分为三种：第一，针对该法院的管辖权；第二，针对原被告个人；第三，阻止原告的诉讼。

第一，针对法院管辖权的申辩并不否认原告的权利，而只是声称原告的诉求（claim）并非衡平法院所管辖的合适的领域，尽管一般对管辖权的合适的抗辩是通过异议来实现的。在对管辖权的申辩中，仅仅主张衡平法院没有管辖权是不充分的，它必须表明其他法院拥有管辖权。

第二，对于原告个人的申辩并不否认构成诉讼权利的有效性，而是否认原告诉讼的权利，或者主张原告无法对此提起诉讼，或者主张原告并非其声称的那个人，或者主张原告并不具有他表示具有的特征。对于人身的申辩必须表明原告丧失诉讼能力，比如他是被放逐法外者、被逐出教会者、持异议的天主教徒、因叛国或重罪而被剥夺财产和公民权者、外国人或者婴儿、已婚妇女、精神病人等无法独自提起诉讼者。

被告也可以申辩还有适格的当事人未加入。① 比如，在爱德华四世八年，三名遗嘱执行人中的一名被控告，他提出反对说，其他两名也应当成为当事人，并且该反对获得了同意。"因为这三名遗嘱执行人，"大法官说道，"而非一名遗嘱执行人是履行这一职责的，因此基于良心不应当只诉其中的一名，以免因他人疏忽而使其受到损害。"②

第三，阻止诉讼的申辩通常被描述为主张其他事项（foreign matter)，借此通过申辩承认诉状中其他不与此抵触的部分是真实的，但该案件，或者说其中为申辩所涉及的部分，应当被禁止。这种申辩被分

---

① See William S. Holdsworth, *A History of English Law*, Vol. Ⅸ, London: Methuen & Co., 1944, p.337.

② George Spence, *The Equitable Jurisdiction of the Court of Chancery*, Vol. Ⅰ, Buffalo: William S. Hein & Company, 1981, p.373.

为:禁止衡平法院中的记录事项的申辩和禁止非衡平法院中的记录事项的申辩。①

此外,如果被告感到有必要补充一些与案件有关的新证据,他可以向法院提出申辩,并且请求法院裁决他是否应当作出进一步答辩。②

4. 答辩状(answer)

如果被告没有提出异议或申诉,或者异议或申诉被推翻,他就必须针对诉状中陈述的事实进行答辩。

答辩状开头通常是宣告诉状的不充分和不精确,继而提出即使原告有什么可抱怨的,合适的救济也在其他法院。被告极尽所能反驳诉状中的主要主张,宣称诉状的不真实、不确定以及不完善,进而宣告他所看到的事实真相。答辩状最终以被告对诉状中所主张的所有事实进行概括性的驳斥及请求驳回该案做结尾,尽管被告会自信地宣称,如果必要的话,他能够轻易地在大法官法院中证明案件事实。

与财政署中对应的诉答文书相比,大法官法院中的答辩状必须要经宣誓提出。被告必须亲自到庭提出其答辩状,因为他们必须亲自宣誓。即使诉答文书是准备好的,律师也无法履行这一重要的职责。但是,如果被告因为任何能够为法庭所接受的情况而无法亲自出庭宣誓,法官会授权一个委员会来到被告面前,根据"我们已授权"令状的权威接受被告经宣誓的答辩,并将其记录后回呈给法院。③ 大法官法院能够接受的一般理由是传统的且可以理解的,如年事已高、

---

① See George Goldsmith, *Doctrine and Practice of Equity or a Concise Outline of Proceedings in the High Court of Chancery, Designed Principally for the Use of Students*, Vol. I, London: William. Benning & Co., Law Booksellers, 1845, pp. 79-82.

② See George Spence, *The Equitable Jurisdiction of the Court of Chancery*, Vol. I, Buffalo: William S. Hein & Company, 1981, p. 373.

③ See W. J. Jones, *The Elizabethan Court of Chancery*, Oxford: Clarendon Press, p. 214.

健康不佳、路途遥远、天气恶劣等。如果有人身负被认为比亲自出庭更为重要的任务，比如为君主服务，也可作为授予委员会获取答辩的充分理由。如果案件涉及的被告人数众多，法院可能会挑选其中最有能力的数个至伦敦诉讼，同时任命一个委员会获取其他被告的答辩。①

（三）提交审断（reference）

被告的异议和申辩、答辩状中对原告诉状的反对（exceptions）乃至原告对被告答辩状的反对大部分都被提交给一名主事官审断，由他作出接受或者拒绝的建议。主事官的意见通常会被法院所采纳，并且据此作出相应的命令。但是，大法官法院本身常常将明确涉及普通法问题的申辩交给普通法法院的法官们。②

反对诉状或者答辩状的理由有两种：首先，该诉状或答辩状是不充分的，没有包含一个足够清楚的陈述；其次，诉状或答辩状的陈述是不相干的或诽谤性的，抑或两者皆是。例如，1598年的一份诉状就因为其不充分性被提交给卡鲁主事官审断，而且有理由使人相信该诉状上的律师签名是伪造的。1607年，卡鲁主事官对一份答辩状作出了如下报告："我发现（该答辩状）在内容和形式上都存在不完善和错误，其中被插入了大量不必要的和不相干的内容，并且对于最为关键的内容，即对被告指控的那些，没有答辩；根据我的观点，应当把整个答辩状交给一名博学的律师，由一名优秀的艺术家入炉重塑，并且以更好的形式来更有效地提出答辩。"1594年，五名被告提出了五份不充分的答辩状，其中一名被告被命令支付20苏的诉讼费，另外

---

① See W. J. Jones, *The Elizabethan Court of Chancery*, Oxford: Clarendon Press, pp. 221-223.

② See Henry Horwitz, *Chancery Equity Records and Proceedings, 1600-1800*, London: Hmso Books, 1995, p. 14.

四名则是 40 苏。1607 年,廷德尔(Tyndal)主事官发现了一份不相干的诉状,并指令将其修改;而且他发现该诉状的答辩状也是不相干的且诽谤性的,于是下令撤销卷宗。因此,似乎这些反对有时候会导致整个诉状或者答辩状被取消,有时候则导致修改诉状或者答辩状的命令。①

四、原被告之间的进一步诉答

在大多数情况下,诉答程序以被告的答辩状结束;但有时候,原被告也会在被告答辩的基础上作进一步的诉答。

当被告提出他的答辩状之后,原告以辩驳(replication)回应。原告的辩驳很像被告的答辩状,通常就诉状中的内容进行再度辩解,它或者对答辩状中的主张作笼统否认,或者引入其他事实和情况来消除答辩状的影响,从而支持原告的主张。② 原告的辩驳常常以一个请求结束,这一请求与诉状中的祈求通常没有什么不同。③

随后被告可能提出再答辩(rejoinder),或者是总体性的,或者是特定的,根据原告的辩驳,对自己的答辩状的主要论断予以重申,提出他认为有用的、尽可能详尽的细节。

此后,当事人可能会提出进一步的诉答文书,如原告的再辩驳、被告的三轮答辩、原告的三轮辩驳等。例如在爱德华四世时期就有关于原告进行再辩驳的例子。但是从实践来看,尽管根据大法官法院的规则,任何在辩驳和再答辩之上的进一步的交锋都是被允许的,但这种做

---

① See William S. Holdsworth, *A History of English Law*, Vol. IX, London: Methuen & Co., 1944, pp. 386-387.

② See George Spence, *The Equitable Jurisdiction of the Court of Chancery*, Vol. I, Buffalo: William S. Hein & Company, 1981, p. 374.

③ See D. M. Kerly, *An Historical Sketch of the Equitable Jurisdiction of the Court of Chancery*, London: Cambridge University Press, 1890, p. 66.

法很早就不再盛行了。①

五、大法官法院诉答程序的特点

与普通法法院的诉答程序相比,大法官法院的诉答程序最大的不同就在于它不像普通法法院那样僵硬地遵守技术规则,②而是更为灵活。尽管执业者们试图在大法官法院内引入普通法法院中盛行的诉答程序的技术规则,但是,神职人员担任的大法官顽强并成功地抵制了他们的企图。1469年,斯蒂林顿大法官③说:"在大法官法院中,一个人不应当因为答辩不当或者形式的缺陷而败诉,而应当根据事情的真实情况;我们必须根据良心而非按照所控告的(et non secundum allegata)来判决。"斯蒂林顿大法官还补充说:"如果一个人通过其诉状宣称有人冤枉了他,而被告什么也没有说,但在我们看来被告并没有冤枉他,他就不应当胜诉。"大法官埃杰顿也认为,大法官应当根据事实判决,而非如普通法那样建立在一方当事人缺席的基础之上。在作出"如同承认"判决之前,向法院提交的诉状仅仅只具形式

---

① 在"沃斯利诉贝特斯库姆案"(Worsley v. Bettescombe)中,特别辩驳以及所有后续的原告的诉答都已经被去掉了。对此,原告可以通过在起诉之初提出,或者通过在诉状中修改的方式以及通过控诉的方法来实现;被告可以在最初的或者进一步的答辩状中给予原本最初可能包含在被告再答辩中的回应。See George Spence, *The Equitable Jurisdiction of the Court of Chancery*, Vol. I, Buffalo: William S. Hein & Company, 1981, p.374.

② 有研究者认为,普通法诉答程序之所以强调僵硬的遵守技术规则的原因在于,随着社会发展,对规范的需求呈现出一种不断膨胀的趋势,作为对这一趋势的回应,产生了令状制度的格式化、规模化。因为,依据特定令状而展开的诉讼程序最为主要的目的在于为个别化的纠纷提供解决方案,格式化、规模化的起始令状才具有普遍适用的价值。因此,确定性与规范化是以令状制度为核心的普通法诉讼制度要完成其规范供给任务必备的前提。令状制度的格式化、规模化的发展又促使了诉讼制度的程式化、规模化的发展,成为普通法的诉答程序从口头转向书面的根本原因。参见丁宝同:"简论英美诉答对中国之启示",西南政法大学硕士学位论文(2004年),第2—8页。

③ 尽管在其他方面可能不是一个值得称道之人,但与之前任何一任的大法官相比,他做了更多的确定法院规则的工作。

上的意义。① 正是依靠神职人员担任的大法官们对普通法规则的顽强抵抗,大法官法院得以保留其重大优势——不为僵化的程序规则所束缚的灵活性。

第三节　中间程序和中间救济

一、中间程序:动议与宣誓书

在诉讼进行过程中,原被告双方或者其他相关人随时可以向法院提出动议(motion)。它们都是指对大法官的概括性的诉请。这些诉请内容广泛,不充分的诉答文书、藐视法庭的行为、不适当的询问、专员的腐败以及请求获得禁令和其他令状②都是向法官提起动议的理由。动议可以在听审之前的任何诉讼阶段提出。③ 如果是实质性的动议,此类请求要经由大法官法院正式考虑,而且必须听取对方当事人的代理人的意见,最终结果可能是由大法官或者卷宗主事官签发一份正式的命令。④ 不仅仅诉讼者本人,而且有利害关系的当事人或者证人都能提起动议。国王也可以通过他的总检察长或者副总检察长提起动议的方式来保证其财产利益不被忽略。

---

① See George Spence, *The Equitable Jurisdiction of the Court of Chancery*, Vol. I, Buffalo: William S. Hein & Company, 1981, p. 375.

② 如普通法禁令、阻止毁损土地和砍伐木材的禁令、保证金的申请书、关于委任行为以及获取证据行为的申请书都是提起动议的对象。See D. M. Kerly, *An Historical Sketch of the Equitable Jurisdiction of the Court of Chancery*, London: Cambridge University Press, 1890, pp. 124-125.

③ See W. J. Jones, *The Elizabethan Court of Chancery*, Oxford: Clarendon Press, 1967, p. 310.

④ Henry Horwitz, *Chancery Equity Records and Proceedings, 1600-1800*, London: Hmso Books, 1995, p. 18.

动议的频繁提起导致了层出不穷的命令的产生，有时候在一个诉讼中达到了500多份命令。根据共和国时期的改革者的看法，有时辩护律师、当事人和法官都同样地迷失了自己，忽略了纠纷产生的最初原因。事实上，动议往往被那些在诉讼中原本极有可能败诉但又拥有足够金钱的当事人用来拖延诉讼时间，从而使得他们的对手在这种拖延中无法承受时间和金钱的考验。

动议经常引用行为或者其他事实问题，因此它是建立在宣誓书(affidavit)基础上的。宣誓书是一种在一位有权威之人——通常是主事官——面前所作的宣誓的书面记录。宣誓书被用来证明传票的送达，报告并且描述藐视法庭的行为、证实反对以及处理由诉讼导致的各种事项。在授权委员会获取答辩状之前，制作宣誓书通常用以确认被告生病、无资格或者其他问题。在16世纪末，宣誓书被与请求禁令的动议联系起来。对方当事人并不被允许反驳他自己的宣誓书——对宣誓书的宣誓不被考虑——仅仅能够指控该宣誓书的制作者进行了错误的宣誓。在17世纪，这并不被视为伪证。宣誓书在正式听审中既不被使用，也不被阅读，它们并不包含任何证明或者反驳有疑问的首要前提(principal premise)，也不用来推断其真实性。总之，宣誓书并未成为法院作出司法判决的证据基础。①

二、中间救济：关于签发禁令的程序

如果一名原告寻求一份禁令，无论是为了制止其对手在另一个法院继续诉讼程序(普通法禁令)，还是为了在大法官法院提起的现有诉讼被判决之前制止其对手实施一些潜在的不可挽回的行为(特别禁令)，他可以在他的诉状中，或者在提起诉状后，在动议中这么做。如果被告寻求

---

① W. J. Jones, *The Elizabethan Court of Chancery*, Oxford: Clarendon Press, p. 313.

允许其在乡间答辩或者未能出庭且需立即答辩,大法官法院会理所当然地授权签发禁令令状(经大法官或者卷宗主事官签名)。但是一旦被告答辩了,原告就必须提出继续该禁令的理由,有时候会将问题及相关情况提交给一名主事官进行调查。如果一名被告因为某种理由希望获得一份禁令(这个极不寻常),他可以在提出他的答辩状之后这么做。一旦获得禁令,获得了禁令的一方当事人必须毫不迟延地在大法官法院中提起诉讼,否则就要冒着其对手提起终止该禁令的危险。[1]

第四节　证据制度

当诉答程序完成且争议问题被确定后,大法官法院衡平诉讼程序就进入证据的制作与提交阶段,除非双方当事人都准备仅仅凭借他们在诉答文书(包括由一些原告呈递的附属文件)中所说的内容进入听审程序。

与普通法的证据制度相比,大法官法院的证据制度在证据获取方面具有自己的优势。比如普通法不能在审前强迫当事人回答问题,不能强迫当事人出示他所拥有的法律文书,也不能在法庭判决之前暂时封存抵押的财产。而大法官由于具有较大的自由裁量权,不仅可以对原被告及双方证人——进行口头宣誓询问,制作书面证词,而且还可责令当事人双方提交尽可能多的证据以证明自己的清白无辜或证言属实,在必要的时候,大法官可以通过向当事人或证人发出强制携带文件到庭的传票(sub poenaduces tecum)[2],命令当事人或者证人出示他所

---

[1] See Henry Horwitz, *Chancery Equity Records and Proceedings*, 1600-1800, London: Hmso Books, 1995, pp. 17-18.

[2] 强制携带文件到庭传票是一种要求一方当事人或证人"带来"文书或其他规定的证明材料的命令。参见〔美〕塔鲁伊:《美国民事诉讼程序导论》,张茂译,中国政法大学出版社1998年版,第12页。

拥有的法律文书。[①]

一、询问：宣誓证词、证据公布

通过询问（examination）获取证人证词是大法官法院中一种非常重要的证据获取方式，由此获得的证词被称为宣誓证词（depositions）。具体而言，大法官法院的询问官或经授权的中立的询问委员会根据双方当事人起草的质询书向证人进行询问，并将证人经宣誓后回答的内容记录为书面形式，回呈给大法官法院。[②] 根据询问地点的不同，宣誓证词分为在伦敦搜集的城镇宣誓证词和在其他地方搜集的乡村宣誓证词两类。[③] 宣誓证词获取之后会由法院确定日期向双方当事人公布。因此，一般而言，询问程序要经过进行询问（后来变为进行书面质询）、获取宣誓证词、公布证据三个阶段。但是在某些特殊的情况下，一些宣誓证词会在证据公布之后作出，并不向对方当事人公开，而是直接交由法官判断，这被称为"诉诸法官的良心"。

（一）宣誓证词的获取

1. 早期发展

一般情况下，大法官法院要求证人亲自到庭作证。因此，如果证人

[①] 参见毛玲：《英国民事诉讼的演进和发展》，中国政法大学出版社 2005 年版，第 158 页。

[②] 这种衡平法上的传统的宣誓证词与现代宣誓证词有着很大的不同。在现代宣誓证词中，当事人以一种口头、对抗的方式亲自获取证词，其主要目的并不在于将证人证词带到法庭（除非立誓词者无法在审判时刻到庭）——这一功能为庭内审判证词来实现——而在于帮助当事人实现证据开示的程序。事实上，在现代的宣誓证词中，当事人经常搜集后来无法在庭上被承认的证词。相反，在衡平法当中，宣誓证词是将证人证词带到法院的主要工具。凯斯勒认为宣誓证词的这种差异表明了英国衡平法程序的准纠问式特征。See Amala D. Kessler, "Our Inquisitorial Tradition: Equity Procedure, Due Process, and the Search for an Alternative to the Adversarial", *Cornell Law Review*, Vol. 90, 2005.

[③] 见 http://www.nationalarchives.gov.uk/catalogue/rdleaflet.asp?sLeafletID=165。

居住在伦敦或者伦敦近郊且没有无法出庭的理由,那么,在接到大法官法院的传票之后必须到庭接受询问。如果证人拒绝出庭,可以以藐视法庭为名将其拘捕。①

一开始,证人们无疑如同被告那样在法院中当庭接受口头询问。后来,与被告的口头答辩的书面化一样,证人们的口头证词为大法官法院的文书们记录下来并经证人宣誓成为宣誓证词。② 就询问人而言,对证人进行询问之人一开始是大法官,很快,这一工作就被交给卷宗主事官,后又交给专门设立的询问官。就询问内容而言,一开始只是由大法官根据审理需要随意发问,随后发展为要求证人回答由相关当事人拟定的系列问题。在 15 世纪中期的一场由伦敦的卷宗主事官进行的询问中,我们发现通过书面质询书询问的技巧已经在使用。③

如果证人居住的地方距离伦敦颇为遥远,或者证人本人因疾病、年老等原因而无法出庭,大法官法院所要求的当庭作证显然难以实现。针对这一困难,大法官法院发展出了通过签发"我们已授权"令状在地方上询问证人的实践。这一实践似乎在斯塔福德担任大法官(1432—1450)期间就已经开始,并且日益普遍。这一措施除了能应对前述证人无法出庭作证的困难,还有利于减轻大法官及其在威斯敏斯特宫工作的班子的业务压力。④

通过此类令状任命的专员们通常是当地贵族或士绅。他们被专门

---

① See M. E. Avery,"An Evaluation of the Effectiveness of the Court of Chancery under the Lancastrian Kings", *The Law Quarterly Review*, Vol. 86, 1970.

② 书面宣誓证词与书面答辩状的出现为同一时间,而且其产生是同一理由。See William Paley Baildon, *Select Cases in Chancery* (A. D. 1364 to 1471), London: Quaritch, 1896, pp. xxviii.

③ See John P. Dawson, *A History of Lay Judges*, Cambridge, Massachusetts: Harvard University Press, 1960, p. 151.

④ See M. E. Avery,"An Evaluation of the Effectiveness of the Court of Chancery under the Lancastrian Kings", *The Law Quarterly Review*, Vol. 86, 1970, p. 92.

委任来询问证人,使其宣誓,并且以书面形式将证人所言回呈给大法官法院。回呈仅仅是对证人所作证言的真实记录,而不涉及证言内容的真实性,也绝不试图通过冲突的陈述引导大法官得出一个正确的结论。①在15世纪中叶,这一程序还是非常不正式的,这些被任命的专员们并未被授予书面的质询书来引导或者限制提问。② 但是,如将证词的获取和记录工作交给未经训练的外行之人,若不加以有效的指引,这一实践必然无法持久。于是,很快就发展出由指定证人并且要求询问证人的有利害关系的当事人以书面形式提前准备一系列问题的实践。

对爱德华四世时期的大案"阿登诉阿登案"(Ardern v. Ardern)中的询问过程的概括性描述,将有助于我们理解当时进行询问以获取宣誓证词的整个过程。

在该案件中,诉状声称,原告授予被告一份终身采邑,但附加了条件,即被告在原告生前无法获得任何利益,并且地契被交付给A和B,要求他们在原告死后再将之移交给被告。但是,A、B二人违背了原告的信任,立即将地契交给了被告,被告据此驱逐了原告,而原告无法获得普通法上的救济。原告向大法官法院请求救济,但被告通过他的答辩状提出了管辖权异议,认为原告本应当提出非法占有之诉,被告还否认诉状所宣称的内容,声称原告给予第三人C一种向他转让占有的代理权,并且请求驳回诉讼,由原告支付诉讼费。原告提出辩驳。然后一份在考文垂宣誓取证的委任状被给予凯尼尔沃斯(Kenilworth)的修道院院长泽德雷(Zerdeley)。

修道院院长报告说,在指定的那一天,原告提供了一些证人,他们由

---

① See D. M. Kerly, *An Historical Sketch of the Equitable Jurisdiction of the Court of Chancery*, London: Cambridge University Press, 1890, p. 68.

② See John P. Dawson, *A History of Lay Judges*, Cambridge, Massachusetts: Harvard University Press, 1960, p. 150.

修道院院长进行口头询问，原告说由于没有收到正式通知，他无法带来更多的证人，因而整个程序被推迟到下一周的周六。但在下一周的周六，原告并没有带来更多的证人，而是带来了信件和证明书(testimonial)，因为这些书面证据并未提到在场的任何人，修道院院长建议原告将它们直接提交给大法官法院。

被告也带来了他的证人，他们被修道院院长要求宣誓作证并写下他们所知道的一切，盖上他们的印章，制作了书面证词。其中，一个名叫阿格尼斯·露西(Agnes Lucy)的人(契据的受托人之一)，住在离考文垂30英里远的地方，因病无法亲自前来，但她提供了书面证词并盖上自己的印章，在信使面前宣誓，如信使向修道院院长宣誓那样，其书面证词中的陈述是真实的。被告也提出了信件，对此，修道院院长给予他同样的建议，就像他对原告所作出的一样。

这就是整份报告。最终，原告胜诉。①

2. 16世纪的定型

至16世纪，人们已经能够从公布的档案中看到关于大法官法院的调查和证据方式的清晰画面。

那时，在大法官法院的人事编制中已经设置了两名询问官，他们住在伦敦，全年都可以询问证人。根据1545年的一个一般命令，询问官事实上被授予在伦敦及其附近进行询问的垄断性权力，其范围后来被界定为伦敦周边20英里。② 对于超出这一范围的证人的询问，通常的

---

① See 1 Cal. lxii (6 Edward IV). 转引自 D. M. Kerly, *An Historical Sketch of the Equitable Jurisdiction of the Court of Chancery*, London: Cambridge University Press, 1890, pp. 68-69.

② 20英里的限制直到17世纪才出现，当时询问官向大法官抱怨六书记官安排特别委员会在伦敦询问证人。当然导致这一竞争的关键是报酬。根据1661年的一个命令，20英里被缩减为10英里，这样询问官的业务就被进一步地削减。

解决方法是任命一个由四名外行人①组成的委员会,当事人双方各任命其中的两名。委员会专员们在某个对当事人及证人而言都便利的地方集合,通常集合地点是当地的客栈。②

至16世纪,甚至可能是17世纪早期,在公开的法庭上口头询问证人是可能的,由此获得的证人证词被称为宣誓书,③但是这一做法很少被采用,而且后来也遭到人们的强烈的反对。大法官法院的调查和证据基本依赖于针对特定证人并且为询问官在独立的诉讼程序中实施的书面质询书。也就是说,无论是在伦敦由询问官进行,还是在乡间由特别委员会进行,询问都是由询问官或者询问专员分别且秘密地依照由当事人的律师以书面形式准备的问题依次对证人进行,并以书面形式将证人的回答记录下来,然后将他们所记录的内容读给被询问者听。在15世纪和16世纪初叶,询问官无须拘泥于预先准备好的问题,可以自由发挥。但由于这一实践具有导致不公正的危险,因此,埃杰顿大法官于1596年发布了一道命令,并于1619年为弗朗西斯·培根大法官再度确认,该命令要求所有的质询书都必须在颁布询问的委任状之前被提前准备好并由法院归档,同时他强烈暗示,提问仅仅局限于阅读书面问题。④

---

① 他们通常是地方贵族,包括神职人员(通常是修道院院长或主教)。在16世纪末,他们还通常由法院指定,但此后很快就变为由当事人提名。See Michael R. T. Macnair, *The Law of Proof in Early Modern Equity*, Berlin: Duncker & Humblot, 1999, pp. 174-175.

② John P. Dawson, *A History of Lay Judges*, Cambridge, Massachusetts: Harvard University Press, 1960, p. 152.

③ 如1568年,"伦敦城政府诉埃利主教案"(Corp. of London v. Bishop of Ely),是在国玺大臣和两名首席法官面前;1573年,在卷宗主事官面前进行口头询问。1575年,出现了在询问官面前进行口头询问的命令;这在由该法院同意而任命的仲裁者或者审断者面前是非常普通的实践。甚至到1727年,还出现了一个在公示证据后口头询问一名证人的命令。See George Spence, *The Equitable Jurisdiction of the Court of Chancery*, Vol. I, Buffalo: William S. Hein & Company, 1981, p. 379.

④ See John P. Dawson, *A History of Lay Judges*, Cambridge, Massachusetts: Harvard University Press, 1960, p. 156.

因此，询问人没有判断问题相关性的自由决定权，也没有在代表另一方听取询问后提出新问题的权利。

但从另一个角度看，大法官法院对于所询问问题内容的控制是很少的。在原则上，质询书的内容应当受到诉答文书的限制，但是，并没有相应的制衡手段来确保其与诉答文书的相关性和一致性。只有当存在非常明显的恶劣的偏离并引起该法院的注意时，才会采取专门措施。否则，质询书的草稿就会由大法官法院的一名文书直接归档，上面附有各方当事人提名的专员的名字。

但应当认为，询问在一定程度上仍是一种揭示真相的非常有效的方式。事实表明，经彻底询问而揭示的事实常常迥异于原告诉状中对事实的陈述，在此仅举一例。1455年，艾丽斯（Alice）和约翰·纽波特（John Newport）二人针对艾丽斯前夫的用益制受让人威廉·普伦蒂斯（William Prentys）向大法官提出诉请，艾丽斯声称此人拒绝根据前夫的最终遗嘱授予她采邑。乍看之下，该案似乎非常简单，与其他数百桩案件相类似。但是，接下来的询问表明，该案中原告的动机事实上极其险恶。证人宣称，艾丽斯与其前夫的婚姻并不美满，艾丽斯和约翰·纽波特之间早就存有暧昧。可以想见，普伦蒂斯反对的正是艾丽斯与纽波特的关系。事实上，艾丽斯和约翰·纽波特正是导致其丈夫死亡的元凶，因为当他死亡的时候，仅他和艾丽斯、约翰·纽波特三人共处一室，并且在他死后，这两人制造了一份假遗嘱，将所有财产都留给了艾丽斯。该案的判决并未保留下来，但是证据看来对原告非常不利。①

（二）证据公布（publication）

一旦原被告提出的证人都被询问，法院经一方当事人（通常是被

---

① See M. E. Avery, "An Evaluation of the Effectiveness of the Court of Chancery under the Lancastrian Kings", *The Law Quarterly Review*, Vol. 86, 1970.

告)的动议,并经双方当事人及其律师的同意,就会签发"公布"宣誓证词的命令。直至这一阶段,双方当事人才被允许了解对方证人的宣誓证词。①

在这一时期,对于被询问的问题的反对、对对方证人可信度的反对以及对于询问本身进行方式的反对都可以被提出。如果没有充分的反对被提出,大法官法院就会下令将证人证词的抄本给予双方当事人,并且它们所包含的信息也均可公开。②

在法院公布宣誓证词之后,除在特定情况下,在相同事项上不能进行进一步的询问,宣誓证词也不得修改。

宣誓证词的公布使得证人证词成为公共信息,它保证当事人能够利用所有提交给法院的证据阐明他们的观点。这也有利于促使法院听取当事人双方的意见,防止武断行为。此外,公布促使当事人在寻找事实的过程中辅助法院,也有助于达到寻求真相的目的。③

(三)在证据公布之后询问证人——诉诸法官的良心

基于大法官作为良心法官且没有上诉法官的特殊地位,大法官法院还存在一种不同寻常的询问——"诉诸法官的良心"(ad informandum conscientiam judicis)。此类询问通常在常规的宣誓证词被公布后或听审时被下令进行,它经常因为证据公布后新发现的证人或者正式质询的不充分而成为必要。④ 例如,当大法官感到一个重要的探求

---

① See Henry Horwitz, *Chancery Equity Records and Proceedings*, 1600-1800, London: Hmso Books, 1995, p.19.

② See John P. Dawson, *A History of Lay Judges*, Cambridge, Massachusetts: Harvard University Press, 1960, p.152.

③ See Amala D. Kessler, "Our Inquisitorial Tradition: Equity Procedure, Due Process, and the Search for an Alternative to the Adversarial", *Cornell Law Review*, Vol. 90, 2005.

④ See Williams J. Jones, "Due Process and Slow Process in the Elizabethan Chancery", *The American Journal of Legal History*, Vol. 6, No. 2, 1962.

真相的思路被完全忽略时,此种形式的询问也被用来弥补一般询问的不足。又如,诉诸法官良心的询问也被运用于在标准宣誓证词公布之后新发现的证人,还会在预期证人将要死亡或者证人将要出国之时被使用。在后一种情况下,它们多少类似于保存永久证词的询问,只是没有初始程序。同样的,询问的结果被保留在法院中,未经特别命令不得翻阅或公布。①

此外,在一般证据为当事人公布之后,如果有证据证明某些询问获得的宣誓证词尽管与争讼案件密切相关却不适宜公布,那么,为了这一目的而特别获取的宣誓证词将被密封后提交给法官,该证据只有法官能看到,除非法官选择透露它,否则其他人无从知晓其中的内容。不适宜公之于众而仅仅交由法官知晓的证据常常与国王的利益、活动或者投资相关。②

但当判决的作出是基于如此获得的证据的时候,无疑它的内容就应在起草判决书时予以声明;对于该判决所据以确立的所有事实,几乎都要在登记官的登记簿中作特别陈述。这一实践一直持续至大法官弗朗西斯·培根时期。③

(四) 询问程序的特点

大法官法院的询问程序与普通法相比有着较大的差异:普通法要求由当事人当庭公开口头询问证人;而大法官法院却是由法院任命之

---

① See W. J. Jones, *The Elizabethan Court of Chancery*, Oxford: Clarendon Press, 1967, p. 252.

② 如"德雷克诉博登巴姆案"(Drake v. Bodenbam)即为一例,该案具体见 W. J. Jones, *The Elizabethan Court of Chancery*, Oxford: Clarendon Press, 1967, p. 251。

③ See D. M. Kerly, *An Historical Sketch of the Equitable Jurisdiction of the Court of Chancery*, London: Cambridge University Press, 1890, p. 123; George Spence, *The Equitable Jurisdiction of the Court of Chancery*, Vol. Ⅰ, Buffalo: William S. Hein & Company, 1981, pp. 380-381.

人秘密询问证人,制作书面证词,并直至所有证人都被询问之后才将所得证词予以公布。

在大法官法院看来,在普通法法院,证人接受严厉且迅速的口头询问,根本没有足够的时间思考或者作出深思熟虑的回答,由于记忆的缺陷或者错误经常导致无法如实陈述事实。相反,在大法官法院中,证人证词是建立在书面质询书的基础上,由询问者在没有其他人在场的情况下向证人提出,证人有充分的时间冷静地进行回忆。并且如果证人起初回答错误,在询问官结束询问并将记录下来的书面证词向当事人作完整宣读时,证人可以修改其错误。如果由此获得的证词对事实的陈述仍有错误,那么,有理由相信证人主观上存在故意或者重大过失,可对其以伪证罪进行处罚。[1] 因此,相对而言,大法官法院的询问程序比普通法法院的询问程序更能实现发现事实的目的。

此外,大法官法院依赖法院任命的官员来获取证词而不允许当事人自行询问的做法被认为更能保障证词的秘密性。事实上,为了确保由此获得的证人证词的秘密性,对于记录成文证词的存档和封印都有着严格的要求。这种秘密性被认为有助于保障诉讼的公正。因为如果当事人或者他的律师被允许自行询问,他们获得的信息可能会影响他们的诉讼策略,包括当事人选择传唤的证人人选以及他们提出的质询书的内容。相反,由于法官任命的官员与当事人及其诉讼之间不存在任何紧密的关联,因此被认为没有动机来偏向其中任何一方,[2] 由此获得的证据显然更为公正。

---

[1] See Amala D. Kessler, "Our Inquisitorial Tradition: Equity Procedure, Due Process, and the Search for an Alternative to the Adversarial", *Cornell Law Review*, Vol. 90, 2005.

[2] See Ibid.

二、证据开示

(一) 证据开示(discovery)的概念

在大法官法院中,除当事人的诉答文书以及证人的宣誓证词之外,至证据公示阶段,当事人被大法官法院要求尽可能多地提供相关的事实和书面证据以证明自己的清白无辜或证言属实。这些书面证据在性质上变化多端,取决于争议的性质,它们可能包括所有权和其他财产权的文件、账本或者任何其他被一方当事人认为有用的材料。这些书面证据或许为一方当事人自己拥有、自愿提交,比如,作为被告答辩状的附件由被告自愿提交,但也有可能从对方当事人那里获得。[①] 具体而言,大法官可以基于一方当事人请求或者动议而向另一方当事人或证人发出强制携带文件到庭的传票(sub poenaduces tecum)[②],命令当事人或者证人出示他所拥有的法律文书。如果当事人或者证人不交出证据,将会因藐视法庭而受到惩罚。这一措施不仅有助于大法官了解案情,同时也大大提高了审判效率。可以说,强制携带文件到庭的传票是大法官法院创设的一个极其独特和有效的制度,而当事人请求大法官法院给予这一救济的诉状被称为衡平法上的"证据开示诉状"(bill of discovery)。[③]

因此,证据开示程序可以定义为:"法院在一方当事人的请求下,命令对方当事人提供与双方当事人争议事项相关之全部文件及事实作为开庭听审时的证据使用的程序。"证据开示程序的目的是在审理之前开

[①] See Henry Horwitz, *Chancery Equity Records and Proceedings*, 1600-1800, London: Hmso Books, 1995, p.19.

[②] 强制携带文件到庭传票是一种要求一方当事人或证人"带来"文书或其他规定的证明材料的命令。参见〔美〕塔鲁伊:《美国民事诉讼程序导论》,张茂译,中国政法大学出版社1998年版,第12页。

[③] 参见毛玲:《英国民事诉讼的演进和发展》,中国政法大学出版社2005年版,第158页。

示相关文件,以消除审理中出现的意外,使得案件得到公正解决。①

(二)证据开示制度的发展

有学者认为,自理查德二世时期起,就已经有人向大法官法院提出要求对方当事人提供相关证据的请求。《大法官法院诉讼记录大全》(*Calendar of Proceedings in Chancery*)中提及最早在诉状中请求大法官法院授予证据开示程序救济的案件是亨利六世时期。② 该案所提交的诉状是由一名继承人诉其被继承人的遗嘱执行人,该诉状请求对该遗嘱执行人进行询问,这样原告可以知道"他能够从其先人那里继承哪些东西"。

在15世纪初的一个案件③中,两名原告抱怨被告从他们那里带走了两名由原告在阿让库尔(Agincourt)战役中俘获的战俘,并向他们勒索赎金。他们请求大法官制止被告勒索赎金的行为,并且询问被告,要求他提供战俘的名字。④

以上案件均为要求对对方当事人进行询问,要求其提供某些至关重要的事实,但证据开示程序更多地被用于要求对方当事人提供书面文件上。

如在"卡利尔诉尼维特案"(Cullyer v. Knyvett)中,原告声称他们是被告采邑的公簿持有人,并且要追回为被告所扣押的财物。当时发还扣押财物的通知书(replevy)已经被移交给了民事诉讼高等法院,因为证明原告权利的唯一证据是法院卷宗,而这掌握在被告的手里,因此

---

① 参见〔英〕戴维·M. 沃克:《牛津法律大辞典》,李双元等译,法律出版社2003年版,第329页;薛波主编:《元照英美法词典》,法律出版社2003年版,第419页。
② See Polgrenn v. Feara, 1 Cal. xxxix.
③ See William Paley Baildon, *Select Cases in Chancery* (A.D. 1364 to 1471), London: Quaritch, 1896, p. 110.
④ See William S. Holdsworth, *A History of English Law*, Vol. Ⅳ, London: Methuen & Co., 1945, p. 282.

原告很可能失去他们的土地。① 此外，还有一个案件是请求对方当事人提供一份证明土地或者动产所有权所必需的文件。

这些开示文件的请求不仅仅是针对另一方当事人所作的，它们也可以针对任何掌握该必要证据的第三人作出。如在 15 世纪初发生的一个案件中，原告声称他是沃蒂尔·希林顿(Watier Shiryngton)的堂兄弟和继承人，希林顿和其他受托人一起攫取土地供自己使用，并且死时没有遗嘱，而已故的塞伊勋爵(Lord Say)在生前曾诱使共同受托人将土地卖给他，并通过胁迫的方式迫使原告放弃了他的权利主张，"此后，这位塞伊勋爵由于死前对此事心怀悔恨"，指示他的忏悔牧师力劝被告塞伊夫人对该不法行为予以赔偿。原告要求对忏悔牧师进行询问。②

值得注意的是，如以上这些案件所显示的，即使不涉及任何衡平问题，仅仅是为了维持普通法上的诉讼而提出证据开示的请求，大法官法院也提供救济。

在伊丽莎白一世时期，仍然保持着只要存在诉诸大法官法院的证据开示程序的必要性，大法官法院就提供救济这一惯常做法。据柯克法官在其著作中的描述，这一实践使得普通法法官在一个由大法官提交给他们审断的案件中，得出了唯一的解决方法，即"当任何自由保有的权利或者任何其他普通法上可以判决的事项在该法院中被附带讨论的时候，大法官法院不可以对其予以判决，而是必须提交普通法审判"。"并且当该诉讼的目的是为了获得证据，没有这些证据，原告无法提起普通法上的诉讼——如果被告对于该土地没有所有权，那么，该法院只拥有就证据进行诉讼的管辖权；但是如果被告在其答辩状中对该土地

---

① See D. M. Kerly, *An Historical Sketch of the Equitable Jurisdiction of the Court of Chancery*, London: Cambridge University Press, 1890, p. 77.

② See Ibid.

主张权利,那么,原告就不能继续诉讼;否则根据这样的一个推断,遗产、自由保有不动产以及其他可在普通法上审理的事项,将可以在大法官法院这个衡平法院中审判。"对于普通法法官们的这个建议,大法官在"奥伊尔·芬奇爵士案"(Sir Oyle Finch's Case)中推翻了他的判决。此后的大法官在某种程度上根据这些决定的精神行事;但是他们维持了原有的管辖权,并且自行对整个事项予以审判,无论该案件是否寻求行使任何被认可的衡平管辖权的分支。因此,在那些没有大法官法院调查权的帮助就无法有效地清算账目以查明欺诈或者彻底调查交易的案件中,大法官也行使管辖权,尽管该案件可能是属于普通法管辖的。①

自16世纪开始,证据开示的相关规则日益增多。② 其中最为重要的规则是,在任何情况下,任何人都不能被迫回答可能会使其遭受罚金或者没收财产的事项,无论是民事上的还是刑事上的,但是他可能会被迫透露他的利益是否已经终止。但是该法院拒绝将这一保护进一步扩展至根据制定法回答可能于其有害的事项的案件。该法院也拒绝强迫辩护律师和事务律师背叛他们的客户。

当一个人拥有关于争讼事项的契据,他不会因为提出它们不属于原告而受到保护,"因为被告在此对它们是否属于原告自行判断,他充当了他自己的法官。"而任何人都不能充当自己的法官。因此,被告被命令回答他拥有什么,并且交出它们以便决定它们到底属于谁。但至16世纪上半叶,对于这一问题的法律并未得到完全的确定。

此外,一个人有义务对他自己的行为作出肯定或者否定的回答;并

---

① See George Spence, *The Equitable Jurisdiction of the Court of Chancery*, Vol. I, Buffalo: William S. Hein & Company, 1981, pp. 677-678.

② See Ibid., p. 680; D. M. Kerly, *An Historical Sketch of the Equitable Jurisdiction of the Court of Chancery*, London: Cambridge University Press, 1890, p. 151.

且在此类案件中,根据记忆回答被认为不够充分。

三、保存证词程序

保存证词程序(preservation of testimony)被认为是一种特别的证据开示。其作用在于将一些对一方当事人至关重要但由于证人濒临死亡、年老、体弱等原因可能在审判之前有丧失危险的证人证言记录在案的程序制度。①

请求保存证词的诉状的例子可以自亨利六世登基之后找到。最早的案件是对原告的姐夫进行询问并予以记录。② 在数名公证人在场的情况下,他承认被告通过胁迫的方式获得了原告妻子因为死亡所作的采邑赠予,但被告随后推翻了供认。被告请求的救济是签发委任状组成委员会以询问原告的姐夫及公证人。③

我们还获得了一份亨利七世时期牛津伯爵约翰的诉状。④ 该诉状告诉我们,他的母亲伊丽莎白是如何因为她没有能够效忠亨利六世而被迫将其土地转让给理查德三世——当时的格洛斯特公爵的;以及如何存在众多的能够证明这一强迫事实的年老的证人。该诉状因此要求召集这些证人,让他们就其所知道的一切宣誓作证,从而使得他们的宣誓证词能够"被记录在案"。⑤

16世纪,数名大法官颁布了数个命令对保存证词制度予以规制。根据尼古拉斯·培根爵士的命令,获取对某一事件的永久性证言(in

---

① 这一制度既是一种大法官法院的衡平诉讼程序,又是其辅助管辖权的内容之一。
② See Lewis John v. Earl of Oxford,1 Cal. xxvii (6 Henry VI).
③ See D. M. Kerly, *An Historical Sketch of the Equitable Jurisdiction of the Court of Chancery*, London: Cambridge University Press, 1890, pp. 77-78.
④ See Hulkere v. Alcote, Chancery Proceedings (R. C.),pp. lxv, xvi.
⑤ See William S. Holdsworth, *A History of English Law*, Vol. IV, London: Methuen & Co., 1945, p. 282.

perpetuam rei memoriam)证据的专员们被授权询问年老体弱的证人，如果该证据所针对之人（他在令状中被列为被告）并没有向法院或者专员们表明与此相反的充分的理由，该证据将被采纳。如果被告愿意的话，他可以加入委员会，并任命专员代表他基于质询书询问。由此获得的宣誓证词并不会被公布，除非该证据对原告而言十分必要，也即在一些案件中，当证人濒临死亡或者过于衰老、病弱以至于旅行会带来生命危险而无法出庭，仅仅在那时证人最初提出的反对被告的证据才会被使用。此后，弗朗西斯·培根大法官颁布了类似的命令，但是它们要求诉状和答辩状在授予委任状之前就提出。大法官埃杰顿非常不喜欢保存证词的诉讼，他认为在大多数案件中隐瞒所给予的证据，直至证人死亡之后才提出是对伪证的鼓励，他常常命令原告提起诉讼，在以普通形式询问证人后立即公布。[①]

第五节 仲 裁

在都铎王朝时期及斯图亚特王朝早期，将大法官法院的衡平法案件诉诸仲裁而非予以听审判决的做法非常普遍。

尤其是伊丽莎白一世、詹姆斯一世以及查理一世时期的大法官和御玺大臣，他们非常习惯于迫使双方当事人达成妥协，或者提交仲裁者仲裁。主事官和其他人常常被任命为仲裁者，如主事官廷德尔即在一份 1610 年的证书中报告他已经尽其努力达成双方当事人之间的和平，但是没有成功，他祈求在这件事情上不要让他遇到更多的困扰了。[②]

有时候，大法官法院宣布几点意见，就特定案件对仲裁者予以指

[①] See D. M. Kerly, *An Historical Sketch of the Equitable Jurisdiction of the Court of Chancery*, London: Cambridge University Press, 1890, p. 152.

[②] See Ibid., pp. 125-126.

导;但是更经常的是整个案件都被留给仲裁者自主决定。大法官法院通常会确定一个作出裁决的期限。双方当事人被迫交纳保证金来遵守仲裁者的裁决,违背裁决者将被视为藐视法庭而会受到相应的处罚。[①]

如果仲裁人未能在限定的时间内作出裁决,卷宗主事官或者一名首席法官经常被任命为仲裁者,由其作出裁决。在仲裁者不能达成一致的案件中,大法官自己有时候也会成为案件的裁判。大法官和卷宗主事官还常常在当事人之间进行调解,尤其是当一方当事人引发了同情的情况下。

在大法官法院中,作为听审和裁决的替代性的解决手段,仲裁通过以下几种方式发生[②]:

首先,大规模地使用外行人对伦敦之外的证人进行询问为仲裁调停打开了机会之门。此类仲裁往往来自于询问官们的自发建议。询问官们通常是在当地社区拥有声望之人,因而他们的建议颇具分量。如果双方当事人住得离伦敦有一段距离,这种解决方式不仅节省了到伦敦的旅费以及在伦敦逗留期间的费用,而且能够为取得公平、公正的结果提供一些保证,询问官的个人声誉足以为此担保。询问委员会在促进私人解决方面的功能似乎早在 15 世纪就已经出现了。它是一种自然的发展,并不必然反映任何特定的偏爱,当然法院本身通常乐于接受这样一种仲裁的结果。

其次,大法官法院通过签发"听审并结束"(hear and end)委任状提供简单的仲裁。但是,当它发展到 16 世纪的时候,衡平法上的"听审并结束"委任状通常不是致普通法法官和律师的,而是致地方上的外行人

[①] See George Spence, *The Equitable Jurisdiction of the Court of Chancery*, Vol. I, Buffalo: William S. Hein & Company, 1981, p. 385.

[②] See John P. Dawson, *A History of Lay Judges*, Cambridge, Massachusetts: Harvard University Press, 1960, pp. 164-167.

的。一旦就衡平法上提出的案件颁布此委任状，它就授予这些人"根据衡平法以及良心听审并结束"案件的权力。这种类型的委任状在1500年以前的债权法院以及在大法官法院判决记录（它们于1545年开始）中非常普遍。通常规定，如果仲裁人无法理解案件，他们要将其诉答文书和观点报告给大法官。但是在一些案件中，该法院使用它自己的程序，比如通过罚款保证书（penal bonds）或者一大笔保证金来迫使当事人服从仲裁人可能作出的任何判决。在强迫实施罚款保证书的过程中，普通法法院严格的、技术性的态度使得不服从的当事人暴露在了极大的危险之中，由此，为衡平法院实现其目的增加了一种有效的制裁手段。

此外，一个由大法官所作出的"听审并结束"的口头要求，或者大法官自愿向一个或者更多的人所写的"恳求"他或者他们听审并结束该案件的私人信函也都可能导致提交仲裁。对于一方当事人或者其律师，大法官只需表明存在一些通过局外人的调停而解决的机会就已经足够了。大法官或者国玺大臣通常亲自劝说当事人服从他的调解，避免司法听审，使得该争议友好解决。大多数仲裁人的帮助是以这种方式获得的。大法官法院的主事官经常被召集，尤其是在他们已经调查并报告过的案件中。普通法法官，包括王座法院和民事诉讼高等法院中的法官，同样被要求"听审并结束"；高等律师及其他普通法律师被要求和法官或者主事官或者地方贵族一起充当仲裁人。1596年，爱德华·柯克和弗朗西斯·培根被要求作为仲裁人参与了结大法官法院的一个案件，他们甚至是对方当事人的律师。事实上，柯克通过成功处理另一桩麻烦的案件表明，他自己是一位坚持不懈且有效的谈判代表，从而赢得了国玺大臣的赏识。

总之，以仲裁代替听审作为大法官法院中的纠纷解决机制在一定程度上帮助当时的大法官法院缓解了本身所面临的问题，即由于司法官员的稀少以及证据制度的设计缺陷所导致的案件积压的问题。这个制度的存在也表明,在某种意义上,大法官法院的纠纷解决机制与普通法法院一样,也存在着民众(主要是地方乡绅阶层)的司法参与。

第六节　听审与判决

尽管大量的诉讼可能通过仲裁或调解的方式获得解决,尽管有许多诉讼在较早的诉讼阶段就宣告结束,或者在相关的衡平问题上,比如土地回收(recovery)①、证据开示以及限制(restraint)等被处理完毕后被转移到其他法院,但仍有许多案件进入最后的听审(hearing)和判决(decree)程序。② 一般而言,只有在诉答程序完成,法庭对诉讼当事人及证人的询问完成并已经进行了证据公示之后,律师们才能够申请进行听审。

一、听审

大法官法院大多通过由动议以及中间诉请而产生的命令来工作。正式的听审和判决并不如此频繁。习惯上,大法官法院的正式听审被称为"司法听审",它不仅仅指大法官在大法官法院中进行的听审,还包括在大法官法院法官席上坐堂的普通法法官们的听审、卷宗办公室的听审,甚至一度由两名主事官在弗利特监狱进行的听审也包括在内。③

---

① 旧时一种称做限嗣继承的阻却诉讼的拟制诉讼,目的在于将限嗣继承土地转变为非限嗣继承土地。这一扩大土地产权的方式已经被 1833 年出台的《拟诉弃权法》所废除。

② See W. J. Jones, *The Elizabethan Court of Chancery*, Oxford: Clarendon Press, 1967, pp. 286-287.

③ See Ibid., p. 287.

就听审的时间而言,亨利八世的首位大法官赖奥思利于 1545 年确立的习惯是周一、周三、周五处理动议,周二、周四及周六则用于听审。而哈顿大法官通常于周三在星室法院坐堂,①周二在大法官法院中处理动议,余下来的日子用于听审。由于有待处理的动议及中间程序数量巨大,大法官们常常不堪重负,因此除了在法院听审,大法官自己也会在他自己家里听审案件,有时候在清晨,但更多的则是在中午。②

一旦证据出示已经完成且听审日期已经确定,法院就以传票(subpoena ad audiendum iudicium)传唤被告出庭。对此,必须在听审日期前六天或七天予以回呈,如果该传票没有送达,一切会随之延期。缺席的当事人要冒着对己不利的风险,显然这一结果并不令人满意,法院将尽可能给他第二次机会。但是缺席者需支付大约为 40 苏到 8 磅的审理费用。③

至听审当日,诉讼者及其律师携带所有的诉答文书、宣誓证词以及其他证据的复本和摘要到庭。在庭上,首先由原告律师宣读诉状,被告律师复述答辩状回应。如有进一步的诉答文书,其中的内容也会被提出。原告律师继而列出主要的争点和问题,随后宣读证据和宣誓证词;被告的律师也有同样的机会。然后是双方律师总结陈词。最后由大法官作出判决或者采取进一步的行动。④

但是在实践中,主持听审的法官在审查了诉答文书、宣誓证词以及其他呈递的证据之后,常常会宣告共同争议点,继而将诉讼提交给主事官之一进行审断,同时指令该主事官根据对共同争议点的决定检查其

---

① 之前的大法官一般在周五履行这一职责。
② See W. J. Jones, *The Elizabethan Court of Chancery*, Oxford: Clarendon Press, 1967, p. 288.
③ See Ibid., p. 289.
④ Ibid.

中的某些或者所有事实,并向法院报告该决定应当被如何补充。

当事人必须到达指定的主事官的办公室。主事官将会审查证据,会见当事人及其律师,并且如果他们希望的话,可口头询问当事人以澄清问题。① 原则上,主事官的任务是调查有争议的或者只是相关的事实问题,而不涉及事情的真相,但是这一界限非常容易被突破。由于主事官的文书所得报酬在很大程度上依赖于主事官们书面报告的长度,因此他们总是企图扩大被提交审断的范围。有学者指出,主事官被指令调查的案件事实数量巨大、性质多样,根本无法清楚地列举在主事官办公室中进行的每一种调查。② 主事官不得询问证人之前已经被询问过的关于同一事实的问题,他只能询问以前已经被询问过的证人新的事实,或者询问一位新的证人其他人已经作证过的事实。无论如何,主事官被授权决定案件中所要求的一切事实发现并且指令必要的证据开示,包括命令当事人以及证人提交法律文件并服从经宣誓的询问。因此,在决定何种证据应当被听审以及何种问题应当被询问方面,主事官扮演了与普通法上的陪审团不同的角色,他不仅是当事人选择提交的证据的被动听众,而且还是积极的询问人。当然,如果当事人或者证人的住所过于遥远,主事官会通过任命专员的方式进行询问。一旦主事官搜集到所有他认为必要的证据,他会写一份报告呈递给法院,提交他所发现的事实以及作为判决基础的证据。③

由于对立的当事人可能试图通过自己或者其法律代理人的陈词影

---

① See W. J. Jones, *The Elizabethan Court of Chancery*, Oxford: Clarendon Press, 1967, p.253.

② See Edmund Robert Daniell, *Pleading and Practice of the High Court of Chancery*, Vol. II, Boston: Little, Brown & Co., 1871, p.1215.

③ See Amala D. Kessler, "Our Inquisitorial Tradition: Equity Procedure, Due Process, and the Search for an Alternative to the Adversarial", *Cornell Law Review*, Vol. 90, 2005.

响主事官对于事实的看法,所以如果当事人对主事官报告中的内容有异议,他们将被允许在大法官法院面前提出反对,并可以当庭争论。继而,大法官法院会根据当事人所提出的否认意见确认该报告或者将报告送还主事官重新考虑。

因为主事官的报告涉及检查复杂的事实问题或者必要的、详细的补充计划,因此在实践上,该报告与大法官法院的判决在原则上是一样重要的。一旦主事官的报告获得法院认可,法官通常会作出一个吸收了报告结果的补充性的判决命令(decretal order)。[①]

事实上,在许多案件中,主事官的审断是在公开听审之前进行的。[②] 而大法官法院使用主事官的目的在于减轻大法官吸收大量证据并作出复杂的事实发现的负担。[③]

二、判决

(一) 判决的书面化

在早期,许多案件中的判决本身似乎并没有以任何形式记录下来;即使曾经记录过,这些记录也已经完全丢失了。但由之后出现的将判决记录在诉状背后的实践以及更晚出现的将判决记录于簿册和卷宗上的实践推测,我们几乎可以确定在最早的时候,大法官法院的判决是没有进行记录的。因为,法院不可能在采取了将判决记录于卷宗或者簿册上的方便的实践之后再度将之放弃。但即使在将判决背书于诉状背面的做法引入之后,许多案件的判决仍未被记录下来。

[①] See Henry Horwitz, *Chancery Equity Records and Proceedings*, 1600-1800, London: Hmso Books, 1995, pp. 20-21.

[②] See W. J. Jones, *The Elizabethan Court of Chancery*, Oxford: Clarendon Press, 1967, p. 289.

[③] See Amala D. Kessler, "Our Inquisitorial Tradition: Equity Procedure, Due Process, and the Search for an Alternative to the Adversarial", *Cornell Law Review*, Vol. 90, 2005.

《大法官法院诉讼记录大全》中的判决是在亨利六世时期和其后以拉丁文的形式作出的，并且背书在诉状的背面，①亨利八世二十六年(1534—1535)开始了登记判决的实践，判决卷宗由此出现。亨利八世三十六、三十七年(1544—1545)，判决被记录在登记官的记录簿上，使用的文字仍然是拉丁文，判决和命令书自此出现。②

(二) 判决的格式

自亨利六世和爱德华四世时期开始，作出判决的主体通常被表述为"大法官法院"或者"大法官和大法官法院"，这些形式直至查理二世时期仍在普遍使用。③ 事实上，至19世纪下半叶，"本庭"仍然是判决的通常采用的格式。④

在兰开斯特王朝时期，除了那些原告被简单驳回的案件中，判决常常以普通法的"本法庭观点"(visum est)或者"本法庭认为"(consideratum est)⑤的形式作出。后来的大法官法院判决的典型形式——"本法庭判决"(decretum est)，在这一时期并没有找到。⑥

在亨利八世统治时期，当判决开始被正式登记的时候，通常会加上"et ita traditur irrotulat"等字样，但这很快就招致滥用。

大法官在决定判决格式时，会召集普通法法官或卷宗主事官，在听

---

① 我们所拥有的最早记录在案的大法官法院的判决是理查德二世十七年作出的。它被用于确认由国王作出的判决，并且支持一个禁令。

② See William Paley Baildon, *Select Cases in Chancery* (A. D. 1364 to 1471), London: Quaritch, 1896, p. xxix; George Spence, *The Equitable Jurisdiction of the Court of Chancery*, Vol. Ⅰ, Buffalo: William S. Hein & Company, 1981, p. 389.

③ 六书记官的名字附在其后。在尼古拉斯·培根爵士时代，这一形式通常是"由大法官和大法官法院"。

④ See George Spence, *The Equitable Jurisdiction of the Court of Chancery*, Vol. Ⅰ, Buffalo: William S. Hein & Company, 1981, p. 389.

⑤ 普通法法庭判决书开庭的正式用语。

⑥ See M. E. Avery, "An Evaluation of the Effectiveness of the Court of Chancery under the Lancastrian Kings", *The Law Quarterly Review*, Vol. 86, 1970, p. 93.

取了他们的建议后作出决定。

在一些判决中也会陈述判决的事实和理由,但这一实践只在诺丁汉大法官时经常采用,此后就被完全废弃不用了。

总之,至16世纪,与普通法法院的判决相比,大法官法院的判决仍然只是简单的命令,没有令状或者诉讼格式来强加任何形式上的束缚。详细的提问、解释的指令以及复杂并责任明晰的判决,如此典型的18、19世纪的大法官法院的判决,在当时仍然完全不为人所知。①

(三) 判决的登录

一旦当庭宣告判决,任何一方当事人都可以获得誊录在羊皮纸上的判决。并且,该判决经一方当事人——很可能是胜诉的当事人的诉请,会被逐字逐句地登录在登记簿(entry book)中。② 据说,判决的登录这一程序在1534年之后开始被大法官法院所采用。③ 登录判决最初是六书记官的工作,后来被转交给宣誓文书,这一工作对于他们及其抄写员而言实为一生财途径。更重要的是,已登录的判决在某种程度上增强了法院判决的效力。詹姆斯一世时期,判决在由大法官署名并被登录之前,在技术上它仅仅拥有中间命令的效力;它可以基于再审(rehearing)或者有时候甚至基于动议而被修改。事实上,再审似乎已经变得日益频繁,以至于在詹姆斯一世时期成为民众抱怨的主题之一。但是一旦判决被正式登录,它就获得了更大程度的终局性。④

---

① See D. M. Kerly, *An Historical Sketch of the Equitable Jurisdiction of the Court of Chancery*, London: Cambridge University Press, 1890, pp. 69-70.

② See Margaret Dowling, "Public Record Office Research : The Equity Side of Chancery, 1558-1714", *The Review of English Studies*, Vol. 8, No. 30, 1932.

③ See W. J. Jones, *The Elizabethan Court of Chancery*, Oxford: Clarendon Press, 1967, p. 292.

④ See Henry Horwitz, *Chancery Equity Records and Proceedings, 1600-1800*, London: Hmso Books, 1995, p. 21.

（四）判决的执行

为保障判决得以遵守，大法官法院可能要求被告提供担保，以保证他能够履行法院的判决，或者在暴力侵犯的情况下，要求被告提供和平保证金。

自亨利六世起至查理一世统治末期，迫使被告遵守判决的最终手段就是将其逮捕并投入弗利特监狱，因为大法官无法限制权利，他只能够约束他人的人身自由。

当然，监禁并非唯一的手段，玛丽女王时期的大法官约克大主教希尔斯（Health）曾发布一个命令，指令限制一名不服从判决的行医人行医的自由，"因为此类许可使得他更为懒散"而不服从判决。

在伊丽莎白一世时期，尤其是在查理一世时期，为迫使当事人遵守判决，大法官法院采取了非常严格的措施。有时候，被告会被作为一名囚犯进行封闭式的关押。在查理一世时期的一个案件中，弗利特监狱中一名不愿意实施判决之人被施以烙铁之刑。① 有时候，地方武装被授权逮捕藐视法院者。不遵守判决也会被施以罚金，考文垂大法官允许判决相当于赔偿总额的20％的损害赔偿的罚金，直到判决被履行。

如果判决是针对土地的，并且一方当事人顽固不化，法院会授予胜诉的当事人"放弃占有禁令"。如果该禁令仍未获遵守，法院则授权治安法官将一方当事人关押起来；如果需要，也会授予郡长协助占有土地令（writ of assistance），命令他帮助和支持法官们，出动地方武装将一方当事人关押起来，并逮捕藐视法院者。这样，尽管该法院不能限制权利，但它能保护占有。

至伊丽莎白一世时期，所有普通法法院异口同声地谴责大法官法

---

① 在同一时期，罚金也是实施措施之一。

院这些实施判决的方式,除短期监禁(simple imprisonment)之外,其他都被视做非法。但是由于大法官坚持不懈,因此直至19世纪,大法官法院的实践仍是建立在那时所确立的惯例的基础上的。①

第七节 复审与上诉

如不满卷宗主事官的判决,可向大法官提出再审(rehearing),但如要推翻已由大法官签署的判决则有两种途径:其一是提起复审诉状(bill of review);其二则是向国王提出请愿书,要求上诉。

一、再审与复审

(一) 再审

再审(rehearing)是对已经审理并判决案件的再次审理。在大法官法院中,不服卷宗主事官的判决向大法官的上诉被认为是再审而非上诉,因为卷宗主事官被认为是大法官的代表而非独立法官。②

大法官再审之时,通常会召集卷宗主事官或者一些普通法法官到庭。遇到疑难案件时,会换到财政署在所有的法官面前听审。但是大法官不能像普通法法院那样因为一桩案件棘手而将其从衡平法院转移到议会审理。③

(二) 复审

复审(review)诉状据说是在亨利八世时期引进的替代上诉的方

---

① See George Spence, *The Equitable Jurisdiction of the Court of Chancery*, Vol. Ⅰ, Buffalo: William S. Hein & Company, 1981, pp. 391-392.

② 参见〔英〕戴维·M. 沃克:《牛津法律大辞典》,李双元等译,法律出版社2003年版,第955页。

③ See George Spence, *The Equitable Jurisdiction of the Court of Chancery*, Vol. Ⅰ, Buffalo: William S. Hein & Company, 1981, p. 393.

法。它被用来开始一项诉讼,以撤销或修正前一诉讼的终局判决。①复审诉状在本质上是一个纠错令状。与法律和良心有关的错误是提起此类诉状的合适理由;但如果仅仅是事实上的错误则无法提起此类诉讼。② 实践中,如果表明出现了听审时无法获得的新证据,法院的特别批准也可能允许使用这一程序。埃杰顿大法官时期规定,复审诉状仅仅适用于自判决之后新发生的事项或者档案事项(matter of record),或者书面文件中包含但此前没有用过的事项。大法官培根对这些诉状作了一些有价值的改进,如要求当事人在复审诉状被批准之前服从有问题的判决(除非它导致了上诉者普通法上权利的消灭),以及要求上诉人交纳审理费用和由于拖延造成的损害赔偿的保证金。③

二、上诉

(一)国王行使上诉管辖权

除了上诉(appeal)至国王自身,大法官法院的衡平管辖权的性质排除了所有的上诉概念。由于大法官法院的衡平管辖权是建立在特权基础之上的;这一特权最初是由国王亲自行使的,当然他也会听取别人——通常是大法官的意见,但这种特权并没有被授予产生了各种普通法法院的御前会议,也没有被永久地授予咨议会,国王将"对要求特别干预的特定案件适用不受限制的衡平原则"的这一权力保留给了自己。④ 因此,大

---

① 参见薛波主编:《元照英美法词典》,法律出版社 2003 年版,第 150 页。
② See George Spence, *The Equitable Jurisdiction of the Court of Chancery*, Vol. I, Buffalo: William S. Hein & Company, 1981, p.394.
③ See D. M. Kerly, *An Historical Sketch of the Equitable Jurisdiction of the Court of Chancery*, London: Cambridge University Press, 1890, p.124.
④ 爱德华一世八年的法令规定:"如果事关恩赐事项,并且没有国王大法官和其他人参加便无法进行,那么,他们可以亲自将该事情交到国王面前了解他的意愿。"詹姆斯一世在 1616 年星室法院的演讲时指出:"大法官法院是独立于任何其他法院的,仅仅处于国王的支配之下,其判决不能上诉,然而我有义务保证其他人免遭错误。"但是,众议院在 1621 年弹劾培根大法官的时候指出,除向议会提出外,别无上诉可言。

法官法院判决的上诉管辖权并不在代表御前会议的上院手中，更不在从御前会议中分化出来的其他法院的法官的手中（因为这些法官的管辖权完全建立在每个特定案件中的国王令状的基础上）。此外，大法官在级别上高于所有其他的贵族，无论是上院的贵族还是咨议会的贵族，也高于普通法法官，这是他们无法成为大法官法院上诉管辖权的享有者的另一个原因。

当然，国王可以将其在任何特定案件中的特权授予他认为合适的任何人，由其代替国王来审查大法官基于国王的一般授权而行使其管辖权所作出的判决，这并不违背法律原则。但是在大法官法院的早期阶段，当衡平、良心和诚实的原则还不明确的时候，大法官所作的建立在此类原则基础上的判决也不太可能受到任何其他人或者法院的审查，只有国王自己是合适的人选。无疑，议会可以推翻一个判决，但不是通过上诉的方式，而是以立法的方式进行。[1]

（二）普通法法官对大法官法院的上诉权

在伊丽莎白一世统治时期，固定的衡平法原则已经成形，而先例原则尚未确立，大法官法院的衡平案件通常被提交给当时的权威来审断，而大法官法院的判决常常在实施中实质性地影响着人们的财产权利，尤其是自由保有地产（franc tenement）这种极其重要的财产权利。缺乏有效的大法官判决的上诉制度，引起了人们极大的不满。为了安抚人心，伊丽莎白一世开始将问题提交给普通法法官审断。女王可能基于请愿书将大法官法院的判决交给普通法法官来审查，如果他们有充分的理由就有权推翻它。据罗尔（Rolle）编撰的案例集的记载，当时的大法官似乎已经默许了这一解决方案。

---

[1] See George Spence, *The Equitable Jurisdiction of the Court of Chancery*, Vol. I, Buffalo: William S. Hein & Company, 1981, pp. 394-396.

但是，在伊丽莎白一世四十二、四十三年，在"莫伊尔·芬奇案"（Moyle Finch's Case）中，基于莫伊尔·芬奇爵士的请求，女王将一个已经由埃杰顿爵士判决的案件提交给两名法官审查，他们提出了反对该判决的意见，但后来又被国玺大臣所推翻。①

（三）詹姆斯一世、查理一世时期上院对
　　　大法官法院的上诉管辖权

詹姆斯一世时期，培根大法官的腐败使得由上院对大法官的判决进行上诉审的企图复苏了。但是一个被任命来调查这一问题的委员会报告说，除了基于一些令状、授权书、请愿的背书或者其他基于国王法令的权威所作的判决之外，并不存在由上院对大法官判决予以司法管辖的先例；尽管下院对此提出抗议，上院只能默认。最终，上院通过从国王那里获取委任状的方式获得了审查大法官法院特定案件的权力。

查理一世时期，上院命令在议会法庭（bar of the House）上由辩护律师对一个大法官法院的案件进行抗辩，但是在案件被听审之前，议会被解散了。这一时期人们一般认为，推翻大法官法院判决的合适程序只有两种：或是通过议会法案，②或是通过来自于国王的特别任命。例如，在查理一世十二年，国王授予卷宗主事官一个委任状，召集一名普通法法官以上诉的方式检查大法官的一个判决。卷宗主事官召来了法官库克（Cooke），最终他们确认了判决。③

根据马修·黑尔（Matthew Hale）爵士的说法，首个未经国王明确授权而由上院推翻大法官判决的案件发生于 1640 年的长期议会开会

---

① See George Spence, *The Equitable Jurisdiction of the Court of Chancery*, Vol. I, Buffalo: William S. Hein & Company, 1981, p. 394.
② 在查理一世的第四届议会中有三个这样的法案，其目的是为了推翻大法官法院的判决。
③ See George Spence, *The Equitable Jurisdiction of the Court of Chancery*, Vol. I, Buffalo: William S. Hein & Company, 1981, pp. 394-395.

期间。在共和国时期,1646年至1647年间的"梅纳德与利尔伯恩案"(Maynard and Lilburn's Case)再度挑起了对这一问题的争论,当时律师们的一般观点是这一管辖权的行使是违宪的。他们坚持这一管辖权存在于整个议会。1668年至1670年间的"斯金纳诉东印度公司案"(Skinner v. The East India Company)又挑起了两院之间的争论,这一争论实质上终结了上院对于民事诉讼的初审管辖权。在查理二世的长期议会的第四次会议上,关于上院对大法官法院判决的上诉管辖权的争论被再度挑起。在这一次争论中,大法官和下院联合起来;但是下院最终改变立场,认为将上诉管辖权留给上院更为妥当,否则极有可能使得国王从中渔利。因此,直至17世纪下半叶,上院才最终确立了对大法官法院衡平案件的上诉管辖权。[1]

综上所述,至17世纪早期,大法官法院的衡平诉讼程序已经基本定型。它与普通法法院的诉讼程序相比具有自己的特点,现总结如下[2]:

首先,发动诉讼的程序不同。普通法上的民事诉讼通常以原告由大法官处购得的用以发动某种特定诉讼的拉丁文的起始令状开始。原告在选择适合于其案件实施的诉讼形式时冒着极大的风险,如果选择的起始令状是错误的,他就会被驳回诉讼。而在衡平法上,几乎大法官法院中所有的案件都是以诉讼者提起的英文诉状开始。因此,大法官法院的原告在发动诉讼的方式上有着更多的一致性,他们无须像普通

---

[1] See George Spence, *The Equitable Jurisdiction of the Court of Chancery*, Vol. I, Buffalo: William S. Hein & Company, 1981, p.395.

[2] 对大法官法院衡平诉讼程序与普通法诉讼程序的具体比较也可以参见 Henry Horwitz, *Chancery Equity Records and Proceedings, 1600-1800*, London: Hmso Books, 1995, pp.2-4; William S. Holdsworth, *A History of English Law*, Vol. IX, London: Methuen & Co., 1944, pp.344-365.

法法院中的原告那样从数百个不同的令状中选择一种特定形式的诉讼，并且不会有因为一开始选择了错误的形式而导致失败的危险。大法官法院与普通法法院的这一差异源自国王授权方式的不同。普通法法院对个案行使审判的司法权力来自国王以起始令状的方式进行的个案授权，而大法官法院的司法权却起源于国王以一般授权的方式，无论明示还是暗示，授予大法官的所有恩赐之物（传票的授予即为恩赐之物）；因此大法官法院不像普通法法院那样，需要以令状来给予某个特定案件以管辖权。①

其次，大法官有权对被告本人签发传票，其作用在于回应在大法官法院提起的诉状，与普通法法院中发动诉讼的起始令状相比，它的优势明显：其一，当事人在令状中被召唤来回答"某些诉讼"，诉愿的确切内容并没有被记载。其好处在于此后的诉讼程序不会为起始令状中的措辞所束缚，由此使得大法官法院拥有相当大的询问自由。其二，传票令状的适用并不受管辖地和特权的限制。一份传票令状可以被递送到任何地方，可以在被告所在的任何地方将其拘捕，而不管诉因最初产生的地方；这使得大法官法院获得了对在外海所犯下的不法行为的管辖权，并且可以在各郡追诉被告。传票在具有自治特权的地区也具效力，这使它成为比普通法令状更为有效的工具，并且请愿者有时将其诉愿的基础建立于这一事实之上，即该诉讼已经在一个特区内产生（la ou le brief notre S. le Roy ne court niye）。其三，不服从传票的召唤将会被大法官法院判处藐视法庭罪，在人身和财产方面遭受处罚。相对于普通法法院的缺席判决，这显然具有更为强大的强制执行力。因此，传票充分体现了大法官法院诉讼程序的富有弹性及

---

① See George Spence, *The Equitable Jurisdiction of the Court of Chancery*, Vol. I , Buffalo: William S. Hein & Company, 1981, p. 367.

有效性的特征。①

第三,诉答程序不同。尽管普通法和衡平法的诉答程序都曾受到教会法诉答程序的影响,②但是由于与程式化的令状制度相联系,因此相比之下,普通法上的诉答程序较为僵化:诉讼者只能选择单一的诉讼方式,比如他只能在各种各样的诉讼原因中选择一个诉因;并且在选定诉因之后,每位诉讼者只能选择异议或申辩,如果选择申辩,他也只能在承认、废除或者推翻中选择一种态度;此外,他还必须使得其诉答文书的措辞完全符合案件的事实。因此,无论整个案件本身的真相到底如何,诉讼的胜败在很大程度上取决于诉讼者所选择的诉讼计划以及他选择采用的措辞之上。与之相比,衡平法上的诉答程序更为灵活。从最早的时候起,大法官总是试图根据案件的实质性的是非作出判决;尽管异议和申辩在大法官法院中也存在,但被告总是能够对于原告案件的一部分提出异议,对另一部分提出申辩,并对剩余部分提出答辩。而且,即使没有证明申辩或者异议也只意味着必须再度提出一个答辩,诉状和答辩也总是能够被修改。尽管关于起草诉状和答辩的规则日益变得技术性,但大法官法院从未仅仅因措辞或形式的错误而导致不可挽回的结果,或者排除对案件作任何进一步的询问。③

第四,中间程序不同。大法官法院能够提供一种普通法上无法获得的直接的或者说"中间"救济——禁令。禁令是大法官法院在原告请求下用以阻止被告在另一个法院继续一个正在进行的诉讼的命令(普

---

① See M. E. Avery,"An Evaluation of the Effectiveness of the Court of Chancery under the Lancastrian Kings", *The Law Quarterly Review*, Vol. 86, 1970, p. 88.

② 关于教会法诉答程序对普通法诉答程序的影响,可以参见 Charles. P. Sherman,"A Brief History of Medieval Roman Canon Law in England", *University of Pennsylvania Law Review and Ameirian Law Register*, Vol. 68, No. 3, 1920, pp. 244-245。

③ See William S. Holdsworth, *A History of English Law*, Vol. IX, London: Methuen & Co., 1944, pp. 372-373.

通法禁令),或者禁止被告参与任何其他可能对原告造成无可挽回的损害的行为的命令(特别禁令)。中间禁令会持续有效,直至被告出庭并且答辩,或者,在某些情况下,直到争讼在大法官法院中被听审。禁令使得大法官法院能够提供比普通法法院更为充分的救济。

第五,证据形式不同。普通法上的诉讼程序素采对抗制模式,因此其证据制度也表现出这一特性,普通法上民事诉讼的证据多由双方证人在陪审团面前的证词(以及交叉询问)构成,其中大部分都未以书面形式记录。与普通法不同,由于受到教会法的影响,大法官法院衡平诉讼的证据模式表现出了准纠问式的特征,即证据的获取在很大程度上都依赖大法官法院的干预。如证人们的宣誓证词由大法官法院的官员或者委任的代理人获取,而且为了此后的使用将其以书面形式记录下来。① 伦敦及伦敦周边的证人经由询问官询问而提供宣誓证据;在乡间则由为了这一目的专门指定之人(17世纪早期经常为地方官员,但是一个世纪后通常为出庭律师)进行,这使得大法官法院中的证人们无须长途跋涉即可接受询问,进行宣誓作证。而且,由于争议之人间利害关系的原因,除非在特殊情况下,普通法法院一般不允许来自一方当事人的宣誓证词,但大法官法院中没有此种形式上的束缚。宣誓证词的书面化也使得大法官法院诉讼中的证据比普通法诉讼中的证据更可能留存下来。② 除宣誓证词外,证据开示制度和证词的永久保存制度都是大法官法院不同于普通法法院的证据制度,它们都利用大法官的权威来帮助当事人获取证据。此外在庭审中,大法官法院与普通法法院

---

① 应当注意的是,在17世纪早期,普通的金钱债务之诉(action of debt on contract)通常以宣誓作证法而非通过在陪审团前的证词来作出判决。See J. H. Baker, *An Introduction to English Legal History*, London: Butterworth, 1990, pp. 87-88.

② 由此,一名普通法上的诉讼者为了获得证据公示以及宣誓证词的救济可能会提起大法官法院上的诉讼。

主张的"凡主张皆应有证据"的原则不同,实行"不否认即承认"的原则。也就是说,当原告起诉后,如果被告未对原告起诉状中所提出的事实予以否认,即被视为默认,大法官可以据此裁定原告的请求成立。因此,有学者认为:"实际上,衡平诉讼程序的目的往往在于迫使被告作出能揭露不法行为的自认。"①

第六,认定事实的主体不同。普通法法院往往是由12名普通民众所组成的陪审团来认定事实。而大法官法院不使用陪审团,早年由大法官亲自认定事实,后来则将事实问题(包括详细审查冗长的文件,比如商业账目)提交给主事官②审断,无论是大法官还是主事官,作为训练有素的专业官员,他们都能对该事项进行深入的询问和调查;这些事实问题对于普通法法院中的陪审团而言往往过于复杂而无法迅速处理。

第七,判决方式不同。普通法法院的判决相对简单并且遵循作为诉讼基础的令状。大法官法院无须遵循类似于令状的固定程式,大法官有权自由地授予救济。③

最后,对于判决的纠正方式不同。普通法法院从来都不能够直接正面质疑法院判决,如果对于法院判决有疑问,往往通过纠错令状或者否认诉状的方式,这种方式既陈旧又不便,这种不便利仅仅能够通过授予新的审判的方式进行部分的纠正。而大法官法院通过对案件的再审和复审能够采取直接质疑判决的方式,④实现对错误判决的纠正。

---

① 毛玲:《英国民事诉讼的演进与发展》,中国政法大学出版社2005年版,第157页。
② 通常为11名一般主事官中的一个,但是如果调查是发生在伦敦之外的,则由专门委任的特别主事官负责审断。
③ See W. J. Jones, *The Elizabethan Court of Chancery*, Oxford: Clarendon Press, 1967, pp. 301-302.
④ See William S. Holdsworth, *A History of English Law*, Vol. IX, London: Methuen & Co., 1944, p. 373.

总之，早期的大法官法院的衡平诉讼程序与普通法诉讼程序形成鲜明的对比，它不具有后者大部分的主要缺陷；相反，它快捷、灵活、便宜、有效。这些特点源自大法官法院长期作为行政机构形成的行事风格，源自大法官作为行政长官所享有的巨大的行政权威。这种行政权威赋予大法官法院诉讼程序更为强大的执行力。① 而普通法法院的法官由于不具有大法官这样的优势地位和行政权力，所以也就无法随意行使同样的手段。总之，从早期大法官法院的衡平诉讼程序中，我们可以清晰地看到早期大法官法院衡平法的行政性特质。

---

① 在这方面，强制被告到庭的传票程序、强制当事人出示证据的证据开示程序，以及在判决作出后强制执行判决的程序都是极为典型的例子。这些程序的共同特点就在于如果当事人无视大法官法院所作出的命令，他们就会遭受大法官法院以藐视法庭罪的名义所作出的处罚，有可能被处以罚金或者监禁。

第六章 大法官法院的衡平管辖权

大法官法院的管辖权分为普通管辖权、衡平管辖权以及制定法管辖权[①]三类。本章所关注的仅仅是其中的第二项管辖权——衡平管辖权。这一衡平法管辖权起初包含民事和刑事两个部分,但其刑事管辖权在都铎王朝早期为星室法院接管,此后大法官法院的衡平管辖权即以民事为主。

中世纪大法官法院衡平管辖权的行使以良心原则为基础,但随着时代的变迁,大法官法院在实施其民事衡平管辖权的时候,其基本原则发生了"从良心到衡平"的转变。

第一节 大法官法院衡平管辖权的 历史发展概述

英格兰早期大法官法院衡平管辖权的发展大致可以分成两个阶

[①] 英国法历史上很早就存在根据特定的制定法授予大法官特别管辖权的实践。在大法官法院历史发展的各个阶段都可以发现相关的例子。在中世纪,制定法授权大法官处罚郡长及其他地方官员的不端行为、惩罚那些未经孩子的父母同意而接受不满14周岁的孩子为托钵僧修道会成员之人、审理非法侵入(forcible entries)的案件、签发传票以逮捕已经逃往不知名地方的重罪犯、审理由臣民在海上或者在王国内的任何码头对外国友人所犯下的抢劫案件。后来,各种法令不断赋予大法官法院更多的权力,如处理大火后的伦敦城所要支付的什一税问题、人身保护令修正法案、仲裁、犹太人、友好社团以及运河、航海、圈地等。这个部分的管辖权中最持久和最为重要的两个管辖权是破产管辖权和对精神失常问题的管辖权。See William S. Holdsworth, *A History of English Law*, Vol. I, London: Methuen & Co., 1956, pp. 469-470.

段：第一个阶段为16世纪之前，第二个阶段则自16世纪至17世纪上半叶。这两个历史阶段的衡平法管辖权存在着巨大的差异。

在第一个历史阶段，大法官法院的衡平法管辖权仍非常模糊，国家的混乱、普通法的缺陷等原因导致大法官基于良心的理由进行广泛干预。因此，大法官法院所管辖的案件乍看之下彼此之间似乎没有什么关联，唯一的共同之处在于向大法官呈递恳请其行使管辖权的请愿书多基于这一理由，即现有的法律无法提供有效的救济、有违公正，故原告不得不诉诸大法官的良心，请求大法官迫使被告根据良心行事。因此，衡平法规则源自以普通法为主体的现存法律的缺陷。

在大法官法院衡平管辖权发展的第二个历史阶段，虽然衡平法规则仍然是针对普通法的固有缺陷而发展，但是由于国家的混乱状态为咨议会和星室法院所抑制，普通法的缺陷一部分为立法机关修补，一部分通过普通法法官的努力得到修正等原因，大法官法院的衡平管辖权的发展受到限制，主要表现如下：

首先，大法官法院的刑事衡平管辖权迅速衰落。一方面，咨议会和星室法院等特权机构逐步取代大法官法院对犯罪行为进行打击，获取刑事的衡平管辖权。尽管直至伊丽莎白一世统治末期，严重侵害案件仍会向大法官法院提出，而且这一时期的大法官法院仍可以通过调卷令和人身保护令救济地方法院和官员的镇压，但是大法官法院的衡平刑事管辖权在这一时期迅速衰落。对严重侵害和暴力侵占的处罚权被留给星室法院。请求调卷令和人身保护令的诉愿不再被当然地授予；并且当普通法法院表明它们能够在此类案件中实现正义的时候，这些诉愿逐渐不再向大法官提出。另一方面，由制定法对刑法所作的额外补充同样也限制了大法官法院的管辖权。对此，伊丽莎白一世时期关于伪证的制定法是一个很好的例子——虽然当时大法官法院仍不时以伪证为由给予救济，但是至17世纪，大法官不再接受针对伪证的诉状。

其次，普通法在程序和实体内容方面的缺陷也日益为感受到竞争危机的普通法法学家们所修正，从而限制了大法官法院民事衡平管辖权的扩张。

在程序方面，普通法程序的统一和简化减轻了普通法的技术性和僵硬性，使得那些有心利用普通法本身的技术性进行违法或者欺诈行为之人不再能够轻易得逞。诸如宣誓断讼法这样古老的审判方法不再使用也产生了类似的效果。此外，普通法的书面诉答文书制度的发展以及普通法开始使用证据法的事实，使得普通法比以前更能实现正义。

从实体内容来看，普通法开始拥有更为充分的契约法，并且对于动产所有者给予更为充分的保护。他允诺之诉以及非法占用之诉（trover）的发展针对许多先前普通法没有救济或者救济不充分的不法行为提供了救济。由于向大法官提出诉请仅仅在普通法的损害赔偿救济无法满足救济要求的时候才需要，因此这一部分的衡平管辖权也逐渐萎缩。

此外，普通法关于管辖地的困难被克服，使得普通法法院和海事法院分割了国家的商业事务，海事法院和普通法法院因此从大法官法院那里获得了大量此前由大法官法院审理的商业案件。①

由于上述原因，大量的案件不再诉至大法官法院，大法官法院的衡平管辖权的范围日益缩减。但是这一过程是渐进的，并且也促进了大法官法院衡平管辖规则的系统化。与此同时，随着国家经济的繁荣与发展，生活变得越来越复杂，需要更为详细的规则来引导正在出现的新活动和新关系，因此尽管大法官管辖权的范围被缩减，但是该法院的事务仍然继续增加。这反过来使得大法官拥有大量机会发展一套规则，

---

① See William S. Holdsworth, *A History of English Law*, Vol. Ⅴ, London: Methuen & Co., 1945, pp. 300-302.

以适用于它仍然保留的各种各样的管辖权,进一步促成衡平法规则的体系化,为大法官法院衡平法近代化奠定了基础。① 因此,在 17 世纪的上半叶,大法官的衡平法管辖权逐渐表现出它的现代形式。

第二节 大法官法院刑事衡平管辖权

大法官法院早期管辖权的一个极其显著的特征就是对严重违法行为的镇压。② 即使这种管辖权并非严格意义上的刑事管辖权,但也在很大程度上带有刑事特征。

早期向大法官法院呈递的请愿书表明,大法官法院早期的主要业务并非来自于引入的土地用益制,而是来自于对诸如殴打、侵害以及大量的严重违法行为的管辖。③ 理查德二世时期的请愿书表明,大法官法院被请求对于严重违法行为(outrage)、殴打(assults)、侵害(trespasses)、强占(disseisins)④、非法侵入(forcible entries)、聚众闹事的行为(riotous proceedings)以及非法夺取和扣留财产(illegal seizures and retentious of property)这些违法行为加以救济。对于这些行为,普通法法院本应提供救济,但是由于种种原因,普通法法院没有提供救济或提供的救济不充分,从而无法达到公正的结果。

在请愿书中,请愿者们向大法官提出了自己的诉请:有时候,请求

---

① See William S. Holdsworth, *A History of English Law*, Vol. Ⅴ, London: Methuen & Co., 1945, p. 303.
② See D. M. Kerly, *An Historical Sketch of the Equitable Jurisdiction of the Court of Chancery*, London: Cambridge University Press, 1890, p. 152.
③ See Joseph Story, *Commentaries on Equity Jurisprudence, as Administered in England and America*, Vol. Ⅰ, Boston: Little, Brown and Company, 1886, p. 45.
④ 指以非法驱逐的方式排斥或剥夺他人对地产、出租房屋或其他继承财产事实上占有的行为。

归还被夺走的财产;有时候,例如在侵入及殴打案件中,请求适当的纠正以及对所遭受伤害的补偿;有时候,他们寻求被告给予维持和平的保证,从而获得对于人身或者财产的保护,或者防止司法过程被阻碍,或者是为了其他目的。一些请愿书没有提到专门的理由,只是声称普通法无能为力;但是原告通常会宣称由于非法干涉诉讼(maintenance)或联合共谋(combination and confederacy)、自身的贫穷以及对手的富有、病弱、衰老等类似的理由,他们无法在普通法上获得任何救济;同时,因为被告获得了郡长或其他身居高位之人的支持,以至于在某些特定的案件中,普通法无能为力。大量这样的诉状用同样的口吻。请求大法官通过古老的人身保护令或者调卷令将案件从郡法院或者其他下级法院转移到大法官法院。请求的理由通常是担心被告对于陪审团的影响力可能会使得正义无法获得;还有一些诉状的理由是,原告是一位外来者或者外国人,作为普通法上的被告,他无法获得保释。①

这些请求显然表明,当请求者,尤其是那些来自社会下层的受压迫之人,因为任何原因而无法或者担心他无法通过一般的普通法途径获得足够的救济时,大法官都负有纠正各种不公正的一般性权力,无论普通法是否提供了救济。

虽然对这些案件的判决没有留存下来,但我们看到,大法官针对其中几个案件作出了中间命令,而在其他许多案件中则授予了传票。这表明,至少在大法官看来,他对这些案件拥有当然的管辖权。

而大法官法院之所以在早期享有衡平刑事管辖权是为了满足当时社会的需要。

首先,尽管已经采取一定措施,但中世纪晚期的英格兰政府无法有效控制当时英格兰国内的治安。虽然早已存在十户联保制治安等制

---

① 大法官法院被认为是所有外来者的避难所。

度，但成效不彰。面对每况愈下的国内治安，爱德华三世继位的第一年就不得不采用一些更为有效的手段——治安法官由此诞生，他们负责平定各种各样的暴力和混乱，为此，他们被授权维持治安、调查官员们的不法行为以及对侵害、敲诈勒索等不法行为施加惩罚。理查德二世时期，政府发现有必要提供进一步的措施来镇压暴力侵占土地的行为。理查德二世五年的制定法第 8 章规定，犯有此罪之人要遭受监禁之刑；到理查德二世十五年制定法第 5 章规定，为了防止暴力入侵，任何治安法官都可以行使国家权力组织地方武装，并有权把犯罪者投入监狱。总之，治安法官的诞生和此后的相关立法表明，在理查德二世统治期间，国家的不稳定状态导致各种各样的暴力，治安状况并不乐观，保护不受压迫和掠夺的非常手段的必要性显而易见。

其次，普通法所提供的救济常因遭到无良法官把持和地方权势之人的滥用而失效。理查德二世时期，法律虚无主义在很大程度上导致制定法的无效，法官们滥用权力的现象也层出不穷。在理查德二世的第五年，下院就抱怨说："王座法院、民事诉讼高等法院和财政署通过大量诉讼及包揽诉讼之人而引发的权利滥用使得正义无法实现。"[①]在这样一种状态下，社会的中下阶层几乎完全处于法律的保护之外。

因此，自理查德二世统治之初，由于国家的不稳定以及普通法无法有效地制止严重侵害行为，大法官无疑是在咨议会的支持之下行使着一种带有刑事特征的管辖权。

15 世纪爆发的内战极大地增强了已经存在的抢劫和违法暴力的倾向，并且增加了犯罪者逃脱处罚的机会。当时的资料显示，在爱德华五世时期，各个阶层之人都遭受着胁迫和严重侵害的威胁。显然，为那

---

① See George Spence, *The Equitable Jurisdiction of the Court of Chancery*, Vol. I, Buffalo: William S. Hein & Company, 1981, p. 342.

个时代的穷人和无助者提供某种特别干预成为大法官不可推卸的责任。

进入都铎王朝时代,由于内战结束,国家日趋稳定,专制王权加强对地方的控制,使得地方行政长官的权力在那时不易于再过度滥用。但即使是在伊丽莎白一世的专制权力之下,普通法的正常运行仍不足以完全压制严重违法行为、暴力行为(violence)以及掠夺(spoliation)。有案例表明,直到伊丽莎白一世时期,制止严重违法行为并向遭受损害之人提供救济仍然是大法官法院予以干预的理由。以1594年的一桩案件为例,被告借口原告欠他15苏租金,从原告手中夺走一台手摇纺织机,国玺大臣帕克林作出判决,命令被告归还抢走的纺织机,或者赔偿原告一台新的纺织机,并且向原告支付5马克以补偿此次严重侵害造成的损失,但从中扣除15苏作为租金;一旦这一清偿作出,原告就将放弃对被告的所有要求,不再就此事在普通法上提起任何诉讼。此外,根据诉状请求,颁布人身保护令及调卷令,将案件从下级地方法院移转到大法官法院的命令在亨利八世、玛丽一世、伊丽莎白一世时期也非常普遍。① 登记官的簿册也表明,至查理一世时期,大法官法院仍然必须依靠其强制性权力干预一些暴力夺取作为争讼标的财产的行为,或者确保被宣告对该财产享有权利的一方当事人不受干扰的享有(the quiet enjoyment)。普通法法官们以及后来柯克法官对大法官法院的指责,可能在某种程度上鼓励了这些严重侵害行为的发生。

然而,自星室法院建立之后,尽管大法官法院继续行使救济严重侵害的管辖权并可施加刑罚,但违法的一方当事人大都被移交星室法院。此后,当社会状态的改善减少了犯罪,当地方行政长官以及一

---

① See George Spence, *The Equitable Jurisdiction of the Court of Chancery*, Vol. Ⅰ, Buffalo: William S. Hein & Company, 1981, pp. 684-690.

般法院的权力被有效地用以压制严重侵害和暴力行为,一种有效的监管被施加于地方长官们身上,当一般法院为受侵害者提供补偿并且施加处罚的管辖权被完全确立起来的时候,大法官法院就此类事项进行干预的必要性便不复存在了,大法官法院最终放弃了它的刑事管辖权。

自近代以来,大法官法院拒绝行使任何镇压犯罪的管辖权,甚至拒绝为普通法法院的刑事管辖权提供帮助,但是并非没有例外。根据詹姆斯一世二十一年制定法第 8 章 a 款的规定,大法官法院仍然有可能通过治安保证令(writ of supplicavit)继续维持治安;大法官法院可以通过令状干预非法侵入的案件,因为尽管普通法上有救济,但该救济只能用于特定的侵权行为(wrongdone),并不等同于大法官法院的救济。但人身保护令状已经不再由大法官法院签发,而大法官所签发的调卷令只是将案件从拥有衡平管辖权的下级法院移送到大法官法院。①

此外,在伊丽莎白一世五年制定法第 9 章第 15 节授权不同法院的法官们审判在他们各自法院中发生的伪证罪之前,大法官法院通常承担对各法院中发生的伪证罪的管辖权。此后,普通法法院的法官们规定,星室法院只能审理由英文诉状提起伪证罪的诉讼;而其他伪证罪只能以拉丁文诉状和普通法诉答文书提起。在后一种诉讼程序中,一旦提出诉讼,就应在王座法院根据该法院的普通法管辖权的一般方式进行审判。但在伊丽莎白一世时期,出现了一些针对伪证罪的英文诉状。国玺大臣培根在伊丽莎白一世十二年宣布,对伪证罪的审判不属于大法官法院的管辖权。从此以后,对伪证罪的管辖权就与大法官法院的

---

① See George Spence, *The Equitable Jurisdiction of the Court of Chancery*, Vol. I, Buffalo: William S. Hein & Company, 1981, pp. 341-342.

其他刑事管辖权一起被放弃了。①

因此,在尼古拉斯·培根爵士之后,大法官法院变为一个纯民事法院,只有联合共谋主张作为其曾经拥有的更为广泛的特征的标记存留在每份诉状中,直至 19 世纪。②

第三节　大法官法院民事衡平管辖权

大法官法院的衡平民事管辖权包括专属管辖权、共同管辖权及辅助管辖权三大类。

专属管辖权所囊括的是由大法官法院创造而普通法法院无法实施的权利。专属管辖权范围内的权利为大法官法院所独创,其存在仅仅基于大法官法院的原则,并且获得大法官法院权力的排他性支持。信托即是其中最为典型的例子,另外还包括衡平抵押权、衡平法上的赎回权、已婚女子的独立地产及其对婚姻授产协定的衡平权、婴幼儿和监护人等。此外,防患未然令这一大法官法院衡平法独有的救济方式也属于专属管辖权的范围。

共同管辖权是指为大法官法院与普通法法院共同享有的管辖权。它所针对的是普通法法院也予以管辖但往往由于某些原因而无法给予充分救济由此引发大法官法院干预的事项。此类管辖权涉及两类:一类为欺诈、意外事件、错误以及账目等大法官法院较普通法法院在处理时更具优势的事项;另一类为禁令、契约的特定履行、具有人为值的动产的特定交付、混淆边界的确定、分割、亡夫遗产的转让(assignment)、

---

① See George Spence, *The Equitable Jurisdiction of the Court of Chancery*, Vol. I, Buffalo: William S. Hein & Company, 1981, pp. 690-691.

② See D. M. Kerly, *An Historical Sketch of the Equitable Jurisdiction of the Court of Chancery*, London: Cambridge University Press, 1890, p. 153.

确定竞合权利诉状(bill of interpleader)、防止滥诉诉状(bill of peace)等大法官法院的救济方式。需要补充说明的是,共同管辖权中一度还包括大法官法院对于口头契约的管辖权,该管辖权在15世纪、16世纪上半叶迅速发展,但终因普通法的自我完善而衰落。

辅助管辖权是指由大法官法院创造的用以帮助普通法法院获取必要证据或实现其他程序目的的事项,具体包括:第一,通过提供普通法法院无法获得的必要证词而为普通法法院中的判决提供信息。为了这一目的,一方诉讼当事人提出请求证据开示,请求询问年老、体弱及行将就木之证人,请求永久保存证词的诉状。第二,压制与争讼案件无关的事实及具体情况的证据的提出以及试图阻止公正审判的行为。第三,保证争讼财产安全,直至其权利归属确定。第四,消除欺诈性判决。① 由于程序规则在上一章中已经有所阐述,因此本章不再赘述。

总体而言,至17世纪上半叶,大法官法院中的衡平管辖权虽粗具雏形,但远未发展成熟。以下分别对17世纪中叶之前的大法官法院衡平管辖权中的专属管辖权和共同管辖权的发展情况予以概要介绍。专属管辖权部分主要介绍用益和信托、慈善团体、已婚女子的独立地产、婴幼儿和监护人等内容;共同管辖权部分主要介绍遗产管理、契约、欺诈、意外事件、错误、账目以及特定履行和禁令这两大救济方式。

一、用益与信托

毫无疑问,用益与信托无疑是大法官法院发展的衡平法中最为重

---

① 参见〔英〕戴维·沃克:《牛津法律大词典》,北京社会与科技发展研究所翻译,光明日报出版社1988年版,第303—304页;James P. Holcombe, *An Introduction to Equity Jurisprudence: On the Basis of Story's Commentaries, with Notes and References to English and American Cases, Adapted to the Use of Students*, Cincinnati: Derby, Bradley & Co., 1846, p. 20.

要的一个部分。正是在中世纪的大法官法院中,用益制获得了法律上的保障和认可,被赋予了恒久的生命力,最终演化为信托制,也正是因此,大法官法院被称为"信托之母"。

作为中世纪英格兰法中的一种土地利用方式,用益制是指某人为了他人的利益而占有和使用财产,从而使他人对该财产的利益得到保障和实现。① 在很长一段时间内,用益与信托含义相同,可以混用。但1536年《用益制法》颁布之后,两者逐渐分离,信托被理解为中世纪用益制的现代形式。

(一)用益制的起源和形成

关于用益制的起源问题,英美法制史学界一度有过激烈的争论。②时至今日,我们大致可以认为,用益制虽与罗马法的用益权或遗产信托相类似,但并非起源于此,而是发端于英格兰这片沃土,并最终在大法官法院中成型。③

在中世纪的英格兰,用益制最初源于向教会捐赠土地。出于宗教热忱,许多基督徒纷纷向教会捐赠土地,从而直接危及封建领主的利益。在这一情况下,亨利三世在1279年专门制定了一部《死手律》(The Statute of Mortmain),该法禁止向教会捐赠土地,违者土地一律没收。为规避《死手律》,教徒们首先创造出了用益制。按照这种方法,教徒们不把土地直接捐给教会,而是先将土地转让给他人,要求接受转让之人为教会管理土地,并将土地上产生的收益全部交给教会。由此,教会同样能够取得土地的收益,又不违背国王的法律。所以,用益制很

---

① 参见〔英〕戴维·沃克:《牛津法律大词典》,李双元等译,法律出版社2003年版,第1148页。
② See Harold Potter, *An Introduction to the History of Equity and Its Courts*, London: Sweet & Maxwell, 1931, pp. 82-84.
③ 参见余晖:《英国信托法:起源、发展及其影响》,清华大学出版社2007年版,第10—33页。

受教徒和教会的欢迎,并得以普遍流行。

此后,在十字军东征中,离开家园的骑士们为了保障家人的生活,纷纷将自己土地上的权利授予亲戚朋友,让他们代为经营管理。另外,用益制还被用于规避封建长子继承制、逃避封建义务、逃避债务以及在"红白玫瑰战争"中逃避法律惩罚等方面。①

但是,这种自发形成的用益制并没有获得普通法法院的认可。当受让人违反原先和出托人所作的约定,不将土地上的收益交给受益人时,普通法法院遵从形式主义的原则,认为土地的所有权不属于出托人或受益人,而属于受让人,相应的土地收益也归受让人所有。也就是说,普通法不保护用益制。

如在1379年,议会向普通法法院的法官们咨询,爱德华三世作为受益人要求他的受让人将一定的收入交给他,普通法是否能够认可这个要求。法官们回答,普通法对土地的受让人的地产上的任何限制都不会关注,除非它符合与普通法条件相关的严格规则。这些条件在作出委托时就已确定,只有委托人及其继承人才能利用这些条件。因为不能在委托已经作出后再追加这些条件,他们自己追加的对其有利的第三人不能利用这些条件,所以,几乎在所有案件中,不可能去强制执行受益人的权利。除非有受益权的人是出托人自己或他的继承人,并且除非在受托的时候已宣布此用益制是为了受益人的利益,他的利益才会为普通法所认可。这是所知的最早的普通法对受益人的权利所持的态度:普通法没有承认受益人的利益,受益人爱德华三世的利益没有得到普通法的保护。②

必须承认,在某些情况下,用益制的出托人及其继承人还是能够获

---

① 参见何宝玉:《英国信托法原理与判例》,法律出版社2001年版,第14—16页。
② 参见余晖:《英国信托法:起源、发展及其影响》,清华大学出版社2007年版,第55页。

得普通法救济的。例如,如果出托人手中掌握了履行该用益制的书面盖印契约的话,出托人可以获得针对用益制受让人的救济。这样的一种书面盖印契约也确实在一两份不动产让与证书中提到过,但是此类例子极其稀少,以至于盖印契约的救济可以说在用益制学说的发展中无足轻重。此外,用益土地在让与时可以规定,若受让人没有履行出托人的指示,则该土地将再度转回出托人或者他的继承人手中;一旦该条件被违背,出托人或者他的继承人就有可能提出普通法上的收回土地之诉(an action for the recovery of the land)。但是,只有出托人或者他的继承人才能利用这一点,且条件的实施并非用益的实施,而是对其不履行的一种没收。而且此类条件的规定在用益的不动产让与中也不普遍。① 因此,我们可以说,普通法对于用益制的救济微不足道,不足挂齿。

尽管对于用益制,普通法法院基本上采取了不予支持的态度,但是由于用益制的便利,它在英国社会中仍然获得了广泛的应用,以至于有人说在亨利五世时,英格兰大部分土地都是为用益占有的。但广泛运用用益制也给国家带来了一些严重的问题,比如使得封建领主失去了大量的封建附属权利并产生了大量的欺诈行为;而在普通法中拒绝用益的存在将诱发更多的欺诈,这明显有违公平正义。②

(二) 用益制在大法官法院中的发展

在普通法法院中茫然无助的当事人转而求助于大法官。最初,大法官并未认可用益制,但随着针对背信弃义的受让人的请愿日益增加,至15世纪初,大法官开始基于良心原则对当事人的权益给予适当保

---

① See James Barr Ames,"The Origin of Uses and Trusts", *Harvard Law Review*, Vol. 21, No. 4, 1908.

② 参见余晖:《英国信托法:起源、发展及其影响》,清华大学出版社2007年版,第56页。

护。大法官并不否认受让人是土地的法定所有者；但他发布一项命令，强迫受让人按照出托人的指示行事，也就是说他要求受让人应当按照土地转让时出托人给予他的指示或嘱托利用土地及土地收益。因此，尽管在普通法上，受让人被认为是财产的绝对所有者；普通法不承认出托人，尤其是受益人的权益，但这种权益在大法官法院得到了承认。大法官法院并不否认受让人是财产的法定所有者，但它更进一步，强迫受让人为了受益人的利益行事。因此，用益制实际上是将占有权授予受让人，并把受益人在用益制下的衡平法权利转换为法定所有权。这种转换被称为用益的执行。①

需要强调的是，衡平法对于用益制的贡献不在于给予出托人保护，而在于给予受益人以救济，即受益人有权要求受让人遵循出托人的指示，将土地上的收益交给出托人指定的受益人。第一个宣告支持受益人享有此权的判决即宣告了衡平法上用益制的真正诞生。在这一判决之前，并不存在衡平法上的用益制学说。

那么，最早支持受益人的受益权的判决是于何时诞生的呢？对此，我们缺乏具体的证据。詹姆斯·巴尔·埃姆斯（James Barr Ames）作了如下推测：从12世纪后期至15世纪初年的相关记录中，并未宣告任何受益人有意识地在法院中针对受让人提出的诉讼。1402年，一份由下院向议会提出的请愿书中祈求针对不忠诚的用益制受让人的救济，请愿书中提到："在此类案件中，没有任何救济，除非议会提供。"这一请愿书被提交给国王咨议会，尽管后者对此采取的进一步行动我们一无所知，但可以确认的是，此后衡平法上的相关诉讼日益频繁。根据以上事实，埃姆斯得出结论：虽然迄今为止发现的最早支持受益人的判决是1446年，但在亨利五世统治时期（1413—1422）受益人已经获得了衡平

---

① 参见何宝玉，《英国信托法原理与判例》，法律出版社2001年版，第16—17页。

法上的救济。①

至 15 世纪下半叶,大法官法院从用益制的产生方式、受让人或受益人的资格、受让人的地位以及受益人权益的性质等方面极大地发展了用益制。②

从用益制的产生方式而言,它可以通过明示、默示以及法律规定三种方式产生。

就受让人及受益人的资格而言,国王无法成为受让人,但可以是受益人;除了大量的自然人可以成为用益的受让人和受益人外,外侨也可以成为受让人,被剥夺公权之人、农奴、未成年人和已婚妇女也可以成为受让人和受益人。

就受让人的地位而言,衡平法上规定了受让人的义务:第一,受让人必须允许受益人拿走土地的收益;第二,受让人必须按照受益人的指令管理不动产;第三,受让人必须对那些试图干扰其占有的人提起的诉讼进行辩护。

就受益人权益的性质而言,它是一个完全独特的所有权形式,是大法官从一个非常个人化的良心义务发展而来的。它不是一个真正的对物权,不适用于整个世界,它只不过是对人权。由此,除善意买受第三人外,任何通过受让人占有财产之人都必须尊重用益。也就是说,第三人知道用益的存在却仍然从受让人手中取得土地的,第三人也要受到用益权的约束,必须为了受益人的利益经营管理土地。但那些不通过受让人获得土地权益之人,比如强占地产者、强夺财产者、侵犯者等都不受此约束。

---

① See James Barr Ames, "The Origin of Uses and Trusts", *Harvard Law Review*, Vol. 21, No. 4, 1908.

② 参见余晖:《英国信托法:起源、发展及其影响》,清华大学出版社 2007 年版,第 59—65 页。

(三) 1536 年的《用益制法》对大法官法院的用益制管辖权所造成的冲击

用益制的广泛使用造成了一些问题,如导致了对买家的欺诈、对债权人的欺诈、对《永久营业法》的规避以及对封建领主的封建权利的逃避。尤其是国王,作为最高封君,用益制的广泛使用使其享有的封建附属权利遭受最为重大的损失。因此,从 14 世纪后期开始,用益制为立法者所控制和规范。

早在 1377 年,爱德华三世五十年制定法第 6 章就禁止为了对债权人实施欺诈而向用益制受让人转让土地,此后相关立法陆续问世。立法机关的另外一个重要的干预是理查德二世十五年制定法第 5 章,该法为了防止规避《永久营业法》的行为,禁止为了法人的用益而让与财产。但该制定法只是部分有效,因为它并不禁止向非法人团体,比如教区进行用益土地的赠与。亨利七世四年制定法第 17 章(1489)是立法机关颁布的用以预防因为永久营业地的让与而导致的封建赋税损失的相关立法。该法条规定,当骑士役土地的受益人无遗嘱死亡之时,他的继承人对于监护或者赔偿负有责任。以上这些立法表明,对于用益制的反对主要源于国王封建义务收入的损失。事实上,在 16 世纪的时候,国王越来越深刻地感受到从这一源头获取收入的必要性,当时监护法院的建立就是为了这一目的。因此,对于国王而言,用益制成为一种越来越令他厌恶的制度。[①]

最终,在亨利八世统治时期,国王对用益制进行立法控制的企图在 1536 年的《用益制法》中达到顶点。为恢复国王的封建附属权利,《用益制法》作了如下规定:将用益权转化为普通法上的权利,享有受益权

[①] See Harold Potter, *An Introduction to the History of Equity and Its Courts*, London: Sweet & Maxwell, 1931, p. 88.

之人被视为土地的法定所有者,因而必须向国王缴纳封建赋税;取消遗赠的权利,保证国王的封建附属权利不受侵害;通过规定法定寡妇所得产来禁止亡夫遗产;保护国王的监护权。①

值得注意的是,1536年的《用益制法》并非如国内一些研究信托的学者所认为的那样废除了用益制,而是将普通法地产权和土地上的用益权合并在了一起。② 从此以后,用益不再是由大法官法院处理的衡平法上的利益,它成为由普通法法院处理的普通法上的利益。由此导致的结果是大法官法院的一大块管辖权被划归普通法法院,从而给普通法法院带来了大量的生意,使普通法律师和法官从中获利匪浅。同时,国王的封建附属权利得以恢复,封建赋税得以增长,故而国王也从中大获其利。

此外,1536年《用益制法》的颁布也使得用益制再也不能用来实现对财产的遗嘱处理,而这不能为人们所接受,由此引发了一场叛乱,并最终导致1540年《遗嘱法》的出台,该法允许人们用遗嘱来处理财产。

(四) 1536年后通过大法官法院所实现的从用益制向信托制的转化

尽管1536年的《用益制法》对大法官法院的管辖权造成了巨大冲击,将所有消极用益的管辖权都转移至普通法法院,但是大法官法院对于用益制这一分支的管辖权并未被剥夺殆尽,因为1536年《用益制法》并未涵盖所有的用益权类型,而是存在一些例外:

第一,该法并不适用于租赁地产权上设定的用益。例如租赁地产权人甲为了乙的用益而将该租赁地产权转让给丙就不适用《用益制法》。因为《用益制法》在对用益的持有人进行描述的时候用了"占有"(seised)这一措辞,而租赁地产权人对土地并不拥有占有权,受让租赁地产权之人也不拥有地产权,所以这种情况不属于《用益制法》的适用

---

① 参见余晖:《英国信托法:起源、发展及其影响》,清华大学出版社2007年版,第99页。
② 参见同上书,第100—101页。

范围。之所以这样规定,是因为这种用益不会对封建保有制度产生冲击。①

第二,该法不适用于积极用益(the active use)。所谓积极用益,是指受让人对于受托地产承担积极的管理责任,直接收取土地租金和孳息,并按约定将土地的收益转交给受益人。尽管1536年的《用益制法》并未明确积极用益是否有效,但在该法实施后不久,大法官法院就判决积极用益不属于该法的调整范围。因此,只要受让人承担一定的积极责任(比如出售土地、收取租金或利润并付给他人,然后再将土地交给受益人),该法也不适用。因为受益人只能在受让人履行职责收取了租金或利润后,才能获得财产或收益。如果适用《用益制法》而将直接把受益人视做所有人,那么受让人就无法履行自己的义务。②

第三,该法不适用于受让人在征得国王或者上级领主同意的情况下将土地转让给团体组织时设定的用益。因为《用益制法》在对用益的受让人进行描述的时候忽略了"组织"(body politic)这一措辞,这很可能是立法疏忽所致。③

第四,该法不适用于双重用益。所谓双重用益,是指在用益上再设立一项用益(use upon a use),如委托人甲为了丙的用益将土地转移给乙,而丙又是为了丁的用益而占有土地。其结果是,丙为了丁的利益而持有土地。普通法仅仅保护第一层即丙的用益权,而不保护第二层,即丁的用益权,因为普通法法官认为第二层用益权与第一层用益权相冲突。如在著名的"简·泰雷尔案"(Jane Tyrrel's Case,1557)中,一位

---

① 参见高富平、吴一鸣:《英美不动产法:兼与大陆法比较》,清华大学出版社2007年版,第84页。
② 参见何宝玉:《英国信托法原理与判例》,法律出版社2001年版,第18—19页。
③ 参见高富平、吴一鸣:《英美不动产法:兼与大陆法比较》,清华大学出版社2007年版,第84页。

名叫简·泰雷尔(Jane Tyrrel)的土地所有者,通过秘密买卖的方式将两块土地以 500 马克的价格卖给她的儿子乔治。第一块土地规定由简终生享有该土地的用益,在其死后由乔治以限嗣继承的方式享有该土地的收益。第二块土地的处理与第一块土地类同,但附加了一个在简死后由其遗嘱执行人享有为期十年的用益。两块土地的价款均已支付。因为简和乔治之间不是采用采邑授予的方式转让土地,因而不发生普通法地产权的转让,但由于价款已经支付,根据法律的推定,简和乔治之间形成用益关系,简成为用益中的受让人,乔治成为受益人。但是,简又为自己和乔治设定了一个用益。这样就存在两层用益,即根据法律推定而产生的用益和根据约定而设定的用益。受理此案的监护法院认为,《用益制法》适用于第一层用益,因此,乔治获得的是普通法上不限嗣继承地产权(因而必须承担相应的税赋);第二层用益无效,不能予以执行。[①] 事实上,在《用益制法》颁布之前,大法官法院也并不认可双重用益,这也是《用益制法》未曾对此予以规定的原因。未曾料到的是,这为此后大法官法院中信托制的发展留下了空间。

正是在这些未被纳入 1536 年的《用益制法》从而未由普通法法院管辖的用益类型的基础上,在 16 世纪末至 17 世纪初,大法官法院确立了现代信托法的开端。具体表现如下[②]:

(1)我们开始看到信托的现代分类。在今天,根据信托产生的目的,可分为慈善信托和私人信托;根据信托产生的方式,私人信托可分为明示信托、默示信托或者法定信托。尽管这一分类直至 1676 年才出

[①] 转引自高富平、吴一鸣:《英美不动产法:兼与大陆法比较》,清华大学出版社 2007 年版,第 85 页,注释①;还可参见 Tyrrel's Case (1557), 73 E. R. 336; William S. Holdsworth, *A History of English Law*, Vol. Ⅳ, London: Methuen & Co., 1945, pp.469-473。

[②] See William S. Holdsworth, *A History of English Law*, Vol. Ⅴ, London: Methuen & Co., 1945, pp. 304-309.

现,但是从以下这个案件可以看出,其分类基础是在这一时期奠定的。

在一个慈善信托的案件中,大法官法院在略作踌躇之后,遵循更古老的先例,决定支持一个非法人团体所作的赠与(gift)。大法官法院强调,它赞成这类信托,并且用最为有利的方式来解释创制这一信托的文件。如果在实施信托方面有任何困难,大法官法院会为这一目的制订计划。我们可能再次看到了教会法学家支持为了慈善目的所作的许诺的观点的影响;并且无疑,这一影响为伊丽莎白一世支持这些信托的立法所增强。

产生一个明示私人信托的唯一困难是证明它已经被创造出来了。衡平法对此有严格的证据要求,除非这一事实被承认;并且在这一阶段,还不像后来那样,仅仅用恳求的措辞就可以轻易证明此类信托的存在。对于默示信托,在1608—1609年制定的规则中规定,在衡平法上,遗嘱执行人并不必然从未处理的剩余遗产中获益,而且一个信托可以被默认为有利于近亲和慈善机构。对于法定信托,我们获得了许多例证。它们所依赖的原则在关于不动产终身保有的用益制的法律中已经尽人皆知。一个1579年的例子即足以证明。"诉状提出,被告中的一人吉博恩(Gibone),确实出价286镑将诉状中提到的土地卖给了原告;并且和原告签订了一份采邑授予(feoffment)契约以及一封律师函,以实现财产让与和依法占有;并且在让与之前,吉博恩与卡特琳(Cateline)签订了一份租约,后者知晓这笔买卖,并且卡特琳又将地转租给了布朗(Brown),布朗也知晓这笔买卖,大法官法院授予原告一份禁令,直到该案件被听审并判决。"正如我们可以从这个案件和其他案件中看到的,这些案件中的关键点在于是否存在通知(notice);似乎法院已经开始考虑法定通知的问题了。从一个谣传里是不会暗示通知的;但是从一个既存的诉讼中则可以。这一点是有疑问的,即一位从被通知之人那里购买而自己没有接到通知的买主是否也有义务。

(2) 信托的目的必须是合法的。在 1601 年,当信托是用来欺骗债权人的时候,大法官法院拒绝救济违法信托。同样的,该法院拒绝帮助用来欺骗国王的权利或者创造永久所有权的信托。在 1599 年,"埃杰顿大法官公开宣布,他将拒绝帮助维持任何永久所有权,或者维持任何数百年、数千年的租约;因为后者被视做欺诈,而前者被认为反对上帝。"数个案件表明法院是按照这些原则执行的。

(3) 受让人的义务将使得他们准备根据信托指令处理财产。大法官法院会命令作出必要的让与。他们必须合理小心地投资金钱;但是大法官法院并未将谨慎标准推向极致。"如果受让人把金钱借给了公认能干的人(尽管他们失败了),(法院)不会就他所收入的部分向受让人提出指控。"

(4) 关于受让人的责任,规定受让人不能以制定法的限制为借口推卸责任。关于共同受让人的义务,规定一个人不能为其他人的不法行为负责,除非他也参与了不法行为,或者除非由于他的疏忽,使得不法行为得以可能。

(5) 我们已经看到,在几乎这一阶段的所有时间里,该法院并没有试图通过支持双重用益的方式规避《用益制法》,因为这么做显然有害于王室对于土地保有的附随义务。埃杰顿大法官正是基于这一原因反对定期租约。但是也有一些迹象显示,普通法律师和大法官都赞成在慈善信托的情况下,或能够证明存在明显的欺诈的情况下,对双重用益予以救济。培根在 1594 年发生的"恰德雷案"(Chudleigh's Case)的意见中暗示过这些可能性;《卡瑞判例集》中的一个类似案子也显示出这种迹象:"如果 A 以 20 镑的价钱将土地卖给 B,约定为了 A 的用益,然而 A 在此没有救济,因为这一契约本身拥有一个对价;而这一秘密土地买卖契约的对价是不可检查的(除非提出欺诈),因为它是一个禁止反言的情况。"在 1615 年版的《韦斯特合同书写法》(*West's Symboleog-*

raphy)所包含的先例中,存在企图在秘密土地买卖契约中将一个信托加诸买主之上的案;而在 1600 年的"莫伊尔·芬奇爵士案"(Sir Moyle Finch's Case)中也似乎承认一个双重用益,如果它被清楚地证明在衡平法上也可以强制实施。由于这个案件很好地阐明了这一时期普通法律师和大法官对于这一事项的观点,因此有必要对该案作具体的分析。

伊丽莎白一世通过特许证(letters patent)授予莫伊尔·芬奇爵士和约翰·奥德里(John Awdelye)及其继承人某些土地,他们通过信托将其中一些土地给予托马斯·赫尼奇爵士(Sir Thomas Heneage)和他的妻子安妮以及安妮的继承人,将另一些土地转让给托马斯·赫尼奇爵士和他的妻子安妮以及托马斯爵士的继承人。这些土地由此根据秘密土地买卖契约被让与。托马斯爵士只有伊丽莎白一个孩子。后来安妮去世;而托马斯爵士(尽管没有占有这一土地)根据登记的秘密土地买卖契约将授予他和他的继承人的土地让与给思罗克莫顿,由此产生了一个偿付债务的信托。后来托马斯爵士也去世了;而思罗克莫顿因被托马斯·赫尼奇的承租人驱逐而提起了针对莫伊尔·芬奇爵士及其妻子的诉状。大法官作出了支持思罗克莫顿的判决。芬奇爵士继而请求女王推翻该判决,她将该案交给法官们。最终在法官们的报告中可以看到判决被推翻。

在这个案件中有两个信托——第一个是转让土地给托马斯·赫尼奇和他的妻子安妮及其继承人产生的信托,第二个则是由托马斯爵士为了清偿他的债务而提出的基于秘密土地买卖契约的信托。

第一个信托是一个积极信托。它显然并非《用益制法》适用的信托,因为受让人认为必须要通过秘密土地买卖契约将土地转让给托马斯爵士和他的妻子。但是,应当注意到,这个案件中的积极义务仅仅只是让与。显然,在积极义务只是让与 X 与积极义务为使用 X 之间的差异是不大的;并且这一差异变得越来越小,因为不承认双重用益的最初理由正日益被人们所遗忘。在可能有欺诈或存在巨大障碍的情况下，大法官重新考虑第二次用益不能被强制实施的规则就可能是自然的了。而且从法官们在这个案件中所说的话中可以看出他们并非不赞同。法官们说："如果一个人进行了让与，并且表达了用益，他本人或者他的继承人一方不能被视为主张了一个秘密信托，更不是对于该用益的明确限制，除非这个信托确实以书面形式出现，或者为一些明显的事物所宣布。并且有法官声称，欺诈、意外事件和违反信赖之事都在大法官法院的管辖权之内。"

第二个信托——托马斯·赫尼奇为了支持他的债权人在秘密土地买卖契约中所产生——在上诉中也没有获得支持。但是应当注意到，推翻大法官判决的理由与不承认双重用益的规则无关。该信托基于四个理由被宣布无效：首先，托马斯爵士不占有该土地，无法作出普通法上地产的有效让与；其次，尽管莫伊尔·芬奇爵士是占有者，但他并不受信托的约束，因为他已去世；第三，留给托马斯爵士的是光头信托，无法被转让，因此无法被原告强制实施；第四，权利和信托已经传给了托马斯爵士的女儿，这样信托已经融合进普通法地产权当中。

依照后来的衡平法规则，这一判决的第二和第三个理由并不恰当。但是，无论这一判决的对错，根据当时接受的衡平法原则，显然达成该判决的原因与双重信托的有效性无关。相反，法官们承认在有些案件中衡平法可以适当地支持第二个用益。这一观点得到了普通法法官和大法官的共同支持，在 1633—1634 年的"塞班奇诉达斯顿案"（Sambach v. Dalston）①中被遵照执行。显然，不承认双重用益这一观点正在弱化。但是，如我们所见，只要国王对于终身保有的附属义务的财政利益使得它的持续具有必要性，为了防止规避这些负担，双重用益就不

---

① See Sambach v. Dalston (1634), 21. E. R. 164.

太可能被完全抛弃,这是维持该规则的唯一真正理由。① 因此,我们可以看到,随着政治经济环境发生转变,封建制度日益遭受打击,而且随着货币贬值,土地上的封建义务对于国王和领主们不再具有重要意义,国王获得其他更为充足的财政来源,用益几乎不再对国王的财政收入造成什么重大的影响,反对用益制的阻力渐渐消失了。

古老的用益通过双重用益的方式而复活。当用益复活的时候,伴随它的是一个全新的名称——信托。因为人们在设定双层用益的时候采用的是这样的表述:"将土地授予 A 及其继承人,为了 B 及其继承人的用益,(B 及其继承人享有该用益是)为了 C 及其继承人的信托。"② 也就是说,为了区分"双重用益"中两个不同层次的用益,人们将第二层次的用益称为"信托",这就标志着信托的产生。③ 不久以后,"一切不受《用益制法》保护的用益设计都统称为信托。"④这一点在大法官谢菲尔德于 1651 年出版的《试金石》一书中得到了证实,在这本书中,所有的《用益制法》没有规定的用益,包括用益之上的用益,大法官法院都将其视为信托。⑤

进入 17 世纪之后,信托关系不仅广泛存在于不动产领域,而且通过保护已婚妇女和社会群体的财产,介入了家事法、动产法和半私法领域,信托的范围日益扩展。同时,衡平法对信托制度本身的管理也更加规范,如要求信托目的必须合法,信托关系的成立要有必要的信托文

---

① 以上分析见 William S. Holdsworth, *A History of English Law*, Vol. V, London: Methuen & Co., 1945, pp. 307-309。
② 参见高富平、吴一鸣:《英美不动产法:兼与大陆法比较》,清华大学出版社 2007 年版,第 88 页。
③ 参见程汉大:《英国法制史》,齐鲁书社 2001 年版,第 186 页。
④ 何勤华主编:《英国法律发达史》,法律出版社 1999 年版,第 302 页。
⑤ 参见余晖:《英国信托法:起源、发展及其影响》,清华大学出版社 2007 年版,第 122 页。

书,受托人必须按照信托文书的约定占有、使用或者处分信托财产,但信托财产本身及其所产生的任何利益均不能由受托人而只能由受益人所享有。上述规则统称为信托法。

信托法是大法官法院的一大成果,如英国著名法学家梅特兰所说:"如果问我们:英国人在法律领域最伟大和最杰出的成就是什么？那就是数世纪发展起来的信托观念。我认为没有什么是比这更好的回答。"[1]

二、慈善团体

在斯托里看来,慈善团体(charities)制度来自于罗马法。在伊丽莎白一世四十三年的著名条例——1601年《慈善用益法》颁布之前,慈善团体的历史是模糊不清的,甚至形成了这样的一种通说,即人们相信大法官法院对它的管辖权只是建立在这一制定法的基础上。这是拉夫勒伯(Loughborough)大法官在"总检察长诉鲍耶案"(Attorney-General v. Bowyer)中的观点,也是首席法官马歇尔(Marshall)在著名的"浸礼会诉哈特案"(Baptist Association v. Hart)中的观点。但是,后来的研究已经表明这种观点是错误的。15世纪的数个案件表明,大法官似乎习惯于对在用于慈善目的的遗嘱指导下的土地案件或者关于它的用益制案件进行管辖。[2]

在伊丽莎白一世第三十四至三十五年的"帕特案"中,不限嗣继承的土地被遗赠给A,条件为她必须资助建立一所免费的学校以及救助某些需要救济的贫苦男女。这被认为是一个好的用益。大法官科克(Corke)

---

[1] 程汉大:《英国法制史》,齐鲁书社2001年版,第187页。
[2] See George Spence, *The Equitable Jurisdiction of the Court of Chancery*, Vol. I, Buffalo: William S. Hein & Company, 1981, p. 587.

和托马斯·埃杰顿爵士(后者是这个案件中的辩护律师),只是从普通法法院中引用了先例,这一事实使得此后拉夫勒伯大法官认为大法官法院对此类事项没有与生俱来的管辖权。但是今天人们通常认为,大法官法院对于慈善团体拥有初始管辖权,伊丽莎白一世四十三年的条例只是宣告了此前已经存在的习俗。①

1601 年的《慈善用益法》将调查慈善团体权力滥用情况的专员的任命权交到了大法官的手中,并且指令对慈善团体的普通法判决的上诉转移到大法官法院中进行。在该制定法颁布之后,似乎总是将慈善团体案件不断地提交给大法官法院。② 大法官哈德威克在"博福德的贝利夫诉伦索尔案"(Bailiff of Burford v. Lenthall)中声称,大法官法院对此类事项的管辖权是由它对信托的一般管辖权以及由这一条例所授予的特许管辖权一起构成的。③ 总之可以说,在此条例之后,大法官总是特别支持救济穷人的慈善团体,即使所请求的数额小于大法官法院的最低限额 10 镑,大法官法院也会接受其诉请。④

三、家庭法

16 世纪下半叶至 17 世纪上半叶,由大法官法院作出重大发展的家庭法的两个分支分别是关于已婚妇女的法律和关于婴儿监护权的法律。尤其是第一个分支在这一阶段获得了重大发展。而关于婴儿监护

---

① See William Lindsay Carne,"A Sketch of the History of the High Court of Chancery from the Chancellorship of Wolsey to That of Lord Nottingham", *The Virginia Law Register*, New Series, Vol. 13, No. 10, 1928.

② See D. M. Kerly, *An Historical Sketch of the Equitable Jurisdiction of the Court of Chancery*, London: Cambridge University Press, 1890, p. 142.

③ See George Spence, *The Equitable Jurisdiction of the Court of Chancery*, Vol. Ⅰ, Buffalo: William S. Hein &. Company, 1981, pp. 591-592.

④ See D. M. Kerly, *An Historical Sketch of the Equitable Jurisdiction of the Court of Chancery*, London: Cambridge University Press, 1890, p. 142.

权的法律则因受到监护和财产让渡法院实施的封建监护权的影响而变化不大。

(一) 已婚妇女的独立地产(separate estate)

帝国阶段的罗马法将妻子视为独立于丈夫的个人,拥有独立的法律人格,并且能够独自诉讼或者被诉。这种观点为教会法院所采纳。大法官法院最初持有普通法的关于夫妻人格一体的学说,也就是说,一名已婚妇女的财产完全归属于她的丈夫,没有她丈夫的支持,她既不能起诉,也不能被诉。① 因此,在爱德华四世第七年,大法官内维尔认为,一位已婚妇女从她的用益制受托人那里接受了购买土地的价金,后者已经在该妇女和她的丈夫的请求下,把土地转让给了第三人,一旦丈夫去世,妻子可能从受托人那里重新获得土地的价值,或者从该第三人那里获得土地本身,除非他能够证明他对其有夫之妇的身份不知情。②

但是在16、17世纪,人们逐渐产生了修改这些僵硬的规则的需要。当时的已婚妇女对于自己的动产和不动产完全没有处理能力,这一点令较为富裕阶层的妇女及其亲属越发不满。为此他们开始尝试种种方法,如在1590年,施鲁斯伯里(Shrewsbury)伯爵乔治留了一笔遗产给他的女儿,其条件为她要活得比她的丈夫长。这一条件表现出乔治试图对他女儿无权处分其财产的状态予以改变的意图。③

基于这种社会需求,大法官法院修改了原先的立场,不再认为妻子完全湮没在她丈夫的人格之中,而是认为妻子有权拥有自己的"独立地

---

① See D. M. Kerly, *An Historical Sketch of the Equitable Jurisdiction of the Court of Chancery*, London: Cambridge University Press, 1890, p.142.

② See William Lindsay Carne, "A Sketch of the History of the High Court of Chancery from the Chancellorship of Wolsey to That of Lord Nottingham", *The Virginia Law Register*, New Series, Vol.13, No.10, 1928, pp.589-619.

③ See William S. Holdsworth, *A History of English Law*, Vol. V, London: Methuen & Co., 1945, p.310.

产",并且作为一个单身女子(feme sole)处理它。这种新学说首先产生于个别案件之中,如在"桑基诉戈尔丁案"(Sanky v. Golding)中,妻子参加了她的不动产的买卖;基于她的独立,丈夫从卖地的收益中取出部分收益为妻子设立了一个信托基金;妻子有机会去起诉实施信托的受托人的代理人;此人对丈夫没有作为共同诉讼人提出异议;但是异议被驳回,他被命令立即答辩。还有一个类似的案件发生在詹姆斯一世第二十一年。但是,由于妻子起诉丈夫的观念完全背离了这个时代,因此,在查理一世第十五年的一个案件中,妻子通过她的诉讼代理人起诉丈夫,要求执行婚姻协议中的条款,这一诉状被驳回,因为除了在要求离婚的案件中,尚无夫妻互诉的先例;"丹比诉皮尔案"(Danby v. Peele)和"辛普森诉辛普森案"(Simpson v. Simpon)也同样如此。[①] 直到大法官萨默斯(1695)时期这一行动才成为可能。

总之,至17世纪上半叶,通过信托的方式,所有权能够在一个可诉的案件中被授予已婚妇女;她甚至能够从她的丈夫那里接受赠与。由此,已婚妇女能够实施与这一财产相关的法律行为,而且她能够在大法官法院的法律诉答程序中作为独立的一方当事人。因此,尽管在一些案件中,作为有夫之妇,妻子无法处分自己的财产的古老观念仍然残存,但在另一些案件中,她的处分权似乎已经得到了支持:已婚妇女被允许对她自己的独立财产作出遗嘱,将其赠与她的丈夫,将自己的土地卖给陌生人;甚至可以制定有约束力的契约。同样的,她能够作为原告或被告出现在大法官法院的诉讼中。实践中,有时候,她的丈夫在国外或者她与丈夫分居的事实被作为允许她这么做的理由;但是在另一些案件中并没有给出此类理由,而且相当明显的是作为起诉或者被诉的

[①] See William Lindsay Carne,"A Sketch of the History of the High Court of Chancery from the Chancellorship of Wolsey to That of Lord Nottingham", *The Virginia Law Register*, New Series, Vol. 13, No. 10, 1928.

资格是衡平法给予她的新的所有人地位的结果。①

（二）对婴幼儿及其监护人的管辖权

在普通法上，那些其父亲基于骑士役而保有土地的婴幼儿的监护权被归于封建领主，作为对其造成负担的补偿，封建领主有权获得土地上的利益，直至被监护人成年。为了规避这一点，此类土地经常被转为用益制，由此仅余衡平利益而免于封建负担。这种规避构成了《用益制法》的导言中所列举的用益制所引发的弊端之一。

大法官对婴幼儿管辖权的起源稍微有点儿模糊。一般观点为它产生于国王作为国家监护人（parens patriae）的权力，用以保护他的那些无法自保的臣民，而国王将其特权转移给了大法官法院。尽管对此也存在许多反对意见，但这一观点得到了权威学者斯托里的支持，因此，很可能大法官法院在较早时期就开始对婴幼儿及其财产行使权力了。由于这种管辖权通过指定和命令而非通过日常的对抗性的诉讼行使，所以，没有专门的记录保留下来，这也解释了在早期大法官法院的诉讼中为何没有提到此类事项的原因。这种命令的第一个记录发生于伊丽莎白一世统治时期（Reg. Lib. B. Fo. 177, 1582. 24 Elizabeth），该记录记载大法官法院任命一名监护人来接受一名婴儿的财产。从这个时候开始，大法官法院中出现了许多促使监护人报告账目的诉讼以及与监护婴儿相关的命令等例子。大法官法院控制了由普通法法院任命的监护人，在被监护人的利益需要时解除他们的监护资格。而且，婴幼儿可以在大法官法院中起诉他们的监护人，要求清算账目，即使当普通法的账目诉讼也能适用的时候。但直至萨默斯（Somers）勋爵时期（1696），大法官法院任命监护人来保护婴幼儿的一般福利及利益的管辖权才很

---

① See William S. Holdsworth, *A History of English Law*, Vol. V, London: Methuen & Co., 1945, pp. 314-315.

好地建立起来,并获得了普遍认可。

在相关的程序问题中,我们首先发现,要求婴儿通过其诉讼代理人诉讼的规定有着非常古老的起源。米特福德(Mitford)在《大法官法院答辩》中认为,首次提到"控告婴儿"(a prochein ami)是在《威斯敏斯特第二条例》第15章中。斯托里观察到,"控告婴儿的权力似乎起源于爱德华一世时期通过的某些制定法"。但是,一名婴幼儿并不免于对他自己的错误行为负责。在伊丽莎白一世时期第十二年,一名婴儿因为没有遵守判决而被判关入弗利特监狱中。在伊丽莎白一世第三十七年、詹姆斯一世和查理一世统治期间的一些案件中,婴儿们被命令履行在他们未成年时期所颁布的判决。据说在"韦斯顿诉塔佩尔案"(Weston v. Talpell)中判决规定,"一名婴儿应当被束缚直至他成年并且通过诉讼解除"。但是,在"卡瑞诉伯蒂案"(Cary v. Berty)中,宣布没有判决能够约束捆绑婴儿,除非在他成年后向他出示了诉因后的那一天。这可以通过使用该婴儿的口头异议而完成。总之,应该说詹姆斯一世时期的大法官法院已经开始保护未出生的遗腹子的利益,尽管普通法并不承认对此类婴幼儿的赠与。①

四、衡平法上的赎回权

普通法上的抵押可追溯至土地或者动产的质押(gage),质押的本质是将质物的占有转移给出借方,质物事实上要转移到债权人手中以保证债务的履行。格兰维尔在其书中已经对死质②(a mortuum vadium, or mort gage)与活质(a vivum vadium, or vif gage)作出了区分:在

---

① See William Lindsay Carne, "A Sketch of the History of the High Court of Chancery from the Chancellorship of Wolsey to That of Lord Nottingham", *The Virginia Law Register*, New Series, Vol. 13, No. 10, 1928.

② 指质物的孳息(租金、利润等)并不用于清偿债务的一种质押,它是古意上的抵押。

活质的情况下,债权人被要求将质物的孳息用于抵消债务;但是在死质(mort gage)的情况下,质物的孳息归债权人所有,而不用来抵消债务。在这些案件中,占有物都被转移给质押权人持有。① 由于在死质中,质物的孳息不被用来扣减债务,所以这一交易就带有高利贷的性质,对于基督徒而言是应该受到世俗惩罚的一种"罪孽",因此,它主要是犹太人的交易,但事实上,显然许多基督徒也甘冒犯下此种罪孽的危险。②

自布雷克顿时代以来,质押逐渐向抵押转化。抵押以财产的移转在某个未来的日子返还给让与者为条件,抵押权人应当将作为让与产权之对价的本金和利息一并偿还。抵押可能带有时限,并且带有明确的协定——如果抵押人未能在限期结束之时清偿债务,抵押权人就可以将土地或者动产归为自己所有。如果没有此类协定,对于债权人而言,显然有必要获得一个判决,给予债务人一个确定的"合理的"时间来清偿,并且如果债务人未能按时清偿,则土地或者动产将归债权人。在抵押没有规定时限的情况下,确定一个合理的清偿时间,并且在未能清偿的情况下将被抵押的财产全部给予债权人的这种判决随时都可以获得。波洛克和梅特兰的著作认为,13世纪的诉讼卷宗(plea rolls)中有许多基督教的抵押权人占有被抵押土地的案件,并且没有一个案件有人被要求作出解释;因此,他们得出结论,抵押与活质不同,为基督徒和犹太人共同使用。③

---

① See William F. Walsh, *Outlines of the History of English and American Law*, New York: New York University Press, 1924, p. 484.

② See Harold Potter, *An Introduction to the History of Equity and Its Courts*, London: Sweet & Maxwell, 1931, p. 97.

③ See Frederick Pollock and Frederic William Maitland, *The History of English Law befroe the Time of Edward Ⅰ*, Cambridge University Press, 1898, pp. 118-119. 转引自William F. Walsh, *Outlines of the History of English and American Law*, New York: New York University Press, 1924, p. 485。

这种抵押的早期形式在较早时就消失了,部分是因为将占有转移给抵押权人的必要性,主要是因为抵押权人不被认为拥有普通法通过收回不动产的终身保有权之诉(action for the recovery of the freehold)而加以保护的地产权或者占有物。其原因在于法院将抵押权人看做对债务享有权利,而非对土地享有权利;因此,在他为抵押人或者陌生人驱逐的情况下便失去了保障,唯一的救济是实现债权,这种将抵押权理解为债权的方式显然不利于权利的保障。[1]

支配未来地产的技术性规则在14、15世纪的发展使得13世纪所盛行的实践,即在抵押权期限届满之时,因为抵押人的怠于履行而将地产给予抵押权人成为可能,因为那将涉及一个未来的可能发生的利益,使得依法占有(seisin)处于待定的状态。大约从14世纪开始,现代形式的抵押权变为土地抵押的常规形式,这一权利表现为有条件的地产权让与形式,在抵押债务于确定日期清偿的情况下归还抵押人;在日期届满而没有清偿的情况下完全归抵押权人。[2] 因此在这个时候,抵押权被理解为有条件的财产让与,它以债务获得清偿作为财产让与的无效条件。这一性质的变化可能部分是出于当时的人们对于涉及一种带有高利贷的非法性质的交易的厌恶,但更多是因为人们对于法律形式刻板地遵守。因此,普通法法院的法官们开始严格地实施这种有条件的采邑授予。如果抵押人没有能够履行他的合同,在抵押中所约定日期到来之后,土地就会完全落入抵押权人手中。[3]

普通法法院在字面上解释这种抵押条件而不顾双方当事人明显的

---

[1] See William F. Walsh, *Outlines of the History of English and American Law*, New York: New York University Press, 1924, p. 485.

[2] See Ibid., pp. 485-486.

[3] See Harold Potter, *An Introduction to the History of Equity and Its Courts*, London: Sweet & Maxwell, 1931, p. 98.

意图,即整个交易将保证债务的履行作为其唯一目的。结果是,即使抵押人只要延迟履行一天,他就完全失去其财产,并且他仍然欠债,这一债务可以通过针对他的人身判决而予以强制执行。因此,没收的强制执行是一个纯粹的处罚,源于根据其字面条款实施条件而导致的困难,尽管它是真实的,但是完全违背了双方当事人的意图以及交易的真正性质。[1]

因为无法在确定的日期清偿债务而丧失土地的规定很快招致反对。大约15世纪中期,出现了这样的请愿书,即请求如果金钱在稍后的日期被清偿,土地也不会丧失。这并非寻求衡平救济的第一个案例。但是在《大法官法院案例选》中给出的那个时期的两个例子更多的是建立在特定案件中的"违背良心"的基础上,而非建立在任何适用于所有案件中的债务人的一般性原则的基础上。[2]

普通法的没收学说并不为由神职人员担任的大法官所认同,这无疑是受到了拉特兰宗教会议(1178)的影响,该会议谴责在债权人"已经清偿了债务和利息"的案件中仍然没收抵押物的实践。土地抵押在亨利六世和爱德华四世时期就已经为人所知,并且在那些"A将某土地转让给B作为对贷款的保障并约定在某些确定的日期偿还"的案件中,如果A在稍后的日期偿还,大法官将强迫B执行送还。在这一事项上,大法官法院似乎已经取代了普通法法院,后者仅仅能够对违反契约的行为判处给予赔偿金的处罚。[3]

---

[1] See William F. Walsh, *Outlines of the History of English and American Law*, New York: New York University Press, 1924, p.486.

[2] See Harold Potter, *An Introduction to the History of Equity and Its Courts*, London: Sweet & Maxwell, 1931, p.99.

[3] See William Lindsay Carne, "A Sketch of the History of the High Court of Chancery from the Chancellorship of Wolsey to That of Lord Nottingham", *The Virginia Law Register*, New Series, Vol.13, No.10, 1928.

从爱德华四世时期起,如因意外事件而发生拖欠,或者如果存在任何其他认可的衡平法会予以干预的理由,比如欺诈、灾祸(misfortune),又如附属协定有所规定——即使土地遭没收,抵押人仍可以赎回,或者如果任何抵押权人的过错或者行为阻碍了如期清偿,大法官也有权给予救济,但是在其他案件中并不如此。

在17世纪早期,大法官开始将抵押权人的利益仅仅视为一种担保。因此,抵押人,即使是在赎回日已经过去之后,在衡平法上仍然对该土地上的利益拥有权利。① 学者们一般将衡平法上赎回权(the right to redeem)的确立追溯至詹姆斯一世统治时期。詹姆斯一世九年的一个案件认可了到期后的赎回权。② 在查理一世四年(1629)发生的"豪诉维古里斯案"(How v. Vigures)则正式确立了衡平法上的赎回权。在该案中,一个复归权(reversion)已经被抵押,并被抵押权人遗赠给了原告,且赎回期限已过。原告请求大法官命令被告清偿他的欠款,或者拍卖抵押物。法官最终判决,或由被告支付本金"及损失"——即利息,或将拖欠的财产判给原告拍卖。该案也表明,抵押人的权利能够为大法官法院的判决所终止,这种判决后来被称为终止赎回权(foreclosure)的判决。

1640年,大法官法院以非常断然的措辞维护了赎回权(redemption),它在"培根诉培根案"(Bacon v. Bacon)中宣布将"解除抵押直到第十代";而且即使在一些案件中,抵押权人为了冻结土地、防止抵押人的赎回而突然对被抵押的土地进行不必要的花费,大法官法院也会解

---

① See Harold Potter, *An Introduction to the History of Equity and Its Courts*, London: Sweet & Maxwell, 1931, p.99.

② See D. M. Kerly, *An Historical Sketch of the Equitable Jurisdiction of the Court of Chancery*, London: Cambridge University Press, 1890, p.143, William S. Holdsworth, *A History of English Law*, Vol. Ⅰ, London: Methuen & Co., 1956, p.244.

除抵押。

《托西尔判例集》(*Tothill's Report*)中提到了存在关于遗嘱执行人或者抵押人的继承人对抵押金是否拥有权利的判决,但是没有说它们的结果,这个问题仍然留给大法官诺丁汉来解决。然而,大法官法院通常拒绝要求确立老旧的且被遗忘的抵押的主张,如同它给予救济来反对要求"沉睡了很久的"旧债的普通法诉讼那样,因此,在大法官法院自己的管辖权内,它实施了这一格言:"法律帮助警觉之人,不帮助疏忽之人(vigilantibus non dormientibus jura subveniunt)。"[1]

现代抵押权法是建立在所谓的优先受偿权(lien)理论的基础上的,即,抵押权人对于土地仅拥有保障债权的有限受偿权,而土地的所有权,无论是普通法上的还是衡平法上的,都属于抵押人。这一点由大法官诺丁汉于1675年确定:"抵押权人的主要权利是金钱,他对于土地的权利仅仅是作为对金钱的担保。"[2]

五、遗产管理

遗产管理的管辖权最初是由普通法法院和教会法院共享的,然而,普通法法院僵化的机制根本无法胜任遗产管理工作;[3]而英国教会法院的日益衰弱使得它们越来越无法对于普通法法院的缺陷进行救济,因此,要求大法官法院对这两大法院系统的缺陷予以救济的需要就逐

---

[1] See D. M. Kerly, *An Historical Sketch of the Equitable Jurisdiction of the Court of Chancery*, London: Cambridge University Press, 1890, pp. 143-144.

[2] Harold Potter, *An Introduction to the History of Equity and Its Courts*, London: Sweet & Maxwell, 1931, p. 100.

[3] 尽管普通法法院在遗嘱检验事项上也拥有管辖权,但是其程序除了确立既有债务外,并不适宜做更多,并且无法涉及财产整理(marshalling)、证据开示、衡平资产的服从、执行等问题。See William Lindsay Carne, "A Sketch of the History of the High Court of Chancery from the Chancellorship of Wolsey to That of Lord Nottingham", *The Virginia Law Register*, New Series, Vol. 13, No. 10, 1928.

渐增长。大法官法院的干预最终创造了英国法上关于遗产管理的内容。但至 17 世纪上半叶为止,我们仅仅能够看到大法官法院后来所发展出来的对普通法及教会法的遗产管理事项进行补充的规则的萌芽和开端。

(一) 对普通法规则的补充

普通法规则主要涉及遗赠、继承人或接受遗赠人的地位以及遗嘱执行人或者遗产管理人与地产的债务人或债权人的关系。在大量案件中,衡平法满足于追随普通法。它将许多与遗赠相关的问题留给普通法法院。在遗嘱执行人怠于履行遗产管理及其对所犯下的其他不法行为的责任、遗嘱执行人对于死者生前的侵权行为的无责任、共同遗嘱执行人的独立权力,以及遗嘱执行人对实现受遗赠者的权利之赞同的必要性等问题上,大法官法院都遵循普通法。但是在更多的案件中,它被迫纠正普通法规则的不公,并补充它们的缺陷,主要表现为:大法官法院帮助界定了死者代理人(personal representative)①的职责,给予死者代理人某些措施或者保护,并且开始制定某些管理地产的规则。

第一,大法官法院帮助界定了死者代理人的职责。虽然非经专门任命,一般情况下大法官法院并不把死者代理人看做一名信托受让人,但是大法官法院要求他承担与信托受让人类似的职责,其中最典型的就是,死者代理人必须对所有获得的收益进行解释。大法官法院还要求遗嘱执行人或遗产管理人就所管理的遗产制作遗产清册,允许债权人对于遗嘱执行人或者遗产管理人提出负债之诉。② 尽管普通法授权

---

① 这个术语是指死者遗产的原始的或经授权产生的遗嘱执行人,或指死者遗产管理人。代表死者处分其实产遗产和属人遗产的死者代理人,就是死者代理人在法律上被视为死者的全部信用和全部权力的继承人。死者代理人是制定法上的一种受托人,对死者财产的管理是为了某些目的而设的一种信托。

② See D. M. Kerly, *An Historical Sketch of the Equitable Jurisdiction of the Court of Chancery*, London: Cambridge University Press, 1890, p. 139.

死者代理人对于未处分的剩余遗产拥有权利,但在衡平法上该剩余遗产必须是"为了立遗嘱人的亲属以及为了慈善用益而使用"。至查理一世时期,尽管一个立遗嘱人任命其债务人为他的遗嘱执行人就在普通法上消灭了该债务,但在衡平法上并不必然具有这样的结果。

第二,大法官法院针对普通法的严厉规则为死者代理人提供了一些保护,如它就共同遗嘱执行人彼此之间的行为给予他们一些保护。因此,在衡平法上,一名遗嘱执行人可以起诉另一位遗嘱执行人;一名遗嘱执行人能够制止另一位遗嘱执行人不适当地免除由于地产而产生的债务;一名遗嘱执行人能够迫使另一位为了实施加诸他们之上的信托而提供担保;并且如果两名共同合伙人中的一位服从一个判决,清偿债务和遗赠,他能够迫使他的同伴支付其中的 $1/2$。大法官法院还就遗嘱执行人在正常的遗产管理过程中所为的行为或者被提议所为的行为给予一些保护。因此,据该法院判决所作的债务或者遗赠的清偿足以对抗任何质疑其规范性的诉答文书。

第三,大法官法院能够考虑地产的位置以及它所主张的那些人及对它提出主张的那些人之间的关系,并为地产的适当管理制定规则。

由此,大法官法院完成了普通法法院完全无法完成之事,它还填补了由教会法院的衰落留下的空白之处。但是,至 17 世纪上半叶为止,这样的案件仍然凤毛麟角,而几乎没有制定什么一般规则。显然,债务必须在遗赠之前被清偿;一般而言,盖印书面合同的债务在简单合同的债务之前被清偿。但是,在一个案件中,该法院似乎通过一个特别命令给予一个简单合同债务以优先权。动产遗产(在缺乏相反意图的时候,准不动产(chattels real)被视为动产)主要对债务的清偿负责。但是不动产可以被要求清偿债务,而且在此类案件中,继承人必须在必要的地方加入一个买卖。地产权人在世期间(pur autre vie),为债权提供担保的地产被认为是清偿抵押权人债务的资产;即使继承人已经通过遗赠取得了土地,他也应对其祖先的书面盖印契约的履行负责,但继承人没有让与已经为死者订约将要出售之土地的义务,即使买地者已经向死者进行了清偿。一般而言,遗赠必须按比例从动产遗产(personal estate)中支付,如果动产遗产不足,则应从任何被指控清偿的不动产遗产(real estate)中支付。

(二) 对教会法规则的补充

为教会法院所制定的规则主要是与遗赠以及处分动产遗产的遗嘱有关,而且,在某种程度上与遗嘱执行人或者遗产管理人的行为有关。

在一些案件中,衡平法遵循由教会法院制定的规则,如同它遵循普通法法院制定的规则一样。因此,仅仅是支付某项遗赠的时间被延迟的事实,无法成为遗嘱执行人支付那些可立即支付的且没有为被拖延的遗赠留下资金的正当理由;并且一般而言,它并不迫使一名遗嘱执行人为履行其义务提供担保,尽管它有权力这么做。但是,当大法官法院的管辖权蚕食教会法院的管辖权时,衡平法逐渐发展出自己的新规则。

起初,大法官法院似乎不愿意干预教会法院对于遗赠的管辖权。[1]但至17世纪,这种不情愿消失了。它采取一切借口来行使管辖权;[2]甚至某一诉讼已经在大法官法院首次提出过的此类事实都成为充分的理由。伊丽莎白一世四十年的一个案子[3]似乎表明在那个时期(1588),

---

[1] 比如大法官埃杰顿就曾经驳回请求遗赠的诉讼,让原告至教会法院起诉。

[2] See William S. Holdsworth, *A History of English Law*, Vol. V, London: Methuen & Co., 1945, p.319, n.6.

[3] 伊丽莎白一世四十年,记载了这样一个案件:原告在普通法中败诉后,就其岳父所许诺的婚姻嫁妆提起了针对岳父遗嘱执行人的诉讼。当主事官的报告发现遗嘱执行人有财产用于葬礼、债务和遗赠,剩下的部分可以完全满足请愿者的要求时,便作出了要求被告支付嫁妆的判决。从这个案件中,似乎债权人诉请的权利被确立,而且调查资产数量及其上担保的方法也已经被采用。See D. M. Kerly, *An Historical Sketch of the Equitable Jurisdiction of the Court of Chancery*, London: Cambridge University Press, 1890, pp. 139-140.

这一实践已经被认可。①

因此,我们发现大法官法院考虑了遗赠的废除、可在将来某一天向其支付金钱的受遗赠人的地位、向由 21 名孩子组成的班级进行遗赠的支付方式以及对遗赠进行解释等问题(questions of construciton)。在法官对遗赠的解释中,我们能够看到一些重要的衡平法原则的萌芽。我们看到"嫁妆(portion)可以通过遗赠(legacy or devise)来偿付"的学说的线索,遗赠可以被一份嫁妆所撤回,以及关于大法官法院可能为了对于土地的索价不被增加的目的反对双重嫁妆的倾向的线索②。但是到那时为止,还没有出现"土地与金钱交转换(conversion)学说"的痕迹。③

总之,至查理一世统治时期,大法官法院已经很好地确立了对于遗赠的管辖权,主要基于以下几个诉由:第一,所谓的资产不足;第二,遗产受赠人在大法官法院中能够被迫向可能的债权人提供保证赔偿金,这在教会法庭是不可能实现的;第三,有夫之妇继承的遗产(legacies for femes covert)可以由大法官法院确定,从而反对丈夫的干涉;第四,死者的债务可以在遗产继承前清偿。在此,教会法院产生了主要影响。在大法官埃杰顿时代之后,大法官法院采取了教会法院关于遗赠的罗马法规则。④

尽管土地遗嘱不属于衡平法院的管辖权,但是关于动产的遗嘱

---

① See William Lindsay Carne,"A Sketch of the History of the High Court of Chancery from the Chancellorship of Wolsey to That of Lord Nottingham", *The Virginia Law Register*, New Series, Vol. 13, No. 10, 1928.

② Lake v. lake (1634-1635), See William S. Holdsworth, *A History of English Law*, Vol. V, London: Methuen & Co., 1945, p. 320, n. 6.

③ Wentworth v. Young(1638-1639), See Ibid., p. 320, n. 7.

④ William Lindsay Carne,"A Sketch of the History of the High Court of Chancery from the Chancellorship of Wolsey to That of Lord Nottingham", *The Virginia Law Register*, New Series, Vol. 13, No. 10, 1928.

(wills of personality)实际上已经为大法官法院排他性地解释并实施，"违背正常感情或道义(inofficiousness)"①的学说正从罗马法中引入大法官法院。查理一世统治时期，数个与此相关的案件出现在大法官法院的报告中。在一个案件中，原告的父亲已经作出了遗嘱，以信托的方式将其所有财产给予他的遗嘱执行人，受益人为被告，她是原告的父亲曾经试图迎娶进门的一个女人。这一信托似乎是口头的且存在争议。受理该案件的法官确认这一信托并没有被证实，而且被告是一名放荡的妇女，最终法院判决如下：法院"非常厌恶（立遗嘱人）的地产从他自己的孩子那里被拿走"并交给（被告），支持原告，驳回了被告的反诉。②在另外一个案件中，某遗嘱被认为违背正常情感和道义而被置之不理，在该案中法官还提出了一点，即起草人并没有贯彻立遗嘱人的意图。③但是，这一学说最终并未确立，遗赠(bequest)的完全自由成为并且仍然是基本的法律规则。④

六、契约

（一）早期普通法中契约制度的发展及其缺陷

自 12 世纪至 14 世纪，早期的普通法只对非常少量的契约案件提供救济。⑤

普通法法院最早予以救济的契约是正式契约(formal contract)，

---

① "违背正常感情或道义"是指违背正常感情或道义的用于立遗嘱人没有充分理由就取消其合法继承人继承权的情况。
② See Answorth v. Pollard.
③ See Maundy v. Maundy.
④ See D. M. Kerly, *An Historical Sketch of the Equitable Jurisdiction of the Court of Chancery*, London: Cambridge University Press, 1890, p. 141.
⑤ 参见〔日〕望月礼二郎：《英美法》，郭建、王仲涛译，商务印书馆 2005 年版，第 275—279 页。

主要分为两类,各自由独立的诉讼方式产生。

其一是请求特定履行做某事的书面契约,基于此提起的诉讼被称为盖印契约之诉(action of covenant)。盖印契约之诉出现于 13 世纪初期,在亨利三世统治时期成为常用的诉讼形式,至 14 世纪,已有明确规定,此一诉权的行使必须以盖印契约为基础。也就是说,协议的生效并非因为双方交换了相互的承诺,而是因为法律赋予了其特定的形式。[①]

其二是支付一定数额金钱的书面约定,基于此提起的诉讼被称为用印金钱契约或借据债务之诉(action of debt on the obligation, or action of bond)。与盖印契约之诉相比,用印金钱契约或借据债务之诉的使用频率要高得多。重要的合意通常以"如违约,支付一定数额的违约金"的形式作为用印金钱契约或借据债务证书缔结。在 17 世纪末,大法官法院禁止强制执行违约金条款以前,附有权利消灭条件的用印金钱债务证书几乎可以用来做任何交易的掩护,因此,该证书作为一种契约文书形式而被广泛使用成为普通法契约制度的主要内容。

用印金钱契约或借据债务之诉同样非常重视作为债务凭证的债务证书,一旦证书遗失或没有按常规销毁,往往导致极不公平的后果:遗失了证书的债权人或用印火漆剥落的证书持有人都无法获得救济,已清偿债务但没有销毁证书的债务人也面临被债权人根据该证书再次请求履行的危险。

在早期,普通法对于不盖印的书面契约这种非正式契约(informal contract)的保护比对正式契约的保护范围更为狭窄。

早期普通法所认可的非正式契约诉权是金钱债务之诉(action of

[①] 参见〔英〕A.G.盖斯特:《英国合同法与案例》,张文镇等译,中国大百科全书出版社 1998 年版,第 10 页。

debt)和请求返还动产之诉(action of detinue)。前者是请求支付定额债权的诉权,后者是请求交付特定动产的诉权。但非正式契约诉权受到很大的限制。第一,可以使用这种诉权的场合被限制在很小的范围内。非正式契约诉权不得用强制执行作为实现债务的手段(只有书面盖印契约可以请求强制执行)。而且除了金钱及特定动产外,非正式契约诉权不能用于如土地移转之类的场合。另外,为使非正式契约诉权成立,原告必须已给付请求物的对应物(即原告根据合同履行其义务),如为请求买卖价金,事前应已给付买卖的标的物;如为请求交付标的物,必须事先已给付价金。第二,在这些诉讼中被告可以不采用陪审团而选用清白宣誓(compurgation)的证明方法。但清白宣誓并非发现事实的合适办法,在 16 世纪,被告可以轻易地以低价在法院附近雇到宣誓辅助人。第三,在金钱债务诉权中并不能诉及债务人的遗产,金钱债务与债务人的死亡一起消灭。[①]

总之,早期普通法仅仅对有限范围的书面契约予以保护,形式要求非常严格,大量与契约相关的权利在普通法法院都无法得到保护。

(二) 15 世纪的大法官法院对于契约的衡平管辖权

面对普通法的无能,当事人不得不在普通法之外寻求救济。他们首先寻求教会法院的帮助,但是教会法院的救济很快被世俗王权所禁止,[②]走投无路的当事人被迫求助于大法官法院,提出大量与契约相关

[①] 中世纪的普通法上有着"诉权与人一起死亡"(actio personalis moritur cum persona)的原则。至 1611 年,该原则在契约诉讼中被弃用。

[②] 在诺曼征服之后的两个世纪中,存在三种作出有约束力的承诺的方法,即通过书面、誓言以及信用抵押(pledge of faith)。最后一种契约在教会法院中被施行。但是在亨利二世以及随后的诸位国王统治时期,教会法院被再三禁止干预世俗之人之间的契约所引发的问题,即使信用被抵押;并且法官通过禁止令限制教会法院的干预。最终,如在信托案件中那样,大法官在大法官法院中获得了不再被教会法院所保护的东西。但诉讼的提起不再是基于忠实(fides),而是基于被告的许诺。See D. M. Kerly, *An Historical Sketch of the Equitable Jurisdiction of the Court of Chancery*, London: Cambridge University Press, 1890, pp. 87-88.

的请愿书,大法官基于良心原则予以救济。因此,15世纪的大法官法院在契约的衡平管辖权方面得到了快速发展。

巴伯在他的著作《早期英国衡平法中的契约史》中对这些请愿书的内容以及大法官的回应进行了细致的分析。他根据契约类型以及普通法上无法提供救济这两个标准将这些请愿书分为11个部分。第一部分是由于各种与案件主题(subject-matter)无关的原因而向衡平法提出的请愿书。但是,这些请愿书拥有一个共同的因素,即它们涉及那些在理论上普通法确实提供了救济的案件,大法官并未提供一个新的救济,也未扩大实体法的范围,他出于某些外部的原因而予以管辖。[1] 第二部分到第五部分的请愿书所涉及的是与普通法诉讼并存的衡平管辖权。因此,在考虑盖印债务文书(obligation under seal)以及大法官法院中金钱债务的收回(the recovery of debs in chancery)时,我们将其与普通法上的盖印契约之诉以及金钱债务之诉作比照。此外,在请求收回特定动产以及针对动产卖主提出的请愿书中,与请求返还动产之诉有着类似之处。第六部分至第十一部分则是完全关于口头契约,在此,将请愿书根据协议的主题以及许诺的性质予以分类。以下对这十一个部分略作介绍。

第一部分包括特殊的当事人、交易发生的地点、当事人之间的不平等、普通法程序的缺陷等内容。国王或者代表国王之人作为特殊当事人一般都向大法官提起诉请;大法官法院中的文书也可能向大法官主张救济;另外,外国人无法在普通法法院进行诉讼,而大法官法院对一方或双方当事人为外国人的案件拥有管辖权。关于交易发生的地点,大法官对在威斯敏斯特宫中缔结的协议、在英格兰以外缔结的契约行

---

[1] See W. T. Barbour, *The History of Contract in Early English Equity*, Oxford: Clarendon Press, 1914, pp. 71,75.

使管辖权。关于当事人之间的地位,请愿者的弱小以及被告的强大这样的一种实力地位的不对等往往导致向大法官请求救济。另外,普通法程序的缺陷,包括无法向被告送达令状、被告居于普通法令状无法运行的"特权之地"也导致原告请求大法官的救济。①

第二部分是关于盖印债务文书的请愿书。包括以下五种情况:

(1)债务被偿还,但债务文书(obligation)仍为债权人持有,同时债务人未获得清还证明书的案件

在普通法上,一旦债权人基于盖印债务文书要求债务人清偿时,如若债务人已经清偿,他唯一有效的抗辩理由就是提出一份清偿证明文件或者其他有效的书面文件来证明他已经清偿了债务。一旦债务人由于某种原因在其确实清偿了债务之后,既未从债权人手中收回盖印债务文书,又未获得清偿证明文件,那么,在普通法上他就必然面对败诉的结果。向大法官法院提交的请愿书表明,一些心有不甘的债务人向大法官提出了诉请。在请愿书中,有原告要求债权人销毁债务文书的诉请,更为通常的则是笼统地诉求大法官的自由裁量权的救济,他们认为凭借大法官法院以传票方式将债权人传唤到庭并在宣誓后对债权人进行询问的程序,再结合自己提出的证据,如主张债务的清偿是在他人面前进行而由这些人提供证词等,可以揭露真相,实现良心所要求的真正正义。②

(2)以口头方式规定了履行债务文书的先决条件的案件

实践中还存在这样一些情况,即债务文书的履行存在某种先决条件,但是这一先决条件并非以书面方式载入该合同中,也未曾另立书面合同,而是以口头方式达成。在普通法上看来,这样的债务文书就成为

---

① See W. T. Barbour, *The History of Contract in Early English Equity*, Oxford: Clarendon Press, 1914, pp. 74-84.

② See Ibid., p. 88.

绝对合同而必须履行。但大法官并不认为契据(deed)[①]具有更高的价值,他们没有被证据的严格规则所限制,而是承认口头条件的证据能够反驳盖印书面文件。[②]

尽管未曾找到大法官对相关请愿书的判决意见,但是类似诉请的频繁出现表明大法官很可能对此类诉请给予救济。

(3)为了已经完成的特定目的而订立的债务文书的案件

尽管在订立的债务文书中没有揭示制定该合同的目的,但是从相关背景中能够推断出该合同的制定存在某些条件。例如,在一个案件中,大法官基于对被告的询问能够推断制定该合同的目的,因此尽管在普通法上债务人无法获得救济,但大法官作出判决,要求根据订立该债务文书之时的意图来履行该债务文书。

(4)债务文书经口头变更的案件

还出现了这样一种情况,即协议本身是完整的,并且表现为书面盖印的形式,但在后来的实践中,当事人以口头方式对原契约书面形式表达的内容进行了修改或删减。对此,尽管普通法院并不给予救济,但是15世纪的大法官却提供了救济。[③]

(5)盖印书面文件的对价未被获得的案件

最后一类案件,债务人未曾从他制定的债务文书中获得利益。用现代的话来说,未曾获得对价。例如,理查德·科迪(Richard Cordie)

[①] 一种由当事人签字、盖印并交付的书面文据。它记载一项契约或约定,表示当事人同意转移某项地产权利或设定某项义务或确认某项移转地产权利的行为。例如租约、抵押证书及财产和解协议均属契据。按照普通法,原则上任何地产交易都应采取契据形式,制定法在许多情况下也有此要求。但现代法律已不要求契据必须盖印,只要签字即可。参见"deed"词条,薛波主编:《元照英美法词典》,法律出版社2003年版,第382页。

[②] See W. T. Barbour, *The History of Contract in Early English Equity*, Oxford: Clarendon Press, 1914, p. 91.

[③] 案例参见同上书,第94—95页。

从托马斯·罗丝(Thomas Rose)那里购买了一栋房子和 40 英亩土地。因此他欠托马斯一笔钱,但是在占有土地和房子之后,他被采邑领主驱逐了出来;而托马斯对理查德又提起了金钱债务之诉,由此理查德诉诸大法官。此类例子不胜枚举。总之,在这类案件中,债务人未曾获得他所预期的利益,但债权人基于其盖印书面文件提出了有违理性和良心的诉讼。尽管我们没有从任何请愿书的背书上获得积极证据,但我们可以自信地认为原告拥有很好的理由期待从大法官法院中获取救济。①

第三部分是关于请求收回"金钱债务之诉"的请愿书。在 15 世纪,金钱债务之诉尚未成熟,而他允诺之诉更是闻所未闻。面对这一情况,大法官曾涉足普通法有关金钱债务之诉的领域,在类似案件中提供了救济。相关案件被分为两类:

(1)理论上普通法(通过金钱债务之诉的方式)提供了救济的案件

尽管在普通法上已经存在金钱债务之诉的救济,但是债务人出于某些考量仍然会诉诸衡平法。例如,在一桩出卖土地的案件中,卖方制作了一份盖印债务证书(bond),如果在土地被转让之后,买方拒绝支付价金并仍然保有该盖印债务证书,那么,卖方在普通法上的地位就很尴尬。因为如果他为收回价金提起金钱债务之诉,他就无法同时收回该盖印债务证书,从而一直受其威胁。但是如果他能够在大法官面前控告买主,他就可以收回价金并同时获得交付并销毁盖印债务证书的命令。针对盖印债务证书的抗辩是纯粹衡平的;对于价金的诉求则能够获得普通法的救济;但是在早期大法官法院的管辖权中,由于还没有设定固定的界限,因此有很好的理由假设这两者可能是结合在一起的。一旦衡平法基于任何理由承担管辖权,大法官法院就处理整个案件。②

---

① See W. T. Barbour, *The History of Contract in Early English Equity*, Oxford: Clarendon Press, 1914, pp. 96-97.

② See Ibid., pp. 98-99.

(2) 普通法未提供救济的案件

此外,由于本身僵硬的技术性,也很可能导致在以下情况中普通法无法提供有效救济,从而使得当事人被迫向大法官求助,要求对方当事人偿还金钱债务[①]:如证明债务的债务文书被损毁或者丢失、交易发生于国外、[②]因债务人去世而转向遗嘱执行人提起诉讼[③]、双方当事人没有对债务的确定数额达成一致意见[④]、所作的偿还许诺没有被明示、利益被授予第三方[⑤]、债务被转让等[⑥]。

第四部分是关于请求收回动产的请愿书。在普通法上,请求返还动产之诉(the action of detinue)的范围十分狭窄。请求返还扣留寄托物的诉讼(detinue sur bailment)是该诉讼更常见的形式;请求返还侵占物的诉讼(detinue sur trover)[⑦]在 14 世纪被使用,但是此后它并没有成为一种通用的诉讼形式。[⑧] 14 世纪,被他人强占动产者拥有如下救济:如果有委托,他可能提起请求返还动产之诉,但是在此类案件中,仅仅针对他的被委托人或者某个与其有密切关系之人。如果他提起请

[①] See W. T. Barbour, *The History of Contract in Early English Equity*, Oxford: Clarendon Press, 1914, pp. 100-110.

[②] 普通法对于英格兰之外订立的契约不享有管辖权,因为如果一个债务产生于在国外订立的合同,或者在英格兰外借贷的金钱或提供的服务,金钱债务之诉就不存在。

[③] 金钱债务之诉并不针对债务人的遗嘱执行人,除非该债务能够为特定的书面盖印契约所证明。

[④] 比如,要求某人承担某项工作并许诺将会支付所有由此引发的费用和给予合适的报酬,当然,将要支付的数额无法在事前精确地确定。但是普通法上的金钱债务之诉是针对确定数额的,因此无法给予救济。

[⑤] 在 15 世纪时,经被告请求将利益交给第三方是无法获得金钱债务之诉救济的。

[⑥] 普通法认为在债权人和债务人之间的关系是一种密切的人身关系,因此,产生于这样一种关系的权利无法通过当事人的行为或者法律的运作而转让。

[⑦] 不正当的扣留,适用于两个陌生人之间,其中一人涉嫌不正当地持有另一人的货物。

[⑧] 普通法上曾经一度确认如果被告对动产是通过非法手段占有的,则原告不能提起请求返还动产之诉。参见"detinue"词条,薛波主编:《元照英美法词典》,法律出版社 2003 年版,第 410 页。

求返还扣留寄托物的诉讼,他必须表明动产是如何落入被告手中的。主张被告偶然发现动产还没有成为一种诉讼上的拟制手段。在某些情况下,普通法会提供救济,但似乎仅仅是损害赔偿,不存在任何迫使归还动产的普通法程序。因此对于大法官而言就有很好的干预机会,因为普通法上的救济相当令人不满。即使是在存在请求返还动产之诉的地方,我们也能发现原告诉诸衡平法,主张正是因为被告的非法干涉和权势或者郡长拒绝服从令状,他在普通法上的诉讼失败了。有案例表明,宣誓断讼法被作为到大法官法院诉讼的理由而提出。事实上,在许多请愿书中没有提到向大法官诉愿的理由。请愿者只是陈述他的案件,主张被告拥有属于原告的财产,并且理性和良心要求被告放弃这些财产。相当数量的请愿书表明,此时的大法官法院在普通法法院无能为力的时候给予了归还动产的救济。①

第五部分是针对动产买卖的卖主的请愿书。此类请愿书分为两种:(1)因为没有交付动产;(2)因为违背(关于货物的)保证。

(1)因为没有交付动产

一般而言,如果没有交付动产,普通法上的金钱债务之诉和请求返还动产之诉都是可以使用的救济。那么为什么买家要诉诸大法官呢?似乎存在以下原因:

第一,如果卖家把动产卖给了第三方,在这类案件中提起请求返还动产之诉是没有用的。那时唯一的救济就是针对交易损失的损害赔偿,而这就是请愿者所主张的。

第二,如果卖方对于交易的货物没有所有权,那么,就不存在可以借助的普通法诉讼。

---

① See W. T. Barbour, *The History of Contract in Early English Equity*, Oxford: Clarendon Press, 1914, p. 111.

第三,交易买卖的可能不是确定的财物,而是一个在某个时间提供某种商品的协议。这在普通法中也没有救济。①

(2)因为违背(关于货物的)保证

在早期,卖主就被认为对于间接侵害诉讼中明示的货物保证负有责任。那么,为何在大法官法院中提出请愿书呢?在一份请愿书中,请愿者(买主)指出,卖家向他保证出售给他的染料肯定有销路,但是事实证明该染料并不适于使用。与此同时,卖主在普通法法院向请愿者提出了金钱债务之诉,而请愿者在普通法上并没有抗辩理由。请愿者希望能够以卖主违背其保证的理由抵消其金钱债务之诉,因此他来到大法官面前,请求一份调卷令,将整个案件移送至衡平法院听审。在此,请愿者强调被告虽然作出许诺但没有履行该许诺的事实作为请求救济的理由。换句话说,请求救济的主张是建立在违约而非不存在对应物或者对原告侵害的基础上的。②

第六部分是针对卖主出售土地的请愿书。正是在这个问题上,衡平法发展出了专属于自己的从未在普通法上存在过的救济——契约的特定履行。其中最为显著的表现是在那些针对卖主的不履行转让土地契约的请愿书中。尽管卖主已经明确许诺转让土地,但是如果他最终拒绝履行该诺言,普通法上并没有相应的救济,直到他允诺之诉在1504年被正式承认,而且在当时购买价金的支付是提起诉讼的先决条件。

在请求大法官给予救济的案件中,由于当事人并不精通法律,因此他们以简单方式达成了非正式的契约,这些契约在很长时间内在普通法上都是不可以强制执行的,但是买主可能已经部分支付了价金,或者已经花费金钱在土地上进行改造,总之,基于双方达成的契约,买方已

---

① See W. T. Barbour, *The History of Contract in Early English Equity*, Oxford: Clarendon Press, 1914, pp. 114-115.

② See Ibid., pp. 115-116.

经花费了部分金钱。因此,买方的诉求是获得这块土地,而普通法却无法强制曾许诺的卖方践行他的诺言。①

请求大法官救济之人可以是买方的继承人、遗嘱执行人、遗孀;而针对的对象则包括卖方的继承人、用益土地的受托人,甚至针对诱使卖主违约的第三人。②

对于卖方不履行转让土地的契约,最重要的救济就是特定履行。在许多案件中,对于买方而言,损害赔偿并非充分的救济。因为某些原因,土地对买方而言拥有特殊的价值;他可能准备支付超出市场价格的价钱。无论如何,他所希望获得的就是这块土地,而非取代它的金钱补偿。我们可以从一些请愿书中看到这种渴望。专门主张契约的特定履行的请愿书早在理查德二世统治时期就出现了。到15世纪则更为普遍。亨利六世时期出现了授予特定履行的判决,由此我们可以确定,早在15世纪中叶大法官就确实授予了此种救济。③

另一方面,当卖主将土地让与第三方而无法履行契约,或者卖主对于他所出售的土地没有地产权,或者契约可能因为其他原因而无法履行的时候,买主也会请求大法官的帮助,此时他们明确主张损害赔偿;但更为通常的是原告请求废除该协议,这样他可以回到他先前的地位。因此,当价金已经被支付的时候,请愿者请求补偿;或者如果他已经在土地上花费金钱或已经被迫支付时,他寻求收回他已经支出的费用。他请求获得衡平法和良心所要求的;换句话说,他要求补偿其因为被告违约而导致的损失。④

---

① See W. T. Barbour, *The History of Contract in Early English Equity*, Oxford: Clarendon Press, 1914, pp. 117-119.
② See Ibid., p. 120.
③ See Ibid., pp. 121-122.
④ See Ibid., p. 123.

第七部分是婚姻授产协定(marriage settlements)。针对婚姻而作出的授产许诺如果没有履行是否能够提起金钱债务之诉呢？这个问题在年鉴中引发过无穷的争论。在教会法院中，人们认为一个与婚姻如此紧密相连的许诺必须被实施。在普通法法院中，至伊丽莎白一世时期，金钱债务之诉才被牢固确立。在15世纪，由于某些原因，大法官事实上承担了这些案件的管辖权。

从现存的请愿书来看，请愿者们寻求实现的婚姻授产协定完全是非正式的和口头的。案件分为两类：在一些案件中，承诺者已经接受了一些实质性的利益作为对其许诺的回报，但婚姻并非许诺的唯一动机。例如，A的女儿要嫁给B的儿子。B同意当他们结婚时给予某些土地，A则同意向B支付一笔钱，但B没有履行他的诺言，故A向大法官请求救济。在另一些案件中，承诺者没有从作出的许诺中获得任何利益。从请愿者的观点来看，婚姻建立在对许诺信任的基础上。相比较而言，这类案件更多些。而且有充分证据表明大法官确实给予相应救济，使得诺言得以实现。

在大多数案件中，请愿者是受诺人，即使他并非婚姻一方当事人，例如父亲代表其子女主张损害赔偿或者请求特定履行。许诺是对他作出的，他当然拥有这一权利。但是衡平法并不仅限于此，不仅是契约当事人，而且该契约的受益人也拥有这一诉权。

请愿者要求被告进行特定履行，比如专门要求被告履行其所作出的支付金钱或者转让土地的许诺。由于请愿者通常为受诺人而非受益人，因此他并不寻求损害赔偿，而是请求保障受益人的权利。从现存的诉答文书来看，我们可以认为，请愿者寻求让被告遵守其许诺；而且大法官也确实授予了特定履行的命令。[1]

---

[1] See W. T. Barbour, *The History of Contract in Early English Equity*, Oxford: Clarendon Press, 1914, pp. 124-127.

第八部分是关于合伙的请愿书。在普通法上,在涉及合伙业务的事项中,一方合伙人无法起诉另一位合伙人。他无法提起金钱债务之诉,因为他无法主张利润份额是他独有的财产;而且,也存在诉答程序上的困难。普通法上的这一缺陷为大法官的干预所补充,大法官法院在15世纪承担了对合伙的管辖权,并一直持续至今。衡平法所遵照的原则非常简单:财产被共同拥有;即使没有明示的协议,合伙人的地位授予每人对于利益份额的权利,衡平法实施这一权利。①

第九部分是关于代理的请愿书。从年鉴来看,代理契约并未获得很大的发展。通过书面契据,一个人可能任命另一人以他的名义为许多行为,然而这是非正式的代理。这样的代理契约可以通过金钱债务之诉获得强制执行,但是它为对应物的要求所限制。因此,在所有代理出售的案件中,有必要表明出售该货物是为了委托人的利益。②

大法官法院的档案材料并没有提出许多与代理直接相关的请愿书,但是我们发现契约获得了比普通法上更为宽泛的认可。如果货物被卖给一个代理人,而且是为了委托人的使用和利益,委托人就是可诉的。如果有人把另一人作为他的代理人这一事实已是众所周知,那么,该委托人就有义务支付代理人为了他的使用和利益而提供的货物或金钱。也就是说,货物必须是为了他的委托人而被提供给代理人,但是没有必要证明委托人确实收到了货物。

还有材料表明了一位未公开的委托人的认可权利。未公开的委托人当时在普通法上是不受保护的,于是他在衡平法上寻求获得救济。另有例子表明,如果一名委托人在代理行为实施后口头给认可,经大

---

① See W. T. Barbour, *The History of Contract in Early English Equity*, Oxford: Clarendon Press, 1914, pp. 128-130.

② See Ibid., p. 130.

法官认定,该委托人仍为其代理人的行为所束缚。①

第十部分关于保证和补偿契约(guarantee and indemnity)的请愿书。guarantee 或者 suretyship 这两种保证契约是指三方之间的关系;债权人仅仅在主债务人不履行债务的情况下依赖承诺者。② 换句话说,承诺者的义务是附随的和次要的。另一方面,补偿契约(Indemnity)则是指通过某人在承诺者的要求下参与交易而使得另外一人免于任何索赔。③

在 15 世纪的普通法上,口头的保证契约(guarantee)和补偿契约都是无效的。尽管有证据表明保证契约(suretyship)可能在诺曼时期无须书面文件就可确立,但是爱德华三世时期已经确定契据是必要的。因此,普通法似乎否认主次责任之间存在任何重大差别。无论如何,口头的保证契约直到亨利八世时期才被承认。在 15 世纪,口头的补偿契约也是无效的。

但是在衡平法上情况就不一样了。从现有材料推断,至少当债权人能够表明是被告的许诺诱使其扩展主债务人的赊欠期时,在衡平法上便可承认和实施口头的保证契约;另一方面,衡平法确认保证人(the surety)的义务确实是次于主债务人的,而且他可以使用任何主债务人的抗辩。

而在补偿契约中,常常会出现这样的情况:A 渴望从 B 那里贷款,但是 B 不愿意仅仅借给 A;结果,A 求助于他的朋友 C,诱使 C 和他一

---

① See W. T. Barbour, *The History of Contract in Early English Equity*, Oxford: Clarendon Press, 1914, p.132.

② 在英国法中,suretyship 与 guarantee 的区别甚微,只是对前者的保证人要求更为严格,通常须以盖印债务证书的形式作成才对保证人有约束力,在司法程序中发生的保证,亦多采用盖印债务证书或债务证书(bond or recognisance)的形式。

③ 它与 guaranty 的区别在于后者是附带的,从属于其他合同或交易,而前者是基本的,属于原合同。

起向 B 借款,同时许诺 C 不受 B 的任何侵权索赔;或者在同样的情况下,C 可能独自向 B 借款。这两种案件存在两个独立的特征:C 受 B 的约束,不是为了他自己的义务,而是为了 A;他应 A 的请求负有义务,并且依赖 A 的口头许诺不受索赔。

尽管对于这一类型的请愿书,我们没有发现大法官的判决,但是,在另外一个案件中,大法官判决,当某人凭借自己的许诺诱使他人为了第三方的义务而负责时,他必须履行这一许诺。从这一判决,我们可以推论,当某人凭借许诺诱使他人为自己的义务而负责时,他也必然要履行这一许诺。因此,我们可以确认,补偿契约在 15 世纪的大法官法院获得了明确的认可。①

第十一部分则是关于一般特征的协议。这些案件虽然五花八门,但具有一个共同特征。许诺是为了履行一个特定的行为;但该特定行为未被完成,由此导致违背许诺。这些协议都是口头的,而且在性质上是非正式的。由于缺乏正式的形式,它们不属于普通法上可以强制实施的契约的狭窄范围。然而这些契约必然是非常普遍的,例如送信或者运输货物的契约。除非能够被保证履行他们的许诺,否则将会导致极大的混乱,因此就存在衡平法干预的空间。②

总之,巴伯的研究告诉我们,在 15 世纪的时候,由于普通法本身的缺陷导致对契约救济不力,以及社会经济发展导致社会上对保护契约的需求日益增长,都促使大法官法院在契约法领域享有非常广泛的管辖权。大法官遵循良心的要求,对于普通法的缝隙进行填补,满足了当事人的需要,也构成了对普通法的巨大威胁。

---

① See W. T. Barbour, *The History of Contract in Early English Equity*, Oxford: Clarendon Press, 1914, pp. 132-136.

② See Ibid., pp. 137-143.

(三）大法官法院对契约衡平管辖权的衰落

面对大法官法院的竞争，普通法法院感受到了危机，它们也行动起来改正自己在口头契约方面保障不力的缺陷。普通法法院所采取的措施是为保护契约而活用侵权行为诉权。1370年以后，在不经书面而以合意承担义务的被告以不适当的行为对原告造成损害的情况下，原告可以对被告行使间接侵害之诉，比如在1367年的"斯凯内诉布托尔夫案"（Skyrne v. Butolf）中，承担治疗原告疾病的医生以不适当的治疗行为使原告受到损害的情形下即可适用。这些诉权由于被告在答辩中具体主张的是所允诺（assumpsit）的事由，所以称为他允诺之诉（action of assumpsit）。①

依靠他允诺之诉，当事人不用提出盖印契约为证据，就可以得到过去必须靠违反盖印契约之诉才能得到的救济。尽管他允诺之诉具有契约诉讼的性质，即追究违反合意（承诺）的责任，可是在当时的诉讼方式分类上却是作为侵权行为诉权，因而可以没有盖印契约也能提起诉讼。但可以提起违约的他允诺之诉最初仅限于被告有不适当履行行为的场合，对于被告不履行承诺义务之情形就不能提起该诉。② 这种违反有效契约但不能给予补救的状况显然是不恰当的，因此，当普通法法院面临着大法官扩大其对合同管辖权的威胁时，普通法法院开始改变自己的立场。16世纪初，在"皮克林诉索拉夫古德案"（Pickering v. Thoroughgood，1533）中，法院开始允许针对不履行契约义务的行为提起他允诺之诉。③

---

① 参见〔英〕A.G.盖斯特：《英国合同法与案例》，张文镇等译，中国大百科全书出版社1998年版，第11—12页。

② 1503年，一个法院的审判记录员作了如下记录：如果一个木匠订立一项为我建房子的协议，而实际上该木匠什么也没有做，此案并不存在任何诉讼，因为诉讼是按契约说话的。但是如果他建造的房子不合适，明显地就形成了关于该案的诉讼。参见〔英〕A.G.盖斯特：《英国合同法与案例》，张文镇等译，中国大百科全书出版社1998年版，第12页。

③ 参见同上书，第12—13页。

16世纪30年代,能否以他允诺之诉取代金钱债务诉权这一问题在王座法院和民事诉讼高等法院之间发生了争议。① 王座法院允许原告在这两种诉权中进行选择;但民事诉讼高等法院起初采用成立金钱债务之诉时不得行使他允诺之诉的立场,如要成立他允诺之诉,必须不仅仅是承诺金钱债务的行为,还要在这行为后明示支付一定数额的金钱(债务额)。

王座法院与民事诉讼高等法院的争论在1602年的"斯莱德案"(Slades's Case,4 Co. Rep. 926)中得以解决。当时经全体普通法法官的讨论,最终支持王座法院的立场,即认定他允诺之诉在已存在金钱债务之诉的场合仍可成立,并承认"每一项可生效的合同,其自身即含有如违约即提起损害赔偿的意思,因为当一方同意付款或交付物品时,他就因此而承担承诺付款或交付物品的义务"。② 1611年的"班歇翁案"(Pinchon's Case)又进一步确立了可以对他允诺之诉加以请求的金钱债务,并不因债务人的死亡而消灭,而由其遗嘱执行人继承的原则。

由于"斯莱德案",他允诺之诉成为对所有非正式契约的唯一救济方式。此后,关于契约的一般性法律都是在他允诺之诉这一一般性诉权的基础上发展起来的。

随着普通法法院中对口头契约的保障日益完善,僵硬性日益削减,大法官法院对于口头契约的衡平管辖权最终消失了。但衡平法也在普通法的契约制度上留下了深深的烙印,而"约因"正是其中最深的一道印记。如果没有约因,非正式契约就不具有可起诉性。至于为何约因成为对非正式契约的可起诉性判断的标准,盖斯特的解释是:其一,约

---

① 由于在侵权行为诉权性质的他允诺诉讼中,被告不能依靠清白宣誓的办法,因此如果可以行使此一诉权,对于原告而言是很有利的。

② 本案具体内容参见〔英〕A. G. 盖斯特:《英国合同法与案例》,张文镇等译,中国大百科全书出版社1998年版,第13—14页。

因是由关于他允诺之诉的原始侵权性质所决定的;其二,约因起源于普通法从衡平法院引用的关于原因或正当理由的概念,这是16世纪初期就为人们所熟知的。无论起源如何,互相承诺的合理标准很快得到了承认。每一方的承诺都是他应承担的义务,所以对他来说是一种损害。因此,1599年在"威查尔斯诉约翰案"中,波帕姆首席法官是这样说的:"有一种一方对另一方的互相承诺,如果原告不履行他的承诺,那么被告即可对他提出控告;因此被告同样也要对对方承担义务;对承诺给予承诺就是适当的约因。"用这种方式使互相承诺适应了英国法律的新模式,从而关于约因的学说得到了普遍的确认。①

(四)大法官法院仍然保有的与契约相关的衡平管辖权

尽管普通法在契约方面的缺陷在16世纪已经获得了很大的改正,但是它并未完全摆脱自己的僵化,严格实施某些普通法上的权利显然有违公平正义,对此,大法官会进行积极干预,欺诈、意外事件、错误与疏忽成为大法官法院进行干预的主要原因。

1. 欺诈

尽管普通法上也有关于欺诈的规定,但欺诈这一主题在衡平法上出现得非常早。在早期向大法官法院呈递的请愿书中,我们可以看到请愿者们常常谈到经由欺诈而获得的盖印的书面文件、伪造的债务文书(obligation)以及伪造的清还证明书等内容,并就此请求大法官的救济。②

亨利六世第三年的制定法第4章规定,所有债权人通过欺诈而获得的动产的赠与都是无效的。这一点在伊丽莎白一世十七年制定法第4章中被进一步扩展。著名的伊丽莎白一世十三年制定法第5章规

---

① 参见〔英〕A.G.盖斯特:《英国合同法与案例》,张文镇等译,中国大百科全书出版社1998年版,第15—16页。

② See W. T. Barbour, *The History of Contract in Early English Equity*, Oxford: Clarendon Press, 1914, p. 74.

定,土地、房屋、世袭财产、动产的赠与和让渡等,如果"拖延、隐瞒或者欺骗了债权人","应当明显并且彻底无效"。对购买者的欺诈为伊丽莎白一世二十七年第 4 章(被伊丽莎白一世三十九年制定法第 18 章变为永久)所谴责。大法官法院和普通法法院在这些制定法下拥有共同的管辖权。在查理一世十六年的"利奇诉迪安案"(Leach v. Dean)中,大法官认为如果缺乏有价值的对价,那么,看似自愿的财产让与也是无效的,这似乎已经成为一种通说。[1]

由于普通法缺乏认定欺诈行为的足够理论和有效方法,因此普通法对于欺诈案件的审判效率低下。在很长时间内,普通法的基本观点为"人的思想是不可审判的",加之普通法只承认正式书面证据,又不能强迫当事人提供不利于自己的证据,因此,如果有人利用他人的愚昧无知或通过精心预谋诱骗他人上当,普通法法院通常因找不到有效证据而束手无策。[2] 比如,如果有人被他人以欺诈的方式诱使签署了一份盖印文件,并由此被提起普通法上的违反盖印契约之诉,在普通法上唯一的救济是提出"这不是他的契据"之答辩(the plea of non est factum)[3],此外的唯一办法就是诉诸衡平法院。衡平法院将命令普通法上的原告中断普通法上的诉讼,并在衡平法院中重新开始,在大法官法院,被告可以主张所声称的欺诈。[4] 大法官可以通过询问当事人双方

---

[1] See William Lindsay Carne,"A Sketch of the History of the High Court of Chancery from the Chancellorship of Wolsey to That of Lord Nottingham", *The Virginia Law Register*, New Series, Vol. 13, No. 10, 1928, pp. 589-619.

[2] 参见程汉大:《英国法制史》,齐鲁书社 2001 年版,第 176—177 页。

[3] 在基于盖印债务证书(bond)或其他盖印书面合同(specialty)的债务诉讼或在违反盖印契约请求损害赔偿之诉(covenant)中被告所作的一种答辩,否认原告诉状中所称的契据确是被告的契据。它使被告得以否认他曾订立该契据,也可使被告在答辩时得以陈述他不仅仅是对契据的条款或效力有所误解,而是误解了该契据的性质。参见薛波主编:《元照英美法词典》,法律出版社 2003 年版,第 972 页。

[4] See W. H. Bryson, *Cases Concerning Equity and the Courts of Equity*(1550-1660), London: Selden Society, 2001, p. xxii.

及其证人而获取口头证据,根据当事人的行为结果推定其最初动机。

大法官法院界定的欺诈含义比普通法上的欺诈含义更为广泛。[①]由此,区别于赤裸裸的、实际上的欺诈的学说,暗含的或者解释的欺诈的学说开始发展。这样,合同总是因为实际上的欺诈而取消。但是在詹姆斯一世统治期间,大法官法院开始弱化从那些因为病弱而没有能力从事交易的人那里获得的文件的效力,尽管这在普通法上并非充分的抗辩。甚至在判决生效之后,由欺诈而获取的判决也被给予救济。[②]

大法官法院在揭示欺诈方面的敏锐使得他们比普通法法院走得更远,甚至突破普通法的规定。在普通法上,欺诈必须被证实,或者从交易的字面意义上看必须显而易见;在大法官法院,欺诈可以从所有相关背景中推断出来。大法官法院甚至更进一步地宣布,从公共政策的目的出发,某些交易可以被认为本质上是欺诈性的,而并不考虑相关背景。这一学说主要适用于那些与其他人有信托关系的人,或者用来禁止一名监护人从他的被监护人的地产中获取任何私人的利益。[③] 大法官也废除了束缚拥有继承权而期待占有的继承人的地产权的合同。[④]

因他人使用欺诈手段而在赌博中输掉的金钱,在普通法院中能够通过类案诉讼获得赔偿。[⑤] 大法官法院则更进一步,它减弱了对赌博债务的法律保护,这种救济是建立在公共政策的基础上的。星室法院似乎在一些案件中将欺诈认定为犯罪。[⑥]

[①] 在衡平法上,对法律上可控诉的欺诈以及各种从他人处获取昧心利益的行为、交易和情况均被认为存有欺诈。参见薛波主编:《元照英美法词典》,法律出版社 2003 年版,第 579 页。

[②] See George Spence, *The Equitable Jurisdiction of the Court of Chancery*, Vol. I, Buffalo: William S. Hein & Company, 1981, p. 624.

[③] See Ibid., p. 625.

[④] See Ibid., p. 626.

[⑤] Ibid.

[⑥] See Ibid., p. 623.

2. 意外事件(accident)

斯托里指出："衡平法院(在意外事件的案件中)的管辖权可能是，即使不是全部，至少也是大法官法院据其本质所继承的，或者说是在大会议或国王的王室法院(aula regis)的分割或解体之后首次被授予的原始管辖权的很大一部分。"①因此，意外事件在神职人员担任大法官时期就已经成为大法官法院进行干预的重要理由，并继续引起其继任者的干预。

大法官法院在这个标题下的权利产生于罚款、没收、未经让渡的封地授予等案件。也就是说当一个公簿保有地产未经交还领主(surrender②)而被抵押，一份秘密土地买卖协议(bargain and sale for value)未被登记，一份采邑授予未经让渡，或者由于河水暴涨而债务人无法渡河及时清偿其债务，或者由于类似的不可避免的灾难而导致普通法上规定的罚金(penalty)时，该法院禁止实施由此保留或者获得的普通法权利。③

最初，请求大法官的干预需要具备一些特定的条件，但是在玛丽一世统治期间，救济纯粹意外事件的案件的诉状开始出现，并在伊丽莎白一世时期变得普遍。在一个案件(Reg. lib. B1575. fo. 42)中，原告的诉状阐明，他作为被告的佃农，向被告的仆人支付租金，但被告的仆人无权接受该租金，因此，他被迫延期支付。作为一名穷人，他在攒钱方面非常艰难，并且当他最终来到被告的住所时，后者拒绝接受租金，理由为太阳已经落山了；因为当时是一个多云的天气，因此

---

① Joseph Story, *Commentaries on Equity Jurisprudence, as Administered in England and America*, Vol. I, Boston: Little, Brown and Company, 1886, §75.

② 指公簿地产保有人因某种特定原因而将地产交给领主。参见"surrender"词条，薛波主编：《元照英美法词典》，法律出版社 2003 年版，第 1318 页。

③ See D. M. Kerly, *An Historical Sketch of the Equitable Jurisdiction of the Court of Chancery*, London: Cambridge University Press, 1890, p.145.

对这个断言的正确性有一些疑问。被告提出了收回不动产之诉,但是最终被大法官下令禁止骚扰原告。① 大约17世纪初,这种管辖权扩展到了那些即使没有意外事件只有微不足道的过错的案件上,即当罚金是由于当事人的疏忽而导致的时候,如果该疏忽是细微的并且非故意的,救济就被授予该当事人。② 事实上,在此类事项中,根本不需要任何借口。

到了詹姆斯一世时期,大法官法院在这个方面的权力已经被很好地建立起来了,柯克将其作为大法官法院管辖权的一个方面。在查理一世统治时期,在基于盖印债务证书的没收(the forfeiture of a bond)的案件中,债务人可以在一个合理的时间内偿还金钱,债权人不能够在那时基于合同起诉,以致在清偿之后获得到期利息。同样的规则被应用于因未支付租金而予以没收的情况。③

3. 错误与疏忽

普通法对于因错误或疏忽而导致法律文件未能反映当事人真实意图,同时僵硬地恪守文件的字面表达这种状况无法给予充分的救济。但是,大法官法院更为关注当事人的真实意图,经常为事实的错误提供救济。因此,当起草的文件没有表达双方当事人真实意图,由此导致它们被取消或者导致不同于原本所希望的结果时,非常关注主观意图的大法官会针对错误予以救济。相关的例子被记录在《大法官法院诉讼记录大全》中,大多发生于伊丽莎白一世及其后继者时期。如在签订一

---

① See George Spence, *The Equitable Jurisdiction of the Court of Chancery*, Vol. Ⅰ, Buffalo: William S. Hein & Company, 1981, p. 629.

② See D. M. Kerly, *An Historical Sketch of the Equitable Jurisdiction of the Court of Chancery*, London: Cambridge University Press, 1890, p. 145.

③ See William Lindsay Carne, "A Sketch of the History of the High Court of Chancery from the Chancellorship of Wolsey to That of Lord Nottingham", *The Virginia Law Register*, New Series, Vol. 13, No. 10, 1928.

份租约之时,当事人将森林作为例外排除,但是文书在起草契约时由于疏忽没有刻意提到森林,尽管契约确实提到了某种例外。因此,承租人砍树行为被大法官法院所禁止。[①]

4. 账目之诉(account)

普通法中的账目之诉[②]在亨利三世时期被引入。它被用来针对农役租佃中的监护人、土地管理者(bailiff)或委托管理人,或者由一名商人向另一名商人提起。但是,通过一种虚构的方法,任何原告被允许称自己为商人,被告是他的委托管理人,以此提起诉讼。但普通法上的账目之诉存在许多缺陷,它的方式麻烦,并且在其范围上也受到限制。如普通法的账目之诉不允许几名原告把他们的账目诉讼原因综合在一个令状中,也不允许一名单独的原告在一个令状中以不同的理由起诉不同的被告,因而严重限制了账目令状的实际效能。[③] 而且,账目诉讼令状的应用范围也极为有限,它不能用于发生在海外的商业纠纷案件,也不适用于合伙人相互之间的账目。这样,随着商业的发展和账目诉讼复杂性的增长及数量的增多,普通法越来越不能满足社会的需要。正如一位法律史学家所评论的那样:"普通法法庭的组织机构无法长时间地询问多方当事人。"[④]

与此相反,大法官法院一方面拥有有足够的官员,主事官们经常参与到账目之诉中来;另一方面拥有高效率的程序,它既能够询问当事人及其证人,它也能够使得所有的当事人都参加一个诉讼中的账

---

① See D. M. Kerly, *An Historical Sketch of the Equitable Jurisdiction of the Court of Chancery*, London: Cambridge University Press, 1890, p. 146.

② 对普通法中账目之诉的介绍可参见 William S. Holdsworth, *A History of English Law*, Vol. V, London: Methuen & Co., 1945, pp. 426-427。

③ 参见程汉大:《英国法制史》,齐鲁书社 2001 年版,第 176 页。

④ 同上。

目之诉。① 大法官法院提供的这些优势使得它可以迅速而正确地处理复杂的账目诉讼案件。

因此,到 15 世纪末,绝大多数与账目有关的案件都隶属于大法官法院的管辖范围。至伊丽莎白一世、詹姆斯一世和查理一世统治时期,尽管普通法上的账目之诉在理论上仍然残存,但大法官法院在实际中开始拥有对账目之诉的排他管辖权。② 事实上,大法官法院在账目之诉上具有强大的优势还帮助它获得了对合伙问题的管辖权,因为在几乎所有关于合伙的案件中都会涉及合伙人之间的账目问题。大法官法院对于保证以及死者地产的管辖权也是基于这一原因。③

七、特定履行

特定履行(specific performacne)是大法官法院发展的救济手段中非常重要的一项,它是指由法院强制被告履行他在合同中所作的承诺的义务。④它主要是针对普通法对违约的救济手段不充分,除了提供损害赔偿的救济以外别无他法,无法强制被告履行其特定的契约义务这一缺陷而提供的救济。

关于特定履行的起源,众说纷纭。有学者提出,在早期尚未僵化的普通法中已经存在特定履行。如黑兹尔坦就认为,在亨利一世和亨利

---

① See William S. Holdsworth, *A History of English Law*, Vol. V, London: Methuen & Co., 1945, p. 288.

② See William Lindsay Carne, "A Sketch of the History of the High Court of Chancery from the Chancellorship of Wolsey to That of Lord Nottingham", *The Virginia Law Register*, New Series, Vol. 13, No. 10, 1928.

③ See William F. Walsh, *Outlines of the History of English and American Law*, New York: New York University Press, 1924, p. 477.

④ 参见〔英〕戴维·M.沃克:《牛津法律大辞典》,李双元等译,法律出版社 2003 年版,第 1059 页。

二世统治时期,王室法院的普通法中存在许多这样的判决。①

另有学者认为,特定履行是大法官法院实施衡平管辖权的产物。如斯宾塞提出:"请求买卖土地契约的特定履行的诉状是大法官法院有记录的最早的一批诉状。"②他援引了理查德二世时期(1377—1399)的一个案例,该诉状宣称,原告因为相信被告将某块土地转让给他的许诺,特地为此远赴伦敦并咨询律师,后被告拒绝履行其承诺,原告就此请求大法官法院给予救济。

斯宾塞的看法遭到了埃姆斯的反驳。他指出,在 1577 年,戴尔明确提到,大法官法院不应强制契约的履行,因为普通法中的盖印契约之诉可以对违约提供救济,并且在上一个世纪提出的诉讼案中也出现了大量寻求特定履行的案件。埃姆斯进而通过提出"布罗米奇诉吉米恩案"(Bromage v. Geming)来支持他的观点。在该案中,柯克和其他普通法法官授予禁止令来阻止请求特定履行的诉讼,理由为这一救济不应当由衡平法院给予,类案诉讼以及盖印契约之诉已经提供了相应的救济。③

目前最为主流的观点是,尽管早期的普通法中曾经存在特定履行的萌芽,但是随着普通法的僵化已不复存在,从而导致了普通法救济的不充分。因此,人们纷纷向大法官法院寻求救济,这一点可以从巴伯所提供的大量发生于 1388 年至 1456 年间的寻求特定履行的诉状中看出。④

---

① See H. D. Hazeltine,*"The Early History of English Equity"*,Essays in Legal History Read before the International Congress of Historical Studies Held in London in 1913, Paul Vinogradoff ed., London: Oxford University Press,1913,p. 261.

② See George Spence,*The Equitable Jurisdiction of the Court of Chancery*,Vol. I, Buffalo: William S. Hein & Company, 1981, p. 645.

③ See James Barr Ames,"Specific Performance of Contract",*Lectures on Legal History and Miscellaneous Legal Essays*,Cambridge,Massachusetts: Harvard University Press, 1913,p. 248.

④ 巴伯指出,专门主张契约的特定履行的请愿书早在理查德二世统治时期就出现了。到了 15 世纪变得较为普遍。亨利六世时期出现了授予特定履行的判决,由此我们可以确定早在 15 世纪中叶大法官就确实授予了此种救济。See W. T. Barbour,*The History of Contract in Early English Equity*,Oxford:Clarendon Press, 1914, pp. 121-122.

此外，在《大法官法院案例选》中，也存在着大量时间为 1386 年至 1456 年间的诉状，这些诉状表明了请求特定履行的愿望。① 根据这些诉状，我们可以认为大约在 14、15 世纪，大法官法院就开始授予特定履行的救济，②至伊丽莎白一世时期，特定履行作为大法官法院的救济方式已经被确立起来了。

自伊丽莎白一世时期至共和国时期，大法官常常签发特定履行令，有时还听取普通法法官的建议。当基于任何可提起损害赔偿诉讼的许诺，特定履行被认为是实现公正的结果所必需时，尤其在定金已经被支付的情况下，大法官法院即会签发此令；此外，当在一些案件中，普通法上没有救济，以至于无法支持任何诉讼，以及当需要履行某个行为的时间已经消逝时，大法官法院也会签发特定履行令。③ 它在很大程度上主要集中于让与土地的契约的履行，但并非仅限于此。如在"布兰德林诉阿斯基案"(Brandling v. Askey)中，特定履行被施用于让与大量木材的契约；早在爱德华四世时期，它还被用于建造房屋的契约中。④

值得注意的是，至 17 世纪，普通法法院契约的发展以及大法官法院对普通法契约学说的接受导致向大法官法院寻求救济变得没那么必要。在 17 世纪上半叶，有一些案件表现出了过渡阶段，但是早在 1579 年至 1580 年，大法官就开始驳回诉讼，让请愿者寻求普通法救济。但

---

① See William Paley Baildon, *Select Cases in Chancery* (A. D. 1364 to 1471), London: Quaritch, 1896, p. xxxv.

② See Harold Potter, *An Introduction to the History of Equity and Its Courts*, London:Sweet & Maxwell, 1931, p. 101.

③ See George Spence, *The Equitable Jurisdiction of the Court of Chancery*, Vol. Ⅰ, Buffalo: William S. Hein & Company, 1981, pp. 645-646.

④ See William Lindsay Carne, "A Sketch of the History of the High Court of Chancery from the Chancellorship of Wolsey to That of Lord Nottingham", *The Virginia Law Register*, New Series, Vol. 13, No. 10, 1928.

在土地买卖契约中,损害赔偿常常并非充分的救济,在这一领域,特定履行得以保留。至 18 世纪,现代的关于特定履行的规则已经确立。①

八、禁令

禁令是除特定履行外大法官法院发展出来的另一项重要的救济措施。它是指"法院签发的要求当事人做某事或某行为、禁止做某事或某行为的命令"②。禁令被认为是衡平法救济的精髓。③

在大法官法院发展出禁令这种救济方式之前,就存在着与禁令有着某些相似之处的制度,如古代罗马法的禁令(interdict)④、英格兰诺曼诸王时期的令状⑤以及早期英国普通法法院中的令状⑥等,它们被

---

① See Harold Potter, *An Introduction to the History of Equity and Its Courts*, London: Sweet & Maxwell, 1931, p.102.
② 薛波主编:《元照英美法词典》,法律出版社 2003 年版,第 696 页。
③ "如果说普通法的典型救济是土地占有(seisin of land)及损害赔偿,那么,大法官法院的典型救济就是禁令。"C. Rembar, *The Law of the Land: The Evolution of Our Legal System*, New York: Simon & Schuster, 1980, p.275.
④ 古罗马法中的禁令是裁判官据以直接命令何事应为或应不为的裁决,尤其用于涉及占有或准占有的案件,可分为禁止禁令、出示禁令与复原禁令三类。作为一种救济方式,它曾广为使用,但后来使用渐少,查士丁尼时已基本废止。参见薛波主编:《元照英美法词典》,法律出版社 2003 年版,第 711 页。
⑤ 早期的英国国王的令状是另一种类似于禁令的制度。自诺曼征服至大约 1258 年,英格兰存在着一种与个人争议相关的令状,或者更确切地说是国王的命令。尽管称为令状,但它们并非是从文秘署那里获得以启动一个诉讼的起始令状,而是在性质上更接近于命令或者训令(orders or mandates)。由于国王被视做正义的基础,所以当一般的法律无法提供充分的救济时,国王就可通过在特定案件中颁布命令(术语为令状)的方式提供救济:他或者命令采邑领主或其他人来实现原告的"完整权利"或正义,或者"直接向不服从权威的被告发布直接训令,要求他做原告所祈求的,或者更确切地说,国王被请求作出命令的事情"。后面的这种"直接送给不服从权威的被告"的令状显然也与禁令有相似之处。See David W. Raack, "A History of Injunctions in England before 1700", *Indiana Law Journal*, Vol.61, No.4, 1986.
⑥ 在大法官法院出现之前,普通法法院通过行使一些令状而提供衡平救济,如禁审令状(writ of prohibition)、毁损土地令状(writ of estrepment)等。现在,禁止令状是由高级法院发布、用以防止低级法院行使不在其裁判权范围内或者超越其管辖权的事项的令状,而在早期普通法院中,它除了用于禁止其他法院超越管辖权限进行审判外,还可作为普通法法院

视为英国大法官法院中的禁令的前身。但无论是诺曼诸王时期的令状,还是英国普通法法院中的令状,其提供的救济都存在缺陷,都是局部的、暂时的和不令人满意的。因此,从很早开始,大法官法院就颁布禁令,其功效要远远优于古老的令状。从种类来看,大法官法院颁布的禁令主要分为特别禁令与普通法禁令两大类。

(一) 特别禁令(special injunction)

特别禁令早在14世纪90年代就已为大法官法院所使用。①自15世纪末到大约16世纪初,特别禁令发展很快,已经涉及诸多法律领域,如不动产、动产、侵权和契约等。至16世纪和17世纪早期,此类禁令的使用更为频繁,在大法官法院的案件中占有相当大的比例。

1. 财产

大法官法院中的大量禁令涉及各种类型的不动产案件,主要被用于不受干扰的占有、履行封建义务、保护某些财产权利等。

"不受干扰地占有"(quiet possession)。在一类案件中,大法官会授予一种临时禁令,也称为中间禁令,以防止对一方当事人占有财产的干涉。在案件审理过程中,大法官可能应当事人的请求命令已经获得财产占有的一方当事人恢复另一方当事人对财产的占有,如在"霍克斯诉钱皮恩案"(Hawkes v. Champion)中就是如此,这即为使用禁令以实现不受干扰的占有,它对大法官法院而言是解决所有权问题的

直接发送给被告的命令,要求被告采取积极的措施来移除对他人财产的阻碍,或者要求被告不仅移除干预,而且要求它们恢复已经被损害的财产或将丢失的财产放回原处。毁损土地令状被用来防止在不动产诉讼中被判败诉但仍然占有该不动产的被告在判决执行之前并在他已经搬家后毁损土地。该令状的目的是预防土地毁损的发生。See David W. Raack,"A History of Injunctions in England before 1700", *Indiana Law Journal*,Vol. 61,No. 4,1986.

① 波特甚至认为在14世纪上半叶就出现了几个使用禁令的案子。See Harold Potter, *An Introduction to the History of Equity and Its Courts*, London:Sweet & Maxwell, 1931, p. 104.

基本方法。"不受干扰地占有"的禁令的效力有时持续至普通法法院作出判决,有时持续至大法官法院进行审理,有时甚至将其确立为永久性的权利。①

在另外一个财产法领域,领主和佃户寻求禁令来实施他们各自的封建权利和义务。在一个案件中,大法官法院允许确定竞合权利之诉(interpleader)。例如,一名佃户不确定哪位被告具有接受其租金的资格,于是被允许将租金交至法院,大法官进而禁止被告在诉讼期间骚扰佃户,规定他继续向法院交租。大法官在另外一个案件中颁布禁令来实施巡回审判法官们关于佃户权利的一个判决。大法官也命令佃户履行对其地主所负有的义务,如在"利顿诉库珀案"(Litton v. Couper)中,大法官颁布一个禁令,要求佃户履行他对采邑领主所负的义务,包括支付租金、在领主法院诉讼和服务并对侵害或者没有服役而支付适当的罚金。②

此外,禁令也被用来保护其他的财产权利,比如允许进入或者保护公共放牧的草地。在"阿特金诉坦普尔案"(Atkins v. Temple)中,原告请求大法官禁止被告耕种古代的牧场及周边土地,大法官向被告签发了禁令,禁止被告耕种该土地。禁令也被用来宣告土地通行权是否存在,并且命令某些土地应当被围住或者继续被围住。因此,大法官法院中产生了大量与财产相关的争议,包括预防可能来临的威胁的案件(如耕种牧场)以及履行各种财产权利的案件(占有、佃户义务等)。③

2. 侵权

"针对将要产生的违法行为授予禁令构成了大法官法院管辖权的

---

① See D. M. Kerly, *An Historical Sketch of the Equitable Jurisdiction of the Court of Chancery*, London: Cambridge University Press, 1890, p.149.

② See David W. Raack, "A History of Injunctions in England before 1700", *Indiana Law Journal*, Vol.61, No.4, 1986.

③ See Ibid.

一个主要分支"①。"在这一阶段,几乎所有被寻求的禁令所针对的侵权都是关于财产的侵权"②。

禁令被用来防止可能发生的土地损毁(waste)③。反对土地损毁的禁令的案件最早发生在理查德二世统治时期。埃杰顿大法官对此案进行了陈述:A 为终身佃户(a tenant for life),B 为拥有一个二次终身租赁(a second tenancy for life)之人,C 为剩余地产权人(remainder-man)。只要第二次终身地产权继续存在,C 就无法在普通法上提起针对 A 的损毁行为的诉讼,因为如柯克所言:"没有人能够提起毁损之诉,除非他拥有直接继承的地产权(immediate estate of inheritance)。"对此,大法官法院应 C 的诉请颁发禁令,禁止 A 为毁损行为。至伊丽莎白一世时期,防止损毁土地的诉状非常普遍。此外,当损毁行为会对遗产导致无法补救的损害、对此金钱上的损害赔偿并非充分救济的时候,大法官法院也通过禁令来禁止实施纯粹的普通法上的损毁土地的行为。④

---

① D. M. Kerly,*An Historical Sketch of the Equitable Jurisdiction of the Court of Chancery*, London: Cambridge University Press, 1890, p. 150.

② William S. Holdsworth,*A History of English Law*, Vol. V, London: Methuen & Co.,1945, p. 325.

③ 在侵权法中,该词是指对完全保有地或继承而来的土地造成永久性毁损,或者在实质上改变土地的性质或减损其价值的任何行为。这种行为可以是故意的,如拆毁建筑物,也可以因不作为而导致,如任建筑物破损到无法修理的地步。可通过颁发禁令或判处损害赔偿金加以制止,除那些继承土地限定继承土地的土地保有人以外,土地保有人的损毁行为是可以被指控的,即土地保有人对毁损要负法律责任,除非该土地保有人拥有使他于因毁损而被控告的权利。长期土地保有人只对毁损负有法律责任。衡平法院一贯禁止因滥用毁损不受控告的特权而造成所谓衡平法上的毁损行为,正如禁止那些拥有不受因毁损而被控告特权的如终身土地保有人蓄意地、恶意地或者放肆地进行破坏而不会因为毁损而受控告的行为,如砍伐未成才的树木一类的行为。参见"waste"词条,〔英〕戴维·M. 沃克:《牛津法律大辞典》,李双元等译,法律出版社 2003 年版,1172 页。

④ See William F. Walsh, *Outlines of the History of English and American Law*, New York: New York University Press, 1924,pp. 482-483.

禁令也被用来阻止妨害行为(nuisance)。衡平法仅仅对维持妨害会导致不可补救的损害的案件进行干预,或者在由于妨害的持续性,随着妨害的产生会导致请求损害赔偿的普通法诉讼不断提起的时候,为防止大量的普通法诉讼而予以干预。① 在1583年的一个案件中,原告请求大法官法院颁发禁令,用以禁止由于被告建造磨坊从而导致原告磨坊的水道分流的妨害,由于原告在提出诉状后又提起了普通法上的排除妨害令状(assize of nuisance),故其诉状为大法官法院驳回。② 但一般而言,在妨害案件中,该法院将会授予禁令。

在许多案件中,大法官法院对欺诈和不正当手段进行积极的干预。大法官在一个案件中针对欺诈给予救济,在该案中,财产的出售被建立在一桩婚姻的基础上(该婚姻后来并未发生),但是该条件在协议中被欺诈性地遗漏了。大法官下令送还该财产来纠正该欺诈。

因此,在这一阶段涉及禁令的侵权案件包括财产侵权和非财产侵权,前者如毁损和妨害财产,后者如欺诈和强迫。③

(二)普通法禁令(common injunction)

15世纪中期,大法官法院发展出了防止普通法上的原告继续普通法上的诉讼或者执行普通法上的判决的禁令,即后来的"普通法禁令"。④ 限制普通法上的诉讼或者判决的禁令被称为"在实践上最重要的禁令种类"。有学者就此写道:"在授予禁令方面,大法官法院的管辖权最通常的行使方式是限制普通法上的诉讼。人们很快就发现,如果

---

① See William F. Walsh, *Outlines of the History of English and American Law*, New York: New York University Press, 1924, p.483.
② See Osburne v. Barter (1583-1584), Choice Cases, p.176.
③ See David W. Raack, "A History of Injunctions in England before 1700", *Indiana Law Journal*, Vol. 61, No. 4, 1986.
④ See Harold Potter, *An Introduction to the History of Equity and Its Courts*, London: Sweet & Maxwell, 1931, p.104.

没有这种干预,那么,对大法官法院而言,也就不可能实施它已经承担的基于衡平和良心控制法律的管辖权。"①

对此,大法官不认为他们在逾越其权力,因为这些禁令只是针对当事人发出的,而不是针对普通法法院或者法官。这些禁令很容易获得,无须证据即可签发。

因此,从亨利六世时代之后,我们发现了无数授予此类禁令的例子。② 比如,当原告得知被告的所有证人都在海外因而无法辩护的时候,大法官禁止原告在普通法上提起诉讼。③ 在另一个案件中,原告起诉的唯一目的是防止被告给出对原告在另一个诉讼中不利的证词,这一诉讼也被大法官所禁止。④ 在一个案件中,原告首先在大法官法院中提出诉状,继而在普通法法院中提出了关于同一争议的诉讼,大法官下令禁止普通法中的诉讼,使得被告无须为自己在两次诉讼中辩护。⑤ 此外,在另一个案件中,大法官法院颁发禁令,阻止一名寡妇提起亡夫遗产之诉,因为她已经获得了先前许诺她应得的遗产。⑥ 总之,普通法法律程序的滥用经常导致大法官法院中禁令的颁布。

---

① 因为如果当事人能够任意忽略大法官法院且追求普通法上的权利,那么,大法官法院就无法授予有效的救济。See William S. Holdsworth, *A History of English Law*, Vol. V, London: Methuen & Co., 1945, p. 335。

② See George Spence, *The Equitable Jurisdiction of the Court of Chancery*, Vol. Ⅰ, William S. Hein & Company, 1981, pp. 673-674; William S. Holdsworth, *A History of English Law*, Vol. Ⅴ, London: Methuen & Co., 1945, p. 335。

③ See Swigo v. Hanbury, Choyce Cases 156, 21 E. R. 92 (Ch. 1581-1582). 转引自 David W. Raack, "A History of Injunctions in England before 1700", *Indiana Law Journal*, Vol. 61, No. 4, 1986。

④ See Angrome v. Angrome, Choyce Cases 176, 21 E. R. 102 (Ch. 1583-1584). 转引自同上书。

⑤ See Bill v. Body, Cary 50, 21 E. R. 27 (Ch. 1559-1560). 这也使得大法官法院保护其管辖权免受普通法法院的蚕食。转引自同上书。

⑥ See also Rose v. Reinolds, Choyce Cases 147, 21 E. R. 87 (Ch. 1581). 转引自同上书, n. 194。

显然，在许多案件中，大法官法院颁布这种禁令，甚至限制一方当事人执行普通法判决有充分的理由。"这些普通法判决并非在大法官法院中作出，在作出时也经常没有给予当事人的行为以任何的指导，而且有的时候是以非常不正当的手段获得的。"[1]大法官法院往往通过评估案件来决定是否涉及一方当事人不公平的行为或者某一个为普通法忽视的领域，如欺诈、强迫、误解等。因此，普通法法院无法给予救济是导致大法官法院签发普通法禁令的重要原因。

而当禁令制止一方当事人执行普通法上判决之时，普通法法官极其不安，但在16世纪和17世纪早期，大法官不顾普通法法官们的反对继续颁布这些禁令。

事实上，大法官发布禁令予以限制的不仅仅是普通法法院的诉讼，而是包括几乎所有法院的诉讼。王座法院、理财法院、民事诉讼高等法院、海事法院中的案件都可被禁止，教会法院、监护法院和其他法院也同样如此。但是大法官法院不允许那些法院限制当事人在大法官法院中的诉讼。[2] 如果当事人或者他们的律师未遵从大法官法院的禁令提起普通法诉讼或者执行判决的话，就有可能被处以藐视法庭罪。

总之，与更早的历史阶段相比，16世纪和17世纪初期的禁令一方面仍保有早期禁令的一些特征，如禁令仍然被一般地用来保护财产权利、用于侵权案件甚至经常涉及可能发生的财产损害。大法官也继续以禁止和命令的形式来颁布禁令：禁止的禁令用以限制被告参与某种行为；命令的禁令用以要求被告承担某种行为。另一方面也表现出了

---

[1] William S. Holdsworth, *A History of English Law*, Vol. V, London: Methuen & Co., 1945, p.326.

[2] See George Spence, *The Equitable Jurisdiction of the Court of Chancery*, Vol. I, Buffalo: William S. Hein & Company, 1981, p.676.

一些新的趋势,比如,大法官法院开始认识到中间的或者临时的禁令与永久的或者最终的禁令之间的区别,并且前者正在变得日益普遍。这一阶段禁令的最为显著的特征是它们正越来越多地被用来制止普通法上的诉讼或者判决。①

很难确定这一时期关于颁布禁令的一般规则出现的时间。这可能部分是因为被报道的案件短小且稀少。但是一个更加引人注目的原因是事实上对于16世纪末的禁令似乎还没有制定出约束性的规则,还没有出现明确和一般的原则。大法官法院在很大程度上仍然是一个良心法院;大法官几乎无拘无束地根据其良心的指示自由决定授予一个合适的救济。②

除特定履行和禁令之外,大法官法院的衡平救济还包括法律文书的撤销(rescission, cancellation)及交付、补偿和损害赔偿、确定竞合权利诉状(bill of interpleader)③、防患未然诉状(bill quia timet)④、防止滥诉诉

---

① See David W. Raack,"A History of Injunctions in England before 1700", *Indiana Law Journal*, Vol. 61, No. 4, 1986.

② See Ibid.

③ 衡平法上的一种初始诉状。当有两人或两人以上对同一方当事人提出相同权利主张或要求其履行相同义务时,该当事人可提出此诉状,请求法院促使提出权利主张的双方或多方之间进行争讼,以确定权利究竟属谁(参见薛波主编:《元照英美法词典》,法律出版社2003年版,第249页)。由一名负债的债务人向数名债权人中的一人提起的确定竞合权利诉状(bill of interpleader)在伊丽莎白一世二年被找到。最初,此类诉状发生在那些人们之间拥有相互冲突权利的案件中。See William Lindsay Carne, "A Sketch of the History of the High Court of Chancery from the Chancellorship of Wolsey to That of Lord Nottingham", *The Virginia Law Register*, New Series, Vol. 13, No. 10, 1928.

④ 防患未然诉状是一种当一个人在另一个人死后对动产性质的财产享有权利,并有理由认为该财产会被其目前占有人毁坏,或者当他认为有可能遭受由于另一人的疏忽、故意或过失而导致的未来的不便利所提起的诉讼。如果出现这样的情况,法院会为了这方当事人的使用而保护财产(这正是该诉状的目的),通过迫使目前占有人提供适当的保证金来预防任何此后的处分或者任意的损坏,或者会通过消除导致不便利的原因来缓解该当事人所认识到的未来的不便利。见http://www.lectlaw.com/def/b030.html。

状(bill of peace)①等,由于篇幅所限,在此就不予以具体介绍了。

第四节 大法官法院衡平管辖权基本原则的变化:从良心到衡平

大法官在发展、扩张大法官法院的衡平管辖权之时,是以什么作为其干预普通法、提供救济的依据呢? 从贝克等对这一问题进行了较为充分研究的英国法律史学者那里,我们获得了这样的回答——"从良心(conscience)到衡平(equity)"。具体而言,在大法官法院因宗教改革经历重大变革之前,良心是大法官发展衡平管辖权的基本原则;英国宗教改革之后,尤其 17 世纪开始,衡平逐渐取代良心成为大法官发展衡平管辖权的首要依据。

一、大法官法院的良心原则

通过对大量早期呈递给大法官的请愿书的考察,贝尔登指出,在 16 世纪之前的大法官法院的诉讼中,人们最为通常的做法是以"良心"之名请求大法官的救济,除此以外,人们还常常使用"善意"、"理性"等字眼,但很少提到"衡平"一词。这些用法在请求国王或者大法官干预,尤其是授予传票的请愿书中频频出现。② 而在巴伯先生的著作《早期

---

① 是指衡平法上的一种诉状。当原告就同一权利可能与不同的人、在不同的时间、以不同的诉讼发生争议的时候,可提出此诉状,请求法院一劳永逸地裁决该问题,禁止他人就同一请求再行起诉。这种性质的诉状在伊丽莎白一世时期的卷宗中被发现。它们由佃农和公簿地产持有者提起,用来确立采邑的习惯,牧场、泥炭采掘场的权利等。参见薛波主编:《元照英美法词典》,法律出版社 2003 年版,第 150 页。

② 如在第 123 号案件中,大法官法院被冠以"良心法院(court de conscience)"的称谓,第 138 号案件中,使用 conscience and lawe;第 143 号案件中使用 right faith and good consciens 以及 good faith and consciens;第 121 号案件中使用 ley et conscience 以及 ley, reson et bone conscience;第 143 号案件中使用 the lawe of consciens 等用法。See William Paley Baildon, *Select Cases in Chancery* (A. D. 1364 to 1471), London: Quaritch, 1896.

衡平法的契约史》中,类似的表达出现得更为频繁,该书所引用的致大法官的请愿书大多以请求良心、理性、善意或者类似的表达结尾。① 这些例子表明,在相当长的时期内,大法官法院的衡平管辖权都与良心联系在一起。对此,学者们多有定论:如诺曼·多伊(Norman Doe)指出,在中世纪"良心构成了大法官管辖权的基本权威";耶尔(Yale)在讨论早期大法官法院时注意到,良心被"认为是一个法学原则(至少自15世纪开始)……";艾伦(C. K. Allen)则将"良心的哲学和神学的概念"看做"当大法官法院发展衡平法的时候,一个最为影响衡平法的一般原则"。在16世纪早期,圣杰曼仍在很大程度上用良心来解释衡平。②

二、中世纪的良心概念

在中世纪,"良心"(conscience)一词经常出现在各种非法律文献中。它是中世纪神学家们关注的对象,在探讨这一概念的时候,被神学家们赋予浓厚的神学色彩。

"良心"一词源于 conscientia(con:with;scire:to know),意思是和另一个人一起知道的隐秘之事。它表示对于对错的一种内在的了解或认识,对于人们行为的正确或错误的道德感;它是一种人类和神一起分享的知识。如福蒂斯丘(Fortescue)在1452年所解释的,"良心来自 con he,合在一起,它们的意思是'和神一起知道'";也就是说,尽一个人的理性所能地知道上帝的意愿。③

---

① See Henri Levy-Ullmann, *The English Legal Tradition: Its Sources and History*, M. Mitchell trans., Frederick Goadly rev. and ed., London: Macmillan and Co., Limited, 1935, pp. 309-310.

② See Dennis R. Klinck, "The Unexamined 'Conscience' of Contemporary Canadian Equity", *Mcgill Law Journal*, Vol. 46, 2001.

③ See Norman Doe, *Fundamental Authority in Late Medieval English Law*, London: Cambridge University Press, 1990, p. 133.

因此,在中世纪的思想中,关于良心的讨论直接聚焦于个人的道德生活。理论家将良心分为两个部分:良知(synderesis)和心知(conscientia)。托马斯·阿奎那认为,良知是人们对于自然法主要原则的先天知识;当个体将良知适用于具体情况时,他将此称为心知。因此,良心是对一个特定行为的一个判断行为,该特定行为源自人类对自然法主要原则的先天认知。当个体违背了他们的良心时,也就违反了神法。在阿奎那看来,良心是对个体的约束,如同人们为统治者的命令所约束那样,通过神裁的威胁来应对不服从的行为。①

除阿奎那外,其他中世纪学者也将良心与神法、理性法联系起来。如皮科克(Pecock)将"良心法"等同于"理性法",将"理性法"当然地视为与神法一致;并且他使用良心来处理实证法未曾涉及的案件。此外,加布里埃尔·比尔(Gabriel Biel)(1495)也持有类似的观点,他认为良心是神法的"使者":"良心事实上如同法律的命令","宣告一些行为应当被完成,或者本应被完成,或者被避免,或者本应被避免"。②

因此,中世纪的良心不仅是个体的道德判断,还与神法紧密相连,甚至被直接与神法等同,具有宗教性和客观性的特质。

三、良心原则在中世纪大法官法院中的应用

当大法官们将这种与神法相一致用以判断指引人的行为对错的神学上的"良心"概念借用至大法官法院之中时,其宗教性及客观性的特质也被带入大法官法院。

关于良心原则在当时的大法官法院中的具体理解,我们可以参考

---

① See Norman Doe, *Fundamental Authority in Late Medieval English Law*, London: Cambridge University Press, 1990, pp. 133-134.

② See Ibid., p. 134.

辛普森(A. W. B. Simpson)在描述 15 世纪大法官法院中的良心时所作的总结：

> 对于一名 15 世纪的神职人员而言，作为一名在良心法院中使用良心法，"为了上帝之爱以及以慈善的方法"坐堂的良心法官……当为了避免通过道德的罪孽对于灵魂的损害而适用于特定个体的时候，良心原则隐含着我们现在称之为道德法的东西。①

这段话表明，大法官审判的目的在于实现被控告至大法官法院的被告的灵魂的善，拯救他们的良心。正如 1491 年，大法官莫顿大主教在解释他所授予的一个救济时所说的：

> 每部法都应当与神法相一致；我清楚地知道一名遗嘱执行人欺诈性地误用了货物且没有进行赔偿将会在地狱中受谴责，而对此予以救济，如我所理解的，是与良心相一致。②

显然，在莫顿看来，他所依据的原则和忏悔神甫在拯救灵魂时所依据的原则没有什么不同。该衡平法的目标是防止当事人的罪孽。欺诈的遗嘱执行人无法被允许依赖他的法律权利，否则他的灵魂将面临危险。大法官采用教会的训令来挽救灵魂，而世俗的考虑完全无法与一名诉讼者灵魂毁灭的危险相提并论。③

---

① A. W. B. Simpson, *A History of the Common Law of Contract: The Rise of the Action of Assumpsit*, Oxford: Clarendon Press, 1975, p. 398.
② William S. Holdsworth, *A History of English Law*, Vol. V, London: Methuen & Co., 1945, p. 222.
③ See Timothy A. O. Endicott, "The Conscience of the King: Christopher St. German and Thomas More and the Development of English Equity", *University of Toronto Faculty of Law Review*, Vol. 47, No. 2, 1989.

无疑,大法官法院的大法官们扮演着与神甫们非常类似的角色,大法官在法庭上对于良心的探求与神甫在忏悔室中对良心的探求非常相似,他们所关心的同样是被告"精神上的健康"、"灵魂之善"。在这样的比照中,我们可以肯定,此时的良心原则带有浓厚的宗教背景,具有宗教性的特征。

另一方面,尽管大法官被赋予决定良心是什么的权力,但是他所依据的并非仅仅是他个人对于善恶的简单感知和他的个人智慧。中世纪的良心被认为是一个具有普遍意义的概念,是有着客观标准可循的上帝的善,大法官被认为是良心知识的客观拥有者和代表上帝的仲裁人。因此,在进行衡平审判的时候,大法官常常求助当时的忏悔手册,"在根据良心决定案件的时候寻求指导"。因此,此时的良心并非是指根据大法官个人的道德认知进行"任意"地裁断,而是具有客观性的特征。[1]

正是基于带有宗教性、客观性特质的良心原则,由神职人员担任的大法官确立并发展了大法官法院的衡平管辖权。

比如,大法官法院提供用益制的救济是因为此类案件往往是由于作为受托人的被告违背了他与出托人之间私下的约定,违背了出托人对他的信任而导致的。至 15 世纪末,律师们已经清楚地认识到,大法官法院授予救济并非仅仅是为了使得土地可以根据遗嘱遗赠,或者为了实现某些协议提供保证金而安排的权宜之计,而是基于一种关于合法的具有约束力的信赖。比如在"里德诉卡佩尔案"(Rede v. Capel)中,莫顿大法官指出了大法官法院就普通法没有给予救济的事项进行干预的数个典型的例子。被告的律师莫当特(Mordaunt)对此评价到,

---

[1] See Dennis R. Klinck, "The Unexamined 'Conscience' of Contemporary Canadian Equity", *Mcgill Law Journal*, Vol. 46, 2001.

大法官法院干预这些案件的理由是它们都涉及"信任"。① 而这样的一种"信任"恰恰是"良心"的衍生物,我们也可将其追溯至教会法上的"背信"(the fidei laesio)。

也正是基于良心,大法官法院对普通法不提供救济的简单契约予以救济。在普通法上,盖印契约之诉仅仅在契约为书面并且盖印的情况下才可用;金钱债务之诉仅仅适用于某些特定种类的经签名盖章等手续而生效的契约由于其他原因而无法解决问题的诉讼。由此,简单契约无法在普通法上得到救济。正是大法官基于宗教上的良心,将"诺言必须被遵守,否则,违背诺言就是教会法上可以处罚的罪孽"的这样一种理念带到了大法官法院。他们认为,只要符合正派和诚实的标准,并且诚实交易,契约就必须被遵守和实施。② 比如,"在1467年大法官法院所审理的案件中,被告的辩护律师杰内(Genney)试图争辩说,原告没有小心地遵循关于契约中所规定的规则,如果他由此遭受损失,完全是由于他自己的愚蠢。大法官——斯蒂林顿主教,授予原告一张传票,而且通过一句经典法谚'上帝担任愚蠢者的律师'证明其行为的正当性。该格言无疑充满了宗教气息,而且它为大法官法院打开了这样一条道路,即寻求各种外在的交易规则,以纠正由那些利用他人的智力弱点、不充分的知识或者偶然的、疏忽的、有技巧的卑鄙小人所犯下的违法行为。"③

此外,也正是基于良心,大法官法院始终关注对穷人的救济。如在1575年的"丹尼尔诉杰克逊案"(Danyell v. Jackson)中,除了考虑到原

---

① See Paul Vinogradoff, "Reason and Conscience in Sixteenth-Century Jurisprudence", *The Law Quarterly Review*, Vol. 24, 1908.

② See William S. Holdsworth, *A History of English Law*, Vol. I, London: Methuen & Co., 1956, pp. 455-456.

③ Paul Vinogradoff, "Reason and Conscience in Sixteenth-Century Jurisprudence", *The Law Quarterly Review*, Vol. 24, 1908.

告的年龄、贫穷以及纯朴——他是"一个非常贫穷的男孩,衣衫褴褛,赤裸着双腿,且不到12岁",大法官免除了诉讼费用。1597年的"尼古拉斯诉达顿案"(Nicholas v. Dutton)中,在大法官哈顿的提议下,被告给了原告100镑,"不是基于原告拥有的任何权利或者衡平,而是因为原告的贫穷"。1608年的"思罗格莫顿诉洛金案"(Throgmorton v. Loggen)中,格兰姆斯顿(Grimeston)主事官驳回了关于在一份诉答文书中缺乏确定性的异议,他的理由之一为:"在衡平法院,穷人和对普通法无知之人的权利将要被考虑。"1608年的"威尔基诉戴奇案"(Wilkey v. Dagge)中,主事官廷德尔对于其在一个被没收的抵押的案件中给予救济的理由是:原告是一位穷人,"并且据可靠消息,被告们是刁钻之人,利用他们的优势地位欺凌贫穷的邻居。由此我认为救济贫穷的灵魂并且制止普通法上的所有诉讼是好的衡平。"①

四、大法官法院中良心原则的变化

16世纪上半叶,著名学者圣杰曼对于良心学说的发展作出了划时代的贡献。通过《小议传票令状》(*A Little Treatise Concerning Writs of Subpoena*)一书,圣杰曼坚持否认良心因人而异的主观性,如时人所言,"有多少个人就有多少个良心";而是认为,在良心问题上存在关于正当性的某种客观标准,并且指出这种客观标准建立在三大法律的基础之上,即:"大法官必须要遵循的良心是建立在神法、理性法以及不与上述神法及理性法相冲突的本王国法律基础上的良心。"在其名著《博士与学生对话录》中,圣杰曼进一步发展了他的良心理论,他一方面重申良心标准的客观性,另一方面将这一标准与包括人法在内的"法律"

---

① William S. Holdsworth, *A History of English Law*, Vol. V, London: Methuen & Co., 1945, p. 337, n. 4.

相联系,从而实现了良心的世俗化。

圣杰曼在《博士与学生对话录》中不只一次提到,良心必须建立在一些法律的基础之上。他在《小议传票令状》一书中指出,作为良心基础的法律有三种,即理性法、神法或人法。值得我们特别关注的是,圣杰曼认为,"良心从不反对人法,也必然对它有所补充",除非出现以下三种情况:首先,"人法本身直接违背了理性法或者神法";其次,"人法的一般基础在任何特定的案件中有违上述法律";第三,在没有人法的地方规定他根据理性法或者神法对某物拥有权利。换句话说,圣杰曼认为,良心或者与法律相一致,缓和法律的一般性,或者填补法律的空白之处。

这意味着,在圣杰曼看来,尽管理性法、神法是良心运作的绝对标准,但良心可以被人类法所规定,遵从人法就是与良心一致;而且,良心的运作被理解为与人法相关——它涉及纠正并且补充该法。圣杰曼将良心与人法相联系的这一观点为良心的世俗化创造了条件。从此以后,大法官在实施良心原则的时候,他的重点不再是作为一名忏悔神甫关注被告的精神健康、灵魂之善,而是作为一名世俗法官关心如何解决人法本身或者人法在某种特定情况下违反理性法、神法以及人法存在空白之处等问题。因此,圣杰曼的这一观点为良心概念向衡平概念转化、大法官法院由良心法院向衡平法院转化奠定了坚实的基础。如《博士与学生对话录》的编者观察到的,"正是圣杰曼对今天我们拥有衡平法院而非良心法院的事实负责"[①]。

在良心世俗化的同时,伴随着宗教改革的爆发,良心的客观性也被逐渐消解。在天主教教义中,人类只能经由教会与上帝沟通,因此,教

---

① J. H. Baker, *An Introduction to English Legal History*, London: Butterworth, 1990, p. 123.

会神职人员担任的大法官被认为掌握了上帝关于良心的知识，是良心事项上的权威，而这种知识、这种权威本身是客观的，存在着一致的标准。但是，新教的兴起使得天主教的教义遭到了攻击，新教徒们认为人类个体可以不经教会与上帝直接沟通，良心是个体的事项，并不存在某个外在的仲裁者。卡米尔·斯莱茨（Camille Slights）观察到，虽然"罗马教会的决疑法被用来在忏悔室中引导神职人员"，但是"清教主义认为每个人是他自己的最终决疑者并对道德问题进行自我思考"。由此，教会不再被认为持有关于良心的客观标准，良心从不可数名词变为可数名词，表现出了单复数的不同形式："因此我的良心、你的良心被理解为不再意味着我们所共享的普遍性质的良心，而是两个不同的个体的良心，我的和你的。"换句话说，我们在此看到了一个良心的主观化的进程。① 良心的主观化过程也是它的多元化过程，在中世纪人们，通过教会的客观标准拥有一元的良心概念，但是经过清教主义的涤荡，每个人不再经由教会这个裁判者决定良心，而是拥有自己内在的"裁判者"，从而实现了良心的多元化。随着良心的主观化和多元化，它已经无法作为司法判断的标准，必将由其他原则取而代之。

五、从良心到衡平

继良心之后，主导大法官法院衡平管辖权发展的基本原则是"衡平"。但"衡平"概念并非此时方才产生，而是早在古希腊时期就已经出现了。

一般认为，衡平概念源自于亚里士多德的《尼各马克伦理学》

---

① See Dennis R. Klinck, "The Unexamined 'Conscience' of Contemporary Canadian Equity", *Mcgill Law Journal*, Vol. 46, 2001.

(*Nichomachean Ethics*)中的"epieikeia"。亚里士多德认为,epieikeia 是支配法律解释的最高的正义原则。由于人类语言的不完美以及人类预见的限制,可能会导致一般的法律规则与立法者的企图相反的结果。在这种情况下,epieikeia 调和了法律的严格的字面意义,并且根据立法者的真正企图来解释用词。在这一方面,立法者的意图应当总是被解释为首先考虑共同的善,其次是正义和美德的命令,由此共同的善被获得和保存。①

在 13、14 世纪,学者们成功地再度将亚里士多德主义引入西方社会,其中就有亚里士多德关于衡平的概念。如圣托马斯·阿奎那在《神学大全》(*The Summa Theologica*)中明确主张,当法律由于其普遍性而不完美的时候,应当适用亚里士多德的衡平来改革法律。②

虽然阿奎那的衡平概念来自于亚里士多德,但仍有所不同。亚里士多德主张,衡平与立法意图紧密相连;衡平是"立法者如果身处其境本会予以规定的东西(如果在立法时他知道一个个别案件的特定事实的话)"③。然而,对于阿奎那而言,衡平拥有一个不同的含义。如阿奎那在《神法大全》后来的段落中所写:"在这些及类似的案件中,遵循法律是不对的,而将法律的字面意义放在一边,并且遵循正义以及普遍的善的指示则是对的。"在行使衡平判决的时候,阿奎那的学说中包含了一个更为广泛的自由裁量权的概念,因为"遵循正义以及普遍的善的指示"当然比立法者的意图更为多变且更以审判为中心(judge-centered)。如同一名评论者正确地提出:"与亚里士多德相比,阿奎那类

---

① See Sharon K. Dobbins,"Equity:The Court of Conscience or the King's Command, the Dialogues of St. German and Hobbes Compared",*Journal of Law and Religion*,Vol. 9, No. 1,1991.

② See *Summa Theologica*,Part Ⅱ,1st part,ques. 96,art. 6.

③ 〔古希腊〕亚里士多德:《尼各马克伦理学》,廖申白译注,商务印书馆 2003 年版,第161 页。

型的衡平解释似乎在更大程度上涉及法官造法。"①

14世纪的宗教议会神学家们在他们解决1378年至1417年的大分裂的努力中也借用了亚里士多德的epieikeia的学说。② 其中最为突出的代表是著名的巴黎大学校长琼·吉尔森（Jean Gerson，1363—1429)③。吉尔森认为，衡平是将一般规则适用于特定案件，尤其是适用于那些以某种方式超越现有规则的案件的指引原则。④ 此外，吉尔森在解释epieikeia的时候提出，衡平虽然是比制定法或者习惯法更高的正义秩序，但如果没有对于在这些实证法中找到的自然理性的关注，也就无法被安全地揭示。这些对于衡平的理解都为圣杰曼所吸收。吉尔森的这些衡平理论对英国历史上最为重要的衡平法著作——圣杰曼的《博士与学生对话录》产生了重大影响，这一点已经为保罗·维诺格

---

① Eric G. Zahnd,"The Application of Universal Laws to Particular Cases：A Defense of Equity in Aristotelianism and Anglo-American Law",*Law and Contemporary Problems*, Vol. 59, No. 1, 1996.

② Sharon K. Dobbins,"Equity：The Court of Conscience or the King's Command，the Dialogues of St. German and Hobbes Compared", *Journal of Law and Religion*, Vol. 9, No. 1, 1991. 另外，"教会大分裂"是指1378年西方教会因教宗选举纷争而分裂，罗马及法国阿维农各立教宗，分别是乌尔班六世及克莱门七世，而这一"教会大分裂"（the Great Schism）直到1414年起举行的康司坦会议（Council of Constance，1414—1418)时才借推立双方共同接受的教宗马丁五世而解决。此会议曾推出两个结论：其一是1415年的诏令（*Haec Sancta*，或称 *Sacrosancta*），宣告所谓的宗教议会，也就是由个别教区推派代表而组成的"大议会"（the Grand Council）是教会有关教义或其他问题（如分裂、改革事项等）的最高权威机构；其二是1417年的颁布的诏令 *Frequens*，宣告此后宗教议会将可以定期举行，而非如以往般需由教宗召集之才得召开。这两个诏令明显将宗教议会的权威置于教宗之上，因此世纪史专家菲吉斯博士（Dr. Figgis）将其称为 General Council 或是 Popular Council。

③ 琼·吉尔森，巴黎大学校长，15世纪初的宗教议会运动（the conciliar movement）的领袖之一，利用亚里士多德的衡平概念，在康司坦会议（1414—1417）时期为宗教会议的地位辩护。See Stuart E. Prall,"The Development of Equity in Tudor England", *The American Journal of Legal History*, Vol. 8, No. 1, 1964.

④ See Paul Vinogradoff,"Reason and Conscience in Sixteenth-Century Jurisprudence", *The Law Quarterly Review*, Vol. 24, 1908.

拉多夫在其经典文章"16世纪法学中的理性与良心"中所证实。①

与良心原则相比，衡平原则更为关注人定法的一般原则与特定情况之间的矛盾，而非关心被告灵魂的救赎，因此，衡平原则对良心原则的取代过程实质上宣告了大法官法院衡平管辖权的世俗化过程。这个过程，我们在英国宗教改革后的一些判决和著作中可以观察到。如在牛津伯爵案的判决中，大法官埃杰顿将大法官的职能区分为大法官的职责是"纠正人们的良心，反对欺诈、违背信任、不法行为、胁迫"以及"软化和平息法律的极端性"两种。前者是建立在良心基础上的管辖权；后者则是建立在具有缓和法律的极端意义的衡平基础上的管辖权。而至17世纪初(1604)，威廉·珀金斯(William Perkins)在他的著作《衡平》(*Epieikeia*)，亦称《论基督教的衡平与节制》(*A Treatise of Christian Equity and Moderation*)一书中，已经很少提到良心，而是完全根据大法官埃杰顿所提出的分类中的第二项来理解衡平管辖权："与这种公共衡平相关的事项是人法的正确且便利、适度且慎重的执行。"②

总之，中世纪大法官法院的衡平管辖权建立在良心原则的基础上，具有宗教性和客观性的特质。这种宗教性的特质源自中世纪教会的影响力，大法官在相当长时间内由教会高级神职人员担任，主事官在更长的时间内为神职人员担任使得这种影响得以可能。随着宗教改革的爆

---

① 保罗·维诺格拉多夫明确指出："圣杰曼在《博士与学生对话录》一书中关于衡平的教义的理论……的措辞大量借鉴吉尔森的《道德规则》(*Regulae Morales*)一书中的一些文句，甚至吉尔森书中误将衡平一词写为 epikeia 的形式也在圣杰曼《博士与学生对话录》的拉丁文版中被直接照搬。"具体分析请参照 Paul Vinogradoff, "Reason and Conscience in Sixteenth-Century Jurisprudence", *The Law Quarterly Review*, Vol. 24, 1908。

② I. Breward (ed.), *The Work of William Perkins*, U. K.：Sutton Courtenay Press, 1970, p. 484. 当然，必须说明，尽管出现了这种从良心向衡平的转化，并不意味着良心原则已经被彻底摈弃，即使在今天的衡平法中我们依然会看到对某些良心事项，如某些"欺诈"问题的关注。

发,英国教会力量遭受致命打击,大法官法院的衡平管辖权的基本原则也从"良心"走向"衡平",其宗教性的特质被消解,发生了世俗化的转变。

第七章 大法官法院衡平法发展面临的挑战

　　至17世纪初叶,大法官法院的业务量已经变得非常庞大,由此造成了大法官法院官员的不堪重负,案件积压成山。柯克在1621年提到,当时大法官法院中悬而未决的诉讼的数量是35000份。这或许有些言过其实,但是由其对手在争论中所给出的数字16000份应该更具可信度。一位名叫贝尔博恩斯(Barebones)的人写道:"这一点被聪明的绅士们自信地确认,即在那个法院中有23000份诉讼悬而未决。"从这些评论中,我们可以推断,当时大法官法院中积压的案件很可能超过了20000份。这么庞大的工作量甚至导致人们拒绝在大法官法院中任职。如怀特洛克(Whitelocke)就反对任命自己为掌玺委员会成员,他提出:"大法官法院的事务当然比其他任何法院多得多,麻烦必然也更多,负担也更重,我无法胜任。"① 如此巨大的工作负担使得大法官法院面临着挑战,其组织机构和诉讼程序的缺陷暴露无遗。

　　此外,由于大法官法院衡平诉讼业务的迅猛发展部分源自大法官法院对于普通法法院管辖权的篡夺和侵犯,这一威胁激发了普通法法官们对大法官法院的敌意,也使得大法官法院与普通法法院之间的冲突日渐激烈,并在16世纪末17世纪初的数十年中达到了顶峰。大法

---

① D. M. Kerly, *An Historical Sketch of the Equitable Jurisdiction of the Court of Chancery*, London: Cambridge University Press, 1890, p.155.

官法院与普通法法院之间的激烈冲突成为大法官法院衡平法发展面临的第三大挑战。

第一节 大法官法院的组织机构与诉讼程序面临的挑战

一、大法官法院组织机构面临的挑战

大法官法院组织机构面临的挑战表现为两个方面:一是专业人员不足导致无法应付急剧增长的大法官法院的业务;二是大法官法院的人事控制上的问题导致权力的滥用。对此,17世纪上半叶议会中的争论和当时的许多小册子提供了充分的证据。[①]

第一,专业司法人员的匮乏。

尽管大法官法院的业务量迅速增长,但大法官法院中专业司法人员的数量却是极其有限的。在大法官法院中,只有大法官具有法官的身份,有权作出判决。尽管他的司法工作得到了具有专业知识的卷宗主事官、一般主事官的帮助,但是,相对于堆积如山的案件而言无异于是杯水车薪。事实上,在1621年,一个议案已经向上院提出,要求为该法院增加两名助理法官,但是该议案甚至未能通过一读。因此,大法官法院中的案件积压和诉讼拖延不可避免。

但扩充其成员的改革企图也面临着巨大的障碍,尤其是大法官法院内部的既得利益者为维护自己利益而反对改革。大法官法院的官员们任职终身,其薪资来自于他们所处理的事务中的报酬,因此,当法院

---

① See William S. Holdsworth, *A History of English Law*, Vol. I, London: Methuen & Co., 1956, pp. 423-428.

事务开始增加,这些职位的金钱价值就上升。官员们设法将工作转交给自己的下属,由此,有金钱价值的挂名职务开始形成。担任这些职务的人自然是有效地组织改革的最坚定的反对者。他们形成了一个紧密的团体,反对任何人数的增加,因为这将减少他们的收入。这种利益驱动而导致的改革阻力是大法官法院中高级官员人数无法扩充的重要原因。

第二,大法官法院的权力滥用。

尽管下级文书代替高级官员完成了大部分实际性的工作,但其报酬通常很低,大法官法院中的薪资分配制度势必迫使他们寻求其他补偿方法。有时候,他们向上级隐瞒业务,扣留费用;有时候,他们将费用上缴,但冒险收受贿赂。这自然导致大法官法院中诉讼者遭文书敲诈勒索等滥用权力的现象屡见不鲜。而要对这种现象进行改革也是非常困难的。大法官法院的职位被官员们视为财产,由国王或者大法官出售或指派。对这些官员的攻击在那些对官职的委派有着利益的人看来,不是作为一个解雇一名无用的仆人的行为,而是作为一个剥夺某人财产的行为。正是基于这个理由,六书记官这一职位在克伦威尔时期未被废除。所有那些最有能力对大法官法院进行改革的人,也是在维持法院现有状况中获益最大的人。总之,从出售高级官职的大法官,到从事高级官员工作的低级文书,在维持这一制度方面有着共同的利益。这种利益同盟的存在使得大法官法院中的权力滥用现象屡禁不止,大法官法院被人们形容为仅仅是一个"骗取人们金钱的垄断者"。①

---

① 但也有学者认为,这些滥用与我们所看到的在普通法法院中盛行的权力滥用是类似的。但是无疑,对于大法官法院权力滥用我们听闻更多。这在某种程度上是由于政治原因。普通法律师在上院有足够的力量来制止对其法院的攻击。另一方面,如我们所见,他们对大法官法院有着长久以来的妒忌心理,他们通过表达对大法官法院的普遍的不满可以使自己的这一心理得到满足。

二、大法官法院诉讼程序面临的挑战

(一) 大法官法院发展早期阶段诉讼程序所显现的缺陷

理论上,早期的大法官法院提供与普通法相比更为便宜、快速并且有效的救济。但是,从实践上看,并不全然如此。早在兰开斯特时期,大法官法院的缺陷就已经开始显现。对此,丹尼斯·格罗(Denise Gros)于1430年提交给约翰·斯塔福德大法官的请愿书是一个很好的例子。在这份请愿书中,丹尼斯·格罗作为一名请愿者发现大法官法院诉讼程序的三大缺陷——昂贵、缓慢、无效。在15世纪的其他一些案件中,我们也能不时地发现大法官法院诉讼程序中这三大缺陷渐露端倪。[1]

1. 昂贵

一份保留至今的追溯至大约1444年的开支账目向我们讲述了一位名叫佩里斯·斯蒂芬(Perys Stephan)之人在诉讼中所主张的诉讼费和损害赔偿。他主张的总额为18镑6苏8但尼尔,这在15世纪不是一笔小数目。两份传票和五份拘禁令花掉了他1镑,此外他还支付了3苏4但尼尔给法院警卫官,用以拘捕被告。他向律师支付了10苏。相关旅费的支出是一笔不小的开销,总共6镑13苏4但尼尔。最后,他请求10镑的损害赔偿。即使估计诉讼费为8镑6苏8但尼尔,这个诉讼也不便宜。而在另一个案件中,埃克赛特城市和埃克赛特教堂之间的长期诉讼的开销仅一年就达到了29镑3苏4但尼尔,其中大量支出被花在请客、礼物以及旅行费上。还有其他大量的证据都证明,大法官法院中的诉讼,总体来看,是富有的财产所有者而非贫寒之士提出的,尽管贫穷抗辩也经常作出。到15世纪中叶,大量的案件都是针对用益制受让者的诉讼,这

---

[1] See M. E. Avery, "An Evaluation of the Effectiveness of the Court of Chancery under the Lancastrian Kings", *The Law Quarterly Review*, Vol. 86, 1970.

也预示着原告中许多人都来自土地所有者阶层。

2. 缓慢

普通法程序最大的缺陷就在于它的缓慢,民事高等法院或者王座法院的程序可能无止境地从一个开庭期拖到另一个开庭期。相比之下,大法官法院的程序更为简单、快捷。但是到 15 世纪中叶,拖延也开始出现了。

由于判决和表明日期的书面文件很少出现在诉答文书中,因此要估计在大法官法院中从提起诉讼到诉讼总结需花费多少时间是困难的,但是有些估计可以作出。如,有一个案件的保释备忘录标明 1457 年 1 月 22 日,判决则在同年 2 月 18 日作出,这表明此案从请愿到判决至少要花费一个月。如果"我们已授权"令状被签发,该诉讼显然需花费更长的时间。

在一个开庭期发出令状直到下一个开庭期才回呈是常见的,并且此类诉讼至少要两个开庭期,甚至有时是三个开庭期才会结束。但是由于各种各样的原因,大法官法院中的诉讼可能一拖经年,尤其当一方当事人死亡的话。关于巴塞洛缪·佩奇(Bartholomew Page)地产一案就是相关的例证。佩奇将其地产授予受让人,以在他死后让渡给他的继承人罗伯特,但是罗伯特在 1431 年起诉说受让人拒绝执行遗嘱中的条款。罗伯特在案件结束之前不幸死亡,而这一权利由他的妹妹凯瑟琳继承,但凯瑟琳直至 1446 年,也就是在提出初始诉状的 15 年后才获得最终判决。

3. 无效

大法官法院的程序并不总是有效的。尽管不服从传票会被处以高额罚款,但传票仍不时遭漠视,甚至拘禁令也无法总是成功地将被告带到法院。如,奥克利的约翰·莫特(John Mott of Okley)不仅拒绝遵守传票,而且还把它扔到地上践踏它。其他的地方官员也被发现阻碍大法官法院程序。在 1446 年,安妮·莱索普(Anne Lethorpe)获得了针对理查德·布朗(Richard Browne)的令状,当布朗漠视传票的时候,随之而来的是一张拘禁令;但是,郡长不但没有把被告带到大法官法院,还让此人成为他办公室中的一名抄写文员。这一诉讼程序持续了将近十年,在此期间,安妮徒劳地多次试图将布朗带到法院均未成功。逮捕委任令的频繁签发在某种程度上表明了保证服从传票以及拘捕命令的困难。

不适当的影响可能会对大法官法院的当事人和证人造成压力。在"戴维诉贝克、埃德里奇等人案"(Davy v. Baker、Ederich)中,贝克当庭作出答辩,但是后来当他在地方被询问的时候,"带着眼泪以及深深的遗憾承认,他在大法官法院所作的答辩是在约翰·埃德里奇和他的律师的授意下作出的"。此外,人们还试图通过某些礼物来影响大法官和法官们,尽管不一定成功。

当一个案件在大法官法院中悬而未决的时候,被告如采取某些行动,可能会犯下藐视法庭罪。比如在一个案件中,被告托马斯·蔡尔德(Thomas Childe)与威廉·怀特(William White)明知大法官法院还未判决,就武装进入争议土地。大约 1440 年,亨利六世代表他的私人医生约翰·萨默塞特写了数封信件给大法官斯塔福德,表达愤怒之情,原因是:尽管大法官法院的判决判给约翰·萨默塞特 10 镑,但是被告托马斯·唐厄姆(Thomas Downham)一直拒不履行。国王写道,萨默塞特在这方面遇到了很大的麻烦,在大法官法院中胜利果实总是无法兑现。在另一个案件中,亨利·多比尔(Henry Dobyll)向斯塔福德大法官抱怨,尽管约翰和詹姆斯·波廷(James Potyn)已经被命令提供和平保证金,但是他发现抵押品是不充分的,并且因此担心他的生计。

大法官法院中的程序也会被滥用。要求原告必须提供担保从而在其诉讼被证明是没有根据时,能够支付损害赔偿的立法并非总是得以遵守。明显编造的担保人,比如约翰·罗和威廉·罗(John Ro and

William Do)、约翰·伊斯特和威廉·韦斯特(John East and William West)等名字经常出现在请愿书中。显然,到爱德华四世时期,常设的担保人已经变成了一种职业。在1475年,戈弗雷·格伦尼(Godfrey Grene)写信给威廉·普林顿(William Plompton),他发现在获得担保人方面出现了困难,因为在大法官法院中出现了一个新规则,即除非担保人具有足够的身份,否则不会被接受,而原有的二十名一般担保人已经被撤销了。在这种情况下,损害赔偿的威胁必然无法阻止请愿者提出无根据的诉讼以及仅仅出于怀疑而使用大法官法院的程序的行为。

最后,大法官法院的判决并不必然阻止一方当事人继续在其他法院诉讼。大约在1450年向大法官提交的一个请愿书阐明了,在被告已经被大法官驳回之后,原告可能遭受极端之事。原告约翰·特里塞希(John Terysserssh)抱怨,他在大法官法院被一位名叫约翰·艾尔奇(John Iregge)之人起诉,他已经出庭,并且诉讼已经被驳回,但是此后艾尔奇不仅取得米德尔塞克斯令(a bill of middlesex)[①]从而可以在王座法院起诉特里塞希,而且通过大法官法院的特权获得了一份拘禁令,让特里塞希出现在大法官面前。但艾尔奇并不满足于此,他继而取得三份给予不幸的约翰·特里塞希的传票,后者被要求出席朗伯斯(Lambeth)、克罗伊登(Croydon)以及威斯敏斯特的大主教法庭。最后,特里塞希发现自己必须在同一天出现在两个不同的法院,在绝望中,他求助于大法官法院。

显然,在那时,大法官法院的程序已经遭受滥用和拖延,而且它的判决并不总是有效的。但是,应当认为在大法官法院发展的早期阶段,这些问题并不严重。对于藐视该院的令状及判决的抱怨从未超过大法官法院业务总量的4%。法院声望的迅速增长也表明,其面临的困难还未如此严重,以至于阻止诉讼者诉诸大法官。

---

① 早期王座法院获取普通民事案件管辖权所使用的令状。

(二) 大法官法院衡平诉讼程序缺陷的进一步发展

至伊丽莎白一世时期,大法官法院诉讼程序的缺陷日益明显,迟延、昂贵和无效已经成为该法院诉讼程序的致命伤,尤其是迟延和昂贵,已经成为大法官法院衡平诉讼程序的顽症、痼疾,虽经大法官们不断地改革却成效不彰。

1. 迟延

伊丽莎白一世时期的法院改革者乔治·诺伯里(George Norburie)指出,大法官法院中经常发生的严重迟延应当归咎于过于泛滥地使用动议以及其他中间请求,比如请求禁令的动议、请求财产处分的动议、针对损耗土地的动议、修改答辩状的动议、提交不充分答辩状以获得禁令的动议等。他的想法在登记官的登记簿中得到了证实。① 当事人频繁地提出动议足以有效地影响诉讼的进程,有时候,在诉讼中,更多的时间被用来听取双方当事人的动议,而非用于司法听审以作判决。随着程序越来越复杂,动议导致的迟延越来越严重。因此,诺伯里将其列为大法官法院的主要缺陷之一。②

事实上,除了动议以外,在大法官法院的每个诉讼阶段都可以通过某些方法达到迟延时间的目的。在此,仅以诉状为例。尽管与普通法的起始令状相比,统一的初始诉状使得在大法官法院开始诉讼的程序相对便捷,但事实上,由于恢复诉讼诉状、修改诉状、反诉诉状这些避免

---

① 在那些充斥于该法院的这一时期的请求中,有无数关于拘留那些严重侵害法院传票送达人之人的动议。送达人几乎无法保护自己的生命;其中一个人在通过他的辩护律师科普林(Copley)先生提起的诉愿中提到他已经被打破了头(1586);另一个人提到被告袭击了他;而某个前来寻求其帮助的人被一名被告用一根长棍子攻击,并被另一名被告用一柄剑和一把匕首攻击,身上共有 15 处伤口,以至于他被迫召来一名外科医生(1595)。See George Spence, *The Equitable Jurisdiction of the Court of Chancery*, Vol. I , Buffalo: William S. Hein & Company, 1981, p. 380.

② See Williams J. Jones,"Due Process and Slow Process in the Elizabethan Chancery", *The American Journal of Legal History*, Vol. 6, No. 2, 1962.

诉讼中困难的诉状在大法官法院的诉讼程序中的使用而导致的迟延和开销,并不少于由于错误选择了普通法的令状格式以及由此需要重新开始诉答文书而导致的迟延和开销。① 因为,作为一个一般通则,所有这些诉状都必须通过与初始诉状类似的预备阶段提出。即使当一个案件最终进入听审阶段,如果被告提出并非所有必要的当事人都到庭的反对意见,大法官法院可能被迫向该反对让步,并且指令该诉讼延期,使原告能够通过补充诉状在法院面前提出缺席的当事人,针对该缺席的当事人甚至可能有必要重新证明整个案件。当反诉诉状被提出时,也可能发生类似的情况。②

此外,在询问证据阶段、提交审断阶段乃至听审、再审阶段以及提交仲裁阶段③等,各个程序环节都存在着迟延的可能。所以,人们不再惊奇地发现,在大法官法院中,诉讼被5年、10年甚至20年、30年地迟延着。

霍兹沃斯认为这种实践的不确定性背后的深层次原因在于,大法官法院诉讼程序致力于实现完美正义的目标,而没有任何其他的考虑。④ 为了实现这一目的,大法官法院允许在诉讼的各个阶段随时以各种法律文书的方式对诉讼内容加以补充和纠正。可以说,诉状中的修改诉

---

① See William S. Holdsworth, *A History of English Law*, Vol. IX, London: Methuen & Co., 1944, p. 344.

② See Ibid., pp. 347-348.

③ 将特定问题甚至整个案件提交仲裁、求得报告的实践导致的办公室工作的增加和诉讼的迟延引发了频繁的抱怨。因此,这一实践为大法官埃杰顿三令五申地禁止,弗朗西斯·培根爵士也下令,它们必须被"保守地授予"。但事实上这一实践仍然频繁发生,原告在提交仲裁八到九年之后发现他自己被迫回到法院并且再度从他停止的地方重新开始的事例并不罕见。See D. M. Kerly, *An Historical Sketch of the Equitable Jurisdiction of the Court of Chancery*, London: Cambridge University Press, 1890, p. 125.

④ See William S. Holdsworth, *A History of English Law*, Vol. IX, London: Methuen & Co., 1944, p. 373.

状、补充诉状,当事人提出的种种动议和反对,乃至大法官的不断再审,这些制度的设计无不服从于将尽可能多的事实提供至大法官面前从而实现完美正义这一目的。但是,由此导致的结果却是,"大法官法院中的一个极其简单的诉讼,在一两次提交审断、一系列的命令之后,争论会变得如此错综复杂,以至于事实被忘却,所有的精力都放在报告和命令的利用上面。"①大法官法院力图通过其诉讼程序的设计来实现完美正义,却导致了严重的拖延,并且给予其贪婪的官员上下其手的可乘之机,最终使其走向了反面,连追求更为平凡的实质正义都不可得。

2. 昂贵

昂贵的诉讼费用一方面来自于迟延,另一方面来自于大法官法院中诉讼文书的数量和篇幅的不断增长,后者是更为主要的原因。事实上,这一现象为一个巨大的动力所驱使,即大法官法院中的官员们通过抄写各种文件复本而获取数额巨大的报酬。从询问证人获得宣誓证词,到主事官提交的审断报告、判决正式文本的誊写和登记以及诉讼各个阶段不断提出的动议与对此作出的命令,每份书面文件的复制都需要当事人交纳一定数量的报酬;从卷宗主事官、主事官、六书记官、询问官、登记官到他们的下级文书乃至从事各种杂务的门吏、盖印官和蜡印官、警卫官。大法官法院中上上下下的官员及办事人员的收入大多并非由国家固定供给,而是主要来自于当事人在诉讼过程中所交纳的各种费用和报酬。由此导致的必然结果就是,他们无不试图扩大、增加这些不必要的文书复本的数量和长度,从而增加自己的收入。1627 年的一位作者告诉我们:"下级文书,用很大的留白,用很大的间距,用延长用词,用放到单词间的破折号和斜杠线,让整个世界看到了他们的贪

---

① William S. Holdsworth, *A History of English Law*, Vol. I, London: Methuen & Co., 1956, p. 427.

婪；我听到许多人说，他们就如同完全没有良心之人，丝毫不关心他们是以何种方式获得金钱的……我确实看到他们用40页的篇幅抄写一份本来只需6页就可完成的答辩状。"①诉讼者的地位使其只能任人宰割，被迫为冗长的不合理的文件副本而付钱。

所以说，大法官法院官员们收入的增长是以诉讼者们支付昂贵的诉讼费用为代价的。在许多衡平法诉讼中，大量的财产在法庭当中被消耗殆尽；诉讼持续得越久，落入该法院官员以及当事人的法律顾问的手中的财产就越多。如果诉讼旷日持久，它们就可能会被消耗得一干二净。比克斯特思(Bickersteth)说："在我所知道的一个案件中，全部财产都不够支付诉讼费；最后讨论的问题居然是有限的资金如何在那些不同的律师之间进行分配，以支付他们各自的诉状费用。"②约翰·布拉姆斯顿(John Bramston)爵士在他的自传中提到的一个故事也是一个很好的例证。他告诉我们，在英国内战期间，他的祖母在大法官法院提起诉讼，要求恢复一些她有权获得的什一税。祖母去世后，他继续该诉讼，争议的数额为4镑。"为了获得这4镑，至少花了200镑。"③显然，这种情况并不少见。

3. 无效

在这方面，大法官法院的证据发现模式极为典型。普通法上的证据发现模式是通过邻居陪审团进行简短的、集体的裁决的方式来确认事实。对于这一节省时间的制度设计，大法官法院的替代品需要消耗大量的时间和精力：由询问官基于双方当事人的律师所提出的问题对证人进行询问而形成宣誓证词的方式来搜集证据。这一方式的目的在

---

① William S. Holdsworth, *A History of English Law*, Vol. I, London: Methuen & Co., 1956, p. 427.
② Ibid., Vol. IX, p. 374.
③ Ibid., Vol. I, p. 428.

于集合所有的证据，以书面但又是完全未被加工的形式将其交给法庭。据此，大法官法院必须对争议的事实问题作出判决，从所提出的未经加工的数据中构建每个案件自己的画面，继而寻找一些判决的理由。由于大法官法院中专业司法人员的缺乏，这些工作大多被交给地方权贵等外行人完成；为了弥补其专业知识的不足，他们被严格地限定为只是根据律师所提供的问题进行询问，而没有任何自由发挥的余地。由此导致的结果就是，这一证据发现模式日益丧失其实际功能，既造成了迟延及高昂的费用，又无法发挥有效搜集证据的功能。

这种证据搜集的无效还导致了一种恶性循环。正是为了规避这一无效的搜集证据的制度，诉讼者日益诉诸诉答文书作为证据的替代形式。他们在诉答文书中越来越详细且不厌其烦地多次阐述事实，使得诉答文书的篇幅越来越长。尽管大法官多次予以禁止，甚至予以重罚，比如说，一个名叫米尔沃德（Mylward）的人，在 1596 年，因为用长达 120 页的篇幅起草了原本只需要 16 页就可以完成的原告方的辩驳，被指令在上述原告的辩驳书上挖一个洞，然后套在他的脖子上，在威斯敏斯特宫大厅的每个法庭上都展示一遍，此外还被处以 10 镑以及 20 个金币的罚款。[1] 尽管处罚如此之重，并经大法官三令五申，但仍然无法遏制这一趋势，其原因正在于诉答文书已经成为大法官法院濒临崩溃的证据发现模式的替代品。

尽管在都铎王朝和斯图亚特王朝早期，大法官法院还可以通过大量使用仲裁以及调解的方法规避搜集证据的任务，但是由于仲裁和调解必须建立在双方当事人同意的基础上，这必然导致大法官法院无法应付日益膨胀的工作量。因此，自 17 世纪以后，与无效的证据发现模

---

[1] See D. M. Kerly, *An Historical Sketch of the Equitable Jurisdiction of the Court of Chancery*, London: Cambridge University Press, 1890, pp. 118-119.

式相伴随的是日益啰唆冗长的诉答文书。总之,至 17 世纪,大法官法院程序的拖延、昂贵、无效的缺陷已暴露无遗。[1]

第二节　大法官法院管辖权面临的挑战

在 15 世纪以前,由于大法官法院有效地匡正、弥补了普通法法院的缺陷与不足,因而两种法院组织之间的关系是相当和谐的。普通法法官和律师们普遍认识到,对于当时国内的混乱局面来说,以强大王权为后盾、以自由裁量权为手段的大法官法院有利于尽快恢复法律秩序。他们对大法官的特殊司法权不但未提出任何异议,而且给予积极支持。普通法法院的法官凯茨比基甚至在 1464 年声称"衡平法是王国的普遍法律"。在实践上,两种法院的法官之间关系密切,配合默契,他们经常聚会于议会或财政署,讨论疑难案件,相互咨询学习。另外,两种法院还经常邀请对方法官参与帮助自己法官的审判活动。"一方面,大法官和大法官法院其他官员常常出席普通法法院,或与这些法院的法官商量诉讼事宜;另一方面,他们不时要求普通法法官出席大法官法院,以至于 15 世纪普通法法官抱怨因为被召去帮助大法官和他的官员而把普通法法院的事务给耽误了。"有的普通法法官甚至偶尔被任命为大法官。[2]

但自 15 世纪开始,管辖权的重叠及由此导致的争夺使得大法官法院与普通法法院之间的冲突初露端倪。大法官法院激怒普通法法院的最主要的原因在于普通法禁令的使用。当普通法的僵硬性被他人利用来侵害当事人的应有权利时,大法官法院就会颁布普通法禁令来禁止此人及其律师继续在普通法法院诉讼,或者禁止他们执行普通法法院

---

[1] See John P. Dawson, *A History of Lay Judges*, Cambridge, Massachusetts: Harvard University Press, 1960, pp. 145-172.

[2] 参见程汉大、李培锋:《英国司法制度史》,清华大学出版社 2007 年版,第 69 页。

的判决。对此,大法官并不认为自己逾越了权限,因为这些禁令只是针对当事人签发,而非针对普通法法院或法官。在大法官看来,这种禁令有其存在的必要,因为如果没有这种干预,大法官法院就无法实施它已经承担的基于衡平与良心控制法律的管辖权。① 由此,自亨利六世时期起,我们发现了大量大法官颁布禁令的例子。普通法法官们自然对这一做法抱有敌意,因为他们已经习惯于通过禁止令的方式来对待其他法院。在爱德华四世统治时期,费尔法克斯(Fairfax)法官断言,如果案件属于普通法法院管辖权的话,王室法院可能禁止双方当事人诉诸任何其他法院。在同一时期的另一个案件中,休斯(Huse)和费尔法克斯法官宣布,如果大法官因当事人不服从禁令而将其监禁,普通法法官会通过人身保护令来释放当事人。②

至16世纪,大法官法院的管辖权被进一步地扩展和巩固,由此引发了普通法律师更为激烈的反抗。问题变得如此紧迫,它甚至引发了圣杰曼与一位高级普通法律师之间的一场笔战。③ 而枢机主教沃尔西

---

① George Spence, *The Equitable Jurisdiction of the Court of Chancery*, Vol. I , Buffalo: William S. Hein & Company, 1981, pp. 673-674. 霍兹沃斯同样解释了为何这些禁令是必要的:如果当事人能够任意忽视大法官法院,并且寻求他们在普通法上的权利,那么,大法官法院就无法授予有效的救济。See William S. Holdsworth, *A History of English Law*, Vol. V , London: Methuen & Co., 1945, p. 335.

② See William S. Holdsworth, *A History of English Law*, Vol. I , London: Methuen & Co., 1956, p. 459.

③ 圣杰曼的《博士与学生对话录》一书在讨论法律和衡平法之间关系的时候,秉持更支持衡平法管辖权的立场。一名采取严格的普通法立场的高等律师对此予以强烈的抨击。"我非常惊讶,"他说道,"大法官有何种权威来以国王的名义颁布此种令状(禁令)以及他如何敢擅自制定这种令状,让国王的臣民来控告他的法律。"他认为,大法官的衡平完全是不确定的和武断的;大法官认为普通法需要修正,仅仅是因为他们是神职人员,不懂得它的精华所在。这位高等律师进而总结道:"通过你的实践,我认识到,你偏离了王国的普通法,你仅凭自己的想法予以推论,并且认为你的想法比普通法的好得多;因此,你只是描述你的想法,把它放进大法官法院,并说它是建立在良心的基础上。"这个小册子被圣杰曼的"小议传票令状"一文所回应。该文回应说,大法官的管辖权由制定法、司法判决以及实践所支持。颁发传票的案件是具体的,授予传票的合理性在每个案件中都予以表明。See William S. Holdsworth, *A History of English Law*, Vol. I , London: Methuen & Co., 1956, p. 460.

担任大法官时过于轻率地授予禁令及其粗暴对待普通法法官的行为也导致了大法官法院与普通法法院之间在实践上的直接冲突,并且成为对沃尔西提起弹劾的重要指控之一。尽管普通法律师托马斯·莫尔被任命为大法官及其审慎地授予禁令的态度缓和了大法官法院与普通法法院之间的紧张气氛,但是冲突仍然存在,并且在伊丽莎白一世统治末期变得日益尖锐。大法官法院与普通法法院之间的冲突在此后的一系列的案件中逐渐升温。

一、1615年之前的对抗

这一时期的冲突可分为两个阶段。第一阶段为16世纪末期,以"思罗克莫顿诉芬奇案"(Throckmorton v. Finch)为核心,冲突的结果以王座法院的暂时胜利而告终。其原因在于伊丽莎白一世与普通法法官之间良好的关系,当法院之间出现分歧的时候,女王习惯于征求全体法官的意见来予以解决。第二个阶段为17世纪初期,即詹姆斯一世统治时期,尤其是柯克担任王座法院大法官期间,即1613年至1615年,以"牛津伯爵案"为核心,冲突的结果是柯克与埃杰顿之间分歧的激化,这也成为1616年冲突的背景。

(一) 16世纪末期普通法法院与大法官法院的对抗

16世纪末,普通法法院和大法官法院之间摩擦不断、冲突频频。1587年王座法院和大法官法院之间的对抗被认为正式揭开了冲突的序幕。一个名叫西蒙·泰勒(Simon Taylor)的人,作为大法官法院中一桩讼案的被告,被禁止在普通法法院继续诉讼。但他对大法官法院的禁令置若罔闻,坚持在王座法院诉讼,并获得该法院有利于自己的判决。由于这一违背禁令的行为,他被大法官法院下令监禁于弗利特监狱。王座法院针锋相对,签发人身保护令将其释放,并且在数月后,针对该案普通法被告(也即大法官法院中的原告)的律师希尔(Heale)提起了蔑视王权罪的控诉(Heale's Case)。与此同时大法官法院再度下令逮捕普通法原告西蒙·泰勒。这一对峙局面最终通过伊丽莎白一世的亲自干预而解决：泰勒最终表示他将谦卑地服从大法官的指令并遵守衡平法判决。①

此后类似案件屡屡发生。如1589年，一名律师因在大法官法院中寻求禁令以反对普通法中的一个判决的履行而被指控违背了《蔑视王权罪法》。② 这显然表明了普通法法院对于普通法禁令的极度不满。大法官法院则还以颜色：1594年，当一名当事人及其律师不顾大法官法院的禁令继续在普通法法院中进行诉讼的时候，大法官毫不犹豫地将他们投入了监狱，③而这并非这一时期唯一的例子。

1598年的"思罗克莫顿诉芬奇案"宣告了普通法法院的暂时胜利。思罗克莫顿为女王的承租人，1567年，因其仆人在前往支付租金的路上被抢劫而未能按租约规定的时间清偿租金。但思罗克莫顿立即于次日向女王的官员支付了租金，并且该租金已为对方所接受。1588年，女王将复归权授予莫伊尔·芬奇(Moyle Finch)爵士和另外一人，他们又将其转让给了托马斯·赫尼奇(Thomas Heneage)爵士。1590年，赫尼奇的承租人向理财法院针对思罗克莫顿提起驱逐之诉(an action of ejectment)。经审理，理财法院最终判决：由于思罗克莫顿在数十年前的一次支付迟延，该租约应当被终止。尽管思罗克莫顿以纠错令状要求再审，但法院最终维持原判。④ 深感不满的思罗克莫顿至大法官

---

① See John P. Dawson,"Coke and Ellesmere Disinterred: the Attack on the Chancery in 1616", *Illinois Law Review of Northwestern University*, Vol. 36, 1941.

② See J. Campbell, *The Lives of the Lord Chancellors and Keepers of the Great Seal of England, from the Earliest Times till the Reign of King George Ⅳ*, Vol.Ⅰ, Philadelphia: Blanchard and Lea's Publications, 1851, p. 362.

③ W. J. Jones, *The Elizabethan Court of Chancery*, Oxford: Clarendon Press, 1967, p. 469.

④ See John P. Dawson,"Coke and Ellesmere Disinterred: the Attack on the Chancery in 1616", *Illinois Law Review of Northwestern University*, Vol. 36, 1941.

法院中寻求禁令,以阻止该判决的执行。面对思罗克莫顿的诉状,芬奇爵士拒绝答辩。对此,大法官埃杰顿命令他予以答辩,其目的在于如果思罗克莫顿能够证实其主张,就授予他一个反对驱逐之诉的禁令。芬奇爵士诉于女王,女王将该案提交给所有法官裁决。[1]

根据柯克的记载,除了沃姆斯利(Walmsley)以外,其他所有的法官都认为,尽管在本案中原告拥有获得衡平救济的充分理由,但被告无须对原告的诉状予以答辩,因为大法官法院在普通法判决之后无权再审:

> 允许人们在普通法的判决和审判后在衡平法上臆测事项,并且借此将胜诉者置于过分的指控中是有害的。通过这些手段,诉讼将会是无限的,没有人能够确定保有法律通过判决给予他的任何东西。但是一个好争讼之人,他有着一种独一无二的精神,可能继续猜度衡平法上的事项,并且因此没完没了地烦扰胜诉之人;这是一个很大的不便利。而且这是荒谬的,即由一个并非档案法院的法院控制档案法院的判决。[2]

据柯克记载,法官们还提出大法官法院的这一做法为亨利四世四年《蔑视王权罪法》第 23 章以及爱德华三世二十七年《蔑视王权罪法》第 1 章所禁止。由于普通法法官们长期以来一直反对大法官法院禁止当事人实施普通法判决,他们的这一裁决自然是有所偏袒的。如克利

---

[1] See David W. Raack,"A History of Injunctions in England before 1700", *Indiana Law Journal*, Vol. 61, No. 4, 1986.

[2] J. H. Baker,"The Common Lawyers and the Chancery: 1616", *The Legal Profession and the Common Law: Historical Essays*, London and Ronceverte: Hambledon Press, 1986, p. 209.

所言,"事实上,这一争议问题被提交给了一方当事人裁决(因为这一争议实际上是普通法法院和大法官法院之间的,而普通法法官实为一方当事人),裁决结果自然无法公正。"①当法官们的决定被告知国玺大臣埃杰顿时,他在当时并未提出抗议。

在此,我们可以看到,普通法法院对抗大法官法院禁令的方法主要是以《蔑视王权罪法》为依据,直接挑战大法官法院在普通法法院判决之后审理诉讼的合法性。

(二) 17 世纪初普通法法院与大法官法院的对抗

自 1613 年 10 月柯克被任命为王座法院的首席法官后,普通法院和大法官法院之间的冲突更为激烈。针对大法官法院的普通法禁令,普通法法院除了沿袭旧有的方法,即以《蔑视王权罪法》为依据,在理论上直接挑战大法官法院在普通法法院判决之后审理诉讼的合法性外,还更为重视在实践中对当事人的保护——普通法法官们频频利用人身保护令来释放因不服从禁令而被大法官法院监禁的当事人。

1. 人身保护令的发展

人身保护令不仅在 17 世纪上半叶普通法法院与国王的宪政斗争中扮演了重要的角色,此外,它也被用来作为普通法法院对抗大法官法院的有力武器。

人身保护令(the writ of habeas corpus ad subiiciendum)源于王室法院形成时期的程序。15 世纪,它扩张成一种针对非法监禁获取释放的手段。当时它的主要功能在于促进在下级法院诉讼的复审以及保护个人在中央法院被诉的特权。② 在 1484 年,该令状被暗示可用做反对

---

① D. M. Kerly, *An Historical Sketch of the Equitable Jurisdiction of the Court of Chancery*, London: Cambridge University Press, 1890, p. 110.

② See William S. Holdsworth, *A History of English Law*, Vol. IX, London: Methuen & Co., 1944, pp. 108-110.

大法官法院的武器。① 至 16 世纪,普通法法院开始正式将人身保护令用于对抗大法官法院以及其他法院的管辖权。②

作为针对大法官法院的武器,人身保护令的直接好处就在于它的破坏性的作用。人身监禁是大法官法院实施判决的主要制裁方式。因藐视王权罪而处以监禁的权力是大法官法院的重要权力。如果这一权力被限制,大法官法院的权威就会被严重地削弱。而一旦人身保护令被用于审查衡平法案件中判决的理由,关键性的问题就变为负责监禁的官员描述监禁理由的回呈内容是否充分。③

(1)1614 年"考特尼诉格兰维尔案"(Courtney v. Glanvill)

在 1614 年王座法院判决的"考特尼诉格兰维尔案"中,王座法院即以人身保护令作为对抗大法官法院的武器。由此,对于人身保护令的回呈内容的审查成为王座法院关注的重点。④

理查德·格兰维尔是一名毫无职业道德的珠宝商,他于 1606 年卖给弗朗西斯·考特尼(Francis Courtney)一块黄宝石,该宝石价值 20 镑,但格兰维尔伪称其为一颗钻石,最终以 360 镑的高价出售。考特尼拒绝支付货款,格兰维尔遂于普通法法院提起诉讼,基于合同要求对方支付货款并胜诉。此后,考特尼发现自己受骗,遂提出普通法上的纠错

---

① 在一个侵害他人财物之诉的诉讼中原告获得了对自己有利的裁决后,大法官禁止原告继续诉讼获得判决。首席法官休斯仍然鼓励原告基于裁决获取判决,并且向他们保证:如果他们被大法官监禁,该法院将会基于人身保护令将他们释放。

② See John P. Dawson,"Coke and Ellesmere Disinterred: the Attack on the Chancery in 1616", *Illinois Law Review of Northwestern University*, Vol. 36, 1941.

③ See Ibid.

④ See Courtney v. Glanvil Croke Jac 343, 79 ER 294. 该案件还可参见 J. H. Baker, "The Common Lawyers and the Chancery: 1616", *The Legal Profession and the Common Law: Historical Essays*, London and Ronceverte: Hambledon Press, 1986, pp. 211-212; David W. Raack, "A History of Injunctions in England before 1700", *Indiana Law Journal*, Vol. 61, No. 4, 1986; D. M. Kerly, *An Historical Sketch of the Equitable Jurisdiction of the Court of Chancery*, London: Cambridge University Press, 1890, p. 110.

令状要求推翻原判决,但未获支持。考特尼继而诉诸大法官法院。大法官下令格兰维尔收回珠宝并放弃普通法上的判决。但是,大法官法院要求格兰维尔放弃普通法上判决的命令遭到了攻击,因为大法官法院之前从未主张过干预判决本身的权力。

1613年,格兰维尔因拒绝遵守大法官法院判决而被下令收监。在1614年的米迦勒节开庭期(Michaelmas term)期间,格兰维尔通过人身保护令被移入王座法院,他的律师请求将其释放。律师控诉说,格兰维尔获得了普通法上的两份判决,大法官法院却为此将其监禁。柯克惊呼:"只要我还戴着法官帽,我就不会容许这样的事",并且对大法官违背他所许诺的不干预普通法上判决的行为表示惊讶。王座法院最终以对人身保护令的回呈没有给出监禁原因的理由将格兰维尔释放。

1615年5月7日,大法官埃杰顿再度监禁格兰维尔。王座法院还以颜色,于三一节开庭期(Trinity term)期间签发了一份新的人身保护令并予以回呈。法官们遵循前例,认为该回呈过于笼统,不够充分。在柯克看来,这个判决是英格兰所有法官协商的结果。① 最终,格兰维尔获得保释并在下一个开庭期被释放。

(2)1615年"阿普利斯案"(Apsley's Case)

在1615年的"阿普利斯案"案中,我们看到王座法院对于人身保护令的使用更为关注。米切尔·阿普利斯因为藐视大法官法院,已经在弗利特监狱中待了七年。在1615年的复活节开庭期(Easter term)期间,王座法院签发人身保护令,而回呈为阿普利斯"因在大法官法院之外犯下了蔑视该法院的罪行,已于1608年11月28日被监禁"。王座

---

① See J. H. Baker,"The Common Lawyers and the Chancery: 1616", *The Legal Profession and the Common Law: Historical Essays*, London and Ronceverte: Hambledon Press, 1986, pp. 211-212.

法院同意阿普利斯律师的意见，即这一回呈内容并不充分，于是推迟阿普利斯之案的判决。其他类似案件也照此处理。至下一个开庭期（即1615年的三一节开庭期），法官们在柯克自己的住所进行了一次私下的协商，在这次协商中法官们听取了每位囚犯律师的意见。秘密作出的判决继而为柯克在公开的法庭上宣布。阿普利斯被下令释放，理由为弗利特的典狱官的回呈是不充分的。①

(3)1615年"拉斯维尔案"(Ruswell's Case)

在1615年的复活节和三一节开庭期之间的人身保护令案件中，有一个案件值得特别关注，这就是"拉斯维尔案"。②

该案涉及由威廉·埃夫里(William Every)针对亨利·拉斯维尔(Henry Ruswell)在大法官法院提起的一个诉讼。大法官法院的档案揭示，原告埃夫里于1594年从被告的父亲威廉·拉斯维尔(William Ruswell)的遗嘱执行人手中购买了斯特普尔顿(Stapleton)的采邑。这笔买卖为威廉·拉斯维尔的遗嘱所指令，目的在于清偿他的债务，并且已经由大法官法院的一个判决另外授权，该判决规定该买卖的收益应当用于清偿被告（作为他父亲的继承人）所接受的资产之外的债务。原告支付了2300镑的价格，进而占有该土地。大约20年后，被告拉斯维尔提起普通法上的一个诉讼，主张与原告的这笔买卖无效，因为被告父亲所拥有的这块土地是通过骑士役而拥有的，而《遗嘱法》只允许以骑士役而拥有土地的2/3以遗嘱的方式来处理。死者其他财产的处理本身足以耗尽对于遗嘱能力的2/3限制，因此根据该法，出售斯特普尔顿

---

① See John P. Dawson, "Coke and Ellesmere Disinterred: the Attack on the Chancery in 1616", *Illinois Law Review of Northwestern University*, Vol. 36, 1941; J. H. Baker, "The Common Lawyers and the Chancery: 1616", *The Legal Profession and the Common Law: Historical Essays*, London and Ronceverte: Hambledon Press, 1986, p. 123.

② See Ibid.

采邑的遗嘱的指令是绝对无效的。但是，原告的主张是有力的：他依赖于遗嘱的措辞以及下令履行的大法官法院的判决；出售土地的收入已经被用来清偿债务，否则就要用被告所接受的资产来偿债。大法官起初试图说服拉斯维尔调解这一争议。当这一努力失败的时候，大法官法院于 1614 年 2 月 7 日作出了最终的判决，下令原告埃夫里支付拉斯维尔 1000 镑以满足拉斯维尔的主张，并且指令拉斯维尔执行斯特普尔顿采邑的转让。由于拉斯维尔拒绝遵守这一判决，1614 年 5 月 19 日埃杰顿下令将其收监。

在 1615 年的复活节开庭期，拉斯维尔和其他申请人身保护令的人一起出现在王座法院。由弗利特典狱官所作的回呈极其简短：拉斯维尔"因为在大法官法院所犯下的某种蔑视法庭罪而被收押"。拉斯维尔的律师克罗克（Croke）质疑该回呈的充分性，宣称"该法院（即王座法院）负责审判所有监禁案件"，并且应当明确陈述原因，这样，王座法院才能够判断它是否正确。在柯克和另一位法官多德里奇（Dodderidge）之间协商之后，该案件被推迟，其他囚犯的案件同样如此。

至下一个开庭期（即三一节开庭期），弗利特监狱的典狱官修改了回呈的几个微小细节，主要是增补了监禁日期之后，拉斯维尔的案件被再度审理。拉斯维尔的律师克罗克以 1565 年至 1566 年的"阿兹维克案"（Astwick's Case）为依据，再度要求陈述监禁的原因。柯克和多德里奇同意，尽管"阿兹维克案"并不著名，但典狱官应当被要求详细说明蔑视罪本身发生的日期。最后，王座法院下令，"拉斯维尔案"中的回呈以及"所有其他的回呈"由弗利特典狱官修改。

在三一节开庭期结束之前，弗利特的典狱官填写了一个新的回呈，陈述了大法官法院案件的内容。拉斯维尔的律师克罗克争论说该回呈依然糟糕，因为根据制定法，埃夫里的主张所依赖的遗嘱中的条款完全是无效的，而且通过清偿债务而由拉斯维尔所接受的利益无法废除他

作为继承人的权利。首席法官柯克继而宣告:

> 该回呈在某种意义上领会了该判决的效果,因为它由四个部分组成:(1)有一个诉讼;(2)发生在拉斯维尔和埃夫里之间;(3)为了斯特普尔顿的采邑;(4)考虑到相关担保及其对价,埃夫里应当支付1000镑给拉斯维尔。我们基于此来考虑诉状、答辩状和判决。

在柯克寓所的私人会议之后,柯克当庭宣布,法官们"已经考虑了该案,但是因为回呈是后来作出的,并且该案件对我们而言是有疑问的,我们已经决定,他应当在押候审,直至下个开庭期"。

显然,在这个案件中,由于普通法判决尚未被获得,以至于普通法法院无权主张大法官法院无法在普通法法院判决后予以审判这一理由。

在该案中,对于柯克以人身保护令的回呈内容的问题直接作为武器所作的攻击,埃杰顿作出了妥协。有一些证据表明,该妥协的重要性在当时被认识到了。但普通法律师们并未在这一问题上更进一步,他们的注意力很快就转向既判力的争议——即大法官法院是否有权在普通法法院判决之后继续诉讼。这一争议在"牛津伯爵案"中得到了充分的体现。

2. 既判力的问题

通过攻击回呈的充分性,利用人身保护令来对抗大法官法院的禁令的方法具有一定的局限性。相比之下,如果能够借助《蔑视王权罪法》的力量彻底否定大法官法院发布禁令的权力的合法性,则不失为一种一劳永逸的方法。因此,在柯克担任王座法院的首席法官后,并未放弃这一方法的使用。比如,在1614年的"希思诉赖德雷案"(Heath v. Rydley)中,王座法院就以1353年和1403年的《蔑视王权罪法》为依据,坚定地拒绝服从大法官法院反对普通法判决的禁令。①但更为引人注目的则是"牛津伯爵案",它最终成为英国法律史上的一个标志性的案件。鉴于国内尚无对该案的详细介绍,故在此不惜篇幅,对引发"牛津伯爵案"的"莫德林学院案"以及由"牛津伯爵案"所导致的"古奇博士案"一起作一个较为具体的介绍。

(1)1613年"莫德林学院案"(The Magdalen College's Case)②

"莫德林学院案"是王座法院所审理的涉及约翰·沃伦(John Warren)和约翰·史密斯(John Smith)之间对于一栋位于伦敦科文花园的房屋租赁问题的一个案件。该房屋的土地在多年以前已经由莫德林学院卖给了伊丽莎白一世。这一买卖的目的在于规避伊丽莎白一世十三年制定法第10章的禁止性规定,即由学院的校长和董事所进行的土地的买卖和长期租赁无效。既然卖给国王并没有为该制定法明确禁止,将土地卖给伊丽莎白一世使得该学院可以将该土地间接转让给了一名热那亚的商人本尼迪克特·斯比诺拉(Benedict Spinola),以偿还学院欠其的债务。依照学院的指令,伊丽莎白一世将该土地转让给了斯比诺拉,斯比诺拉继而又于1580年该将土地中的七英亩卖给了牛津伯爵爱德华·德维尔(Edward de Vere)③,伯爵在这块土地上盖了130多栋房子。其中一栋的租约通过多次转手最终转移到了约翰·沃伦的手中。在伯爵死后,该地产及其上房产为伯爵的儿子亨利·德维尔(Henry

---

① Heath v. Rydley Croke Jac 335, 79 ER 286; John P. Dawson, "Coke and Ellesmere Disinterred: the Attack on the Chancery in 1616", *Illinois Law Review of Northwestern University*, Vol. 36, 1941.

② 该案主要参见 Mark Fortier, "Equity and Ideas: Coke, Ellesmere and James Ⅰ", *Renaissance Quarterly*, Vol. 51, No. 4, 1998; D. M. Kerly, *An Historical Sketch of the Equitable Jurisdiction of the Court of Chancery*, Cambridge University Press, 1890, p. 111; The Case of the Master and Fellows of Magdalen College in Cambridge. Pasch. 13 Jac.1 (1615), Coke, Part 11, E. R., Vol. 77, pp. 1235-1252.

③ 据推断此君很可能就是著名的莎士比亚。

de Vere)所继承。与此同时,在 1616 年之前,莫德林学院的新校长巴纳比·古奇(Barnaby Gouge)已经成功地将约翰·史密斯安置到同一栋房屋中。"莫德林学院案"就是沃伦针对史密斯提起的驱逐之诉。

该案的判决取决于这片土地所有权的归属。如果牛津伯爵享有所有权,那么沃伦的租约是有效的;但如果莫德林学院仍保有权利,那么史密斯的租约是有效的。对于法院而言,核心问题是对使得莫德林学院的土地买卖无效的制定法的解释。柯克坚持认为,该制定法也禁止将土地卖给女王。该制定法的目的在于维持宗教并提高学识,保护精神生活以及相关机构免受由于长期的出租和出售所导致的贫穷、腐朽以及破损。在柯克看来,如果不禁止卖给国王,该制定法的目的会被彻底地规避;借此"那些巨大的危害仍会存在并会削弱必要且有益的救济"。在其报告的序言中,柯克主张,既然宗教和学识是"支持国王王位的主要支柱",那么,国王就应当包含于所有人之中,不应当被排除于这一法令之外。而且,国王是"普通权利和正义的源泉",基于上帝的代理人不能为非,将国王排除于外并允许他成为非法转让的渠道,会使得国王成为"欺诈"的工具。沃伦的租约源自于将土地卖给女王,然后转让给斯比诺拉以及牛津伯爵,因此并非法律上的善;既然出售给女王是无效的,那么该学院的所有权依然有效,而史密斯与学校的租约同样如此。

(2)1615 年"牛津伯爵案"(Earl of Oxford's Case)①

尽管"莫德林学院案"是关于沃伦和史密斯之间的租约问题,它的结果使得牛津伯爵对于土地和房屋的价值 2 万镑的租约的权利极易遭受攻击。无论是伯爵还是学院都非该案的当事人,因此,柯克对于两者的利益都未作专门的考虑。但是,柯克后来对于伯爵的困境以"买者当心"(caveat emptor)作简要的回应,表明在普通法上没有任何同情或者

---

① 该案参见 D. M. Kerly, *An Historical Sketch of the Equitable Jurisdiction of the Court of Chancery*, London: Cambridge University Press, 1890, pp. 111-113.

救济的希望。由此,伯爵转而向衡平法和大法官法院寻求保护,这就是"牛津伯爵案"。针对伯爵在大法官法院提出的诉状,被告古奇(Gouge)主张普通法上的判决无法在大法官法院中被质疑,因而拒绝对牛津伯爵的诉状予以答辩,大法官法院的约翰·廷德尔(John Tindal)主事官遂于 1615 年 10 月将其投进弗利特监狱。

正是在"牛津伯爵案"中,大法官埃杰顿获得了解释大法官法院的管辖权及其与普通法的关系的机会。埃杰顿判决牛津伯爵胜诉,但他既未依赖特定的衡平学说,也未依赖任何权威的格言。相反,埃杰顿诉诸衡平法与神法之间的关系,他说:"衡平法所言如同神法所言。"对于神法,埃杰顿利用《申命记》的记载:"建楼者居其屋;种葡萄者得其果。"他继而指出:"在本案中,被告古奇博士的良心是,他应当拥有他既没有建造也没有种植过的房子、花园和果园。但是大法官总是纠正此类腐败的良心,并且使得它们予以同等的补偿。"无疑,在该案中,大法官法院以衡平法和良心为依据支持原告。①

同时,埃杰顿也认为大法官法院并未推翻王座法院对于"莫德林学院案"的判决。首先,因为在判决作出之前租约到期导致了"莫德林学院案"诉讼的终止,普通法上的判决最终并未作出。其次,即使王座法院对"莫德林学院案"作出了正式的判决,但伯爵在大法官法院寻求的救济并非推翻王座法院关于土地权利的判决(这超出了衡平管辖权),而是请求针对由此导致的损失予以救济,这些损失包括"自从转让以来的新增建筑和植物的价值以及为购买而支出的适当津贴"。埃杰顿断言,这一救济既非对普通法判决的审查,也非对该判决的反对。

埃杰顿继而仔细回顾了一些当普通法上得出不公正结果时给予衡

---

① See Mark Fortier,"Equity and Ideas: Coke, Ellesmere and James Ⅰ",*Renaissance Quarterly*, Vol. 51, No. 4, 1998.

平救济的先例,得出如下结论:"当一个判决通过胁迫、错误或者冷酷无情的良心而被获得的时候,大法官将会阻止它,并且将其置于一边,不是因为判决中的任何错误或者缺陷,而是因为一方当事人违背良心……对此,亨利四世四年制定法第23章并未予以规定。"而且,"亨利四世四年制定法第23章,从来不是为了限制大法官法院在衡平法方面的权力而制定的,而是为了限制大法官和普通法法官,仅仅是在普通法上可判决的事项,是在法律诉讼而非在衡平诉讼中,并且他们应当坚持自己的判决而非反复无常。"①

总之,在柯克和埃杰顿之间,存在两种非常不同的衡平管辖权的观点。就"牛津伯爵案"而言,柯克的意见是除了"买者当心"的警告之外什么都不留给牛津伯爵;普通法已经对于权利作出了判决,并且伯爵的困境和古奇可耻的动机无须考虑。另一方面,尽管埃杰顿在给予衡平救济与推翻普通法判决之间作出区分的做法有些强词夺理,而衡平干预的结果——伯爵的胜利显然更为合理。②

(3)"国王与古奇案"(The King and Focor Gouge's Case)

由于在"牛津伯爵案"中,古奇拒绝对牛津伯爵的诉状予以答辩,因此埃杰顿就以藐视法庭为名将其监禁于弗利特监狱。古奇继而在王座法院提起了人身保护令诉讼,这就是"国王与古奇案"。

古奇主张大法官法院的诉讼有违1403年制定法,因此自己应当获释。柯克回答,如果"牛津伯爵案"和"莫德林学院案"的确针对同一事项,大法官法院确实应当交出囚犯,因为它们的收监违反了制定法和普通法。多德里奇法官同意柯克的意见,他说:"考虑到爱德华三世二十七年制定法第1章以及亨利四世四年制定法第13章,如果王座法院的

---

① Mark Fortier,"Equity and Ideas:Coke,Ellesmere and James Ⅰ",*Renaissance Quarterly*,Vol. 51,No. 4,1998.

② See Ibid.

判决在衡平法院中被质疑的话,这将宣告普通法的衰败。"但在此存在一个问题,即古奇被监禁,到底是基于关于普通法判决之事项,还是基于其他事项。之所以产生混淆是因为在"莫德林学院案"中的当事人并非"牛津伯爵案"中的当事人。柯克判决,不存在足够的证据来决定这一问题,因此无法对古奇提供帮助。这一案件被延期,直至进一步的澄清能够从大法官法院那里获得。①

我们注意到,在"国王与古奇案"中,柯克并未纠缠于人身保护令的问题,甚至在此还作出了一些妥协,但是在普通法判决的既判力的问题上,柯克却坚守立场,毫不妥协,他再度援引了爱德华三世二十七年制定法第1章以及亨利四世四年制定法第13章来挑战大法官法院在普通法判决之后继续诉讼的合法性。事实上,早在1614年,柯克就已经评论道:"这一点很令人惊奇,即没有人基于这些法律在这些案件中告发在普通法上的判决之后获得此类禁令的当事人……"此外,他还在一些其他的场合留下了同样的暗示。② 不久之后,有人理解了柯克的暗示,直接点燃了大法官法院与普通法法院之间冲突的导火索。

二、1615—1616 年的争议

(一)争议的起因

1. 格兰维尔的报复——基于蔑视王权罪的控告

1616 年初,王座法院基于人身保护令,以回呈不充分的理由将珠宝商格兰维尔释放。获释之后的格兰维尔基于对普通法的狂热以及对

---

① See Mark Fortier,"Equity and Ideas: Coke, Ellesmere and James Ⅰ",*Renaissance Quarterly*,Vol.51,No.4,1998.

② See J. H. Baker,"The Common Lawyers and the Chancery: 1616",*The Legal Profession and the Common Law: Historical Essays*,London and Ronceverte: Hambledon Press,1986,p.215.

大法官法院的仇恨，开始酝酿一个推翻大法官法院的计划。他中伤埃杰顿，说他收受贿赂，并与撒旦结盟。他甚至试图基于《蔑视王权罪法》给予大法官法院以致命的一击。经过考虑，格兰维尔并未贸然直接控告大法官埃杰顿，而是采取了更有策略的方法，即首先针对那些地位较低微之人提起诉讼。他伪称从柯克那里获得命令，从而在国王办公室律师的帮助下依照相关先例，起草了一份刑事起诉书。格兰维尔控诉的被告是考特尼及其辩护律师和代理人。该诉讼于1615年的米迦勒节开庭期被提出，但是被米德尔塞克斯郡的大陪审团驳回。

格兰维尔并不泄气，他获得了臭名昭著的艾伦以及一个名叫莱韦塞（Levesay）的不诚实的公证人的支持。他于1616年的春季开庭期再次起诉。莱韦塞是大陪审团的陪审员之一，在该开庭期的最后一天（2月13日），他才将起诉书送给他的同伴们。这次，艾伦也针对他在大法官法院的对手高等律师穆尔（Moore）以及主事官约翰·廷德尔爵士提出了指控。尽管我们不清楚在法庭上发生了什么，但是有足够的证据表明柯克的行为显然是有偏袒的。尽管为莱韦塞所胁迫，但陪审团成员们并不愿意认可该诉状的真实性。柯克变得愤怒。他三番五次地召回他们，并且威胁着要将他们投入监狱，但陪审团毫不动摇。陪审团主席坚持证据不足无法提交（ignoramus[①]），对此，莱韦塞抗议说，这并非一个意见一致的裁决。因此柯克下令通过逐一投票的方式获得结果，投票结果为17票对2票。证据不足无法提交的裁决由此被接受。柯克警告郡长在下一个开庭期产生一个更为明智的陪审团，并且据说已经告诉格兰维尔和艾伦做好准备。同时，柯克还对那些胆敢在普通法判决之后向大法官法院提起诉状的律师提出了威胁：

[①] 此为当证据被认为不足无法将案件提交给法庭陪审团时，大陪审团在控告书上的批文。

诸位,看着它,并且将它视为一个警告,即无论谁在普通法上的判决作出之后,在任何其他英国法院针对它提起诉讼,我将把他驱逐出我的法院,不允许他在这个法院中再多说一个字。我严重警告你们不要犯错。我们必须小心,否则英国普通法将要被抛弃。①

在接下来的四旬斋假期(the lent vacation),格兰维尔和艾伦向咨议会提出请愿书,说他们已经向国王提起诉状,如果该起诉成功,国王的金库将会大大充实。这一试图利用国王的贪婪的方法是不谨慎的,不久之后,两份请愿书自身就面临着指控。格兰维尔最后孤注一掷地针对弗利特监狱的典狱官及其看守的错误监禁提起诉讼。该典狱官事实上已被一位警卫官逮捕,但立即为大法官法院发布的一份中止执行令状(supersedeas)释放。格兰维尔的战斗并没有被允许进一步继续下去。②

2. 柯克的推波助澜——同样基于《蔑视王权罪法》

尽管格兰维尔的计划破产,但柯克显然并未善罢甘休。普通法法院和大法官法院之间的论战在王座法院1615年至1616年的一桩案件中达到顶点。③

---

① S. E. Thorne,"Praemunire and Sir Edward Coke", *Essays in Legal History*, London and Ronceverte: The Hambledon Press, pp. 241-242.

② See J. H. Baker,"The Common Lawyers and the Chancery: 1616", *The Legal Profession and the Common Law: Historical Essays*, London and Ronceverte: Hambledon Press, 1986, pp. 216-218.

③ 霍兹沃斯对于普通法法院和大法官法院之间的冲突给予以下解释:16世纪末和17世纪初,普通法法院和大法官法院之间的争吵的再度升温部分是由于由柯克所作出的主张,即普通法且仅仅是普通法决定所有竞争法院的管辖权的范围;部分是由于在普通法律师和其他律师之间的宪政观的差异,前者主张普通法至高无上,而后者宣称特权至高无上;部分是由于这一事实,即衡平法无法适宜地运作,除非它能够制止希望不公正地利用他们的法律权利的诉讼者;部分是由于两名主要的争吵者的性格——柯克和埃杰顿。See William Holdsworth,*Some Makers of English Law: the Tagor Lectures*, Cambridge: The University Press, 1937-1938, p. 99.

在柯克审理的一个普通法案件中,[①]原告通过公然的欺诈手段获得了有利于自己的判决。在诉讼过程中,原告在被告的一个主要证人应该作证的时候将他诱骗到一个酒馆喝酒,并且告诉法官,证人因为重病将亡而无法到庭,由此原告胜诉。此后,经被告请求,大法官授予禁令禁止原告实施他所获得的普通法上的判决。[②] 王座法院首席法官柯克继而建议原告的代理人基于爱德华三世二十七年的《蔑视王权罪法》指控被告、被告的辩护律师以及一切与获得禁令相关之人(包括大法官埃杰顿)因为怀疑普通法判决的合法性而违反《蔑视王权罪法》。此后,他又说服掌控大陪审团的乔克法官(Choke)告诉大陪审团成员把这些人当做质疑普通法判决之人加以审问,他自己则对大陪审团施加压力,要求大陪审团提出针对这些人的真正的诉状。但是大陪审团成员出于对被用做大法官和首席法官之间的斗争的武器的恐惧,拒绝接受柯克的建议。[③]

(二) 委员会的组成及报告

面对柯克的不断挑衅,埃杰顿大法官上告于国王。对此,国王采取了一个非常举措,将这一争议交付一个四人委员会处理,其成员为:总检察长弗朗西斯·培根爵士、亨利·蒙塔古(Henry Montague)爵士、国王的高等律师兰德尔·克鲁(Randall Crew)爵士以及国王的诉状律师亨利·耶尔弗顿(Henry Yelverton)。

---

① See D. M. Kerly, *An Historical Sketch of the Equitable Jurisdiction of the Court of Chancery*, London: Cambridge University Press, 1890, pp. 113-115; A. T. Cater, *A History of English Legal Institutions*, London: Butterworth & Co., 1902, p. 159. 关于这一判决的现有报告都未给出该案件的名称。

② 在这一点上,该案件的报告有一些出入。《威尔逊判例集》说,大法官因为原告拒绝遵守禁令而将其监禁,而克利并未提到将原告监禁这一点。

③ See David W. Raack, "A History of Injunctions in England before 1700", *Indiana Law Journal*, Vol. 61, No. 4, 1986; D. M. Kerly, *An Historical Sketch of the Equitable Jurisdiction of the Court of Chancery*, London: Cambridge University Press, 1890, p. 113.

从这一委员会的组成,我们可以看出詹姆斯改变了原先伊丽莎白一世的做法,他倾向于按照自己的律师顾问的建议行事,而非听取法官们的意见。除组织调查委员会外,国王还下令在星室法院指控格兰维尔和艾伦,这在复活节开庭期期间得以实现。格兰维尔和艾伦被镣铐加身、拷打逼供。也许带有控告柯克的目的,国王还任命坎特伯雷大主教及其他人来获取关于蔑视王权罪的证据,但这一工作似乎徒劳无功、一无所获。①

拉克(Raack)在他的文章"1700年之前的禁令史"中断定,四人委员会被任命来处理两大问题:首先,他们要检视法院记录来决定是否存在这样的先例,即大法官法院即使在普通法判决已经获得后仍然给予救济。② 其次,委员会成员被询问是否大法官法院能够颁布禁令限制一方当事人实施普通法判决。这一问题以一种假定的形式来表现:如果 A 已经获得的普通法判决反对 B,而 B 希望提出普通法法官并不认可的良心和衡平事项作为辩护,B 能否在大法官法院申诉?更为重要的是,是否《蔑视王权罪法》或者任何其他制定法禁止大法官法院在这种情况下给予救济?③

但是从现存的记录来看,拉克教授在时间的认定上似乎发生了混淆,这两大任务并非同时交付,而是由国王在两个不同的阶段提出。

---

① See J. H. Baker,"The Common Lawyers and the Chancery: 1616", *The Legal Profession and the Common Law: Historical Essays*, London and Ronceverte: Hambledon Press, 1986, p. 219.

② 参见 21 E. R. 61(大法官埃杰顿写给弗朗西斯·培根的信,日期为 1616 年 3 月 19 日,要求该委员会承担这一调查的任务)。

③ 该委员会的第二个任务包含在埃杰顿于 3 月 27 日写给培根的一封信中。参见 21 *Eng. Rep.* p. 62。向培根提出的这一问题在用词上不像其他内容那么中立。原文为:"是否大法官法院在这一或者类似案件中能够救济 B,或者任他自生自灭而毫无救济"以及"根据哪部制定法……大法官法院被如此制约,良心与衡平被驱逐、排斥以及憎恶"转引自 David W. Raack,"A History of Injunctions in England before 1700", *Indiana Law Journal*, Vol. 61, No. 4, 1986。

首先，在 1615 年 3 月，国王通过大法官埃杰顿写了一封信，要求澄清是否存在一些普通法先例支持在普通法判决之后的禁令的合法性。一个四人委员会被授权来回答这个问题。

其次，在一年之后，也就是 1616 年 3 月，该委员会增补了一名成员约翰·沃尔特(John Walter)；该委员会面临一个新问题，即是否大法官法院被《蔑视王权罪法》禁止审查并且阻止普通法上的判决。它在 1616 年 7 月对这一问题做了报告。这第二个问题似乎是被柯克在刚才所讨论的那个直接引发冲突的案件中的所表现出的专横所挑起的。

因此，为了回答这两个问题，该委员会似乎工作了一年多的时间。这是一个重要的工作，因为衡平法的权力面临危险。该委员会一共出具了两份报告。

1. 第一份报告

四人委员会在 1616 年 3 月就既存先例问题向国王作了包含 13 点意见的报告[①]，其中最为值得注意的几点如下：

第二条，"我们发现，自从亨利七世统治以来(1485)直至现任大法官埃杰顿期间，关于在普通法判决之后在大法官法院中诉讼的实践是一种普遍的趋势，并且很多是在判决执行之后……当出现由于普通法的严格规定而无法对臣民提供救济的案件之时。"

该报告继而给出三点，详述这些大法官法院中的诉讼何时发生。

第三条，"大法官法院中的这些诉讼在判决之后发生。"

第四条，"它发生在国王陛下的数个法院——王座法院、民事诉讼高等法院、听审裁判法官(Justice in Oyer)等作出判决之后。"

第五条，"它是在基于裁决、异议获得判决之后以及在纠错令状已经被提出的时候。"有时候原告请求阻止判决的执行，有时候他们甚至

[①] 报告全文参见 21 E.R. 61-62。

在判决执行之后请求救济。

但在另外一些案例中,大法官法院在最终判决被作出之前予以干预。

第七条,"我们发现,在大部分案件的此类诉状中所规定的衡平事项是判决之前的先例事项,而非判决之后的事项。"

第八条,"我们在上述案件中,不仅找到了首选的诉状,而且还有动议、命令、禁令和判决,其目的在于撤销普通法判决……但大法官法院并非仅仅只能依据外来诉请进行干预,可以说,该法院能够主动行动(sua sponte)。"

第十条,"我们发现法官在他们自己的法院中,在出现衡平事项的时候,因为他们基于自己的宣誓和职位无法阻止判决……就指令当事人到大法官法院中寻求救济。"[1]

基于以上调查,对于国王提出的第一个问题,即大法官是否有权力在诉讼的任何阶段干预普通法诉讼,该委员会的回答是一个十足的"是"。[2]

2. 第二份报告

更为重要的是向该委员会提出的第二个问题,即是否存在任何禁止大法官法院干预普通法诉讼的制定法(而非司法)的权威。

新增一名成员的委员会聚焦于《蔑视王权罪法》,其中的第一部(27 Edw. 3, ch. 1)可追溯至1353年,处罚任何将属于王室法院的案件诉诸国外法院之人,或者在任何其他法院诉讼来废除或者推翻王室法院的判决之人。第二部(4 Hen. 4, ch. 23)可追溯至1403年,规定在王室

---

[1] 该委员会还指出,这些先例不仅仅发生在大法官在大法官法院中坐堂的时候,还发生在因大法官缺席或者虚位而由各类法官在大法官法院坐堂的时候(报告第十一条)。而且在大法官法院中提出的针对普通法判决的诉状中有很多是由后来成为普通法法官的著名律师所提出的(报告第十二条)。

[2] See David W. Raack, "A History of Injunctions in England before 1700", *Indiana Law Journal*, Vol. 61, No. 4, 1986.

法院作出判决后,双方当事人必须"保持和平",除非判决被调查小陪审团的"裁决是否虚假的令状"(Attaint)①或者纠错令状推翻。

培根和他的委员会得出结论,这些制定法并非禁止大法官法院干预普通法判决,它与大法官法院无关,并且罗列了许多理由。② 委员会认定(并且大多数现代学者同意),1353年所预期的主要危险是上诉于罗马教皇法庭的危险。教皇卜尼法斯八世(Boniface Ⅷ)恰恰于50年前,在教皇训令"一圣教谕"(Unam Sanctam)中,重申罗马对于世俗权力的权威。③ 该报告也指出了将1353年制定法适用于大法官法院的一些其他困难。该制定法规定,被控诉此罪之人要接受国王或他的咨议会或大法官法院的讯问。专员们说,大法官法院显然不可能既是被指控的罪犯,又充当法官。而且,对于此罪的处罚——置于国王保护之外,对于逾越王室法院管辖权这一行为而言过于严厉。因此,该委员会相信,该法更适于那些使用外国法院之人。④ 他们还补充说,没有人曾

---

① 英国普通法上的"裁决是否虚假的令状"(Attaint)的程序是由24人组成的高级陪审团复查12人组成的陪审团的决定。

② See The King's Order and Decree in Chancery,Cary 126-133,21 E. R. 63-65(1616).

③ 卜尼法斯八世时期,教皇的权势开始快速地衰微。卜尼法斯自1294至1303年在位,其就任后不久就为了圣职人员缴税的事和法王美男子腓力(Philip the Fair)发生冲突。因为腓力在法国向圣职人员征收重税;教皇下令不准圣职人员缴纳;法王即刻以禁止金、银、宝石出口法国作为报复;这样便切断了教皇自法国来的岁入。于是教皇一连发布了几道教谕(bulls),用拉丁文书写,而且盖上图形铅玺,每个教谕都以开始的几个字为名。在"一圣教谕"(Unam sanctam)中,教皇说:"……教会有两支宝剑:属灵和属世的……它们代表教会的权柄,前者由教会和教皇的手运用,后者由国王和军士运用,但必须用在教会和教皇权柄的统管之下。一支宝剑必须顺服另一支宝剑,也就是说,属世权柄必须服在属灵权柄之下,属灵权柄有权建立属世权柄,并在属世权柄犯错时,施行审判……世界上每一个人得救的必要条件是顺服罗马教皇。"教皇又引"耶利米书"第一章第10节的话——"看哪,我今日立你在列邦列国之上"——作为他要求统管全世界的圣经根据。参见[美]祁伯尔(B. K. Kuiper):《历史的轨迹——二千年教会史》,李林静芝译,第19章,见http://cclw.net/book/TheChurchInHistory/html/chapter21.html.

④ The King's Order and Decree in Chancery,Cary 126-133,21 E. R. 63-64(1616).

因这部制定法在普通法判决后在大法官法院提出诉状而被控告。① 第二部《蔑视王权罪法》被认为并非用于限制大法官法院,因为它的目的是使得当事人在判决之后无须再度回答事项;相反,大法官法院审理的良心和衡平事项的权力从未为普通法法院行使过。② 由此,委员会总结到,这部制定法也不适用于禁止大法官法院干预普通法判决。

(三) 国王的立场

委员会的报告与国王的立场非常一致。詹姆斯一世于1616年6月20日在星室法院中所作的演讲明确地表达了他对普通法法院与大法官法院之间争执的看法。

詹姆斯将仲裁法院之间的争议视为他的神圣职责。在星室法院,詹姆斯宣告:"如同国王对上帝负责,法官则对上帝和国王负责。"

他宣称,司法官员们是提出诉讼(ius dicere),而非损害诉讼(ius dare)。他们无法蚕食国王的特权,也无法侵入其他的管辖权,"这是不适当的,并且是一件不合法之事。"国王详细解释他期待所有的法院,包括大法官法院,保持他们自古以来的范围。大法官根据先例行使权力:"这是我给予他的限制;除了同样的限制,他不会超出他已经向我许诺的相同的限制。"到此时为止,国王确实是非常公正的,但是,对于蔑视王权罪的问题,他的态度坚定而明确:

我认为,说在威斯敏斯特官大厅中,蔑视王权罪是针对大法官法院和那里的官员们的这一说法是令人讨厌且不适当的,并且它

---

① 但事实上存在两三个起诉状。

② See *The King's Order and Decree in Chancery*, Cary 126-133, 21 E. R. 64-65 (1616). 该委员会也提出,该制定法的意图在于防止对判决的攻击。大法官法院并不干预判决,仅仅是"干预当事人的腐败的良心"。See *The King's Order and Decree in Chancery*, Cary 132, 21 E. R. 65(1616).

使得我非常忧心：一位国王如何会授予反对他自己的一种蔑视王权罪呢？这是一种愚蠢、不适当并且专横的企图，更适于某位不足道的国王。正确地理解我的话：我并非意味着，大法官法院应当超出它的范围；而是在另一方面，国王是唯一纠正它的人。并且因此坐在这里，我宣告并且命令，此后没有人能够对大法官法院以蔑视王权罪提出控告。①

至此，我们已经可以确认国王对普通法法院与大法官法院之间的这场争议所持的立场——支持大法官法院。

(四) 国王的终局判决

1. 判决内容

根据委员会的报告，也是出于国王自己的意愿，1616 年 7 月 18 日，国王詹姆斯作出了支持大法官法院的最终判决。他下令，当王国臣民因普通法的僵硬和极端而被拒绝救济的时候，大法官法院向他们提供衡平法的救济。他在判决中说道：

> 现在，既然仁慈和正义是我们王座的真正支撑；关心并规定我们的臣民拥有平等、无差别的正义是归属于我们国王的恰当职责；当他们的案件应当在我们的大法官法院的诉讼中根据衡平法予以救济的时候，它们不应当被抛弃并暴露在我们的普通法的严格和极端之下而招致毁灭，我们……确实赞成、认可并且确认，在首份证书 (the first certificate) 中所表达的大法官法院的实践，就像我们支持在它们后来的证书中所提到的基于制定法的法律那样……

---

① 转引自 J. H. Baker, "The Common Lawyers and the Chancery: 1616", *The Legal Profession and the Common Law: Historical Essays*, London and Ronceverte: Hambledon Press, 1986, pp. 220-222。

我下令,我们的大法官或者国玺大臣此后将不会终止给予我们的臣民(基于他们现在或者此后所作的数个抱怨)此类衡平上的救济(尽管先前的普通法上的诉讼与它们相反),从而与它们的案件的真相以及正义相一致,并且与大法官法院的自古以来持续至今的实践和优先性相一致。①

这一判决拥有终局性的外观,胜利的大法官法院将该判决视为其独立的特许状。显然,国王的命令与他的王权至高无上的观点非常一致。②

2. 对国王的终局判决的历史评价

但是,就先例和制定法而言,委员会的报告和国王的判决正确吗?这似乎是有争议的。③

如前文所述,大法官法院无疑经常干涉普通法判决后的案件,偶尔是在普通法法官的建议之下。④ 但问题在于这两部《蔑视王权罪法》是否是用来制止大法官法院颁布此种禁令的。学者们确认1353年制定法适用于教会法院和向罗马的上诉,而非大法官法院。1403年制定法却无法作这样清楚的认定。就它是否包含大法官法院这一问题,一直有法学家持不同的意见。

在柯克之前,圣杰曼在《博士与学生对话录》中写道:"似乎有权威

---

① The King's Order and Decree in Chancery, Cary 132, 21 E. R. 65 (1616). 国王命令的日期是1616年7月18日。

② 梅特兰形容这一裁决为给予国王"决定支持大法官法院的愉悦,并且因此维持了他的理论,即当他的法官们意见分歧的时候,他是最高仲裁者"。See F. W. Maitland, *The Constitutional History of England*, London: Cambridge University Press, 1908, p. 270。

③ 耶尔评论到,《蔑视王权罪法》似乎瞄准的是教会的管辖权,但是立法本身具有足够的弹性来容忍此种争议。

④ "法官们不仅仅关注指令诉讼者到大法官法院中寻求救济,甚至对于针对裁决前后的普通法诉讼的禁令的适用提供积极的支持。"See W. J. Jones, *The Elizabethan Court of Chancery*, Oxford: Clarendon Press, 1967, p. 468。

表明,该制定法适用于大法官法院中的诉讼。"①柯克和一些普通法律师则坚持普通法判决后的禁令违反了《蔑视王权罪法》是错误的。柯克在他的《英国法总论》第三卷中对该裁决的权威性提出了质疑。他说该裁决是通过胡搅蛮缠而获得的,并且国王对法律的管辖权仅仅在他公平地依法判决的时候才能够获得。与柯克同一时代的詹金斯(Jenkyns)也在他的《18世纪判例集》(Eighteen Centuries of Reports)一书中,描述了"大法官法院中管辖权的越权、审查普通法判决"等法律滥用行为。他说,那个法院除了执行信托制以及缓和罚金和没收制度的僵硬性以外,什么都不能做。② 就晚近的法律史学家来看,贝克坚定地站在了柯克的一边,认为这种对禁令的使用是违法的。③

尽管如此,目前学界主导性的结论仍然是这些制定法的本意并不包含大法官法院。如布莱克斯通所言,"首席法官柯克显然是错误的"④。许多学者给予1616年的国王判决以很高的历史地位。如霍兹沃斯评论说,詹姆斯的决定"如此明显的正确",因为它使得有益于诉讼者的衡平法制度完整无缺。⑤ 而梅特兰甚至评论说:"大法官法院的胜利是最终的和彻底的——并且如果我们想要有一个完全的衡平法院,

---

① St. Germain, Doctor and Student, Vol. I, Chap. 18. at http://www.lonang.com/exlibris/stgermain/sgm-118.html.

② 转引自 D. M. Kerly, *An Historical Sketch of the Equitable Jurisdiction of the Court of Chancery*, London: Cambridge University Press, 1890, p. 115。

③ 贝克主张:"这一程序是一种非常规的上诉,一种对以国王自己名义作出的判决的非法挑战。"他还补充说:"一旦尘埃落定,1616年的判决将被看做是非法的……" See J. H. Baker, *An Introduction to English Legal History*, London: Butterworth, 1990, pp. 92-93.

④ William Blackstone, *Commentaries on the Laws of England*(1765-1769), Vol. 3, Chap. 4, at http://www.lonang.com/exlibris/blackstone/bla-304.html.

⑤ See William S. Holdsworth, *A History of English Law*, Vol. V, London: Methuen & Co., 1945, p. 237.

它是一个必要的胜利。"①

三、1621年的冲突

事实上,梅特兰的论断有些言过其实,1616年国王的判决并不意味着大法官法院与普通法法院之间冲突的终结。在1616年之后,普通法法院和大法官法院之间的冲突并未消失,而是忽隐忽现,依然存在,并在1621年以弹劾培根的腐败问题作为导火索而再度爆发。

作为1616年之后首位大法官,培根并未肆意将大法官法院的判决凌驾于普通法之上,而是有意拉拢、有所克制,实现了两者之间关系的缓和。因此,历史学家一般将柯克的解职以及柯克被顺从于国王的亨利·蒙塔古(Henry Montague)所取代看做普通法法院和大法官法院之间激烈的法律争议的结束。②比如,贝克已经注意到,在培根的剩余任期内就没有听到过什么原先存在的争吵。③但事实上,普通法律师们的愤懑之情只是被暂时压抑,并未消失。普通法法官们并未善罢甘休,而是试图依靠作为同盟者的议会的力量东山再起,1621年弹劾培根事件就是一个明证。对于普通法法院和议会的联手反抗,国王詹姆斯一世通过选择威廉姆斯主教为国玺大臣的方式还以颜色,再次宣告衡平法对于普通法的优势地位。

(一)培根遭弹劾:柯克所领导的普通法法院的反抗

尽管在培根担任大法官期间,普通法法院和大法官法院之间剑拔

---

① See F. W. Maitland, *The Constitutional History of England*, London: Cambridge University Press, 1908, p. 270.

② See John P. Dawson, "Coke and Ellesmere Disinterred: the Attack on the Chancery in 1616", *Illinois Law Review of Northwestern University*, Vol. 36, 1941.

③ See J. H. Baker, "The Common Lawyers and the Chancery: 1616", *The Legal Profession and the Common Law: Historical Essays*, London and Ronceverte: Hambledon Press, 1986, p. 227.

弩张的气氛不复存在,而且培根也作出了种种示好的表态,但两者和谐相处的表象之下涌动着奔腾的暗流。这股暗流终于在1621年爆发。这一次,在柯克的领导下,议会成为攻击大法官法院的主力,而弹劾及立法成为挑战大法官法院权力的主要手段。①

1621年,在培根担任大法官五年后,议会通过恢复使用一个由下院所发动的、已经有161年未被使用过的弹劾程序,以受贿之罪名剥夺了培根的法律职位。培根的弹劾被认为是詹姆斯一世的第三届议会最预料不到且具有戏剧性的事件。19世纪,培根的传记作家在评论该案时说:"很难找到这样的一个案件,事先几乎没有任何警告,并且其原因部分是如此清楚,而部分是如此模糊且难以了解。"②历史学家们从各个角度对这一问题进行了探讨,特别值得我们注意的是达米安·鲍威尔(Damian X. Powel)的分析,他在"为何弗朗西斯·培根被弹劾?再探普通法法学家与大法官法院:1621"一文中,将针对培根的弹劾放到1621年下院针对大法官法院所发起的攻击这样一个更为广泛的框架中,进而主张1621年对培根的弹劾源于议会试图重新获得在1616年随着柯克的解职而丧失的对于大法官法院的支配权,在很大程度上是1616事件的后续。③以下即对1621年的弹劾及相关立法情况作一简单介绍。

---

① 议会以立法的方式来改革法院权力滥用的权力是柯克及国王官员们在1621年争论的一个问题。总检察长希斯主张议会没有这一权力,而柯克和其他人,比如爱德华·奥尔福德(Edward Alford)则不同意,奥尔福德宣称:"法院的管辖权受到议会的限制……除了改变王权的权力之外。"转引自 Danian X. Powell,"Why was Sir Francis Bacon Impeached? The Common Lawyer and the Chancery Revisited:1621", *History*, Vol. 81, Issue 264, 1996, n. 62。

② Robert Zaller, *The Parliament of 1621: A Study in Constitutional Conflict*, Berkeley and Los Angeles: University of California Press, 1971, p. 84。

③ See Danian X. Powell, "Why was Sir Francis Bacon Impeached? The Common Lawyer and the Chancery Revisited:1621", *History*, Vol. 81, Issue 264, 1996。

弹劾培根的主张来自于一个由下院成立以争取法院改革的委员会。该委员会由爱德华·柯克爵士、埃德温·桑兹(Edwin Sandys)以及罗伯特·费利普斯(Robert Phelips)爵士所领导。1621年3月10日,詹姆斯一世提醒其成员,他们"只是一个记录机构(a house of record)……你能够惩罚到什么程度,你的特权是什么,是一个问题。"下院礼貌地忽略了此后国王控制此事的企图,并且强调他们对于惩罚那些"误导国王"之人的兴趣以及"这些人可能被子孙后裔唾骂"。3月19日,下院请求"国王对纠正法院的事务予以特别的尊敬",因为此时针对培根的调查已经到达了关键时刻。

3月25日,罗伯特·费利普斯爵士基于一个次级委员会对于法院中的权力滥用的调查报告,提出了直接导致培根遭弹劾的贿赂指控。4月30日,培根向上院作了全面供认,放弃了任何重新获得主动权的希望。1621年5月3日,上院以法律腐败之名弹劾培根,判决如下:

第一,英格兰大法官——圣奥尔本子爵,应当被处以40000镑的罚款和赎金。

第二,他将根据国王的意愿被监禁在伦敦塔中。

第三,他永远无法担任任何公职。

第四,他将永远无法在议会中议事,也不得跨入宫廷一步。

这是这一最高法院的判决。①

值得注意的是,1621年,除了培根之外,还有三名特权法院的领袖人物受到攻击,他们是副总检察长亨利·耶尔弗顿爵士、大法官法院主事官约翰·贝内特(John Bennet)爵士以及主教西奥菲勒斯·菲尔德(Theophilus Field)。尽管耶尔弗顿对从前的特权法院抱批评的态度,

---

① *Journal of the House of Lords*, Vol. 3, 3 May, 1621, at http://www.british-history.ac.uk/report.asp?compid=30303#s5.

1613年培根提到他时将其看做国王的支持者;此外,作为副总检察长,耶尔弗顿在蔑视王权罪的问题上支持培根、反对柯克。而贝内特则是一位主要的"特权者",他在相当长的职业生涯中都对普通法律师持批评的态度,致使罗伯特·兰克卡索普(Robert Crankanthorp)在柯克被解职的那一年将一本强调罗马法典价值的小册子《为查士丁尼皇帝辩护》题献于他。菲尔德早年就对于教会高等委员会(the Ecclesiastical High Commission)进行过攻击,因此他几乎不可能受到普通法律师的欢迎,而他与培根的密切关系很可能也是导致他在1621年被攻击的重要原因。

1621年议会对于大法官法院攻击的发展表明了普通法律师对司法改革的勃勃雄心。在将约翰·贝内特的案件提交给上院的时候,柯克对于司法腐败的性质作了最为全面且敏锐的观察。他告诉上院:"我们做得很好,但惩罚一名腐败的法官仅仅是剪除了一根腐枝。"柯克主张,贝内特的犯罪仅仅是冰山之一角,事实上,整个司法系统都出现了问题。如果源头腐败了,人们"无法期待任何源自它们的东西是健康的"。考虑到普通法法院对于国王干预的脆弱性,"议会的最高法院"必须在司法改革中扮演一个必要的角色:

> 王国和国民全体可以被比做一块肥美的土地以及一个令人愉快的花园,但是如果该田地没有被耕种,而该花园没有经常除草,则必然滋生腐败……因此议会经常是必要的,可以借此判定良法以防止和惩罚腐败。①

柯克的这一主张为"司法法院委员会"所采纳,它试图对"一个法院

---

① 转引自 Danian X. Powell,"Why was Sir Francis Bacon Impeached? The Common Lawyer and the Chancery Revisited:1621",*History*, Vol. 81, Issue 264, 1996。

强加于其他法院的管辖权中"的非法行为予以救济。

在整个委员会的行动中,立法与对管辖权的调查相配合。"2月初为了限制大法官法院中的诉状",柯克引入了一个议案,并于2月17日与爱德华·萨克维尔(Edward Sackville)爵士一起在言辞上攻击大法官法院以及理财法院。2月18日,该委员会听取来自弗利特监狱典狱官的证词,海事法院滥用权力的行为"为来自大法官的命令(commandment)所授权,并且是根据一个大法官法院的规程"。此前十年,大法官一职已成为特权法的最有潜力的象征。随着事情的发展,下院议员们看到了论证他们最深切的怀疑——即大法官法院导引了法律的腐败——的大好良机。爱德华·埃杰顿爵士问道:"如果泉源满是泥浆,溪流会怎样?"

"让一切恢复如初"是柯克在议会中的呼声,同时塞缪尔·桑兹(Samuel Sandys)爵士要求关于大法官法院"我们不能留下此人,否则接替该职位的下一任人选也难免受其影响"。即使在针对培根的判决被通过之前,费利普斯已经建议"设立一个委员会来考虑大法官法院的原有形式,以及它如何变为现今的状况和如何使它恢复如初"。柯克争论道:"在管辖权和权力滥用的地方;拿走权力滥用,留下管辖权;在没有管辖权,只有侵蚀的地方,把它们都拿走……大法官法院无法干预普通法上的任何事情。"①

作为培根解职的余波,下院以立法方式直接挑战大法官法院的权力。3月1日,该院提出一个议案"以防止并处罚在自威斯敏斯特宫获得传票过程中的权力滥用"。柯克挑选它的企图是"去除大法官法院中诉讼的滥用"。② 3月6日,另一份议案被提交,其内容主要针对"衡平法院中的一些错误行为并为了增进衡平法院中的正义"③。事实上,为

---

① See Commons' Journals, Vol. I, pp. 574,578.
② See Ibid., p. 533.
③ See Commons Debates, Vol. II, p. 169.

了削弱大法官法院的权力,一大批议案被提出。比如,为了"限制衡平法院中的诉讼",委员会提出了"防止衡平法院中的一些错误行为法"的议案。① 还有一份议案敦促引入新的立法"以撤换无法胜任的审议委员(juror)",主张正是他们使得大法官法院的事务增长过度。

大部分议案致力于削减大法官法院的权力,但也有议案致力于事实上完全剥夺大法官法院的独立司法权。一个"要求在大法官法院中设立两名助理法官"的法案在4月30日在下院被提出。这一法案要求,"将精通本王国普通法的两名法官增加至上述大法官法院,提供持续的辅助。并且认同大法官法院从此以后应当永远包括四名主要法官……即大法官或者国玺大臣、卷宗主事官以及两名博学的普通法法官"。新任命的普通法法官拥有"在制定判决和命令的过程中,在大法官法院的所有诉讼中,同样的权力和声音"。在该法院中,所有未来的判决和命令都要经全部四名法官同意才能作出;如果没能达成一致,"那么,国王的王座法院和民事诉讼高等法院的两位首席法官以及财政署的首席男爵……应当加入该法院的其他四名法官一起问案……这一法院的判决或者命令由上述法官的多数意见所作出或者确认。"②

虽然在1621年的攻击大法官法院的演说中不乏夸张过激之词,但是潜在的动机是足够清楚的。用埃德温·桑兹爵士的话来说,弹劾大法官培根是"所有法院患病,要求一个新时代"的明确的征兆。③ 如果我们考虑1621年引入的反对大法官法院的议案中所包含的立法雄心就可以明显地看到,我们已经转了一个圆满的圈,回到了1616年的事

---

① See *Commons' Journals*, Vol. Ⅰ, p. 585.
② *Commons Debates*, Ⅲ. 194, pp. 244-248. 另参见 *Commons' Journals*, Vol. 1, 30 April, 1621, at http://www.british-history.ac.uk/report.asp?compid=4244#sec4817.
③ See *Commons' Journals*, Vol. Ⅰ, p. 584.

件。如果律师下院议员要拥有他们的道路,那么"在普通法判决后,在大法官法院中不应当接受任何诉讼"。他们要将大法官法院置于普通法法院的控制之下的企图在一个由"司法法院委员会"提出的试图规制整个法律系统的管辖权的议案中被切实地证明了。

然而,尽管议会的挑战来势汹汹,但是他们的努力却遇到了有力的阻碍,詹姆斯一世国王以任命主教威廉姆斯为国玺大臣的方式予以迎头反击。

(二) 国王的反击:任命威廉姆斯主教为国玺大臣

在这次议会全面攻击大法官法院的关键时刻,詹姆斯国王任命了一位神职人员——威廉姆斯主教为新一任的大法官,给予普通法法官及议会以有力的一击。根据托马斯的分析①,威廉姆斯之所以获得国王的垂青,主要是基于两个原因:

首先,他是一名神职人员。一方面,詹姆斯秉持中世纪的一般理念,相信神法是最高的,并且良心从属于该法。他提醒议会"我们的法律和其他所有的法律都低于上帝的法律;因为没有书本或者法律是完美的,也都无法免于腐败,除了上帝之书和法律"②。另一方面,他又大大地推进了这一观念,复兴了在中世纪给予神法以及它的"解释者"神职人员的显赫地位。他在1616年抱怨:"王国中的法律被过于忽略,并且教会被过于轻视。大人物们、法官们以及各个阶层从最高到最低的人们已经过于蔑视它们,而且在我们自己的法律中,如果我们不尊敬并且遵守上帝的法律,上帝不会保佑我们;它无法被遵守或者尊敬,除非

---

① See G. W. Thomas, "James Ⅰ, Equity and Lord Keeper John Williams", *The English Historical Review*, Vol. 91, No. 360, 1976.

② *The Political Works of James* Ⅰ, p. 311, Speech in Parliament, 1609. 转引自 G. W. Thomas, "James Ⅰ, Equity and Lord Keeper John Williams", *The English Historical Review*, Vol. 91, No. 360, 1976, p. 517。

它的解释者被尊敬。"①

国王的良心是上帝所授予的使得他能够辨明上帝之法的能力。这一良心也是大法官法院中所适用的衡平法的基础。既然神法是最高的,良心是辨明它且将其适用于特定情况的能力,并且认同大法官法院是国王的最高法院以及大法官是最高的法律官员,一位神职人员适合最高的职位,那么,任命神职人员担任大法官自然是最好的选择:其一,作为一名神职人员,他就是神法的理想的解释者。其二,任命神职人员于这样一个显赫的职位将如詹姆斯所渴望的那样,保留对于教会的神圣的尊敬。而且,一名教会人士在保管国王的良心和在大法官法院中实施衡平法可能更为可靠。如哈克特(Hackett)所指出的,即使所有的神职人员并不对腐败免疫,但"在上帝神圣召唤的作用下"更有可能获得一位诚实的大法官。②

由此可见,任命神职人员担任大法官与国王詹姆斯一世所秉持的哲学立场、政治立场是一致的。

其次,面对议会气势汹汹的指责,威廉姆斯主教给予了国王最为有力的支持。他向詹姆斯一世上书,不仅为国王提供了反击议会针对大法官法院攻击的理论武器,同时也提出了一份详细的大法官法院的改革计划。

威廉姆斯并不反对改革的必要性,但否认议会拥有改革大法官法院的任何权力:"在衡平法院中,国王(如同上帝自己)通过他自己个人的善和正义进行统治,尽管是放在另一个人的胸膛里(根据他的意

---

① *The Political Works of James* Ⅰ, p. 311, Speech in Parliament, 1609. 转引自 G. W. Thomas, "James Ⅰ, Equity and Lord Keeper John Williams", *The English Historical Review*, Vol. 91, No. 360, 1976, p. 518。

② See G. W. Thomas, "James Ⅰ, Equity and Lord Keeper John Williams", *The English Historical Review*, Vol. 91, No. 360, 1976。

愿)。"议会有何权力能够主张这些专属于国王的特权？根据古代惯例，议会所能做的仅仅是解释"法院中的腐败"，但改革总是国王的特权，他可以或者自己做或者将这一任务授予"英格兰的法官"——一位特别任命的临时的官员。无论如何，议会过去的记录和现在的条件都使得它无法成为改革的工具。

为了应对议会对于大法官法院的攻击，威廉姆斯非常有策略地作了一个区分。他提醒詹姆斯一世，在宗教改革期间，他们的先人已经"通过摧毁宗教的整栋房子"改革了教会。"事实上，任何曾经由一群人或者会议所承担的改革都没有能够将人与物区分开来，将使用与滥用区分开来。在现在的环境下，不仅仅是议会可能混淆法院本身的权力滥用和其官员们的权力滥用之间的界限，而且由于下院充斥着普通法律师，以至于它无法成为一名公正的改革者。这些普通法律师会吸干大法官法院，并且将所有的水移到他们自己的坝里去。"律师们以及治安法官们经常为大法官法院"公正地控制和罢免"，他们不能在这次改革中忘记这一事实。威廉姆斯警告说，如果大法官法院的权力被削弱，国王面临的将不是拥有一个大法官的危险，而是"13 或者 14 名绝对的大法官"的危险。管辖权是一件事，滥用则是另一件事。因此，大法官法院的官员们可以被改革，但大法官法院的管辖权不能被削弱。这无疑是一个非常高明的弃卒保帅之举。

那么如何改革呢？大法官法院的问题主要表现为两个方面：一是大法官法院中官员们的腐败以及玩忽职守；二是大法官法院程序的拖拉和烦琐。对此，威廉姆斯提供了数个具体的建议：听审应当放在固定的日期；一个公共的封印应当在休庭期每周、在开庭期则每隔一天被获得；判决和命令都不能基于私人的请愿书而被授予，而只能基于公开法庭上的动议；在每个诉讼中应该有明确的、固定数量的介绍人(references)；如果被告因原告错误的诉愿而造成损失，他们应当获得更高的审理费用的补偿。大法官也不能够推翻其前辈的判决,否则案件就有可能永不终结。

在捍卫了特权并提出了改革计划之后,威廉姆斯继而提出实现其改革方案的途径。他提出,按照古有惯例,应当由国王任命一位临时的"英格兰法官",该法官有权下令改革所有的法院并处罚它们的法官。詹姆斯应当将"一个更为重大的、更富有且不腐败的头脑,放置于大法官法院巨大的、有力的身体之上",并将改革大法官法院的权力滥用的任务交给"一些神圣的大力英雄"。大法官一职应当成为一个临时职务,仅仅维持三四年,而非终身。威廉姆斯宣称,从以往的实践来看,在亨利三世时期有24位大法官,而在爱德华三世时期有22位大法官。而且,在爱德华三世时期仅有两位是王座法院或者民事诉讼高等法院的法官。相比之下,伦敦执事长在亨利三世期间两度担任大法官,而大主教约克的斯格特(Scot)在15世纪的时候三度担任大法官。[1]

该方案在关键时刻确认了国王自己的观点,支持他反对议会的立场,同时又聪明地堵住了议会的指责与抱怨,成为詹姆斯一世在与议会对峙中的有力支撑。

由此,威廉姆斯获得了一份优厚的报酬——1621年7月10日,威廉姆斯主教被正式任命为大法官。这一任命确认了普通法法院与议会联合于1621年发起的对大法官法院攻击的失败,也再次宣告了大法官法院对于普通法法院的优势地位。我们可以说,衡平法对于普通法的至高性最终是在1621年而非1616年确立了起来。

总之,至16世纪末17世纪初,大法官法院在组织机构、诉讼程序

---

[1] See G. W. Thomas, "James Ⅰ, Equity and Lord Keeper John Williams", *The English Historical Review*, Vol. 91, No. 360, 1976.

以及管辖权等方面面临严峻挑战。如果说组织机构和诉讼程序面临的挑战主要是源自大法官法院本身的制度缺陷,那么,管辖权的冲突在更大程度上源自外部大环境变化的压力,具有更多的政治意味。在沃尔西垮台之后,在大法官法院和普通法法院的冲突中,胜负的天平最终掌握在国王的手中。而斯图亚特王朝国王们的政治倾向早已注定了他们的立场。因此,尽管在一个个案件的抗争中,普通法法官们费尽心思,极力抗拒大法官法院普通法禁令的干预,但是,詹姆斯一世于1616年的裁决最终宣告了普通法法院在这场战争中的失败。尽管1621年普通法法院的同盟军议会以弹劾培根为契机再度对大法官法院的衡平管辖权发起攻击,但是在威廉姆斯主教的配合下,获得国王支持的大法官法院再度化险为夷、转败为胜。这些无疑告诉我们,大法官法院与普通法法院之间的管辖权冲突不仅是法律的冲突,更是政治的较量。

第八章 大法官法院衡平法产生发展的动因

通过对英国衡平法的起源、早期大法官法院的组织机构、衡平法的诉讼程序及管辖权的考察,我们无疑可以确定,这一时期的大法官法院衡平法具有与同一时期普通法截然不同的行政性和宗教性的特征,至都铎王朝和斯图亚特王朝时期,大法官法院的衡平法才日益为普通法所同化,早期的这两大特征才逐渐消失。

那么,促成英国早期大法官法院衡平法的行政性和宗教性的特征及其变化的原因何在呢?笔者认为,国王基于伸张王权、巩固王权的诉求而同封建贵族及教会进行斗争与合作是造成英国早期衡平法的特征发展变化的根本政治动因。具体而言,国王在与贵族等世俗权力的斗争中极力实现王权的冲动导致了英国大法官法院衡平法的产生并赋予其行政性特征,而国王在17世纪上半叶的资产阶级革命中的失败则导致英国大法官法院衡平法行政性特征的削弱;同样,基于实现王权的目的,国王与教会的合作赋予英国早期大法官法院衡平法宗教性特征,而国王与教会的冲突则最终导致宗教性的丧失。

一、行政性特征产生及变化的原因:王权与贵族的斗争与合作

一般认为,大法官法院的衡平管辖权产生和发展的直接原因在于普通法本身固有的缺陷无法满足社会发展的需要,无法调整因为社会

经济的发展而产生的新的经济关系、社会关系。但如果从当时的政治变化上寻找原因,笔者认为,促成大法官法的衡平管辖权诞生的关键在于国王赖以伸张王权、加强其统治的渠道发生了变化。

(一) 安茹王朝及兰开斯特王朝、约克王朝:大法官法院衡平管辖权的产生和发展

自诺曼征服以来,诺曼及安茹王朝前期的国王主要通过构建统一的普通法法院、发展通行全国的普通法来加强王权对于全国的统治。这一方式是相当成功的,也由此在英格兰造就了当时欧洲最为强大的王权。

但是,国王扩张王室法院的司法权从而加强王权的方式在亨利三世时期遭遇了重大挫折。1258 年,在武装贵族的压力之下制定的《牛津条例》明确禁止大法官未获国王及咨议会之首肯而签发新的令状,这导致普通法从此无法根据社会的需要同步发展。尽管 1285 年的《威斯敏斯特第二条例》对此予以修补,允许签发类案令状,但这没有从根本上改变普通法法院司法管辖权受限制的事实。[①]

与此同时,脱离御前会议独立发展的普通法法院也日益表现出不受国王任意控制的迹象。有学者认为,12 世纪末开始的英格兰法律职业共同体的形成促成了普通法法官们的这种反抗意识的觉醒。这种觉醒表现在当时法学著作的思想转变中。12 世纪末,亨利二世时期的摄政官格兰维尔所著的《论英格兰王国的法律与习惯》一书尚认同罗马法的观点,认为国王是一国之内的最高统治者,主张绝对的君主制;13 世纪中期以后布雷克顿在其著作《论英格兰的法律与习惯》中已然主张国王也应该遵守法律。据说,17 世纪初柯克与詹姆斯一世国王抗争时引

---

① See W. Barbour,"Some Aspects of Fifteenth Century Chancery", *Harvard Law Review*, Vol. 31, 1917-1918.

用的名言——"陛下虽高居万人之上,但却在上帝和法律之下"也来自布雷克顿。[1] 这种觉醒也表现在当时的法律实践中。法官们为了坚持正义时常违背国王的指示。英国学者特纳在《格兰维尔和布雷克顿时代的英国法官》一书中,曾对12世纪后期到13世纪中叶几十位著名法官的司法实践进行过系统研究,他得出结论说:"这时,法官们正在形成一种严肃的责任感,即不顾国王的意愿,对所有人公平执法。尽管他们总是致力于保护国王利益,但他们感到,作为国王的代理人,保持高水准的司法是他们的义务。"[2]这种严肃的责任感使得法官们在实践中致力于维护自己独立司法、捍卫正义的权力。如亨利三世统治早期,国王咨议会出于政治原因推翻了巡回法院的一项判决,巡回法官们立即联名上书抗议,指出:"既然我们是你们选择的——而不是我们自己选择的——法官,既然你们命令我们为了国王和王国的安宁而进行巡回审判,那么,为所有人伸张正义、对富人和穷人一视同仁、绝不考虑个人利益就是正当的和值得尊敬的。……根据我们的理解,我们没有做任何令国王或者好心人不快的事。因此,你们这样做对于国王的尊荣和我们的声誉都是不利的。"[3]1234年又发生了类似的事件。这一年,国王亨利三世以特别命令的方式将休伯特·德·博格逐出法律保护之外,法官威廉·雷利代表法庭宣布国王的命令是无效的,最后,雷利和法庭获得了胜利。[4]

而作为英格兰普通法法院系统中最高法院的议会尤为明显地表现出权力扩张并且制约王权的倾向。13世纪,议会刚出现时只是国王的

---

[1] 参见李红海:《普通法的历史解读——从梅特兰开始》,清华大学出版社2003年版,第334页。
[2] 转引自程汉大:《英国法制史》,齐鲁书社2001年版,第340—341页。
[3] 转引自同上书,第341页。
[4] 同上。

一个法庭,时人称之为"国王高等法庭"(King's High Court)。爱德华一世时面世的英国第一部法律著作把议会的职能描述为:"审理上诉案件,仲裁地方或各级封君法庭司法裁判当中遇到的疑难问题,对无案例可循的案件予以特别裁断,以使每一个人都得到公正的对待。"就其职能而言,议会与国王的三个普通法法院多有重叠之处,但在普通法法院诉讼需持有令状,程序复杂且审理时间漫长,而在议会只需要提出口头请愿即可得到明确的答复,于是很多人便谋求当选为议员,以使自己的诉讼更迅速地得到"公正"的解决。1327年,奥莱顿主教亚当曾说,议会的全部价值在于它能"为所有人主持公道"。1347年,议会召集令状称,召开议会的目的并不是为了征税,而是为了给受到伤害的人们主持正义。1362年和1376年,下院两次请求国王每年召集一次议会,以便及时纠正损害国民利益的种种错误和失误。① 尽管到14世纪中叶时议会已经获得了它的两项主要权力,即批准赋税权和立法权,但咨议会和贵族会议也经常有权行使这两项权力。此时的议会与其他机构的唯一区别在于它是请愿的场所,是为国民"主持公道和正义"的机关,就此而言,它在本质上仍是一个法庭,而非一个立法机构。② 因此,在某种程度上,当时的议会更多地扮演了英格兰普通法法院系统中的最高法院的角色。

但是,批准赋税权和立法权的获得为议会抗争王权奠定了权力基础,此时的议会开始表现出独立于王权、制约王权的倾向。爱德华二世最后一年召开的议会上,温彻斯特主教发布《斥国王书》,历数国王种种劣迹,迫使爱德华二世退位。该事件开创了议会逼王退位的先例。14世纪40年代,爱德华三世欲治罪于抗拒王命的斯特拉特

---

① 参见刘新城:《英国都铎王朝议会研究》,首都师范大学出版社1995年版,第106页。
② 参见同上书,第108—109页。

福德和财政大臣罗杰·诺恩伯格,但在议会的抵制下,国王被迫放过这两人。爱德华三世统治末期,党争激烈,议会两院多次联合弹劾国王宠臣。而1399年,理查德二世也在议会上被反叛贵族以"独裁、破坏自由和法律、不正当地利用议会、践踏议会法"等罪名废黜。兰开斯特时期,由于王位不稳、幼王执政等多种原因,王权向贵族作出较大让步,甚至一些政府大臣也由议会任命。① 至15世纪,人们已经普遍把议会视为一个享有特殊权力的全国性政治会议。15世纪六七十年代,王室法院法官福蒂丘斯在专论英国政府的著作中指出:"王权应受到政治法律的限制,这就是英国的法则。"而在诸多法律中,议会法最有利于全体国民,是国王不能擅自或伙同几个近臣一起随意改动国家的法律,如国王的法令与议会法相抵触时则必须服从议会法。这表明,14、15世纪的议会不再是一个单纯的"国王法庭",而是变成了一个全国性的政治会议,在国家政治生活中具有相当重要的地位,甚至很高的权威。② 因此,一些西方学者认为,在爱德华三世去世之前,议会基本上是从属于王权的一个法庭,所以应该把议会称为"国王的议会"。而在那之后,议会抗衡国王的能力增强,议会有时游离于王权之外,变得不再完全驯服,国王和议会经常处于对立状态,所以两者的关系变为"国王与议会"。③

总之,普通法法院和议会表现出来的独立倾向及对王权的挑战都意味着国王在传统上主要通过发展王室法院的管辖权、构建通行全国的普通法来加强对国家控制的方式已经行不通了。

面对这一困境,英国国王没有束手待毙,而是通过建立新的统治机

---

① 参见刘新城:《英国都铎王朝议会研究》,首都师范大学出版社1995年版,第110—111页。
② 参见同上书,第112—113页。
③ 参见同上书,第116页。

构完成了治理方式的转变。这个新的统治机构就是咨议会。

作为帮助英国国王治理国家的政府机构,咨议会和普通法法院、议会一样都起源于诺曼及安茹王朝的御前会议(Curia Regis)。御前会议在性质上是一个大型的权力职能尚未分化的政务会议,由世俗宗教贵族以及王室官员组成,国王以此处理一切中央政府工作——司法、立法、行政。但在12至14世纪,出现了一种将政府不同职能交由不同机构执行的分化趋势,行使司法职能的普通法法院和行使立法权、征税权的议会先后从中分离出来后,御前会议演变为咨议会。

一般认为,咨议会于13世纪正式产生。1215年的《大宪章》第61章被认为为咨议会的存在提供了法律保证。该条规定,为保证《大宪章》的实行,应该成立一个由25名男爵组成的常设委员会监督国王和大臣的行为。① 亨利三世统治时期则被认为是咨议会独立的关键阶段。亨利三世统治早期,咨议会的成员并不固定。但至亨利三世统治晚期,国王与贵族们就参加咨议会的问题发生争议,亨利三世希望咨议会由官员和为其利益卖命的外国人组成,而大贵族们则希望保持自由参与国家高层政务的权力,由此引发了咨议会的改革。1234年的"咨议官宣誓"被视为咨议会发展的一个比较重要的步骤。自此,咨议官必须郑重宣誓,保证忠于国王,同时,这种宣誓又可以显示某贵族王亲的显要身份,是被王室重用的标志。宣誓内容包括为国王提供良好建议,保护王室领地的完整,根据王国法律和习惯有效、公正和廉洁地执法等。稍后,1244年的咨议会改革和1257年至1265年的封建大贵族对抗王权的斗争也是咨议会发展的重要阶段。② 1258年的《牛津条例》规定成立一个以大贵族为主体的15人委

---

① 参见阎照祥:《英国政治制度史》,人民出版社1999年版,第64页。
② 同上。

员会参与国事管理,国王必须依照委员会意见治理国家,政府高级官员和地方官员每年应向委员会述职以决定去留。① 在经历了1257年至1265年这八年与贵族兵戎相见的激烈斗争之后,在亨利三世击败了反对他的贵族取得了胜利的同时,作为这场斗争的副产品,咨议会人员的组成、职权等相对明确了下来。

自13世纪之后,咨议会一直处于一种定型与不定型之间的不稳定状态,这种情况一直持续到15世纪,其成员一般由国王指定,主要是包括大法官、国库长、御玺大臣在内的各行政大臣,有时还有一些教俗大封建主参加,人数约二十人左右。②

就具体职责而言,自13世纪形成以来,咨议会既是国王的咨询机关,也是一个执行机关,履行着立法、行政、司法等多方面的职能。

一方面,咨议会享有立法权力与行政权力。作为议会的必要组成部分,咨议会通常提出议案并且为国家立法和税收等大事的讨论准备议程。如果议会决定战争、和平、政府改革或者立法以及税收等重大事项,那么,决定的具体实施便是咨议会的职责。咨议会还负责战时行政、军需供应以及与其他国家的协商。除了当议会决定干预的时候,对商业的规制也掌握在国王和咨议会的手中,这包括贸易条约、羊毛原材料的规定以及设定关税。国王和咨议会最为重要的功能就是颁布敕令,敕令是指临时的行政命令或专门为某事颁布的规章,它常常为议会颁布的制定法奠定基础或者详细补充制定法的主要政策。③

另一方面,咨议会还享有部分司法职能,行使国王保留的常规法律体系之外剩余的司法管辖权,但是只有当普通法本身的缺陷不能保证

---

① 参见阎照祥:《英国政治制度史》,人民出版社1999年版,第64页。
② 参见马克垚:《英国封建社会研究》,北京大学出版社2005年版,第268页。
③ See Bryce Lyon, *A Constitutional and Legal History of Medieval England*, New York and London: W. W. Norton & Company, 1980, pp. 505-506.

司法公正时,才可诉诸国王的剩余司法权。咨议会管辖的是普通法不能有效解决的案件、超过普通法管辖范围的案件、事关国王利益的案件以及法律本身有错误的案件。① 后来,随着咨议会事务的增加,咨议会的司法管辖权被转移给大法官和星室法院,由此实现了大法官法院的独立。②

因此,自亨利三世开始,咨议会就成为英格兰政府的核心机构,国王正是借由它来实现对于国家的掌控。在很大程度上,咨议会的权力扩张可以被视为王权的扩张。为了对此予以遏制,议会曾多次试图夺取、限制国王对咨议会的控制权。

如爱德华二世时期,部分贵族不满国王宠信加维斯通,迫使国王颁布1310年法令,宣称由于咨议会成员建议不当,致使王国治理无方。该法令要求咨议会成员的任命要经贵族的提议和同意,在议会中由国王指定。但1311年法令从未得以实行,并经国王努力于1322年被宣布无效。在爱德华三世时期,国王为获得议会的税收支持,被迫承认任命咨议会成员应由大贵族同意,这一规定经1341年议会通过成为法令。但国王不久即通知各地郡长,宣布废除这一法律。此后,在1376年、1378年,议会两次违背国王意愿,依议会要求改组咨议会。1386年,议会对支持国王的咨议会提起弹劾。③ 1401年,下院提出,咨议会成员应由议会提名和任命,亨利四世表示赞同,这一提议在1404年付诸实施。1422年,亨利六世继位时不满周岁,当时组成政府的17名咨议会大臣也是由议会任命的。④

---

① See William S. Holdsworth, *A History of English Law*, Vol. I, London: Methuen & Co., 1956, p. 478.
② 这一点在第二章中已经有详细的阐述,在此不予赘述。
③ 参见马克垚:《英国封建社会研究》,北京大学出版社2005年版,第267—270页。
④ 参见刘新城:《英国都铎王朝议会研究》,首都师范大学出版社1995年版,第113页。

但是，由议会决定咨议会成员名单、咨议会成员向议会宣誓之事只是偶然发生，大都是在王权衰微、国王病重或尚未成年的情况下，而且这也无法阻止国王日后撤换他们。总的说来，一旦国王有能力执政，咨议会的任免权仍掌握在国王的手中，咨议会仍是国王控制的一个执行其个人意志的中央政府的核心管理机关。这一论断可以从1423年后没有任何有关咨议会的立法通过、咨议会也没有再在议会宣过誓这一事实中得到支持。

因此，我们可以认为，尽管存在一些例外，咨议会通常都处于国王的全面控制之下，它是伸张王权的工具，而非表达贵族利益的渠道。在普通法法院和议会日益独立的背景下，咨议会代替这两者成为国王伸张王权的新渠道，并且与这两者展开了激烈的竞争。

作为实现国王特权的机构，与其他机构相比，咨议会具有独特的优势，它的司法和行政职能紧密结合到前所未有的程度。[①] 咨议会在实现其司法权的时候能够不受普通法的那些程序束缚，使用一些以国王特权为支撑的理念和程序。比如，在行使司法管辖权的时候，咨议会由国家政策而非任何固定的法律原则所引导。咨议会的司法程序简单灵活，它不需要陪审团，而是法官通过究问的方式来发现事实；咨议会能够迫使被告作出对自己不利的证词；咨议会能够下令拷打。[②] 比起普通法院来说，咨议会权力更大，也更有效率。

但是，咨议会通过这些不同于普通法的理念和程序实现司法权招致议会与普通法的猛烈攻击。

一方面，议会和普通法法院否认咨议会拥有纠正一般普通法法院

[①] See A. T. Carter, *A History of English Legal Institutions*, London: Butterworth & Co., 1906, p. 137.

[②] See Colin Rhys Lovell, *English Constitutional and Legal History: A Survye*, New York: Oxford University Press, 1962, pp. 215-216.

判决的权力。当1365年咨议会推翻了巡回法院的判决时,民事高等法院并不承认这一撤销,指出咨议会没有权力推翻普通法法院的判决,但是咨议会仍然试图纠正。1402年,议会颁布了制定法,宣称咨议会无权纠正普通法法院施用法律中的错误。①

另一方面,议会和普通法法院也对咨议会作为初审法院的管辖权进行长期争斗。早在1331年,议会就试图通过制定法来界定所有普通法法院的诉讼。这一制定法此后在1351年、1354年、1363年、1368年被新颁行的制定法重申,所有这些制定法都在抑制咨议会的初审管辖权,并且赞同普通法法院的程序,起诉书以及起始令状被认为是唯一认可的法律程序。但是由于这些制定法并未能够有效实施;至15世纪,下院仍然不断请求国王中止咨议会的司法管辖权。②在这个过程中,由于大法官法院尚未与咨议会彻底分离,因此,它也成为普通法法院和议会抗议的对象。

就本书而言,在议会、普通法法院与咨议会、大法官法院对于司法管辖权的争夺中,值得关注的是国王的立场。我们可以看到,在议会针对咨议会以及大法官法院的管辖权所发起的一次次攻击中,国王都或直接或隐晦地表达了他对于咨议会和大法官法院的支持。这一点,自理查德二世至亨利六世时期,议会和国王之间就咨议会和大法官法院司法权的不断扩张所作的交锋可以给我们最为直观的感受。③

理查德二世时期,下院频频请求限制日益膨胀的咨议会以及大法

---

① See Bryce Lyon, *A Constitutional and Legal History of Medieval England*, New York and London: W. W. Norton & Company, 1980, p. 614.

② See Ibid., p. 614.

③ 因早期咨议会和大法官法院还未完全分离,管辖权的争夺还是在普通法法院与议会之间进行,因此,议会抗议的对象往往是咨议会和大法官法院,甚至主要针对咨议会。但由于这部分管辖权事实上在咨议会中已经主要由大法官及大法官法院承担,因此本书也将此类抗议看做议会对大法官法院管辖权扩张的抗议。

官法院的司法管辖权,因为,它们的权力扩张已经对普通法法院的司法权构成了威胁。

在理查德二世三年请愿书中,下院请求:"大法官法院、御玺或者密玺签发的令状不得指令任何人到国王咨议会或者任何其他人面前就其法兰克保有物或者其上的附属物作答,应当维持本王国的普通法的既有习惯。"①

国王的回答为:"禁止国王因为合理的原因召唤他的臣民这一做法并不合理,但是那些应当被送至咨议会面前之人,不能被我迫使回答他的法兰克保有物(frank tenement)……如果在某个诉讼中,国王和他的咨议会能够确定在普通法无法适当的应用的地方发生了非法干涉诉讼行为(maintenance)、压迫(oppression)以及其他暴行,在这样的案件中,咨议会能够召唤被诉之人对其藐视政府行为予以回答。进而根据它们的自由裁量权,迫使他以宣誓的方式及其他看起来最为合适的方式来保证他将不再独自或者和其他人一起非法干涉诉讼或为其他非法行为,违反普通法习惯,从而镇压人民②。"

从这一回答中,我们看到国王支持咨议会的立场仍是非常坚定的,仅仅在法兰克保有物这一普通法的管辖权上稍作让步。

在理查德二世十三年的请愿书中,下院再度提出它们对咨议会侵害普通法的抗议。下院请求,在当事人的诉讼中,国王的臣民不能仅因当事人的提议就被调卷令或者任何其他令状指令出现在大法官或国王咨议会面前,对任何普通法上已经给出救济的事项作答,除非它是基于告知令状(scire facias);如有违反,大法官要被处以 100 镑的罚款,而且撰写令状的文书将被剥夺其在大法官法院的职位,此后也无法在上

---

① Joseph Parkes, *A History of the Court of Chancery*, London: Longman, Rees, Orme, Brown and Green, 1828, pp. 39-40.

② See Ibid., p. 40.

述大法官法院担任任何职位。对于这一严厉的提议,国王寸步不让,再度以特权的理由予以反对,"国王会保有他的王权,如他的祖先在此前所做的那样"①。

在屡屡碰壁之后,下院不再徒劳地反对咨议会管辖权的引入和建立,而是试图对大法官法院和咨议会司法权的行使予以规制。在理查德二世十七年的请愿书中,下院请求:"既然王国许多臣民,基于向国王咨议会以及在大法官法院中作出的不真实的提议,被命令在特定的某天出现在上述咨议会或者大法官法院,否则处以一定的刑罚,由此国王的忠诚的臣民被不公正地侵扰,他们的土地遭到损害,但没有对其遭受的损害以及审理费用的补偿——请您下令并在本届议会确立如下规则,即当该提议被证明不正确的时候,英格兰大法官暂时应当拥有全权使得在此类令状中抱怨的当事人,在某种刑罚之下,提供充分的担保以及保证金来使得被告方获得补偿。上述大法官应当拥有全权来估算和征收应由原告交给被告方的审理费用和损害赔偿,并应当促成执行。法兰克保有物或者其他可以为普通法所审理的诉讼都不应当被大法官法院审理或者在该法院或其他地方被提起,而只能如同迄今为止的习惯那样,在国王的法官面前提起。"这一请求获得了国王的同意,国王的回答是:"国王希望大法官暂时拥有权力来根据他的自由裁量权下令并授予损害赔偿。"②

在此,国王的同意并非是对议会立场的支持,而是因为下院的这一提议表面上看来是对大法官法院的一个制衡措施,但事实上它将控制大法官法院管辖权的权力交到了大法官的手中。对这样的一个提议予以认可无疑可以成为国王拒绝再对大法官法院进行其他制衡的理由。

---

① Joseph Parkes, *A History of the Court of Chancery*, London: Longman, Rees, Orme, Brown and Green, 1828, p. 41.

② Ibid., pp. 41-42.

同时,这一提议也意味着议会对大法官法院的管辖权的某种承认。[①]因此,从这样的一个交锋中,我们可以看到尽管国王无法完全漠视议会的立场,但是他占据了优势和主动的地位,极力维护咨议会和大法官法院管辖权的扩张。

在亨利四世继位的第一年,下院就向他表明了反对咨议会和大法官法院对普通法法院管辖权的侵蚀和压迫的意愿。

"下院祈求鉴于已故的国王理查德时期已形成定习,即当事人之间的许多可由英格兰普通法予以公正判决的对人诉讼(personal actions),经由上述已故国王理查德二世的咨议会成员的非法干涉行为,已经致使来到他们面前的许多国王的臣民,基于一方当事人的控诉,通过盖有御玺的信件,在他们的敌人面前被审判,同时许多诉讼仍然因那些在布里斯托尔(Bristol)为邪恶的咨议会成员的非法干涉而悬而未决,尚有分歧,这些导致了对上述国王的臣民的极大损害、对王权的减损以及对普通法的破坏。希望它使得我们最无敌的国王高兴,通过他的最明智的咨议会的建议,在这一届议会中规定,所有的国王非当事人的对人诉讼应当遵循惯例,由普通法予以审判,而绝不基于一方当事人的控诉,通过任何御玺令状,或者通过任何其他错误的提议,在国王咨议会面前进行审判。并且为了上帝以及在仁慈的作用下,所有在已故国王理查德二世的咨议会面前悬而未决、在当事人之间仍然有争论的对人诉讼,应当被停止并被转移到普通法法院。"

对此,国王的回答是:立即制定该法,除非一方当事人富有,而另一方当事人贫穷,并且此外无法获得救济。[②]

[①] See J. Campbell, *The Lives of the Lord Chancellors and Keepers of the Great Seal of England, from the Earliest Times till the Reign of King George* Ⅳ, Vol. Ⅰ, Philadelphia: Blanchard and Lea's Publications, 1851, p. 261.

[②] See Rol., Part 1, Henry Ⅳ, n. 162. Vol. Ⅲ, p. 446. 转引自 Joseph Parkes, *A History of the Court of Chancery*, London: Longman, Rees, Orme, Brown and Green, 1828, pp. 45-46.

亨利四世在此的让步与其继位之时王位根基不稳,急欲获得议会的支持有关,议会无疑深深明了这一点,故选择在亨利四世甫登王位的大好时机提出这一要求。

亨利四世八年,议会再接再厉,针对王国中现存的司法问题,尤其是国王特权对于法院的侵蚀以及司法迟延,下院提出了 31 条建议请求国王同意。其中关键的内容包括:大法官和御玺大臣不得通过违背法律的授权;国王一周中有两天的时间用于听取请愿书;咨议会不得判决可在普通法上审理的事项,除非基于合理的理由并且经法官们同意;国家的咨议会和官员应宣誓遵守普通法和制定法等。

在亨利五世三年,即 1415 年,从一份抗议传票令状的请愿书中,我们得知沃尔萨姆的约翰是传票令状的发明人。作为纠正,下院请求令状中必须阐明诉由,而且传票应当在签发的法院中被登记并制作为许可证(patent);如果当事人就任何普通法上可以判决的问题向法院请求此类传票,应当受到 40 镑的债务之诉。① 对此,国王予以婉拒,即回应为"国王将告知"。

次年,另一份请愿书在议会卷宗中被发现:"上述下院在本届议会中请求,如果任何人在他的诉状或者请愿书上以这些措辞背书——'基于议会的权威,让这一诉状或者请愿书被送往国王咨议会或者英格兰大法官处,在那里执行并且决定其内容',由此如果上述诉状或者请愿书未经议会下院询问、确认或者同意(未经议会下院的同意和请求,没有人能够在任何此类诉状或者请愿书上背书),他就必须因违背英格兰王国法律而负责。"对此,国王再度婉拒,即回应为"国王将告知"。②

---

① 全文参见 Joseph Parkes, *A History of the Court of Chancery*, London: Longman, Rees, Orme, Brown and Green, 1828, pp. 48-50。

② See Ibid., pp. 50-51.

在亨利五世九年,下院再度抗议咨议会独立于议会和普通法法院的管辖权:"下院祈求,尽管这被包含在我们至高无上的国王尊贵的先祖时代的各种制定法中,即除了通过根据本国法律的起始令状和正当程序,国王的臣民中没有人会被迫回答。与此类似,我们上述国王的各个臣民根据与前述规定和法令相悖的御玺信件和传票令状被迫来到他的咨议会及他的大法官面前,从此以后,此类信件或者令状不得被授予。如果任何此类信件或者令状被授予,可能出现这样的情况,即通过原告宣告该诉讼为普通法所管辖,被告被获准反对大法官法院的管辖权,反驳原告在普通法上对其案件拥有充分的救济,此类反对应当被获准从而被该院驳回;如果他希望如此,他可以静悄悄地离开而不进行任何答辩或者不再出现而没有损失。所有此类现在在上述咨议会或者大法官面前悬而未决的信件和令状应当是无效;被此类信件和令状控告之人应当根据本届议会的权威而被大法官法院驳回,除了那些为了上帝以及基于慈善的作用并经议会授权而在该法院中诉讼的案件之外。"国王再度婉拒,"国王建议:所有这些上述法令应当持续直至下届议会召开"。①

亨利五世九年,下院提出,如果当事人在普通法上拥有充分的救济,应当驳回大法官法院履行的任何事项。国王的回应是:持续至下届议会。②

所有这些紧张的且重复的抗议醒目地展示了抑制或者确切地说控制咨议会所承担的特别管辖权的巨大重要性。下院通常的目标是建立普通法法院对咨议会和大法官法院的至上性或者说优越性。

---

① Joseph Parkes, *A History of the Court of Chancery*, London: Longman, Rees, Orme, Brown and Green, 1828, pp. 51-52.

② See Ibid., p. 52.

第八章 大法官法院衡平法产生发展的动因 441

因此，在未成年的亨利六世统治的第一年，他们以下列请愿书重新开始攻击："首先，下院祈求本届议会以制定法下令，吾王之任何男女臣民，从今往后，都不得基于任何人之控诉或抱怨或者因为任何普通法上给予救济或可诉讼的事项而被迫至吾王之咨议会、大法官法院或任何其他地方应诉答辩。也不能在原告送呈包含其所有冤情的诉状之前，仅基于因他人诉愿或提议而由国王或国王未来的继承人颁布的令状或御玺信件（亦称传票令状或信件），就被要求出现于上述咨议会、大法官法院或任何其他地方。原告的诉状应由任一王室法院的两名法官审查，确认该诉状所诉之事项不属于前述普通法救济或诉讼之范畴。该诉状在经过上述审查之后，应按骑缝线剪开，一半留在两名审查法官手中，另一半留在咨议会、大法官法院或任何其他当事人和被告根据上述令状或信件应当出庭的地方。在案件得到解决前，除非被告被允许庭外调解，原告应每日亲自出席，当事人应当出现在上述咨议会、大法官法院或任何其他地方，直至该问题在那里被充分讨论并未经庭外调解而判决。原告应当基于上述按骑缝线分开的诉状，而非基于其他东西起诉被告，违者处以 20 镑罚款，其中一半付给吾王或其继承人，另一半付给根据上述令状或信件被迫出庭的被告。原告应当提供充分的保证金，作为被告基于前述令状或者信件出庭就原告诉状予以答辩的担保。如果原告方无法证明其诉请的真实性，上述大法官和其他拥有前述管理权之人，根据该制定法均有权就被告的审理费用、付出的劳动以及所受烦扰给予其损害赔偿，并且应当为了前述被告的利益，根据作为判决事项记录的令状或者御玺信件予以执行。……检查上述诉状的两位法官应当在令状或者信件的末尾署名。如果任何此类令状或者御玺信件在将来出现相反指令，其内容无效。"但下院获得的仍是国王谦恭有礼但推脱的答复："请遵守并正确执行理查德二世十七年的制定法。"①

在亨利六世未成年时期,下院提出无数诉愿书,抱怨国王的臣民被任意监禁以及被新发明的大法官法院所颁布的传票令状召集至咨议会面前而备受困扰。《科顿节略本》(Cotton's Abridgment)中记载到,在亨利六世统治的第二年,下院再度提出:"没有人应当在大法官法院中就任何普通法上可审理的事项进行回答,否则应对违反此规定的原告处以20镑的罚款。"国王的答复是:"应当执行理查德二世十七年相关的制定法。"

总之,自理查德二世开始直至亨利六世,议会下院对于大法官法院以及咨议会侵蚀普通法法院管辖权行为的抗议之声不绝于耳,除少数特殊情况外,国王的态度始终强硬,坚持咨议会或者大法官法院签发传票令状审理案件的行为属于国王的特权,不应被剥夺。正是在国王与议会之间的不断斗争中,大法官法院的衡平管辖权不断发展和扩大。

需要强调的是,国王在咨议会、大法官法院与议会、普通法法院的司法管辖权的争夺中支持前者并不是或者说并不仅仅是因为咨议会和大法官法院的司法管辖权源自于国王的特权。考察历史,我们可以看到,不仅仅咨议会及由其衍生的大法官法院,整个普通法法院系统都是建立在作为正义源泉的国王的司法权的基础之上的,普通法法院和咨议会及大法官法院实质上有着共同的司法权的源头。因此,从咨议会本身的发展及在其与普通法法院、议会的冲突中国王的态度来看,国王支持的实质在于当王权无法一如既往地在包括议会在内的普通法法院系统内部得以顺畅无阻的伸张时,咨议会成为国王伸张王权、加强统治

---

① Joseph Parkes, *A History of the Court of Chancery*, London: Longman, Rees, Orme, Brown and Green, 1828, pp. 52-54.

的新渠道,而咨议会及其继承者大法官法院的司法权的扩张就是其重要表现。

(二) 都铎王朝时期:大法官法院中衡平法发展遭受限制

都铎王朝时期,大法官法院中衡平法的发展遭到以王权支持为背景的普通法的打压与限制,一方面表现为大法官的担任者变为普通法律师,而非原先的神职人员;另一方面表现为衡平法管辖权遭到缩减和限制,最为明显的表现就是1536年的《用益制法》。

大法官担任者的变化主要是受到了当时宗教改革的冲击,但这绝非唯一原因。值得注意的是,当时的国王亨利八世在挑选大法官之时弃神职人员而选世俗人员,可供其选择的对象并非只有普通法律师。除了普通法律师之外,罗马法学家也是精通法律之人,而且从大法官法院的法律传统来看,他们无疑是更为合适的人选。但是,亨利八世却偏偏选择了与大法官法院衡平法传统有所偏离的普通法律师来担任,这一举动值得我们玩味。通常的一个解释是亨利八世的这一举动在于安抚枢机主教沃尔西担任大法官期间对于普通法法官及律师的肆意批评所激起的普通法职业群体的一致愤慨,这种愤慨成为沃尔西最终在议会中遭受弹劾的指控之一。

亨利八世向普通法法院示好的另一个举动就是1536年的《用益制法》的颁布。不可否认,这部法律的颁布在很大程度上出自捍卫国王个人封建利益的目的。但是,这部法律的颁布所造就的大赢家除了国王之外,还有普通法法院。[①] 最大的好处就在于,该法将大法官法院衡平管辖权中最为主要的用益制管辖权送到了普通法的怀抱之中。

[①] 具体参见余晖:《英国信托法:起源、发展及其影响》,清华大学出版社2007年版,第105—106页。

亨利八世的这种厚此薄彼的行为背后的政治考量是什么呢？笔者认为原因在于，一方面，自都铎王朝起，日益繁重的国事提出了变革统治方式的要求，国王治理国家的行政权力大张；另一方面，进行宗教改革，挑战罗马教廷权威是当时英国国王和议会所代表的各世俗阶层的共同利益所在，为了实现这一目标，国王对议会、普通法法院作出了相应的妥协和退让，议会也全力配合国王的要求，由此实现了国王与议会关系的缓和。这一切使得国王伸张王权的渠道再次发生了变化，他不再借助兼具立法、司法和行政权力的咨议会，而是通过枢密院实现行政权，通过议会实现立法权，通过特权法院实现司法权。

首先，枢密院取代咨议会成为国王统治的得力工具。15世纪的"玫瑰战争"导致咨议会无法正常运作，从1421年开始的咨议会卷宗就于1435年中断，1540年才得以恢复。[①] 尽管亨利七世重新恢复了咨议会，但它仍是一个综合性机构，而且受着相互倾轧的贵族宗派集团的支配，松散无力，缺乏效率。由于人数庞杂、机构臃肿，无法满足国王的统治要求，故此时的咨议会已经沦为国王笼络贵族的一种工具。亨利七世主要依靠咨议会中的少数王室官员和顾问人员处理政务，这些人作为咨议会的"核心组织"成员常伴王驾，协助国王处理各种大事，是咨议会中最为积极活跃的部分。而且由于政务繁忙，为了集中精力处理重大国务，咨议会原本享有的"剩余司法管辖权"继部分地分离给大法官法院之后，其剩余部分被授予星室法院。至16世纪30年代，通过亨利八世的首席秘书克伦威尔的政府改革，咨议会中的这个核心机构最终演变为都铎王朝的正式中央行政机构——枢

---

① See William S. Holdsworth, *A History of English Law*, Vol. I, London: Methuen & Co., 1956, p.490.

密院。① 克伦威尔的此项改革主要包括两个部分的内容：一是扩充首席秘书的职权并抬高其地位，最终使其取代大法官成为国王的国务大臣——王权最为直接的代言人。二是把咨议会中的"核心组织"改组为正式的国家部门枢密院。1536年至1537年间，国王的19位咨议会核心成员在当时的国务大臣克伦威尔的统领下，正式建立了枢密院，负责处理宗教改革时期出现的有关外交、内政、王室、财政、诉讼、行政规划等方面的繁杂事务。② 枢密院成员唯王命是从，对国王忠贞不二，正如作为亨利八世枢密院首席大臣的克伦威尔自我表白的那样："像世界上其他国家的臣民那样，我将相信自己的主人，相信国王所做的一切。"③ 由此可见，通过克伦威尔的国家机构改革，枢密院取代咨议会成为都铎王朝进行专制统治最得力的御用工具。

其次，国王与议会亲密合作，实现宗教改革，达到彼此双赢的目的。都铎王朝时期，尤其是亨利八世时期，国王与议会的关系进入蜜月阶段。尽管亨利八世性格暴躁专断，但由于他和议会在反对教皇、建立高效政府等重大问题上立场一致，两者互相利用，关系空前和谐，国王的要求大多数都能得到议会的支持。加上政府首席大臣克伦威尔操纵议会熟练老到，善于利用议会下院议员对国王和政府的敬畏、企盼和屈从心理，利用多数平民议员抵制罗马教皇的情绪，控制议会辩论和表决，使政府的或有利于政府的议案总能顺利通过。1529年至1536年，"改革议会"连年召开，打击天主教会的议案提交议会后总是畅通无阻，便是说明国王与议会关系融洽的典型。④ 尽管此后自

---

① 参见于民："在中世纪和近代之间——论都铎中央政府的过渡性特征"，山东师范大学硕士学位论文(2000年)，第22页。
② 参见同上，第23页。
③ 转引自程汉大：《英国法制史》，齐鲁书社2001年版，第236页。
④ 参见阎照祥：《英国政治制度史》，人民出版社1999年版，第108页。

玛丽女王开始，国王与议会之间的冲突日渐频繁，但是，根据 20 世纪下半叶英国都铎王朝议会史的主流观点来看，①16 世纪议会与王权关系的主流乃是合作，冲突只是偶然的，议会是国王实现统治、伸张王权的又一个重要工具。

再次，司法权仍然是实现王权的一个重要方面，尽管国王无法实现对普通法法院的完全控制，但是，自亨利八世开始，由于认识到罗马法对加强王权的价值，国王大力支持对罗马法的研习，并且根据罗马法的原则和精神，针对特定领域的诉讼设立了一系列特权法院。当时的特权法院主要有处理刑事案件的星室法院、小额债权法院、海事法院以及最高委员会法院。此外，还有为加强对北部和西部以及威尔士边境的控制而设置的北部委员会、西部委员会以及威尔士委员会。这些法院实质上是国王特权的表达，造成了王权的过分膨胀。诸多特权法院由于始终处于王权之下，没有成长为具有独立司法权的机构，因此，它们

---

① 关于都铎王朝时期议会与王权之间的关系，英国宪政史学界素来存有争议。19 世纪斯塔布斯创立的传统观点认为，都铎王朝议会绝对服从专制王权乃是一种"逆转"和"倒退"，20 世纪 20 年代开始，由伦敦大学的波德拉教授创立了"正统派"观点，认为亨利八世的统治注重与议会的合作，在与天主教势力的斗争中，下院的作用比上院更为突出，其地位得以提高，制度得以完善，从而为日后与王权的斗争准备了条件，因此 16 世纪的议会处于演进当中，都铎王朝议会绝非英国宪政发展的中断或倒退，而是处于正常进程。此后，其弟子尼耳进一步发展了波德拉的观点，认为从议会与王权斗争的角度考察，伊丽莎白一世时期的下院在反抗王权的斗争中发挥了积极作用，因此，伊丽莎白一世时期是下院兴起的时期。正统派另一代表诺泰斯坦则认为，都铎王朝下院与王权的冲突不仅限于女王统治时期，而是贯穿整个 16 世纪。但正统派的观点在 20 世纪 60 年代再度遭到挑战，出现了"修正派"，其代表人物是埃尔顿，他认为都铎王朝的议会服务于王权，所以衡量都铎议会的生命力，不能依据它是否主动并且成功地抵抗了国王的野心，而应根据它在多大程度上把国家政治集团凝聚在一起，以积极的方式解决他们之间的冲突，而后者正是议会存在的目的。他强调，议会的首要职能应当是立法，因此不能把议会史简单地理解为下院与王权的斗争史，冲突是偶然的，但是冲突的发生和解决是为了更好地完成议会所肩负的立法使命，都铎王朝议会的权力是有所增长，但这并非为了限制王权，而是为了更为有效地服务于王权。自 20 世纪 80 年代以来，学界又出现了融合"正统派"与"修正派"观点的倾向。参见刘新成：《英国都铎王朝议会研究》，第一章，首都师范大学出版社 1995 年版。

大多沦为执行国王意志的工具,其中尤以星室法院为最。① 创建于亨利七世时期的星室法院,其最初的目的在于镇压臣民的叛乱,但是在亨利八世开启宗教改革的进程之后,它成为国王推行改革的有力工具。至斯图亚特王朝早期,它用严苛的刑罚强制王国内臣民的服从,它已经成为维护王权的绝对爪牙的典型代表。

总之,在都铎王朝,由于"玫瑰战争"对于封建大贵族阶层的重大打击以及宗教改革所提供的契机,王权空前膨胀,能够通过枢密院、议会以及特权法院等渠道伸张王权。而原先在王权统治中扮演重要角色的大法官和咨议会都不再扮演核心角色,被日益边缘化。正是由于在国王实现其对全国的统治的这一网络中,大法官法院的衡平管辖权并没有扮演重要的角色,所以,在全局性的政治考量中,其利益是可以被牺牲与放弃的,因此,大法官法院衡平法的发展不复获得王权的绝对支持,而是遭遇挫折。而普通法法官取代神职人员和罗马法学家执掌大法官法院也削弱了大法官法院衡平法行政性的特征,推动了大法官法院的司法化进程。

(三)斯图亚特时期:大法官法院中衡平法发展重获国王支持

进入斯图亚特王朝,由于国王一再主张绝对王权,超过了议会及普通法法院的容忍限度,导致国王与议会及普通法法院之间摩擦日益剧烈,他们之间的合作最终破裂。在这一背景下,普通法法院与议会结成了对抗专制王权的同盟军,共同对王权予以限制。

詹姆斯一世在王权至上思想的指引下,一心想让普通法服从于他的意志。他说:"作为国王,我有最少的理由不喜欢普通法,因为再没有其他法律比它更对国王有利、更合乎国王的心意并能扩张国王的权利

---

① 参见张乃和主编:《英国文艺复兴时期的法律与社会》,黑龙江人民出版社2007年版,第122页。

的了。"作为国王意图的代言人,弗朗西斯·培根作了这样形象化的比喻:"所罗门的王座两边均有狮子护卫,因此,让法官们成为王座下的狮子吧,使他们不能够遏制或者反对国王的任何意图。"面对这样的压力,为了遏制斯图亚特王朝的国王专制主义的倾向,普通法法院与议会结成同盟。

作为议会的同盟军,普通法法院以法庭为阵地,在司法、立法和财政等案件中维护传统的司法独立和普通法权威,成为除英国议会之外的又一个法治和宪政传统的捍卫者和宣言者。

一些法官断然拒绝国王对普通法院司法审判的干预。其中最为著名的人物是詹姆斯一世时期王座法院的首席法官柯克,面对国王的淫威,柯克奋起抗争,他与詹姆斯一世之间关于普通法的理性技艺的争论已然名垂青史。

面对国王的特权主张,普通法法官们在充当国王和议会冲突仲裁者的角色时选择和议会站在一起。如1610年,詹姆斯一世大量发行敕令引起议会不满。尽管英国国王在传统上拥有在议会外会同枢密院发布敕令的权力,但是,1539年《敕令法》明确规定:"国王敕令不得与议会制定法和普通法相抵触。"但是詹姆斯一世继位之后,不仅敕令数量大为增加,而且开始通过敕令改变法律,这引起了议会的强烈不满。1610年,国王詹姆斯一世将议会的请愿书转交给他的法律顾问和法官们裁决。令詹姆斯一世意想不到的是,法官们站在了下院一边。尽管法官们不否认国王有发布敕令的权力,并且这些敕令具有有限的权威,但他们强调敕令不是法律,更不能凌驾于由普通法原则、议会法令和习俗组成的王国法律之上。当敕令违背法律时,它必须被废除。对此,柯克总结为:"国王没有特权,所有的特权都是法律赋予的。"[1]

---

[1] 蔡蕾:"17世纪初英国宪政冲突中的普通法职业团体",《理论界》2007年第3期。

普通法法官们不仅以法庭为斗争场所,当他们被剥夺司法武器的时候,他们就转战议会,利用自己的法律知识为议会斗争提供理论武器。最典型的例子就是1620年末,当柯克被解除王座法院首席法官的职位时加入议会,从此成为国王反对派的重要首领,这一事件被认为是议会与普通法法官及律师正式结盟的标志。正是在柯克的发掘和引导下,下院以《大宪章》为理论武器,坚定地捍卫自己的权力,柯克宣称:"议会的权力是我们法律的生命和护卫者,是臣民最好的遗产。……我必须求助于大宪章,因为它使人自由。当国王说他不能给予我们自由的权利之后,动摇的是我们为千万人争取的这国家的根基。"除大宪章外,议会中的法律家们还注意发展挖掘制约王权的其他手段,如行使弹劾权控制大臣、遏制国王特权就是这一时期议会活动的一大成果。[①]

面对普通法法院与议会组成的同盟,詹姆斯一世重新寻找其伸张王权的有效渠道,利用一切可用资源予以反击,大法官法院及其衡平法无疑成为一枚很好的棋子。

首先,作为衡平法重要渊源的罗马法律构成中渗透着主权者的意志,古罗马的法学家乌尔比安有一句著名的格言:"国王的意愿具有法律效力。"罗马法因此成了后期罗马帝制的基础,也成为新的历史条件下西方君主梦寐以求的政体理想。这样的一种理论无疑符合詹姆斯一世的统治理念。詹姆斯一世在1598年出版了《自由王国的真律》(*True Law of Free Monarchies*)一书,这是一部标准的宣扬"绝对王权"的书。在书中,他讨论苏格兰王权的起源,认为在起始时这个王位并非是由某人或某些家族入主苏格兰民族而生,而是由一位英雄弗格斯(Fergus)在这片土地上创建了一个国家后所产生的;所以,这片土地

[①] 参见蔡蕾:"17世纪初英国宪政冲突中的普通法职业团体",《理论界》2007年第3期。

上的一切文物典章制度及政府等都是由此人及其后裔所设,而非由他们所"接收"。因此,"我们必须说,是国王创造了法律,而不是法律创造了国王。"既然国王在一片土地上的地位是如此高,那他就可比拟为天地间的上帝一般,对他所掌握的事务享有绝对的权柄:"他们可使臣子成为臣子,亦可使其不为臣子;他们使物起,使物落;使物生,使物死;可用任何理由审断其臣子而不受任何人的干涉——上帝除外。他们可任意崇高卑贱之物而卑贱崇高之物,并将臣民耍弄如棋子般。"①詹姆斯以人间至尊比喻君王,这种理念为普通法所反对,却能够得到衡平法的支持。

其次,17世纪初爆发的大法官法院与普通法法院之间的管辖权冲突也为詹姆斯一世在实践上打击普通法法院提供了有利的契机。如果支持大法官法院的衡平管辖权,支持衡平法优于普通法,大法官法院在某种程度上就拥有了审查并且修改普通法判决的权力,而控制大法官法院无疑要比控制普通法法院容易得多,因此这成为詹姆斯一世的必然选择。事实上,从1616年事件的后续,即培根遭议会弹劾以及詹姆斯一世任命神职人员威廉姆斯担任大法官中,我们依然能够清晰地看到这两股政治势力之间的冲撞,看到国王伸张王权的诉求在大法官法院的衡平法获得对普通法的优势地位中所起到的作用。因此,詹姆斯一世在衡平法与普通法的冲突中支持衡平法也就不足为怪了。

二、宗教性特征产生及变化的原因:王权与教权的合作与斗争

宗教性也是英国大法官法院早期衡平法的显著特征。如果说早期

---

① 陈思贤:《西洋政治思想史:近代英国篇》,(台湾)五南图书出版公司1998年版,第4—5页。

第八章 大法官法院衡平法产生发展的动因

衡平法的行政性源自国王与贵族等世俗权力的斗争与合作，那么其宗教性的产生及淡化则肇因于国王与教会力量进行的合作与斗争。

一方面，我们要认识到，早期衡平法之所以具有宗教性，在很大程度上是由于国王与教会之间的合作。学者们的研究已经证明，中世纪，英国国王的统治在相当长的时间内离不开封建教会。

首先，在英国封建王权的形成和发展过程中，国王权力的神性来自于教会的赋予，其中国王的涂油加冕典礼和教会"王权神授"的神权政治理想发挥了重要的推动作用。早期的日耳曼国王本不具有神性，从某种意义上讲只是部落领袖和军事首领。尽管随着王位世袭和王权的加强，"蛮族国王"渐渐将王族血统溯源至富有战争英雄色彩的日耳曼原始部落神那里，以此作为王权神圣合法的依据。与之相应，早期的日耳曼国王采取的是纯世俗的且有军事色彩的即位仪式。但是，原始部落战神的王族血统远不能赋予国王统一的神圣政治权威，而这种带有部落成员大会遗风的简陋的即位仪式也不能树立国王受庇于神的尊严形象。因此，国王仍被看做是贵族中的一员，受到贵族贤人会议的遏制，而不能超然于整个社会成员之上。随着日耳曼民族对基督教的皈依，日耳曼国王与教会相互为援，借助教会神权来强化统治。通过由教会参与的国王涂油加冕典礼，王权被逐渐地神化和强化，开始树立起统治王国的公共政治权威。通过教会参与的涂油加冕典礼，国王成为代表上帝行使国家政治统治权威的神圣而尊严的基督教国王。在此基础上，至12世纪中期，终于酝酿出索尔兹伯里的约翰的"王权神授"学说。这一理论竭力将神命的国王置于整个王国公共权力的顶端，将王权视为王国统一的神圣政治权威，赋予王权一种宗教的色彩。[1] 因此，国王

---

[1] 参见孟广林：《英国封建王权论稿——从诺曼征服到大宪章》，人民出版社2002年版，第186—210页。

依靠教会强化其王权,国王的权力在被教会涂抹上了宗教色彩后能够获得更大的正当性。我们可以猜测,正是基于教会授予的这种神性,国王才被视为正义源泉,而这正是衡平法权力的源头。

其次,如前所述,在相当长的时期内,国王大臣大都由教会神职人员担任,而大法官法院更是如此,在亨利八世宗教改革之前,大法官法院内上至大法官,下至主事官乃至一般文书多由神职人员担任,这样的一种人员构成必然使得大法官及其助手在司法过程中受到宗教理念的影响,以宗教性的"良心"为理论基础,借助教会法上的若干制度和原则发展衡平法。

总之,教会为王权本身所涂抹的宗教色彩与大法官法院中的法官及文书由神职人员担任,这些因素都导致作为中世纪世俗法的大法官法院衡平法不可避免地沾染上了宗教色彩。

但另一方面,我们也要认识到,早期衡平法的产生、发展也离不开王权对于教权的不断挑战以及最终教权被排除。正是通过王权对教会司法管辖权的挑战与争夺,大法官法院才能够一步步地蚕食教会法院的管辖权,形成以世俗王权为基础的衡平法。

英国王权与教权之间的冲突自征服者威廉就开始了。诺曼征服之前的盎格鲁-撒克逊时期,教会和世俗的管辖权之间并未真正分离,神职人员既是国王咨议会成员也是郡法院中的成员。但威廉一世实现对英格兰的征服之后,促成了教会法和世俗法之间的分裂。作为一位雄心勃勃的国王,威廉一世无法让任何人或任何事阻碍他创造一个强有力的中央集权的王国的目标。但与此同时,格列高利七世同样是一位雄心勃勃的教皇,他颁发了著名的《教皇敕令》(*Dictatus Papae*),表明教皇永远是全体教会的绝对的、最高的统治者。事实上,格列高利七世认为教皇不仅可以剥夺主教们的权力,而且也可以剥夺国王的权力。威廉一世与教皇格列高利七世之间的针锋相对开启了国家和教会之间的对抗，也导致法院的世俗管辖权与教会管辖权的分离。正是在威廉的干预下，主教和执事长们不能再参与审判郡法院的工作，他们也不能将相关的教会事务提到世俗法院中根据世俗法予以解决。主教和执事长只能在他们自己的教会法院中使用教会法审理关于教会事项的刑民案件，而郡法院则使用英格兰习惯法。由此，英格兰的教会和世俗的法院的双重管辖权开始形成。

至威廉统治末期，天主教会已经成为中世纪英格兰的政治结构内一个基础牢固的组织。由于教会法制度与王国世俗法的司法目的相冲突，这两种法律制度无法长久共存。教会法院不仅阻碍了历代英国国王试图实现的世俗法院中央集权化的目标，它也阻碍了日益发展的专制国家政府。如果一个英国臣民能够请求教皇审理具体的法律问题，国王权力的合法性必然会为罗马教皇所篡夺。因此，在罗马教皇不断向英国国王主张教权至高性的同时，威廉一世之后的历任英国国王们也通过颁布法令来侵蚀教会在英格兰的世俗和精神事务中的权力，教会法院和世俗法院的管辖权问题的冲突在英格兰开始加剧，并且在亨利二世时期达到了第一个高潮。

亨利二世试图通过立法形式确立双方的权力范围，他于1164年召开咨议会的大会议，制定《克拉伦敦宪章》。该宪章规定，有关受俸教职推荐权的案件只能由世俗法院审理（第1条）；直接涉及教士的民事诉讼应由世俗法院审理，涉及教士的刑事重罪案件应先在世俗法院起诉，验明教士身份后再送交教会法院审判，如教会法院判定有罪，必须再交由世俗法院按照世俗法给予处罚（第3条）；当某一地产的保有权性质是属于宗教保有权还是世俗保有权出现分歧时，应先由王室法院通过陪审团作出裁定，若确属宗教保有权，则将案件提交教会法院审判，否则，将由相应的世俗法院审判。[①]

[①] 参见程汉大、李培锋：《英国司法制度史》，清华大学出版社2007年版，第74—75页。

时任坎特伯雷大主教的贝克特坚决反对上述规定,他尤其反对在王室法庭审理涉及教职人士的刑事重罪案件。贝克特认为,如果在犯罪教士接受教会法庭的免职处罚后,再移交王室法院处置,则属于一次过失受双重处罚,而且这样做有损于教会享有的独立的、不受世俗势力干预的司法审判权。

由于教俗双方都力图把各自的观念付诸实施,冲突的发展最终导致四名宫廷骑士在坎特伯雷主教堂祭台前将贝克特暗杀。贝克特以他的生命换取了国王的退让。1176年,亨利二世写信给罗马教皇,表示王室法院不再坚持对教职人士的司法审判权,除了犯有侵犯国王林地过失的教职人员外,犯有其他过失的教士由教会法院审理,实际上是承认了教职人士的司法豁免权。亨利二世之后,虽然国王政府对教会法院审判犯罪教士的权力作出了一些调整,但是教职界在俗界享有的司法豁免权基本上得以保留。[1]

亨利二世的妥协并未完全解决教会法院与王室法院在管辖权方面的摩擦,实际上,以后王室法院经常使用特权性禁止令状,阻止教会法院受理它们认为应由普通法管辖的案件,例如,教会法院对宗教保有权地产案的管辖权到13世纪时就被王室法院所剥夺。

14世纪,英格兰国内的反教皇情绪日益明显。由于罗马教会在英国通过干预教职任命、向教俗界征税、征收巡视费和首年薪俸等途径使英国大量钱财流入教皇财库,长久以来教皇对英国教职任命的干涉与对英国经济资源的掠夺激起了英国臣民不断的抗议之声。自1307年至1377年,正值教廷的"阿维农之囚"时期,从克雷芒五世开始,相继有七位教皇为躲避意大利的战乱驻跸于法兰西南部城市阿维农,教廷实

---

[1] 参见刘城:"英国中世纪教会法庭与国王法庭的权力关系",《世界历史》1998年第3期。

际上受法兰西国王操纵。1337年,英法百年战争爆发。作为法兰西的敌对国,英格兰难免心存戒惧,怀疑教皇和其他外籍教士把从英格兰提取的钱财送往法兰西,用于对英作战。"阿维农之囚"、英法百年战争激发出的爱国主义热情和英国臣民长久酝酿的强烈反教皇情绪汇聚结合,导致了一系列反教皇法令的出台。①

早在1307年,就有下院议员向国王递交请愿书,指出外国人在英国兼领教职造成英格兰的财富流往国外;1309年,英格兰贵族甚至联名向教皇提出抗议。

在这样的背景下,议会于1351年制定了《圣职授职法》,1353年制定了《蔑视王权罪法》。前者确认了圣职推荐的基本原则——由圣俸捐赠人享有圣职推荐权,后者则规定,任何人如果将理应由王室法院审理的诉案起诉到国外,或者企图驳回或指控王室法院的裁决,就构成对王权的侵害,将受到王室法院的审判。这两项法令重申了普通法一向认定的圣职推荐方法,以及王室法院一向使用的关于圣职推荐权纠纷的司法管辖权。

这两项议会法令制定后,起初并未获得严格执行。对此,议会多次呼吁加强法令实施,并对这两项法令作出增补,由此产生了1365年的《蔑视王权罪法》第二法案、1390年的《圣职授职法》第二法案、1393年的《蔑视王权罪法》第三法案、1407年的《圣职授职法》第三法案。这几项修正案强化了以前的规定,从而最终在法律上结束了教会对英国圣职授职纠纷的管辖权。②

通过这些法令,英格兰国王和议会为代表的世俗权力大大削弱了

---

① 参见王秀清:"英国十四世纪反教皇立法研究",首都师范大学硕士学位论文(2005年),第3页。
② 参见黄彩丽:"中世纪教会管辖权研究",西南政法大学硕士学位论文(2002年),第43—44页。

天主教会在英格兰国内的力量,而随着天主教会权力的消逝,教会法院审判争议的权力也随之消逝,其中很大一部分转由建立在国王特权基础上的大法官法院实施。

至都铎王朝时期,尤其是在亨利八世统治时期(1509—1547),随着宗教改革的爆发,教皇的法律权威受到了致命的打击。

当亨利八世于1509年登基之时,天主教会正处于日内瓦和德国的改革者的攻击之下,但教皇仍然力图保持他在整个欧洲的普遍的合法性。在亨利八世统治早期,他并未表现出渴望摆脱罗马教会的意图。事实上,直至1521年,亨利八世仍然与教会保持着良好的关系。作为对亨利八世攻击马丁·路德的赞赏,教皇称其为"信仰的保卫者"。[1] 但是,教皇拒绝亨利八世与其第一任妻子凯瑟琳离婚的事件成为亨利八世在英国大刀阔斧地进行宗教改革、摧毁天主教在英国地位的导火索。

在1532年1月第三次议会会议上,根据亨利的意愿,议会颁布了《禁止支付第一年圣俸法案》(*Conditional Restraints of Annates*),该法禁止教皇要求为了批准英国主教而征税,并且禁止责难和将王室成员逐出教会。

在同一次议会会议上,议长奥德利在国务秘书克伦威尔的授意下,把"下院反对教会法官的请求"送交国王。这一请求指控宗教会议制定法律的权力并未得到俗界的同意,强烈反对教士司法权的各种弊端。[2]

---

[1] See Herman Kinder and Werner Hilgemann, *The Anchor Atlas of World History*: *From the Stone Age to the Eve of the French Revolution*, Ernest A. Menze ed. and trans., New York: Anchor Books, 1974, p. 238. 转引自 Jack Moser, "The Secularization of Equity: Ancient Religious Origins, Feudal Christian Influences, and Medieval Authoritarian Impacts on the Evolution of Legal Equitable Remedies", *Capital University Law Review*, No. 483, 1997.

[2] 转引自马亮:"英国都铎王朝宗教改革研究",福州师范大学硕士学位论文(2005年),第25页。

这一请愿削弱了坎特伯雷大主教除了通过上诉或者基于请求外接受来自其他教区的案件的权力,并且由此攻击了由大主教法院及其代诉人所享有的普遍管辖权的根基;此外,这一请愿还迫使宗教会议放弃它的集会和立法的权力,同意由一个国王所任命的教士和俗人的混合体进行教会法的修改。这一妥协注定了教会法的命运,要不是该法令还规定了一条限制性条款,允许旧的教规只要不与国家法相冲突就继续有效,直至修改版①被公布,否则就完全废除了任何形式的教会管辖权。②

至1533年,议会颁布了《禁止向罗马教廷上诉法令》(*The Act in Restraint of Appeals*)。该法通过宣告英格兰教会"足以自给自足,无须罗马教皇的干预"而重新定义了英国国家教会所固有的无限权威。它否定了教皇对英格兰教会行使的一切司法审判权,向英格兰教会发出了不得接受罗马教廷司法审判的禁令:涉及教会事务的一切诉讼均应在英格兰裁决,教皇及其他外国司法审判权不得在英格兰行使,违反者以"蔑视王权罪"论处(第2条)。这项规定意味着英国教会与罗马教

---

① 亨利八世二十五年制定法第19章(此后为玛丽一世第一年的制定法第8章所废除,但是为伊丽莎白一世第一年的制定法第1章所恢复)规定,教会法规应当由国王以及基于此法而任命的委员审查,非经审查,所有在那时已经被制定且并不违背本国法或者国王特权的教规、章程以及省宗教会议仍然被使用与执行。该审查在亨利八世时期并未实施,但是教规改革的计划在爱德华六世时期被恢复,并且一部新的教会法法典基于爱德华六世三年至四年的制定法第11章由国王所任命的委员会起草,该法典被命名为*Reformatio Legume Ecclesiasticarum*,但这一行动因为爱德华六世的夭折而遭受挫折。尽管审查旧教规的计划再度在伊丽莎白一世时期被恢复,但它很快就被放弃,并且此后再也没有被恢复。由此导致的结果是:在亨利八世制定法之前所制定的许多英国教规,在与该王国的制定法或者众议院的意见不一致的同时,在英国仍然有效。但是,1603年王座法院判决,坎特伯雷主教会议的教规(这尽管获得国王的批准,但是从未获得议会的批准)并不约束这些领域中的世俗之人(除非这些教规是对古代的教会法的重申)。哈德威克勋爵(Lord Hardwicke)在其判决中提到,神职人员受到为国王所认可的所有教规的约束。See F. E. R. Stephens, "A Sketch of the Civil and Canon Laws in England", *The American Law Register and Review*, Vol. 44, No. 3, 1896.

② See William Stubbs, "The History of the Canon Law in Englnd", Association of American Law Schools(ed. and comp.), *Select Essays in Anglo-American Legal History*, Vol. Ⅰ, Boston: Little Brown and Company, 1907, p. 274.

廷的司法审判权决裂。此项法令被认为朝着排斥教皇权的方向迈出了具有决定性的一步,是一部"纲领性法令"。然而脱离了教皇的权力并不意味着英国教会有机会行使独立的司法审判权,法令第 1 条明确规定涉及遗嘱、婚姻、什一税、债务以及捐献物(obventions)的案件都将只能在国王的法院中审理。这一规定无疑篡夺了教会法院审理教会性质事项的传统权力。① 从此以后,世俗法院(最可能是大法官法院)有权审判此类相关事项。

至 1534 年,亨利八世根据《至尊法》惩罚罗马教皇。这一著名的宣告宣布:根据全能的主的意愿,基督教德行的增长,以及为了保存这一王国的和平、统一以及国王陛下,他的后嗣和继承者、这个王国的诸国王,应取得被称为安立甘教会的英格兰教会在尘世的唯一最高首脑的安宁。②

从此以后,英国公民拥有了他们自己的教会,教皇无法影响英格兰的精神和世俗事务。通过创造一个国家化的英格兰教会,《至尊法》对教会法院产生了重大影响。因为随着教会的合法性被剥夺,对于教会法院的需求也不再必要。

为了完全消除教皇对于其臣民的影响力,亨利八世此后还指令议会颁布了许多法令,包括 1534 年的《叛国罪法令》(*The Treasons Act*)、1536 年的《小修道院解散法》(*The Act for the Dissolution of the Lesser Monasteries*)、1539 年的《大修道院解散法》(*The Act for the Dissolution of the Greater Monasteries*)以及《取缔分歧意见六条法案》(*The*

---

① See William Stubbs, *Seventeen Lectures on the Study of Medieval and Modern History*, Oxford: Clarendon Press, 1887, p. 295.

② See George Burton Adams and H. Morse Stephens(eds.), "The Act of Supremacy of Henry Ⅷ (1534)", Reprinted in *Select Documents of English Constitutional History*, New York: Harper and Row Publishers, 1930, p. 311.

Six Articles Act)。这些法令清除了天主教会在英国国内最后的痕迹。

与此同时,教会法的教学和学位授予被停止。在1536年,托马斯·克伦威尔——剑桥大学校长以及国务秘书,以国王的名义颁布了某些禁令,其中第五条是:"因为整个王国,无论神职人员还是世俗之人,都谴责教皇的权力,承认国王是教会至尊,因此,禁止阅读教会法,也不能授予任何那种法律的学位。"①克伦威尔禁令确切的法律效力尚不能确定,但是在这些问题上,禁令得到了遵守:大学不再教授系统的神学以及系统的教令集法学;教会法古老的学士学位和博士学位,除了在玛丽时期被授予外,不再被授予。② 艾利夫(Ayliffe)在他的《牛津大学史》一书中提到:"教会法的著作被搁置一边惨遭虫蚀,正如吞噬天主教制度那样。"伍德(Wood)则提到:"教会法几乎绝迹,很少或者几乎没有人能够获得其学位。"

因此,在亨利八世时期,英国教会遭受了致命打击,教会法院的管辖权也不断被缩减,这使得原本属于教会法院管辖的案件的当事人不得不寻求大法官的衡平救助,毕竟与普通法相比,英国大法官法院所提供的衡平救济与教会法有着更多的类似之处。从这个角度而言,英国教会法的重创却为大法官法院衡平管辖权的扩张、衡平法的发展提供了良机。但此时的大法官法院已经不再为神职人员担任的大法官所掌控,而是处于普通法律师担任的大法官的掌握之下,这必然导致大法官法院衡平法与天主教会和教会法日益疏远。

总之,早期衡平法在教会力量的影响下具有宗教性的特征,但是,

---

① F. E. R. Stephens,"A Sketch of the Civil and Canon Laws in England", *The American Law Register and Review*, Vol. 44, No. 3, 1896.

② See William Stubbs,"The History of the Canon Law in England", Association of American Law Schools(ed. and comp.), *Select Essays in Anglo-American Legal History*, Vol. Ⅰ, Boston: Little Brown and Company, 1907, pp. 274-275.

其根基仍是世俗的王权。正是在世俗王权对教会力量的打击之下,衡平法管辖权才得以扩大,但其宗教性色彩也随之逐步淡化。

三、结论

综上所述,笔者认为,大法官法院衡平法的行政性特征来自咨议会的司法权,而咨议会司法权的行政性特征则可溯至国王特权,因此,衡平法的行政性实乃王权的体现。由于不像普通法那样经过了长达数个世纪的职业化变革,该法院首领大法官又是国王的近臣,因此,王权镌刻在大法官法院衡平法之上的这种行政性烙印一直无法得到有效的消解,衡平法本身的命运也与国王在同贵族、议会等世俗力量争斗的过程中伸张王权的诉求密切相连:自亨利三世至约克王朝,当咨议会及其分离出来的大法官法院代替议会和普通法法院成为伸张王权的渠道时,衡平法由此诞生并获得了初步的发展;都铎王朝时期,当国王的王权能够通过议会、枢密院、特权法院等渠道得到伸张,而与议会、普通法法院的合作对于王权的实现更为重要的时候,大法官法院及其衡平法的发展没有得到支持,反遭压制;至斯图亚特王朝,当议会和普通法法院携手反对专制王权的时候,大法官法院及其衡平法被作为制衡普通法的武器获得国王的肯定。随着1640年内战的爆发以及此后王权与议会之间的交锋和较量以王权的失败而告终,衡平法的命运再次被逆转,其发展再度遭受打击,甚至在克伦威尔护国主政府期间一度面临被取消的危机,尽管最终得以幸免,但大法官法院的衡平法完全丧失了其行政性,与普通法日益接近。

大法官法院衡平法的宗教性特征的变化来自王权与教权之间的合作与冲突。王权与教权的合作使得大法官法院的衡平法蒙上了宗教的色彩,具有宗教性的特征,也正是在王权与教权的一次次冲突中,随着教会法在英国社会的影响被一步步削弱,原本由教会法院审理的案件纷纷涌向与教会法院较为相似的大法官法院,致使其案件数量剧增,实现了大法官法院衡平法对教会衡平法的取代。但与此同时,随着普通法律师取代神职人员成为大法官法院的法官,衡平法的宗教性特征也日趋减弱,终至为普通法所同化。

总之,国王为伸张王权而同贵族、教会之间展开的斗争与合作是大法官法院早期衡平法行政性及宗教性特征产生和变化的政治动因。如果说,普通法作为英国法的主体,被视为英国制约王权的法律传统的代表,那么,衡平法作为英国法的补充,却表现出依赖王权、捍卫王权的政治含义。大概是出于价值取向的选择,英国早期衡平法所代表的这种英国法中的亚传统一向不为人们所重视和宣扬。而本书的意图就在于通过对英国早期衡平法的考察表明英国法律传统的丰富性,其中除了我们一向投以较大关注和热情的被视为缔造了英美法系的法治精髓的普通法外,还存在着更接近东方古代传统,具有行政性及宗教性特征的衡平法,尽管衡平法的这两大特征随着普通法与衡平法的竞争中衡平法的普通法化而消失。

附录一

英国历代国王世袭表

1. 盎格鲁-撒克逊君主

威塞克斯王朝(HOUSE OF WESSEX)		
829—839	埃格伯特	King Egbert
839—856	埃塞尔沃夫	King Aethelwulf
856—860	埃塞尔巴德	King Aethelbald
865—871	艾塞雷德	Aethelred
871—899	艾尔弗雷德大帝	Alfred the Great
899—924	长者王爱德华	Edward the Elder
924—939	光荣者阿瑟尔斯坦	Athelstan the Glorious
939—946	雄者埃德蒙	Edmund the Magnificent
946—955	埃德雷德	Eadred
955—959	埃德威格	Eadwig
959—975	和平王埃德加	Edgar the Peaceable
975—978	殉教王爱德华	Saint Edward the Martyr
978—1013,1014—1016	无头脑者艾塞雷德	Aethelred the Unready
1016	铁甲王埃德蒙	Edmund Ironside
1042—1066	忏悔者爱德华	Saint Edward the Cofessor
1066	哈罗德·戈德温森	Harold Godwinson

丹麦王朝(HOUSE OF DENMARK)		
1013—1014	八字胡斯韦恩	Sweyn Forkbeard
1016—1035	克努特大帝	Canute the Great
1035—1040	兔足王哈罗德	Harald Harefoot
1040—1042	哈迪克努特	Hardicanute

2. 英格兰君主(1066—1603)

诺曼王朝(HOUSE OF NORMAN)		
1066—1087	威廉一世	William I
1087—1100	威廉二世	William II
1100—1135	亨利一世	Henry I
1135—1154	斯蒂芬	Stephen

安茹王朝(HOUSE OF ANJOU)		
1154—1189	亨利二世	Henry II
1189—1199	理查一世	Richard I
1199—1216	约翰	John
1216—1272	亨利三世	Henry III
1272—1307	爱德华一世	Edward I
1307—1327	爱德华二世	Edward II
1327—1377	爱德华三世	Edward III
1377—1399	理查德二世	Richard II

兰开斯特王朝(HOUSE OF LANCASTER)		
1399—1413	亨利四世	Henry IV
1413—1422	亨利五世	Henry V
1422—1461,1470—1471	亨利六世	Henry VI

约克王朝(HOUSE OF YORK)		
1461—1483	爱德华四世	Edward IV
1483	爱德华五世	Edward V
1483—1485	理查德三世	Richard III

都铎王朝(HOUSE OF TUDOR)		
1485—1509	亨利七世	Henry VII
1509—1547	亨利八世	Henry VIII
1547—1553	爱德华六世	Edward VI
1553—1558	玛丽一世	Mary I
1558—1603	伊丽莎白一世	Elizabeth I

(续表)

斯图亚特王朝(HOUSE OF STEWART)		
1603—1625	詹姆斯一世	James I
1625—1649	查理一世	Charles I

共和政府(COMMONWEALTH)		
1653—1658	护国公奥利弗·克伦威尔	Oliver Cromwell
1658—1659	护国公理查德·克伦威尔	Richard Cromwell

斯图亚特王朝复辟(HOUSE OF STEWART)		
1660—1685	查理二世	Chales II
1685—1688	詹姆斯二世	James II
1689—1694	威廉三世和玛丽二世	William III and Mary II
1694—1702	威廉三世	William III
1702—1714	安妮	Anne

3. 英国君主

汉诺威王朝(HOUSE OF HANNOVER)		
1714—1727	乔治一世	George I
1727—1760	乔治二世	George II
1760—1820	乔治三世	George III
1820—1830	乔治四世	George IV
1830—1837	威廉四世	William IV
1837—1901	维多利亚	Victoria

萨克森-科堡-哥达王朝(HOUSE OF SACHSEN-COBURG-GOTHA)		
1901—1910	爱德华七世	Edward VII
1910—1917	乔治五世	George V

温莎王朝(THE HOUSE OF WINDSOR)		
1917—1936	乔治五世	George V
1936	爱德华八世	Edward VIII
1936—1952	乔治六世	George VI
1952—	伊丽莎白二世	Elizabeth II

附录二

历任大法官（或国玺大臣）名录
（自1068年至今）

姓名	任职时间	时任重要教职或所袭爵位
Herfast	1068—1070	
Osmund	1070—1078	
Maurice	1078—1085	Archdeacon of Le Mans
Gerard	1085—1092	Preceptor of Rouen
Robert Blouet	1092—1093	
William Giffard	1093—1101	
Roger	1101—1102	
Waldric	1102—1107	
Ranulf	1107—1123	
Geoffrey Rufus	1123—1133	
Robert de Sigillo	1133—1135	
Roger le Poer	1135—1139	
Philip de Harcourt	1139—1140	Dean of Lincoln
Robert of Ghent	1140—1141	Dean of York
William FitzGilbert	1141—1142	
William de Vere	1142	
Robert of Ghent	1142—1154	Dean of York
Thomas Becket	1155—1162	Archdeacon of Canterbury
Geoffrey Ridel	1162—1173	Archdeacon of Canterbury
Ralph de Warneville	1173—1181	Treasurer of York
Geoffrey	1181—1189	the Bastard Plantagenet
William Longchamp	1189—1197	Bishop of Ely
Eustace	1197—1198	Dean of Salisbury

(续表)

Eustace	1198—1199	Bishop of Ely
Hubert Walter	1199—1205	Archbishop of Canterbury
Walter de Gray	1205—1214	
Richard Marsh	1214—1226	
Ralph Neville	1226—1240	
Richard le Gras	1240—1242	Abbot of Evesham
Ralph Neville	1242—1244	
Silvester de Everdon	1244—1246	Archdeacon of Chester
John Mansel	1246—1247	Provost of Beverley
Sir John Lexington	1247—1248	
John Mansel	1248—1249	
Sir John Lexington	1249—1250	
William of Kilkenny	1250—1255	
Henry Wingham	1255—1260	
Nicholas of Ely	1260—1261	Archdeacon of Ely
Walter Merton	1261—1263	Archdeacon of Bath
Nicholas of Ely	1263	Archdeacon of Ely
John Chishull	1263—1264	Archdeacon of London
Thomas Cantilupe	1264—1265	Archdeacon of Stafford
Ralph Sandwich	1265	
Walter Giffard	1265—1266	Bishop of Bath and Wells
Godfrey Giffard	1266—1268	Archdeacon of Wells
John Chishull	1268—1269	Dean of St. Pauls
Richard Middleton	1269—1272	Archdeacon of Northumberland
Walter Merton	1272—1274	Archdeacon of Bath
Robert Burnell	1274—1292	Bishop of Bath
John Langton	1292—1302	Canon of Lincoln
William Greenfield	1302—1305	Dean of Chichester
William Hamilton	1305—1307	Dean of York
Ralph Baldock	1307	Bishop of London
John Langton,	1307—1310	Bishop of Chichester
Walter Reynolds	1310—1314	Bishop of Worceter
John Sandall	1314—1318	Canon of Lincoln

(续表)

John Hotham	1318—1320	Bishop of Ely
John Salmon	1320—1323	Bishop of Norwich
Robert Baldock	1323—1327	Archdeacon of Middlesex
William Airmyn	1327—1328	Bishop of Norwich
Henry Burghersh	1328—1330	Bishop of Lincoln
John Stratford	1330—1334	Bishop of Winchester
Richard Bury	1334—1335	Bishop of Durham
John Stratford	1335—1337	Archbishop of Canterbury
Robert Stratford	1337—1338	Bishop of Chichester
Richard Bintworth	1338—1339	Bishop of London
John Stratford	1340	Archbishop of Canterbury
Sir Robert Bourchier	1340—1341	
Sir Robert Parving	1341—1343	
Sir Robert Sadington	1343—1345	
John Offord	1345—1349	Dean of Lincoln
John Thoresby	1349—1356	Bishop of Worcester
William Edington	1356—1363	Bishop of Winchester
Simon Langham	1363—1367	Bishop of Ely
William Wykeham	1367—1371	Bishop of Winchester
Sir Robert Thorp	1371—1372	
Sir John Knyvet	1372—1377	
Adam Houghton	1377—1378	Bishop of St. David's
Richard Scrope	1378—1380	Lord Scrope of Bolton
Simon Sudbury	1380—1381	Archbishop of Canterbury
Hugh Segrave	1381	
William Courtenay	1381	Bishop of London
Richard Scrope	1381—1382	Lord Scrope of Bolton
Robert Braybrook	1382—1383	Bishop of London
Sir Michael de la Pole	1383—1386	Earl of Suffolk
Thomas Arundel	1386—1389	Bishop of Ely
William Wykeham	1389—1391	Bishop of Winchester
Thomas Arundel	1391—1396	Archbishop of York
Edmund Stafford	1396—1399	Bishop of Exeter

(续表)

Thomas Arundel	1399	Archbishop of Canterbury
John Scarle	1399—1401	Archdeacon of Lincoln
Edmund Stafford	1401—1403	Bishop of Exeter
Henry Beaufort	1403—1405	Bishop of Lincoln
Thomas Langley	1405—1407	Dean of York
Thomas Arundel	1407—1410	Archbishop of Canterbury
Sir Thomas Beaufort	1410—1412	
Thomas Arundel	1412—1413	Archbishop of Canterbury
Henry Beaufort	1413—1417	Bishop of Winchester
Thomas Langley	1417—1424	Bishop of Durham
Henry Beaufort	1424—1426	Bishop of Winchester
John Kemp	1426—1432	Archbishop of York
John Stafford	1432—1450	Bishop of Bath (later Archbishop of Canterbury)
John Kemp	1450—1454	Archbishop of York
Richard Neville	1454—1455	Earl of Salisbury
Thomas Bourchier	1455—1456	Archbishop of Canterbury
William Waynflete	1456—1460	Bishop of Winchester
George Neville	1460—1467	Bishop of Exeter
Richard Stillington	1467—1470	Bishop of Bath
George Neville	1470—1471	Archbishop of York
Richard Stillington	1471—1473	Bishop of Bath
Laurence Booth	1473—1475	Bishop of Durham
John Alcock	1475	Bishop of Rochester
Thomas Rotheram	1475—1483	Bishop of Lincoln
John Russell	1483—1485	Bishop of Lincoln
Thomas Rotheram	1485	Archbishop of York
John Alcock	1485—1487	Bishop of Worcester
John Morton	1487—1500	Archbishop of Canterbury
Henry Deane	1500—1502	Archbishop of Canterbury
William Warham	1502—1515	Archbishop of Canterbury
Thomas Wolsey	1515—1529	Cardinal Wolsey
Sir Thomas More	1529—1532	

(续表)

Sir Thomas Audley	1532—1544	
Thomas Wriothesley	1544—1547	Lord Wriothesley
William Paulet	1547	Lord St. John
Richard Rich	1547—1551	Lord Rich
Thomas Goodrich	1552—1553	Bishop of Ely
Stephen Gardiner	1553—1555	Bishop of Winchester
Nicholas Heath	1555—1558	Archbishop of York
none	1558	
Nicholas Bacon	1558—1579	
none	1579	
Sir Thomas Bromley	1579—1587	
Sir Christopher Hatton	1587—1591	
in commission	1591—1592	
Sir John Puckering	1592—1596	
Sir Thomas Egerton	1596—1617	
Sir Francis Bacon	1617—1621	
in commission	1621	
John Williams	1621—1625	Bishop of Lincoln
Sir Thomas Coventry	1625—1640	Lord Coventry
John Finch	1640—1641	Lord Finch
Sir Edward Littleton	1641—1642	
in exile	1641—1645	
Sir Richard Lane	1645—1653	
Sir Edward Herbert	1653—1658	
Sir Edward Hyde	1658—1660	
restoration	1660	
Edward Hyde	1660—1667	1st Earl of Clarendon
Sir Orlando Bridgeman	1667—1672	
Anthony Ashley-Cooper	1672—1673	1st Earl of Shaftesbury
Heneage Finch	1673—1682	Lord Finch, later 1st Earl of Nottingham
Francis North	1682—1685	Lord Guildford
George Jeffreys	1685—1688	Lord Jeffreys

in commission	1688—1693	
John Somers	1693—1700	Lord Somers
Sir Nathan Wright	1700—1705	
William Cowper	1705—1708	Lord Cowper
in commission	1708—1710	
Simon Harcourt	1710—1714	Lord Harcourt
William Cowper	1714—1718	Lord Cowper
Thomas Parker	1718—1725	Lord Macclesfield
in commission	1725	
Peter King	1725—1733	Lord King
Charles Talbot	1733—1737	Lord Talbot of Hensol
Philip Yorke	1737—1756	Lord Hardwicke
in commission	1756—1757	
Robert Henley	1757—1766	Earl of Northington
Charles Pratt	1766—1770	Lord Camden
Charles Yorke	1770	
in commission	1770—1771	
Henry Bathurst	1771—1778	Lord Apsley (later 1st Earl Bathurst)
Edward Thurlow	1778—1783	Lord Thurlow
in commission	1783	
Edward Thurlow	1783—1792	Lord Thurlow
in commission	1792—1793	
Alexander Wedderburn	1793—1801	Lord Loughborough
John Scott	1801—1806	Lord Eldon
Thomas Erskine	1806—1807	Lord Erskine
John Scott	1807—1827	Lord Eldon
John Singleton Copley	1827—1830	Lord Lyndhurst
Henry Brougham	1830—1834	Lord Brougham
John Singleton Copley	1834—1835	Lord Lyndhurst
in commission	1835—1836	
Charles Pepys	1836—1841	Lord Cottenham
John Singleton Copley	1841—1846	Lord Lyndhurst

（续表）

Charles Pepys	1846—1850	Lord Cottenham
Thomas Wilde	1850—1852	Lord Truro
Edward Sugden	1852	Lord St. Leonards
Robert Monsey Rolfe	1852—1858	Lord Cranworth
Frederick Thesiger	1858—1859	Lord Chelmsford
John Campbell	1859—1861	Lord Campbell
Richard Bethell	1861—1865	Lord Westbury
Robert Monsey Rolfe	1865—1866	Lord Cranworth
Frederick Thesiger	1866—1868	Lord Chelmsford
Hugh McCalmont Cairns	1868	Lord Cairns
William Page Wood	1868—1872	Lord Hatherley
Roundell Palmer	1872—1874	Lord Selborne
Hugh McCalmont Cairns	1874—1880	Lord Cairns
Roundell Palmer	1880—1885	Lord Selborne
Hardinge Giffard	1885—1886	Lord Halsbury
Farrer Herschell	1886	Lord Herschell
Hardinge Giffard	1886—1892	Lord Halsbury
Farrer Herschell	1892—1895	Lord Herschell
Hardinge Giffard	1895—1905	1st Earl of Halsbury
Robert Threshie Reid	1905—1912	Lord Loreburn
Richard Buron Haldane	1912—1915	1st Viscount Haldane
Stanley Buckmaster	1915—1916	Lord Buckmaster
Robert Bannatyne Finlay	1916—1919	Lord Finlay
Frederick Smith	1919—1922	Lord Birkenhead
George Cave	1922—1924	Viscount Cave
Richard Burdon Haldane	1924	1st Viscount Haldane
George Cave	1924—1928	Viscount Cave
Douglas McGarel Hogg	1928—1929	Lord Hailsham
John Sankey	1929—1935	Lord Sankey
Douglas McGarel Hogg	1935—1938	Viscount Hailsham
Frederick Maugham	1938—1939	Lord Maugham
Thomas Inskip,	1939—1940	Viscount Caldecote
John Simon	1940—1945	Viscount Simon

(续表)

William Jowitt	1945—1951	Lord Jowitt
Gavin Turnbull Simonds	1951—1954	Lord Simonds
David Maxwell Fyfe	1954—1962	Viscount Kilmuir
Lord Dilhorne	1962—1964	
Lord Gardiner	1964—1970	
Lord Hailsham of St Marylebone	1970—1974	
Lord Elwyn—Jones	1974—1979	
Lord Hailsham of St Marylebone	1979—1987	
Lord Havers	1987	
Lord Mackay of Clashfern	1987—1997	
Lord Irvine of Lairg	1997—2003	
Lord Falconer of Thoroton	2003—2007	
The Rt Hon Jack Straw	2007—2010	
The Rt Hon Kenneth Clarke	2010—	

参 考 文 献

一、中文著作

1. 〔英〕A. G. 盖斯特:《英国合同法与案例》,张文镇等译,中国大百科全书出版社 1998 年版。
2. 〔英〕巴里·尼古拉斯:《罗马法概论》,黄风译,法律出版社 2000 年版。
3. 〔意〕彼得罗·彭梵得:《罗马法教科书》,黄风译,中国政法大学出版社 2005 年版。
4. 〔英〕戴维·M. 沃克:《牛津法律大辞典》,李双元等译,法律出版社 2003 年版。
5. 〔日〕宫本英雄:《英吉利法研究》,骆通译,中国政法大学出版社 2004 年版。
6. 〔美〕霍姆斯:《法律的生命在于经验——霍姆斯法学文集》,明辉译,清华大学出版社 2007 年版。
7. 〔爱尔兰〕J. M. 凯利:《西方法律思想简史》,王笑红译,法律出版社 2002 年版。
8. 〔英〕克莱登·罗伯兹、戴维·罗伯兹:《英国史》(上),贾士蘅译,(台湾)五南图书出版公司 1986 年版。
9. 〔英〕梅因:《古代法》,沈景一译,商务印书馆 1959 年版。
10. 〔美〕莫里斯:《法律发达史》,王学文译,中国政法大学出版社 2003 年版。
11. 〔英〕佩里·安德森:《绝对主义国家的谱系》,刘北成、龚晓庄译,上海人民出版社 2001 年版。
12. 〔英〕W. 丘吉尔:《英语民族史略》(第一卷),薛力敏、林林译,南方出版社 2004 年版。
13. 〔日〕穗积陈重:《法律进化论》,黄尊之等译,商务印书馆 1934 年版。
14. 〔美〕塔鲁伊:《美国民事诉讼程序导论》,张茂译,中国政法大学出版社 1998 年版。

15. 〔日〕望月礼二郎:《英美法》,郭建、王仲涛译,商务印书馆2005年版。
16. 〔英〕约翰·哈德森:《英国普通法的形成——从诺曼征服到大宪章时期英格兰的法律与社会》,刘四新译,商务印书馆2006年版。
17. 〔美〕约翰·麦·赞恩:《法律的故事》,刘昕等译,江苏人民出版社1998年版。
18. 〔古希腊〕亚里士多德:《尼各马克伦理学》,廖申白译注,商务印书馆2003年版。
19. 陈朝璧:《罗马法原理》,法律出版社2006年版。
20. 陈绪刚:《法律职业与法治——以英格兰为例》,清华大学出版社2007年版。
21. 陈思贤:《西洋政治思想史:近代英国篇》,(台湾)五南图书出版公司1998年版。
22. 程汉大:《英国法制史》,齐鲁书社2001年版。
23. 程汉大、李培锋:《英国司法制度史》,清华大学出版社2007年版。
24. 高富平、吴一鸣:《英美不动产法:兼与大陆法比较》,清华大学出版社2007年版。
25. 何宝玉:《英国信托法原理与判例》,法律出版社2001年版。
26. 何勤华主编:《英国法律发达史》,法律出版社1999年版。
27. 黄风:《罗马法词典》,法律出版社2002年版。
28. 黄风:《罗马私法导论》,法律出版社2003年版。
29. 李红海:《普通法的历史解读——从梅特兰开始》,清华大学出版社2003年版。
30. 李中原:《欧陆民法传统的历史解读》,法律出版社2009年版。
31. 刘城:《英国中世纪教会研究》,首都师范大学出版社1996年版。
32. 刘新成:《英国都铎王朝议会研究》,首都师范大学出版社1995年版。
33. 马克垚:《英国封建社会研究》,北京大学出版社2005年版。
34. 毛玲:《英国民事诉讼的演进与发展》,中国政法大学出版社2005年版。
35. 孟广林:《英国封建王权论稿——从诺曼征服到大宪章》,人民出版社2002年版。
36. 薛波主编:《元照英美法词典》,法律出版社2003年版。
37. 阎照祥:《英国政治制度史》,人民出版社1999年版。
38. 余晖:《英国信托法:起源、发展及其影响》,清华大学出版社2007年版。
39. 张乃和主编:《英国文艺复兴时期的法律与社会》,黑龙江人民出版社

2007 年版。

40. 赵秀荣:《1500—1700 年英国商业与商人研究》,社会科学文献出版社 2004 年版。

41. 周枏:《罗马法原论》(下),商务印书馆 2004 年版。

二、中文论文

1. 蔡蕾:"17 世纪初英国宪政冲突中的普通法职业团体",《理论界》2007 年第 3 期。

2. 陈秀玲:"传统的重构和整合",西南政法大学硕士学位论文(2005 年)。

3. 丁宝同:"简论英美诉答对中国之启示",西南政法大学硕士学位论文(2004 年)。

4. 顾銮斋:"英国中世纪后期商业政策的转变",《学习与探索》1994 年第 1 期。

5. 黄虎:"近代早期英国商业精英阶层来源研究",湖南师范大学硕士学位论文(2005 年)。

6. 李自更:"托马斯·克伦威尔的政府制度改革与英国近代政治制度基础的奠定",《河南大学学报(社会科学版)》2004 年第 3 期。

7. 黄彩丽:"中世纪教会管辖权研究",西南政法大学硕士学位论文(2002 年)。

8. 林秀玉:"15—18 世纪英国城市的转型",《史学研究》2004 年第 7 期。

9. 刘城:"英国中世纪教会法庭与国王法庭的权力关系",《世界历史》1998 年第 3 期。

10. 马亮:"英国都铎王朝宗教改革研究",福州师范大学硕士论文(2005 年)。

11. 宫艳丽:"英国律师阶层的兴起(1550—1640)",武汉大学硕士学位论文(2004 年)。

12. 梁治平:"英国普通法中的罗马法因素",《比较法研究》1990 年第 1 期。

13. 孙宏伟:"爱德华三世统治时期中书法庭研究",首都师范大学硕士学位论文(2003 年)。

14. 孙宏伟:"中世纪英国中书法庭的起源和演进",《首都师范大学学报(社会科学版)》2003 年第 3 期。

15. 王丽:"英国中古财政署研究",曲阜师范大学研究生论文(2003 年)。

16. 王松亭、张海:"都铎君主政体新论",《史学集刊》2000 年第 1 期。

17. 王秀清:"英国十四世纪反教皇立法研究",首都师范大学硕士学位论文

(2005年)。

18. 徐国栋:"客观诚信与主观诚信的对立统一问题——以罗马法为中心",《中国社会科学》2001年第6期。

19. 徐沁萍:"近代早期英国商人的社会形象和社会评价",武汉大学硕士论文(2005年)。

20. 姚爱爱:"14、15世纪英国城市资本主义萌芽的特点",《常德师范学院学报》2001年第5期。

21. 于民:"在中世纪和近代之间——论都铎中央政府的过渡性特征",山东师范大学硕士学位论文(2000年)。

22. 张军江:"英国衡平法浅析",中国政法大学硕士学位论文(2002年)。

23. 朱勇:"'衡平'与'原情':论中世纪英格兰与中国古代对于法律公正的二次救济",朱勇:《中国法律的艰辛历程》,黑龙江出版社2001年版。

24. 朱正梅:"都铎时期英国国家机构的变革",《学海》2004年第3期。

25. 朱正梅:"11—17世纪英国土地所有权的变化",《盐城师专学报》1995年第3期。

三、英文著作

1. A. H. Marsh, *History of the Court of Chancery and of the Rise and Development of the Doctrines of Equity*, Toronto: Carswell, 1890.

2. A. K. R. Kiralfy, *Potter's Historical Introduction to English Law and Its Institutions*, London: Sweet & Maxwell Limited, 1958.

3. A. T. Cater, *A History of English Legal Institutions*, London: Butterworth & Co., 1902.

4. A. W. B. Simpson, *A History of the Common Law of Contract: The Rise of the Action of Assumpsit*, Oxford: Clarendon Press, 1975.

5. Bryce Lyon, *A Constitutional and Legal History of Medieval England*, New York: W. W. Norton & Co., 1980.

6. B. Wilkinson, *The Chancery under Edward III*, Manchester: The University Press, 1929.

7. C. C. Langdell, *A Summary of Equity Pleading*, Cambridge: Charles W. Sever and Company, 1883.

8. C. Rembar, *The Law of the Land: The Evolution of Our Legal System*, New York: Simon & Schuster, 1980.

9. D. M. Kerly, *An Historical Sketch of the Equitable Jurisdiction of the Court of Chancery*, London: Cambridge University Press, 1890.

10. Dominick T. Blake, *An Historical Treatise on the Practice of the Court of Chancery of the State*, Printed by J. T. Murden for David Banks, Law Bookseller, New York, and William Gould, Law Bookseller, Albany, 1818.

11. Edmund Robert Daniell, *Pleading and Practice of the High Court of Chancery*, Vol. II, Boston: Little, Brown & Co., 1871.

12. Edward Foss, *A Biographical Dictionary of the Judges of England from the Conquest to the Present Time (1066-1870)*, London: John Murray, 1870.

13. Frederick Pollock and Frederic William Maitland, *The History of English Law before the Time of Edward I*, London: Cambridge University Press, 1898.

14. F. W. Maitland, *Equity, also The Forms of Action at Common Law: Two Courses of Lectures*, London: Cambridge University Press, 1929.

15. F. W. Maitland, *Equity: A Course of Lectures*, London: Cambridge University Press, 1936.

16. F. W. Maitland, *The Constitutional History of England*, London: Cambridge University Press, 1908.

17. George Burton Adams and H. Morse Stephens (eds.), *Select Documents of English Constitutional History*, New York: Harper & Row Publishers, 1930.

18. Goldsmith, *Doctrine and Practice of Equity or a Concise Outline of Proceedings in the High Court of Chancery, Designed Principally for the Use of Students*, Vol. I, London: William. Benning & Co., Law Booksellers, 1845.

19. George Spence, *The Equitable Jurisdiction of the Court of Chancery*, Vol. I, Buffalo: William S. Hein Company, 1981.

20. George Williams Sanders, *Orders of the High Court of Chancery*, Vol. I, London: A. Maxwell & Son, 1845.

21. Harold Potter, *An Introduction to the History of Equity and Its Courts*, London: Sweet & Maxwell, 1931.

22. Henri Levy-Ullmann, *The English Legal Tradition: Its Sources and History*, M. Mitchell trans., Frederick Goadly rev. and ed., London: Macmillan and Co., Limited, 1935.

23. Henry Horwitz, *Chancery Equity Records and Proceedings*, 1600-1800, London: Hmso Books, 1995.

24. Herman Kinder and Werner Hilgemann, *The Anchor Atlas of World History: From the Stone Age to the Eve of the French Revolution*, Ernest A. Menze ed. and trans., New York: Anchor Books, 1974.

25. H. F. Jolowicz, *Roman Foundations of Modern Law*, Oxford: Clarendon Press, 1957.

26. I. S. Leadam and James F. Baldwin, *Introduction to Select Cases Before the King's Council*, Cambridge, Massachusetts: Harvard University Press, 1918.

27. James P. Holcombe, *An Introduction to Equity Jurisprudence: On the Basis of Story's Commentaries, with Notes and References to English and American Cases, Adapted to the Use of Students*, Cincinnati: Derby, Bradley &. Co., 1846.

28. J. Campbell, *The Lives of the Lord Chancellors and Keepers of the Great Seal of England, from the Earliest Times till the Reign of King George IV*, Vol. I, Philadelphia: Blanchard and Lea's Publications, 1851.

29. J. F. Baldwin, *The King's Council in England during the Middle Ages*, Gloucester, Massachusetts: Peter Smith, 1956.

30. J. H. Baker, *An Introduction to English Legal History*, London: Butterworth, 1990.

31. John Baker, *The Oxford History of the Laws of England*, Vol. VI, 1483-1558, Oxford: Oxford University Press, 2003.

32. John P. Dawson, *A History of Lay Judges*, Cambridge, Massachusetts: Harvard University Press, 1960.

33. Joseph Parkes, *A History of the Court of Chancery*, London: Longman, Rees, Orme, Brown and Green, 1828.

34. Joseph Story, *Commentaries on Equity Jurisprudence, as Administered in England and America*, Vol. I, Boston: Little, Brown and Company, 1886.

35. Joseph Story, *Commentaries on Equity Jurisprudence, as Administered in England and America*, Vol. II, Boston: Little, Brown and Company, 1886.

36. John T. McNeill and Helena M. Gamer (eds.), *Medieval Handbooks of Penance: A Translation of the Principal Libri Poenitentiales*, New York: Columbia University Press, 1990.

37. Michael R. T. Macnair, *The Law of Proof in Early Modern Equity*,

Berlin: Duncker & Humblot, 1999.

38. Norman Doe, *Fundamental Authority in Late Medieval English Law*, London: Cambridge University Press, 1990.

39. *Ordinances Made by the Right Honourable Sir Francis Bacon Knight, Lord Verulam, and Viscount of Saint Albans, Being Then Lord Chancellor, for the Better and More Regular Administration of Justice in the Chancery, to be Daily Observed, Saving the Prerogative of this Court*, London, 1642.

40. P. H. Helm, *Alfred the Great: A Biography*, New York: Barnes & Noble, 1995.

41. Robert C. Palmer, *English Law in the Age of the Black Death, 1348-1381: A Transformation of Governance and Law*, Chapel Hill: The University of North Carolina Press, 1993.

42. Robert Zaller, *The Parliament of 1621: A Study in Constitutional Conflict*, Berkeley and Los Angeles: University of California Press, 1971.

43. R. Swanson, *Church and Society in Late Medieval England*, Oxford: Blackwell Publisher, 1993.

44. Theodore. F. T. Plucknett, *A Concise History of The Common Law*, 中信出版社 2003 年影印本。

45. Thomas Duffus Hardy, *A Description of the Close Rolls in the Tower of London*, London: G. Eyre and A. Spottiswoode, 1833.

46. W. F. Finlason, *Reeves' History of the English Law, from the Time of the Romans to the End of the Reign of Elizabeth*, Vol. Ⅳ, Philadelphia: M. Murphy, 1880.

47. W. H. Bryson, *The Equity Side of the Exchequer*, London: Cambridge University Press, 1975.

48. W. H. Bryson, *Cases Concerning Equity and the Courts of Equity (1550-1660)*, London: Selden Society, 2001.

49. William F. Walsh, *Outlines of the History of English and American Law*, New York: New York University Press, 1924.

50. William Paley Baildon, *Select Cases in Chancery (A. D. 1364 to 1471)*, London: Quaritch, 1896.

51. William Roper, *The Life of Sir Thomas More*, E. V. Hitchcock ed., London: Published for the Early English Text Society, 1934.

52. William S. Holdsworth, *A History of English Law*, Vol. I, London: Methuen & Co., 1956.

53. William S. Holdsworth, *A History of English Law*, Vol. II, London: Methuen & Co., 1936.

54. William S. Holdsworth, *A History of English Law*, Vol. IV, London: Methuen & Co., 1945.

55. William S. Holdsworth, *A History of English Law*, Vol. V, London: Methuen, 1945.

56. William S. Holdsworth, *A History of English Law*, Vol. IX, London: Methuen & Co., 1944.

57. William Holdsworth, *Some Makers of English Law: The Tagor Lectures*, Cambridge: The University Press, 1937-1938.

58. W. S. Holdsworth, *Sources and Literature of English Law*, Oxford: Clarendon Press, 1977.

59. William Stubbs, *Seventeen Lectures on the Study of Medieval and Modern History*, Oxford: Clarendon Press, 1887.

60. W. J. Jones, *The Elizabethan Court of Chancery*, Oxford: Clarendon Press, 1967.

61. W. T. Barbour, *The History of Contract in Early English Equity*, Oxford: Clarendon Press, 1914.

62. W. W. Buckland, *Equity in Roman Law*, London: University of London Press, 1911.

四、英文论文

1. Amala D. Kessler, "Our Inquisitorial Tradition: Equity Procedure, Due Process, and the Search for an Alternative to the Adversarial", *Cornell Law Review*, Vol. 90, 2005.

2. Charles P. Sherman, "The Romanization of English Law", *The Yale Law Journal*, Vol. 23, No. 4, 1914.

3. Charles. P. Sherman, "A Brief History of Medieval Roman Canon Law in England", *University of Pennsylvania Law Review and Ameirian Law Register*, Vol. 68, No. 3, 1920.

4. Christopher Columbus Langdell, "The Development of Equity Pleading

from Canon Law Procedure", Association of American Law Schools, (ed. and comp.), Select Essays in Anglo-American Legal History, Vol. II, Boston: Little, Browns and Company,1908.

5. Danian X. Powell,"Why was Sir Francis Bacon Impeached ? The Common Lawyer and the Chancery Revisited:1621",History, Vol. 81, Issue 264, 1996.

6. Dennis R. Klinck, "The Unexamined 'Conscience' of Contemporary Canadian Equity",Mcgill Law Journal, Vol. 46, 2001.

7. David W. Raack,"A History of Injunctions in England before 1700", Indiana Law Journal, Vol. 61,No. 4, 1986.

8. Eric G. Zahnd,"The Application of Universal Laws to Particular Cases: A Defense of Equity in Aristotelianism and Anglo-American Law",Law and Contemporary Problems,Vol. 59,No. 1, 1996.

9. F. E. R. Stephens,"A Sketch of the Civil and Canon Laws in England",The American Law Register and Review, Vol. 44, No. 3, 1896.

10. Franz Metzger,"The Last Phase of the Medieval Chancery", Alan Harding (ed.), Law-Making and Law-Makers in British History: Papers Presented to the Edinburgh Legal History Conference,1977, London: Royal Historical Society, 1980.

11. George Buton Adams,"The Continuity of English Equity",The Yale Law Journal, Vol. 26, No. 7, 1917.

12. George Buton Adams,"The Origin of English Equity",Columbia Law Review, Vol. 16, No. 2, 1916.

13. G. W. Thomas,"James I, Equity and Lord Keeper John Williams",The English Historical Review, Vol. 91, No. 360, 1976.

14. H. Coing,"English Equity and the Denunciatio Evangelica of the Canon Law",The Law Quarterly Review, Vol. 71, 1955.

15. H. D. Hazeltine, "The Early History of English Equity", Paul Vinogradoff (ed.), Essays in Legal History Read before the International Congress of Historical Studies Held in London in 1913, Paul Vinogradoff ed., London: Oxford University Press, 1913.

16. Jack Moser,"The Secularization of Equity: Ancient Religious Origins, Feudal Christian Influences, and Medieval Authoritarian Impacts on the Evolution of Legal Equitable Remedies",Capital University Law Review, No. 483, 1997.

17. James F. Baldwin,"The King's Council and the Chancery I ,"*The American Historical Review*, Vol. 15, No. 3, 1910.

18. James Barr Ames,"History of Parol Contracts Prior to Assumpsit", Association of American Law Schools (ed. and comp.), *Select Essays in Anglo-American Legal History*, Vol. III, Boston: Little Brown and Company,1909.

19. James Barr Ames,"Specific Performance of Contract", *Lectures on Legal History and Miscellaneous Legal Essays*, Cambridge, Massachusetts: Harvard University Press, 1913.

20. James Barr Ames,"The Origin of Uses and Trusts", *Harvard Law Review*, Vol. 21, No. 4, 1908.

21. J. H. Baker,"The Common Lawyers and the Chancery: 1616", *The Legal Profession and the Common Law: Historical Essays*, London and Ronceverte: Hambledon Press, 1986.

22. Janice Gordon-Kelter,"The Royal Clerks-Career Patterns in the Chancery and the Privy Seal Office of Henry VI", A Dissertation Submitted to the Graduate Faculty in History in Partial Fulfillment of the Requirements for the Degree of Doctor of Philosophy,The City University of New York, 1988.

23. John P. Dawson,"Coke and Ellesmere Disinterred: the Attack on the Chancery in 1616", *Illinois Law Review of Northwestern University*, Vol. 36, 1941.

24. Magaret Dowling,"Public Record Office Research : The Equity Side of Chancery, 1558-1714", *The Review of English Studies*, Vol. 8, No. 30, 1932.

25. Malcolm Richardson,"Early Equity Judges: Keepers of the Rolls of Chancery, 1415-1447", *The American Journal of Legal History*,Vol. 36, No. 4, 1992.

26. Mark Fortier,"Equity and Ideas: Coke, Ellesmere and James I ",*Renaissance Quarterly*, Vol. 51, No. 4, 1998.

27. M. E. Avery,"The History of the Equitable Jurisdiction of Chancery before 1460",*Bulletin of the Institute of Historical Research*, Vol. 42, No. 106,1969.

28. M. E. Avery,"An Evaluation of the Effectiveness of the Court of Chancery under the Lancastrian Kings",*The Law Quarterly Review*,Vol. 86, 1970.

29. Mark Beilby,"The Profits of Expertise: The Rise of the Civil Lawyers and Chancery Equity", M. Hicks (ed.), *Profit, Piety and the Professions in Later Medieval England*, Gloucester: Sutton, 1990.

30. N. Pronay,"The Chancellor, the Chancery, and the Council at the End of the Fifteenth Century", H. Hearder and H. R. Loyn (eds.), *British Government and Administration*: *Studies Presented to S. B. Chrimes*, Cardiff: University of Wales Press, 1974.

31. Oliver Wendell Holmes,"Early English Equity",*Collected Legal Papers*, New York: Harcourt, Brace & Howe, 1920.

32. Paul Vinogradoff,"Reason and Conscience in Sixteenth-Century Jurisprudence", *The Law Quarterly Review*, Vol. 24, 1908.

33. P. Tucker,"The Early History of the Court of Chancery: A Comparative Study",*The English Historical Review*, Vol. 115, 2000.

34. R. H. Helmholz,"The Early Enforcement of Uses",*Columbia Law Review*, Vol. 79, No. 8, 1979.

35. Robert Tittler,"Sir Nicholas Bacon and the Reform of the Tudor Chancery",*The University of Toronto Law Journal*, Vol. 23, No. 4,1973.

36. S. E. Thorne,"Praemunire and Sir Edward Coke", *Essays in Legal History*, London and Ronceverte: The Hambledon Press, 1985.

37. Sharon K. Dobbins,"Equity: The Court of Conscience or the King's Command, the Dialogues of St. German and Hobbes Compared",*Journal of Law and Religion*, Vol. 9, No. 1,1991.

38. Silas Alward, "Evolution of Chancery and the Judicial Murder of Sir Thomas More, One of Its Greatest Administrators",*Canadian Law Times*, Vol. 33, Issue 7, 1913.

39. Stuart E. Prall,"The Development of Equity in Tudor England", *The American Journal of Legal History*,Vol. 8, No. 1,1964.

40. T. F. T. Plucknett,"The Relations between Roman Law and English Common Law down to the Sixteenth Century: A General Survey", *The University of Toronto Law Journal*,Vol. 3,No. 1, 1939.

41. Timothy A. O. Endicott, "The Conscience of the King: Christopher St. German and Thomas More and the Development of English Equity",*University of Toronto Faculty of Law Review*, Vol. 47, No. 2, 1989.

42. Timothy S. Haskett,"The Medieval English Court of Chancery", *Law and History Review*, Vol. 14, 1996.

43. Thomas Edward Scrutton,"Roman law Influence in Chancery, Church

Courts, Admiralty, and Law Merchant", Association of American Law Schools (ed. and comp.), *Select Essays in Anglo-American Legal History*, Vol. Ⅰ, Boston: Little Brown and Company, 1907.

44. Van Vechten Veeder, "The English Reports, 1292-1865, Ⅱ" *Harvard Law Review*, Vol. 15, No. 2, 1901.

45. W. Barbour, "Some Aspects of Fifteenth Century Chancery", *Harvard Law Review*, Vol. 31, 1917-1918.

46. Wesley Newcomb Hohfeld, "The Relations between Equity and Law", *Michigan Law Reviews*, Vol. 11, No. 8, 1913.

47. William Lindsay Carne, "A Sketch of the History of the High Court of Chancery from Its Origin to the Chancellorship of Wolsey", *The Virginia Law Register*, New Series, Vol. 13, No. 7, 1927.

48. William Lindsay Carne, "A Sketch of the History of the High Court of Chancery from the Chancellorship of Wolsey to That of Lord Nottingham", *The Virginia Law Register*, New Series, Vol. 13, No. 10, 1928.

49. Williams J. Jones, "Due Process and Slow Process in the Elizabethan Chancery", *The American Journal of Legal History*, Vol. 6, No. 2, 1962.

50. William Stubbs, "The History of the Canon Law in Englnd", Association of American Law Schools (ed. and comp.), *Select Essays in Anglo-American Legal History*, Vol. Ⅰ, Boston: Little Brown and Company, 1907.

51. W. S. Holdsworth, "The Early History of Equity", *Michigan Law Review*, Vol. 13, No. 4, 1915.

52. W. S. Holdsworth, "The Relation of the Equity Administered by the Common Law Judges to the Equity Administered by the Chancellor", *The Yale Law Journal*, Vol. 26, No. 1, 1916.

五、电子资源

English Reports.

六、网络资源

1. 英国国家档案馆, http://www.nationalarchives.gov.uk。

2. *Journal of the House of Lords*, http://www.british-history.ac.uk/report.asp.

3. John Farrow, *The Story of Thomas More*, http://www. cin. org/farmor13. html.
4. Sir William Blackstone, *Commentaries on the Laws of England* (1765-1769), http://www. lonang. com/exlibris/blackstone/.
5. Christopher St. Germain, *The Doctor and Student* (1518), http://www. lonang. com/ exlibris/ stgermain/ index. html.
6. *Bouvier's Law Dictionary*, 1856, http://www. constitution. org/bouv/bouvier. html.
7. Encyclopædia Britannica Online, http://www. britannica. com.
8. Encyclopedia Freedictionary Online, http://encyclopedia. thefreedictionary. com.
9. 《圣经》, http://www. wordproject. org/gb/index. html。

后　　记

　　本书是在我的博士论文基础上修改完成的。在写作及修改过程中,囿于国内学界对这一课题研究基础的薄弱、相关外文文献资料的匮乏的客观条件以及本人学术能力有限的主观原因,倍感艰难。

　　英国衡平法作为与英国普通法并行数百年的独立的法律体系,是英国法律史不可或缺的重要组成部分,也是研究英国法律史无法回避的领域。近年来,国内对英国法律史的研究在程汉大教授、李红海教授等一批学者的推动下已经获得了极大的进步,但从目前的研究状况而言,主要集中于英国普通法的历史发展,对衡平法,尤其是衡平法的历史变迁的研究成果较少。这一状况固然与相对于普通法在英国法体系中的主体地位、衡平法较为次要有关,也与国内相关文献资料的匮乏有着密切的关系。在搜集资料的过程中,我梳理了国内各大图书馆的相关馆藏,无论是北京、上海的大型公共图书馆还是高校图书馆的相关收藏都极为有限,面对这一"无米之炊"的窘境,我也曾一度产生退却的念头。幸运的是,华东政法大学研教院提供的博士论文资助项目使我有机会赴香港各大高校搜集资料,相比于内地,香港大学、香港城市大学以及香港中文大学在英国法文献方面的收藏要充实丰富得多。此外,在本书撰写期间,适逢华政法制史教研室的李秀清教授和陈颐副教授先后赴牛津大学及密歇根大学访学,为我搜集了大量相关资料。可以说,没有他们的大力支持,本书的撰写是无法完成的。

在本书的撰写过程中,我也深深感受到完成这一题目对本人的能力构成了极大的挑战。相较于国内研究的缺失,英美法律史学者在英国法领域已经精耕细作近百年,而时间跨越长达数百年的原始文献更是汗牛充栋。尤其是面对用与近现代英语相迥异的英语及拉丁文撰写的中世纪史料时,我大多只能望而兴叹。由于这一限制,本书的研究主要专注于对二手文献的梳理,而无法做更深入的考证和更细致的分析。这构成了本项研究的一大缺憾,也是我今后在继续这一领域的研究时需致力改进之处。

能完成我的学业和这本著作,我首先要感谢的是我的众多师长。我的导师何勤华教授用他严谨的风格、渊博的学识以及勤奋的态度为我树立了治学的榜样,更是在百忙之中抽时间为本书写作提供了从选题、立意、结构到具体内容的全面指导,并最终促成了本书得以在商务印书馆出版。感谢李秀清教授不远万里为我从大洋彼岸带回大量的研究资料,为我提供了切身的写作经验,不时地敦促我写作的进度,并为本书的修改提出了大量有益的建议。感谢周伟文老师和陈颐老师在学习、工作乃至生活方面为我提供的全面帮助,没有他们无私的自我牺牲,我将无法全身心地投入到本书的写作中去。感谢高珣、洪佳期在本书写作过程中为我分忧、给我打气。也感谢关心我论文进展的教研室的其他师长,没有你们的帮助,本书无法顺利完成。

这里我也要感谢我的同窗好友们。同窗攻读法律史的夏菲、蔡东丽、王沛以及北京大学的何颖、香港大学的任加文、远在悉尼的邵科、在利兹求学的丛亮都曾不辞辛苦地为我从各地寻找资料。另外,我还要特别感谢的是当时正在香港中文大学攻读博士学位的章润华,虽不熟识,但他的热情使我在异乡感受到了温暖。

最后要感谢的是我的家人。父亲的含辛茹苦我铭记在心,丈夫的坚定支持让我无后顾之忧,公婆的朴实善良让我感恩在怀。尽管他们并不理解这项研究,但是他们的无私支持是我得以完成本书的最根本的力量所在。

冷霞

2010 年 5 月于华政